J. F. Thiel · Religionsethnologie

COLLECTANEA INSTITUTI ANTHROPOS

Herausgegeben von ,,Haus Völker und Kulturen" – Steyler Missionare
5205 St. Augustin

Vol. 33

Redakteur: J. F. Thiel

Josef Franz Thiel

RELIGIONSETHNOLOGIE

Grundbegriffe der Religionen
schriftloser Völker

Dietrich Reimer Verlag · Berlin

CIP-Kurztitelaufnahme der Deutschen Bibliothek
Thiel, Josef Franz:
Religionsethnologie : Grundbegriffe d. Religionen schriftloser Völker / Josef Franz Thiel. –
Berlin : Reimer, 1984.
  (Collectanea Instituti Anthropos ; Vol. 33)
  ISBN 3–496–00784–2
NE: GT

© 1984 by Dietrich Reimer Verlag
Inh.: Dr. Friedrich Kaufmann
Unter den Eichen 57 – 1000 Berlin 45
Satz: Hans Richarz Publikations-Service, Sankt Augustin

Vorwort

Bereits vor der Herausgabe meiner „Grundbegriffe der Ethnologie" trug ich mich mit der Absicht, eine „Religionsethnologie" zu schreiben. Doch die Einführung in die Ethnologie schien wichtiger zu sein, und so stellte ich bis jetzt die Religionsethnologie zurück. Wie schon meine Grundbegriffe, so basiert auch dieses Buch auf Vorlesungen, was vielleicht noch bisweilen an den sprachlichen Formulierungen zu merken ist.

In den letzten Jahren habe ich den religionsethnologischen Stoff in Münster und Bonn vorgetragen. Aus den Diskussionen mit meinen Hörern habe ich viele Anregungen gewonnen. Üblicherweise wird man nach solchen Vorlesungen immer wieder nach genauen Zitaten, Texten und weiterführender Literatur gefragt. Ich möchte hiermit einiges Material aus meinen Vorlesungen zur Verfügung stellen.

Es ist nicht leicht, Vorlesungen in ein Buch umzusetzen. Das Spontane, bisweilen auch die Übertreibung, um die Hörer herauszufordern, müssen in einem Buch der Abgeklärtheit weichen. Das gesprochene Wort fliegt von einem weg, das geschriebene bleibt zeitlebens haften.

Zur Entstehung eines Buches tragen meist viele bei. Zu vorliegendem Band hat meine Sekretärin, Frau Erika Anderson, sehr viel beigesteuert. Ich möchte ihr für diese Mitarbeit recht herzlich danken. Ich danke auch meinen aktiven Hörern für ihre Anregungen, meinem Bonner Kollegen Hans-Joachim Paproth für wichtige Hinweise und meiner Tochter Dinah für ihre Mithilfe beim Korrekturlesen.

J. F. Thiel

Inhalt

1. Kapitel
Zur Theorie der Religion 9
I. Der Mensch und das Religiöse 10
II. Versuch einer Religionsdefinition 13
III. Der Akt der Anerkennung und Unterwerfung 14
IV. Anmerkungen zu den „Naturreligionen" 16

2. Kapitel
Religionsethnologische Theorien und ihre Urheber 19
I. Der Evolutionismus 19
II. Der Hochgottglaube 25
III. Der Totemismus 31

3. Kapitel
Religion und Wirtschaft 41
I. Vorbemerkungen und Voraussetzungen 41
II. Funktionen der Religion 42
III. Wirtschaftstypen und Religionsformen 43

4. Kapitel
Sakrale Objekte 60
I. Der Kraftglaube 60
II. Fetische, Masken, Idole 62
III. Die *sasandiri* der Munda 64
IV. Die *tjurunga* der Australier 66
V. Die sakrale Durchdringung von Raum und Zeit 69

5. Kapitel
Sakrale Worte 72
I. Gebete 73
II. Mythen 76
III. Mythen von Paradies und Tod 83

6. Kapitel
Sakrale Handlung 95
I. Die Riten 97
II. Das Opfer 111
III. Priester, Charismatiker, Schamanen 126

7. Kapitel
Der Ahnenkult 138
I. Sozialstruktur und Ahnenkult 138
II. Der Ahnenstatus 142
III. Der Kult 144
IV. Die Repräsentation der Ahnen 147
V. Ahnenkult und christliche Mission 149

8. Kapitel
Die Höchsten Wesen 151
I. Das christlich-europäische Gottesverständnis 152
II. Die Höchsten Wesen 157

9. Kapitel
Die Höchsten Wesen – Fallbeispiele 162
I. Australier 163
II. Eskimo 170
III. Pygmäen 179
IV. Wemale 187
V. Yansi 195
VI. Munda 202
VII. Jurak-Samojeden 208

10. Kapitel
Zur Gegenwartssituation der sogenannten Naturreligionen 217
I. Religiöse Protestbewegungen 218
II. Autochthone Kirchen 224

Bibliographie 227
Index 240

1. Kapitel

Zur Theorie der Religion

Religion ist ein universales Gebilde, mit dem sich viele Wissenschaften beschäftigen. Wenn wir Ethnologen uns mit Religion befassen, dann interessiert uns nicht so sehr die Religion an sich und noch weniger interessieren uns die Hochreligionen mit ihren Heiligen Schriften und theologischen Traktaten. Unser Hauptanliegen sind vielmehr die Religionen jener außereuropäischen Völker, die bislang ohne Schrift waren. Man nennt sie bisweilen auch ,,Naturvölker", und ihre Religionen bezeichnet man als ,,Naturreligionen". Ich habe mich in meinen ,,Grundbegriffen der Ethnologie" (1983a: 3, 146 ff.) ausführlich zu diesen Begriffen geäußert. Ich möchte hier nicht weiter dazu Stellung nehmen. Nur so viel sei hier wiederholt, daß diese beiden Begriffe ungenau und irreführend sind. Treffendere Ausdrücke aber, die weniger pejorativ wären, fehlen uns. Man kann deshalb immer mit Fug und Recht diese Ausdrücke angreifen und ablehnen, man wird aber Schwierigkeiten haben, sie durch prägnante Ausdrücke zu ersetzen (s. hierzu Hultkrantz 1974: 11, n.3).

Die Schriftreligionen sind für gewöhnlich nicht Studienobjekt des Ethnologen. Für ihre Analysen sind an unseren Universitäten Spezialdisziplinen zuständig. Sie erfordern derart viel Spezialwissen, nicht nur, was die Sprache, Philosophie und Theologie angeht, sondern auch den gesamten kulturellen Hintergrund, so daß es uns Ethnologen nicht möglich ist, in seriöser Weise diese Religionen zu behandeln. Wir lassen deshalb diese Schriftreligionen aus unserer Betrachtung heraus und beschäftigen uns ausschließlich mit den traditionellen Religionen der schriftlosen Völker oder den sogenannten Naturreligionen.

Wie wir gleich sehen werden, ist mit der Unterscheidung ,,Schriftreligionen – Religionen schriftloser Völker" oder ,,Hochreligionen – Naturreligionen" kein Werturteil ausgesprochen: Das Wesen der Religion ist in allen echten Religionen gleich.

Friedrich Heiler hat in seinem großen Werk ,,Erscheinungsform und Wesen der Religion" (^{2}1979) den Religionsethnologen in der Erforschung der Religion einige Verdienste zugebilligt, doch dann schränkt er ein: ,,Sie [d. h. die Religionsethnologie] hat jedoch allzuleicht die Auffassung begünstigt, als ließen sich die Anfänge der Religion bei den kulturarmen schriftlosen Stämmen finden. Man kann aber das Wesen der Religion nicht aus ihren ärmlichsten Äußerungen erfassen; so wenig aus dem Lallen eines Kindes das Geheimnis und der Reichtum einer Sprache zu verstehen sind, ebensowenig aus den Vorstellungen und Bräuchen sogenannter primitiver Völker das Wesen der Religion" (7).

Zu dieser Aussage wäre vieles anzumerken.

Heiler hat natürlich recht, daß unsere religionsethnologischen Analysen keine Aussagen über das Wesen des Christentums oder des Hinduismus machen können. Falsch ist aber der Vergleich mit dem lallenden Kind, das des Sprechens noch unfähig ist. Die sogenannten Naturvölker sind nicht der Religion unfähig, sondern ihre Religion ist weniger komplex und reflektiert als die Schriftreligionen mit ihren theologischen Schulen. Mit unseren religionsethnologischen Untersuchungen wollen wir auch nicht über den „Reichtum" der Schriftreligionen Aussagen machen, sondern wir wollen zum Wesen der Religion vordringen. Wenn es sich aber sowohl bei den Naturreligionen wie bei den Hochreligionen um echte Religionen handelt, muß ihnen das Wesen gemeinsam sein oder aber man muß die Frage diskutieren, wann Religion echte Religion zu sein beginnt.

Wir Religionsethnologen suchen heute nicht mehr, wie noch zu Beginn des Jahrhunderts, den Ursprung der Religion zu ergründen, denn wir wissen, daß wir an die Urvölker mit Hilfe der Ethnologie nicht heranreichen. Dennoch liefert ein diachronisches Studium der Religion wichtige Erkenntnisse. Oder meint Heiler, ihm gelänge eine Wesensschau der Religion aufgrund des Studiums der christlichen Religion? Wer sich mit Religion wissenschaftlich befaßt, wird einer diachronischen Analyse auf die Dauer kaum entraten können.

I. Der Mensch und das Religiöse

Grundvoraussetzung muß für jeden sein, der sich mit den Religionen schriftloser Völker befaßt, daß er in ihnen nicht ein „Lallen von Kindern" sieht. Diese Arroganz muß er ablegen, sonst ist seine Untersuchung von vornherein wertlos. Es war über lange Zeit hinweg ein Kennzeichen der europäischen Wissenschaften, die sich mit Religion befaßten, daß sie die Naturreligionen als Nichtreligionen und die nicht-christlichen Hochreligionen als falsche Religionen erachteten. Da aber auch die einfachsten, oder wenn man will ‚primitivsten', Religionen im Leben ihrer Völker wichtigste Aufgaben zu erfüllen haben, kann man sich kaum vorstellen, daß es falsche oder Nicht-Religionen gibt. Für den Religionsethnologen ist alles religiöse Tun und Denken, auch der einfachsten Pygmäen, echte Religion.

Ein anderes Vorurteil gegenüber den Naturreligionen ist, daß man darin nur ein Bündel von rationalen Ideen sieht. Man braucht sozusagen nur rational aufzuweisen, wie es zu diesen religiösen Ideen und Institutionen gekommen ist, und man hat Religion auf das Rationale, das Diesseitige reduziert. Ein typischer Vertreter dieser Sichtweise ist meiner Meinung nach der französische

Soziologe Emile Durkheim: Er versuchte, die Religion auf ausschließlich rationale Ideen zurückzuführen, um sie dann als menschliches Produkt entlarven zu können. Durkheim hält Religion für einen sehr wichtigen Faktor im Gesellschaftsleben, sie ist aber nach ihm nicht im Außermenschlichen oder Übernatürlichen beheimatet. Religion ist also in ihrem Wesen ein diesseitiger Faktor. Diesen Beweis suchte Durkheim anhand der Religion der Aranda Zentralaustraliens zu erbringen (siehe auch Evans-Pritchard 1968: 103 ff).

Für den Glaubenden jedoch ist Religion mehr als nur ein Bündel rationaler Ideen; sie ist ein Wesensbestandteil seiner eigenen Existenz. Gerade im naturvolklichen Bereich kann ein Mensch ohne seine Religion schlechterdings nicht überleben. Man denke an eine Jägergesellschaft, die nicht ihre Jagdriten, eine Pflanzergruppe, die nicht ihre Fruchtbarkeitszeremonien vornehmen könnte. Solche Gruppen wären überzeugt, dem Hungertod ausgesetzt zu sein.

Gläubige sind überzeugt, daß der Religion und ihrem Objekt ein Eigensein zukommt und daß dieses Objekt einer übermenschlichen Kategorie angehört. Durkheim sieht sehr richtig, wenn er sagt: ,,Der erste Punkt jeden Glaubens ist der Glaube an das Heil durch den Glauben." Weil dem so ist, ist Religion für den Gläubigen auch im außermenschlichen, oder wenn man will übernatürlichen, Bereich verankert. Das Objekt der Religion, das Absolute, gehört für den Gläubigen nicht in die menschliche Kategorie. Friedrich Heiler sagt einmal: ,,Die moderne Religionswissenschaft hat großenteils den Begriff Religion vermenschlicht und entgottet: der Mensch wird zum Schöpfer der Religion ..." (1979: 4–5). – Gerade zu diesem Problem des Illusionismus wird noch manches zu sagen sein.

Wie aber tritt der Mensch mit dem Religiösen in Beziehung, wie wird er sich dessen Existenz bewußt? Der Gläubige ist überzeugt, daß das Objekt der Religion in Wirklichkeit ihr Subjekt ist. Nicht der Mensch knüpft die Beziehung zum Absoluten, sondern das Absolute zum Menschen. Der Gläubige versteht sich als von ,,Gott" gerufen. Die Propheten und Apostel der Bibel stellen sich nicht freiwillig Gott zur Verfügung, sondern Gott ruft bzw. beruft sie; bisweilen muß er sie sogar zu ihrem neuen Berufe zwingen. Doch dies ist die typische Situation, wie sich der Gläubige seine Beziehung zum Absoluten vorstellt.

Es ist schwer zu sagen, woran der Mensch das Numinose, Außermenschliche erkennt. Oft spürt der Mensch bei der Begegnung mit dem Numinosen besonders stark seine Geschöpflichkeit, seine Sündhaftigkeit; in Naturreligionen ist es oft seine existentielle Abhängigkeit. Paul Schebesta berichtet von den Pygmäen folgende Episode (1950: 73): ,,Die erste Bekanntschaft mit dem Pygmäenopfer machte ich im Asungudalager, wo ich eines Tages bei der Zerteilung einer Zwergantilope beobachtete, daß der Zerteiler ein Stück vom

Herzen beiseite legte. Man gab vor, so bei jedem erbeuteten Wild zu verfahren, daß man dann das bei Seite gelegte Stück in den Wald werfe. Das wäre eine Dankgabe an Mungu für das erlegte Wild. Man wäre aber gehalten, so zu verfahren, weil man sich sonst der Gefahr aussetzen würde, fürderhin kein Wild mehr zu erbeuten."

Die Pygmäen wissen also den Herrn der Tiere präsent, und nur wenn sie ihm dieses erlesene Erstlingsstück zukommen lassen, erhalten sie weiteres Jagdwild.

Besonders eindrucksvoll wird immer wieder in der Bibel die Gegenwart des Absoluten (Gottes) beschrieben. Man denke etwa an jene Szene des Patriarchen Jakob, wo dieser auf der Flucht nach Haran den Traum von der Himmelsleiter hat. Als er aufwacht, sagt er: ,,,Wirklich, der Herr ist an diesem Ort, und ich wußte es nicht.' Furcht kam über ihn, und er sagte: ,Wie ehrfurchtgebietend ist doch dieser Ort'..." (Gen 28, 16–17). – Eine andere Szene ist Mose vor dem brennenden Dornbusch auf dem Berge Horeb. Als Gott ihn anrief und sich ihm offenbarte, ,,da verhüllte Mose sein Angesicht; denn er fürchtete sich, Gott anzuschauen" (Exo 3 1–6).

Die vielleicht deutlichste Stelle der Bibel, die das Erleben des Absoluten erzählt, ist jene des Lukasevangeliums, wo vom wunderbaren Fischfang berichtet wird. Es heißt dort (Luk 5, 1–11):

,,Es begab sich aber, als das Volk sich an ihn herandrängte, um das Wort Gottes zu hören, stand er am See Genesaret. Da sah er zwei Boote am Ufer liegen; die Fischer waren ausgestiegen und wuschen die Netze. Er stieg nun in eines der Boote, das dem Simon gehörte, und bat ihn, etwas vom Lande abzustoßen. Dann setzte er sich und lehrte die Volksscharen vom Boote aus. Als er aber aufgehört hatte zu reden, sprach er zu Simon: ,Fahre hinaus ins tiefe Wasser und werfet eure Netze zum Fang aus!' Simon antwortete ihm: ,Meister, die ganze Nacht haben wir uns abgemüht und nichts gefangen. Doch auf dein Wort will ich die Netze auswerfen.' Sie taten es und fingen eine große Menge Fische. Ihre Netze drohten zu zerreißen. Sie winkten ihren Gefährten im anderen Boot, sie möchten kommen und ihnen helfen; und sie kamen und füllten beide Boote, so daß sie fast versanken. Als Simon Petrus dies sah, fiel er Jesus zu Füßen und sprach: *Herr, geh weg von mir, denn ich bin ein sündiger Mensch!*' Denn Bestürzung hatte ihn und alle, die mit ihm waren, ergriffen über den Fischfang, den sie gemacht hatten, in gleicher Weise auch Jakobus und Johannes, die Söhne des Zebedäus, welche Simons Gefährten waren. Und Jesus sprach zu Simon: ,Fürchte dich nicht; von nun an wirst du Menschen fangen.' Und sie zogen die Boote an Land, verließen alles und folgten ihm."

Allen diesen Stellen ist gemeinsam, daß der Mensch eine übermenschliche Macht über sich weiß oder gerade als übermenschliche Macht kennenlernt. Das Tremendum und Faszinosum kommt vor allem in der lukanischen Episode gut heraus: Als Simon merkt, daß Jesus mehr ist als ein Mensch, empfindet er sich selbst als Sünder und beginnt sich vor Jesus zu fürchten (*tremendum*), was ihn aber nicht hindert, alles zu verlassen und ihm als Jünger nachzufolgen (*faszinosum*).

II. Versuch einer Religionsdefinition

Je nach seinem Verhältnis zur Religion, wird jeder Mensch Religion anders erleben, sehen und vor allem definieren. Man kennt Hunderte von Definitionen von Religion, aber keine befriedigt ganz.

Eine Religionsdefinition muß so weit sein, daß alle Religionen darunter gefaßt werden können, also auch solche, die keinen persönlichen Gott kennen. Sie darf aber auch wiederum nicht zu weit sein, damit nicht z. B. politische Parteien als Religionen ausgegeben werden können.

Edward Tylor hat eine Minimaldefinition der Religion vorgelegt, die weite Verbreitung fand. Sie lautet: *„belief in spiritual beings"*. Sie hat den großen Vorteil, daß sie den Glauben des einzelnen an geistige Wesen ins Zentrum stellt. Ich will sie ein wenig modifizieren und Religion folgendermaßen definieren:

Sich abhängig wissen von einer übermenschlichen Macht und sich ihr unterordnen.

Folgende Momente tauchen in dieser Definition auf:
- Der *homo religiosus* anerkennt eine Macht, die die menschliche Kategorie übersteigt,
- die übermenschliche Macht kann vom persönlichen Gott bis zur unpersönlichen Macht alles sein,
- der Mensch weiß sich nicht nur von dieser Macht abhängig, sondern er ordnet sich ihr auch unter.

Ich vermeide mit dem Ausdruck „über-" oder „außermenschlich" bewußt den geläufigen Ausdruck „übernatürlich", der mir für die meisten sogenannten Naturreligionen unangebracht erscheint. Die einfachsten Ethnien konzipieren ihre religiösen Wesen gewöhnlich so, daß sie in die menschliche Sphäre hineinragen, an ihr teilhaben, diese aber dennoch an Mächtigkeit überragen. Viele Ethnien kennen aber auch Wesen, die die menschliche Kategorie derart überragen, daß sie kaum noch in sie hineinwirken. Hierher gehören vor allem die otiosen Himmels- und Schöpferwesen, die fast ausschließlich welttranszendent, aber nicht weltimmanent sind. – Doch auf die Gottesvorstellungen werden wir noch ausführlich zu sprechen kommen.

Wer die Religion immer nur als Unbeteiligter, also sozusagen von außen und mit Distanz betrachtet, dem werden immer nur äußeres Tun und Reden als die

Wesensbestandteile der Religion begegnen. Das Wesen aber, die Beziehung des Menschen zur übermenschlichen Macht, das bleibt ihm verborgen. Kult, Riten, Mythen, Gebete, Lieder etc. sind zwar wichtige Bestandteile der Religion, vor allem der religiösen Gruppe, Gemeinde, wenn man will, aber sie sagen oft über den Akt der Anerkennung und Unterordnung, also den Kern der Religion des einzelnen Gläubigen wenig aus.

Da aber uns Religionsethnologen die innere Haltung der zu Untersuchenden so wenig zugänglich ist, beschäftigen wir uns mit Vorliebe mit dem äußerlich Sichtbaren. Es gab im Laufe der Geschichte der Religionsethnologie immer wieder Versuche, Religionen möglichst objektiv darzustellen, und dabei beschrieb man Riten und Zeremonien, analysierte Mythen und Gebete etc., aber man darf zweifeln, ob man damit ins Zentrum der Religion vorstößt. Gerade in relativ geschlossenen Gesellschaften kann man sich den äußeren Formen der Religionsausübung kaum entziehen. Wie weit aber der einzelne das innerlich glaubt, was er äußerlich in der Gemeinde vollzieht, das entzieht sich uns für gewöhnlich. Dennoch sollte dieses unser Unvermögen nicht unseren Blick vom Wesen der Religion ablenken.

Da die sichtbaren Elemente vor allem im religiösen Leben der Gruppe zum Tragen kommen, ist es nur mehr ein Schritt, daß man Religion vor allem, wenn nicht gar ausschließlich, als soziales Phänomen betrachtet. So haben Durkheim und seine Schule Religion praktisch nur als „Kirche", also als soziale Größe, gesehen. Doch dieser Identifikation wollen wir heute immer weniger zustimmen. Viele heutige Menschen sehen in der Religion den direkten Zugang zum Absoluten gegeben, in den Kirchen aber nur den mittelbaren.

Fehlt dem Wissenschaftler weitgehend der Zugang zum zentralen Akt des Gläubigen, so fehlt dem Gläubigen meist die Distanz, um sein Objekt vorurteilsfrei zu analysieren. Für wen die transzendente Macht ein Teil seiner Existenz ist, der kann diese vielleicht noch beschreiben, aber in Frage stellen kann er sie kaum. Eines aber scheint unumstritten zu sein: Wer niemals das Religiöse selbst erlebt, sich damit nicht existentiell auseinandergesetzt hat, der ist nicht in der Lage, das Wesen der Religion zu erfassen; er muß sich notgedrungen mit dem Äußeren der Religion begnügen. Die existentielle Seite der Religionsdefinition erfaßt nach meiner Meinung nach nur der, für den das Absolute mehr ist als Illusion.

III. Der Akt der Anerkennung und Unterwerfung

In Anlehnung an Tylors Minimaldefinition haben wir Religion als Anerkennung und Unterwerfung unter eine übermenschliche Macht definiert. Nun aber drängt sich die Frage auf: Wie setzt der Gläubige diesen innersten religiösen Akt?

Wir haben gerade äußere und innere Elemente der Religion unterschieden. Dies ist die Sicht des Wissenschaftlers. Für den Glaubenden existiert diese Unterscheidung nicht. Für ihn kann alles zum Akt hinführen: äußere Elemente wie Umgebung, Riten, Gebete, Lieder usw., und innere wie Meditation, Glaube, Ergebenheit usw. Alles was zur Anerkennung und Unterwerfung, also im letzten zur Kommunion mit der Macht, dem Absoluten, führt, ist Mittel zur Setzung des zentralen Aktes. Daß die Initiative vom Menschen ausgeht, ist unsere, d. h. der Religionsethnologen, Sicht.

Man könnte auch umgekehrt argumentieren und sagen: Zum religiösen Akt gehört all das, was die jenseitige Macht unternimmt, um mit dem Menschen in Beziehung zu treten. War es etwa bei dem Patriarchen Jakob, bei Mose oder bei Simon nicht Gott, der in die Welt des Menschen einbrach und nicht umgekehrt? Jedenfalls erlebten es die Gläubigen auf diese Weise.

Der religiöse Akt ist ein persönlicher Akt, denn jeder homo religiosus muß ihn setzen. Dennoch muß entgegengehalten werden, daß kein Akt ausschließlich persönlicher Akt sein kann. Jedes Individuum ist eingebettet in eine Gruppe. Es erhält nicht nur den Glauben von ihr, sondern auch die äußeren Elemente. Jeder homo religiosus ist schließlich *ein Glied* in einem langen diachronischen Prozeß seiner Gruppe, und zwar in der naturvölklichen Gesellschaft noch mehr als in unserer eigenen. Würde nämlich der religiöse Akt nicht auch von und für die Gruppe gesetzt werden, bliebe er den anderen Gruppenmitgliedern weitgehend unverständlich und unerkennbar. Wenn z. B. die Gesichte eines Mystikers so individuell sind, daß sie vollkommen aus dem allgemeinen Rahmen der Gruppe ausbrechen, dann sind sie für seine Umwelt unerkennbar und unbeschreibbar. Für die wissenschaftliche Untersuchung der Religionsethnologie scheiden solche Akte aus. Für andere Wissenschaften, wie z. B. für die Religionspsychologie, mögen sie noch von Interesse sein. Freilich soll dies nicht heißen, daß sie deswegen keine religiösen Akte mehr wären. Sie sind aber so individuell, daß sie für die Religionsethnologie wertlos sind.

Betrachten wir den Akt der Anerkennung und Unterwerfung phänomenologisch, d. h. als Akt in sich, losgelöst vom Objekt, auf das er sich bezieht, und vom Subjekt, das ihn setzt, stellt man fest, daß er in allen Religionen identisch ist. Hier im innersten Kern sind sich alle Religionen gleich. Die ‚Höhe' einer Religion wird vom aktsetzenden Gläubigen und nicht von der übermenschlichen Macht bestimmt. Mit anderen Worten: Nicht die Höhe der Gottesidee macht eine Hochreligion aus, sondern die Intensität des Glaubensaktes. Unsere landläufige Unterscheidung in ‚Hoch-' und ‚Primitivreligionen' kann sich deshalb nur auf sekundäre Erscheinungen, auf Äußeres beziehen wie Schrift, Theologie, Kult etc., das Wesen der Religion ist gleich.

Aus dem Gesagten folgt auch, daß der Religionsethnologe weder die Wahrheitsfrage stellen noch eine Wertung vornehmen kann und darf. Um ‚wahre' und ‚falsche' Religionen unterscheiden zu können, benötigt man einen festen Punkt, von dem aus geurteilt wird; den gibt es aber für den Religionsethnologen nicht, außer etwa den Glaubensakt; der ist aber derselbe in allen Religionen. ‚Falsche' Religionen kann es, religionsethnologisch gesehen, keine geben. Man könnte höchstens, auf den religiösen Akt bezogen, ‚echte' und ‚Scheinreligionen' unterscheiden, doch dies führt zu nichts. Für den naturvolklichen Bereich kann man nur mit ‚wahren Religionen' operieren, will man die Religionen so begreifen, wie die Menschen sie leben.

IV. Anmerkungen zu den Naturreligionen

Der Religionsethnologe fragt also weder, wie wahr eine Religion ist, noch bringt er sie mit anderen Religionen in ein hierarchisches Schema. Für ihn hat die Mythe einer australischen Ethnie die gleiche religiöse Aussagekraft wie die Bibel oder der Koran. Die jenseitige Macht ist für den Religionsethnologen unerweislich und unbeweisbar. Dieser Erweis liegt auch ganz außerhalb seines Interessengebietes. Nur aus dem Verhalten und den Aussagen der Glaubenden kann die Existenz der Macht geschlossen werden; d. h., er nimmt die Existenz des Wesens an, weil der Glaubende sie annimmt. Dessen Tun ist aber für unsere Untersuchung nur dann von Wert, wenn er kein Illusionist, sondern ein Glaubender ist.

Die Frage nach der Existenz der numinosen Mächte stellt der Religionsethnologe nie, wie übrigens auch niemals der Vertreter der einfachen Religionen. Für ihn müssen diese Wesen existieren, weil er tagtäglich ihre Wirkungen erfährt. So z. B. gibt es die Hexermacht für ihn, weil täglich Menschen erkranken und sterben, und es gibt ein positives Schöpferwesen, weil Menschen geboren werden. Wo aber die Wirkweise so offenkundig ist, kann die Existenz des Wirkers nicht in Zweifel gezogen werden.

Wir Europäer gehen häufig mit den Naturvölkern konform, wenn sie die Existenz positiver Schöpferwesen postulieren. Wenn es aber um die Existenz negativer Mächte geht, zaudern wir mit unserer Zustimmung. Leben etwa Fetische, Hexer oder negative Naturgeister nur in der Einbildung dieser Menschen oder kommt ihnen eine reale Existenz zu?

Man muß sich hüten, bei der Untersuchung einfacher Religionen den eigenen, meist christlichen Standpunkt zu Vergleichszwecken einzubringen.

Meist wird bei solchen Vergleichen das Christentum so dargestellt, wie es sein sollte bzw. wie die Theologen es beschreiben; die einfache Religion aber so, wie sie de facto gelebt wird. Notgedrungen wird die idealisierte Religion immer besser abschneiden als die real gelebte. Wenn man schon vergleichen will, muß man Religionen auf gleichem Niveau betrachten.

Vertreter von Hochreligionen gehen durchweg von der unbewiesenen Voraussetzung aus, daß monotheistische Religionen höher zu bewerten seien als polytheistische oder gar a-theistische. Es läßt sich jedoch zeigen, daß Religionen ohne persönlichen Gott nicht weniger innig und ethisch hochstehend sein können als monotheistische Religionen. Man denke etwa an den Buddhismus, der in seiner Hochform keine persönlichen Götter kennt. Doch es ließen sich auch einfache Religionen aufführen, deren übermenschliche Wesen nicht als Gottheiten angesprochen werden können. In bezug auf Ethik und Innerlichkeit müssen sie deswegen den monotheistischen Religionen in nichts nachstehen.

Wenn es in einer Religion keine persönliche Gottheit gibt, kann es dann eine Offenbarung geben? Früher bestand auch das Vorurteil, daß nur die Schriftreligionen Offenbarungsreligionen seien. Doch man denke einmal diesen Gedanken zu Ende: Hieße dies nicht, daß die Glaubensinhalte der einfachen Religionen von ihren Anhängern erfunden sein müßten? Bei allen Untersuchungen solcher einfacher Religionen wurden mir ihre Glaubensinhalte als geoffenbart mitgeteilt. Manche werden von Urzeitwesen hergeleitet, andere von Ahnen und Geistern usw. Für den Vertreter der Naturreligionen besteht aber die Kluft zwischen Disseits und Jenseits nicht in dem Maße wie für uns. Man kann mit den jenseitigen Mächten, zumal wenn man eine herausgehobene Position innehat, kontinuierlich kommunizieren. Die Mächte erscheinen einem im Traum, bei Seancen und vielen anderen Gelegenheiten und tun ihren Willen kund. Man könnte vielleicht genauer sagen: In diesen Religionen ist Offenbarung niemals ausgeschlossen; die Glaubensinhalte werden nicht zur Verwaltung in die Hände von Menschen gelegt, sondern die übermenschliche Macht greift permanent ins Glaubensleben ein und offenbart ihren Willen.

Ein weiteres, häufig gehörtes Vorurteil gegenüber den einfachen Religionen ist, daß es sich bei ihnen nicht um Erlösungsreligionen handelt. Erlösergestalten werden von ihnen, vor der Berührung mit den Schriftreligionen, und zwar besonders mit dem Christentum, praktisch nicht hervorgebracht.

Wenn man sich jedoch den letzten Sinn und Zweck einer Religion klar macht, dann besteht dieser doch nur darin, daß sie dem Menschen Heil anbietet. Jede Religion geht davon aus, daß der Mensch in einer materiell und ethisch-moralisch schwierigen, um nicht zu sagen verderblichen oder sündigen Situation lebt. Lebt er aber nach den Regeln, wie die Religion es von ihm verlangt, dann wird er Heil erlangen; er wird den verderbten Zustand hinter sich lassen. Er wird bereits hier auf Erden oder doch im Jenseits Heil erlangen; mit anderen Worten: Er wird erlöst werden.

Eine Religion, die keine Erlösungsreligion wäre, kann man sich schlecht vorstellen, jedenfalls im naturvolklichen Bereich. Freilich ist hier Erlösung ganz anders geartet als in den Schriftreligionen, wo es einen Gott gibt, der Gesetze erläßt, gegen die man sich vergehen kann etc.

Bei einfachen Völkern hat die Religion unter anderem eine handfeste Aufgabe im Alltagsleben. Man ist religiös, weil man Religion für die Sicherung der Existenz benötigt: Ohne Religion wäre das Leben einfach nicht möglich. Eine Religionsdefinition wie ,,das Heilige heilig halten wegen seiner Heiligkeit" ist typisch für Menschen, die ihre Existenzprobleme vielfach anderweitig abgesichert haben: Wenn sie krank werden, gehen sie zum Arzt; verhagelt es die Ernte, kaufen sie ihre Lebensmittel anderswo; werden sie alt, erhalten sie eine Pension und gehen ins Altersheim usw.

Man sieht, in einem solchen Milieu hat Religion einen ganz anderen Bezug zur Existenz ihrer Anhänger als in einer naturvolklichen Gesellschaft. Dennoch, Religion mag auf ein noch so geistiges Niveau gelangen, den Bezug zum Existentiellen verliert sie niemals ganz: Der Tod ist der große Unbekannte im Leben eines jeden Menschen, und über ihn muß immer die Religion hinweghelfen.

2. Kapitel
Religionsethnologische Theorien und ihre Urheber

Vorbemerkung:

Ich möchte hier vor allem auf die historischen Theorien eingehen, die heute nur noch gelegentlich auf die Diskussion einwirken. Die rezenteren Theorien werden bei den entsprechenden Themen und Kapiteln erwähnt.

Die Religionsethnologie ist aufs Ganze gesehen eine recht junge Wissenschaft. Zwar befaßte man sich zu allen Zeiten mit den Religionen der „Barbaren", „Heiden", „Wilden" usw., aber in den allerseltensten Fällen war wirklich wissenschaftliches Interesse die Triebfeder. Man beschrieb Kuriosa; man wollte unterhalten und in Erstaunen versetzen. Europäische Reisende und Entdecker waren überzeugt, daß nur das Christentum eine echte Religion war. Auch der Islam hat die „heidnischen" Religionen, gerade in Afrika, zu allen Zeiten recht despektierlich behandelt.

Um die Mitte des vergangenen Jahrhunderts begann man sich in Europa zwar intensiver für die Religionen der schriftlosen Völker zu interessieren. Dies geschah jedoch weniger aus Hochachtung vor ihnen als vielmehr, weil das eigene Christentum fraglich geworden war. – So suchte man die Entstehung der Religion über die sogenannten Primitivreligionen zu erhellen. Es war nun aber nicht so, daß man die Primitivreligionen intensiv studiert hätte und über Feldmaterialien zu Beweisen gekommen wäre. Es war vielmehr so, daß man die Entstehungstheorien am Schreibtisch ausgedacht hatte; bestenfalls zitierte man in eklektischer Weise Feldmaterial, um der These den Anschein eines Beweises zu geben. Von wenigen Ausnahmen abgesehen, war dies die Haltung bis in die ersten Jahrzehnte dieses Jahrhunderts. Der Evolutionismus war von allen Richtungen noch am stärksten dieser Haltung verhaftet.

I. Der Evolutionismus

Die Erfolge des Evolutionismus in den Naturwissenschaften ließen auch in den Geisteswissenschaften kühne Evolutionsketten entstehen. Es muß hier freilich betont werden, daß die Geisteswissenschaften den Entwicklungsgedanken nicht von den Naturwissenschaften übernommen haben, sondern umgekehrt – so hat Spencer seinen Artikel „The Development Hypothesis" bereits vor Darwin, und zwar 1852, veröffentlicht, doch die Entwicklungsreihen haben die Biologen geliefert. Diese jedoch faßten Evolution immer linear auf. Auf die Religion übertragen, mußten am Anfang die Religionslosigkeit und am Ende der Monotheismus stehen. Diese beiden Pole waren gleichsam Fixpunkte; die

Stadien dazwischen wechselten von einem Autor zum andern. Man sieht auch hier den starken Europäismus des Evolutionismus: Das Christentum mit seinem Monotheismus wird mit größter Selbstverständlichkeit als höchste Form der Religion gewertet, obgleich man ihm vielfach doch recht skeptisch gegenübersteht.

Wenn wir heute den religionsethnologischen Evolutionismus, wie er in der zweiten Hälfte des vergangenen und zu Beginn dieses Jahrhunderts gang und gäbe war, nicht mehr akzeptieren, wollen wir damit nicht Entwicklung in der Religion verneinen. Evolution hat es in der Religion immer gegeben; sicher ist aber auch, daß die Entwicklung nicht immer linear verlief. Nach unserer heutigen Überzeugung hat sich der Mensch aus dem Tierreich entwickelt. Man geht demnach kaum fehl, wenn man annimmt, daß der Mensch zu Beginn religionslos war. Mit einer Offenbarung in der Urzeit können wir als Religionsethnologen nicht operieren. Da der Mensch seit vielen Jahrhunderttausenden bereits auf der Erde lebt, sind die heute noch existierenden Altvölker wie Pygmäen, Buschmänner, Australier etc. in keiner Weise für den Menschen der Urzeit repräsentativ: Sie sind Menschen der Jetztzeit, und zwischen ihnen und den Urvölkern liegen Jahrhunderttausende der Entwicklung.

Was uns also am Evolutionismus stört, ist nicht die Evolution, sondern es sind die selbstherrlichen, selbstersonnenen Behauptungen, die sich nicht auf verläßliches Forschungsmaterial gründen, dann die Wertungen in höher und tiefer, die naive Annahme einer permanenten Höherentwicklung und vieles andere mehr.

1. Sir John Lubbock (1834–1913)

Er hat vielleicht am getreuesten Charles Darwins Evolutionsschema auf die Religion übertragen. Lubbock war von Haus aus Bankier; unter anderem war er auch liberaler Parlamentsabgeordneter. Darwin war ein Freund des Hauses, und auf diese Weise ist auch vielleicht die enge geistige Verwandtschaft zu erklären. Lubbock hatte viele Interessen, und sein ethnologisches war sicher nicht das wichtigste. 1870 veröffentlichte er sein Werk ,,The Origin of Civilization and the Primitive Condition of Man", in dem er folgende Entwicklungsreihe der Religion aufstellte: 1. Atheismus (die Existenz Gottes wird nicht geleugnet, aber es gibt noch keine Gottesidee). 2. Fetischismus, 3. Naturanbetung oder Totemismus, 4. Schamanismus, 5. Idolatrie oder Anthropomorphismus, 6. Gott als Urheber, 7. Gott als Quelle der Moral (1875: 199).

Die einzelnen Stadien haben natürlich mit der Wirklichkeit der Naturreligionen nichts zu tun. Lubbock sagt: ,,Ich leugne jedoch keineswegs, daß die sogenannte Religion der niederen Rassen wesentlich von der unseren verschieden, ja eigentlich das gerade Gegenteil derselben ist. So sind z. B. die Götter der Wilden nicht gut, sondern böse. Sie können gezwungen werden, den Wünschen der Menschen nachzukommen; sie lechzen nach Blut und haben ihre Freude an Menschenopfern; auch sind sie sterblich und haben kein ewiges Leben. Ferner bilden sie einen Teil der Natur und gelten nicht als Schöpfer derselben. Ihre Verehrer nähern sich ihnen mehr durch Tänze als durch Gebete, und gar oftmals billigen sie Handlungen, welche uns schlecht erscheinen, und tadeln solche, die wir tugendhaft nennen" (1875: 169, dt. Ausg.). – Andererseits zeigt Lubbock auch tiefe Einsicht, wenn er sagt: ,,Wir dürfen jedoch nicht glauben, daß das Leben des Urmenschen durch jetzige Wilde, und seien es auch die am tiefsten stehenden, genau veranschaulicht wird" (1875: 2).

Doch alles in allem führt man heute Lubbock an, um den Zeitgeist jener Epoche aufzuzeigen und nicht um seiner wissenschaftlichen Resultate willen: Man hatte noch kein Verständnis für die Primitivreligionen; man stand ja auf dem Gipfelpunkt des Eurozentrismus: Der Kolonialismus jener Zeit ist ein typisches Ergebnis jener Geisteshaltung.

2. *Auguste Comte* (1798–1857)

Eine geistesgeschichtlich wesentlich größere Bedeutung als Lubbock hatte das Haupt des französischen Positivismus, Auguste Comte. Bekannt ist sein Drei-Stadien-Gesetz: das theologische, metaphysische und positive. Für uns hier ist vor allem das erste interessant, denn es umfaßt die drei Epochen: Fetischismus, Polytheismus und Monotheismus. Comte war vor allem Philosoph und kümmerte sich recht wenig um positive Forschungsergebnisse. So z. B. deklamiert er gleichsam ex cathedra, wenn er den Fetischismus beschreibt: ,,... dix-sept ans de méditation continue sur ce grand sujet, discuté sous toutes ses faces, et soumis à tous les contrôles possibles, m'autorisent à affirmer d'avance, sans la moindre hésitation scientifique, que toujours on verra..." (1893/IV: 523).

Heute würden wir auf diese hohepriesterliche Deklamation erwiedern: Warum 17 Jahre über den Fetischismus meditieren und diskutieren? Ein Tag in einem afrikanischen Dorf hätte mehr für die Wahrheitsfindung gebracht als die 17 Jahre Meditation.

3. *Edward B. Tylor und der Animismus* (1832–1917)

Tylor, der Begründer des Animismus, wollte mit seiner Theorie vor allem erklären, wie der Mensch zur Erkenntnis eines immateriellen Prinzips gelangt sei; da Religion notwendigerweise damit zu tun hat, wollte er natürlich auch aufzeigen, wie Religion entstand. Tylor hat seine Hauptgedanken in dem zweibändigen Werk ,,Primitive Culture, Researches into the Development of Mythology and Philosophy, Religion, Art and Custom" (1871) ausgedrückt. Nach Tylor ist der Mensch über den Traum zum Begriff der Seele gekommen.

Er machte nämlich die Entdeckung, daß sich im Traum ein Element vom Körper löste, Erlebnisse hatte, ohne daß er starb. War erst einmal ein immaterielles Element entdeckt, war es zum Begriff eines ,,Geistes" nicht mehr weit. Auf diesem Hintergrund muß auch die im ersten Kapitel erwähnte Minimaldefinition ,,belief in spiritual beings" verstanden werden. Für Tylor beginnt also Religion mit der Konzeptualisierung eines geistigen Prinzips.

Es war nach Tylor nur mehr ein kleiner Schritt, bis der ,,Primitive" dann auch Tiere und Pflanzen – er stellte ja fest, daß sie ebenfalls lebten – mit einer Seele ausstattete. Die Seelen der Tiere konnten beim Opfer vom Körper befreit werden und den Verstorbenen zugute kommen. So gelangt Tylor auch zu einer Erklärung des Opfers (doch darüber wird noch später zu sprechen sein).

Analog zu Tieren und Pflanzen wurden auch Kulturgegenstände und Naturobjekte wie Steine, Waffen, Nahrung etc. mit Seelen ausgestattet, so daß schließlich alles beseelt gedacht wurde. Diese Auffassung bezeichnen wir als Animatismus. *R. R. Marett* (1866–1943) hat in einem Vortrag 1899 eine Epoche der Beseeltheit gefordert, die dem Animismus vorausgehe. Er nannte diese neue Epoche ,,Präanimismus". Das folgende Jahrzehnt war dann in der Religionswissenschaft vornehmlich dem Präanimismus und den Zaubertheorien gewidmet.

Mit der Entdeckung der Seele habe der Mensch nach Tylor auch die Relativität des Todes kennengelernt, denn er wußte ja, daß das geistige Element ohne den Körper leben konnte und somit in begrenztem Umfang unsterblich war. – Tylors Animismus (von lat. *anima* – Seele) war somit eine großangelegte Deutung des Ursprungs der Religion.

Tylors Theorie war für Jahrzehnte die herrschende Meinung in der Religionsethnologie. Auch heute noch übt sie große Faszination auf uns aus, und nicht ganz zu Unrecht. Der amerikanische Ethnologe Robert Lowie findet bestimmte Teile daraus, so die Einheit von ,,Seelen, Dämonen, Gottheiten und Geistwesen", ,,quite convincing" (1952: 116–117).

Dennoch, den Ursprung der Religionen kann die animistische Idee heute für uns nicht mehr erklären. Tylor kam nicht zu seiner Theorie aufgrund des Zusammenlebens mit sogenannten Naturvölkern, sondern er entwarf sie am Schreibtisch; sie projiziert denn auch viele europäische Vorstellungen in die ,,Primitiven". Hierher gehört z. B. die Vorstellung von einer ,,geistigen

Seele". Naturvölker kennen kein rein geistiges Prinzip; sie nehmen auch fast immer wenigstens zwei oder mehrere Seelen im Menschen an. Es lassen sich auch nicht alle Naturgeister, und was wir vereinfachend ,,Fetische" nennen, auf animistische Vorstellungen zurückführen, man denke nur an den Herrn (die Herrin) der Tiere! Im übrigen ist die animistische Vorstellung noch keine Religion. Man könnte sie Weltanschauung nennen, aber zur Religion gehört das Sich-abhängig-Wissen, das Sich-Unterordnen und anderes mehr.

Einen sehr wichtigen Einwand gegen den Animismus sehe ich darin, daß Naturvölker den Menschen als Ganzheit betrachten. Leib und Seele werden auf den einfachsten Kulturstufen noch nicht auseinandergerissen. Erst bei den seßhaften agrarischen Völkern wird der Seelenglaube intensiver, und die Techniken, die Seele zu verselbständigen, werden entwickelt. Gerade Wildbeuterethnien – der Mensch lebte ja bis vor wenigen Jahrtausenden auf dieser Wirtschaftsstufe – messen der Seele, der Toten- und Ahnenseele, wenig Bedeutung bei. Der Herr der Tiere, der in Jägerkulturen eine große Rolle spielt, läßt sich aber aus der Seelenvorstellung überhaupt nicht ableiten. Die enge Verbindung der Jäger zum Tier führt dagegen zum Totemismus. Phaseologisch gesehen kann man ihn vor dem Animismus einordnen. Bevor wir jedoch auf den Totemismus eingehen, sollen zunächst noch näherstehende Theorien zur Sprache kommen.

4. *Herbert Spencer und der Manismus* (1820–1903)

Herbert Spencer war Eisenbahningenieur; eine Zeitlang auch Mitherausgeber des ,,Economist". 1857 begann er, ein komplettes philosophisches System aufzustellen. Spencer hatte sehr starke soziologische Interessen. In seinem dreibändigen Werk ,,The Principles of Sociology" suchte er von der sozialen Organisation her über den Toten- und Ahnenkult den Ursprung der Religion aus letzterem zu ergründen. Spencer schreibt:

,,So finden wir denn, daß hinter den übernatürlichen Wesen dieser Art so gut wie hinter den übernatürlichen Wesen jeder anderen Form in allen Fällen eine menschliche Persönlichkeit versteckt gewesen ist. Alles, was das Gewöhnliche übersteigt, denkt sich der Wilde als etwas Übernatürliches oder Göttliches: so auch den aus der großen Masse hervorragenden Menschen. Dieser hervorragende Mensch kann entweder einfach der entfernteste Vorfahre sein, an welchem die Erinnerung als an den Gründer des Stammes fortlebt; er kann auch ein durch Stärke und Tapferkeit berühmter Häuptling, er kann ein Medizinmann von großem Rufe, er kann ein Erfinder von irgendetwas Neuem sein, sodann auch, statt dem betreffenden Stamm selbst anzugehören, ein höherstehender Fremdling, der Künste und Kenntnisse bringt; oder endlich er ist ein Angehöriger einer höheren Rasse, welcher durch Eroberung sich der

Herrschaft bemächtigt. War er ursprünglich der Eine oder Andere von diesen, und wurde er während seines Lebens mit ehrfurchtsvoller Scheu betrachtet, so steigert sich dieses Ehrfurchtsgefühl nach seinem Tode, und die Versöhnung seines Geistes, indem sie noch mehr in den Vordergrund tritt als die Versöhnung anderer Geister, die weniger gefürchtet werden, entwickelt sich zu einer feststehenden Verehrung.

Es gibt keinerlei Ausnahme hiervon. Wir können den Ausdruck Ahnenverehrung in seinem allerweitesten Sinne nehmen, so daß die gesamte Verehrung der Toten, mögen sie desselben Blutes sein oder nicht, darunter begriffen wird, und dürfen nun mit der Behauptung schließen, daß Ahnenverehrung die Wurzel aller Religion ist" (1876: 502–503, zitiert nach W. Schmidt 1930: 60–61).

Im Unterschied zu Tylors These hat die von Spencer in Fachkreisen wenig Anerkennung gefunden. Sicherlich wirkte die Herleitung der Religion aus der Ahnenverehrung doch zu gewaltsam. Es gibt einfach zu viele religiöse Phänomene, die nicht vom Ahnenkult abgeleitet werden können. Andererseits sollte Spencers Idee, daß die Wurzel des Religiösen im Sozialen zu suchen sei, von keinem Geringeren als Emile Durkheim aufgegriffen werden. Freilich sucht er die Lösung nicht im Ahnenkult, sondern in der Gesellschaftsstruktur selbst.

5. *James George Frazer und die Magie* (1854–1941)

Es dürfte schwer sein, für die Einordnung Frazers unter die Evolutionisten allgemeine Zustimmung zu finden. Er ist nicht mehr Evolutionist wie Lubbock, Spencer oder Tylor; er verwendet auch wesentlich mehr ethnologisches Forschungsmaterial, um seine Thesen zu beweisen – häufig noch heute eine Fundgrube für uns. Dennoch, das Hauptanliegen Frazers ist noch evolutionistisch ausgerichtet, und zwar sucht er die Entwicklung von der Magie über die Religion zur Wissenschaft zu beweisen. Für Frazer ist Magie ein Vorstadium der Religion. Die persönlichen Wesen der Religion seien eine spätere Entwicklung, weil sie für den „Primitiven" schwieriger zu fassen seien als der unpersönliche, magische Kraftglaube.

Diese Auffassung vertritt Frazer vor allem in der 3. Auflage seines Hauptwerkes „The Golden Bough" von 1911. Als Beweis für die Priorität der Magie dienen ihm neben theoretischen Überlegungen die Australier. Sie galten ihm als die „primitivsten Wilden, über die wir Forschungsmaterial haben". Sie betrieben magische Praktiken und erbäten nicht in Form von Gebeten von ihren übermenschlichen Wesen, was sie benötigten.

Lowie, der sich mit dieser Argumentation Frazers auseinandersetzt, schreibt: „Der induktive Beweis für die Priorität der Magie stützt sich in

Wirklichkeit nicht auf eine offenkundige logische Absurdität [wie Frazer meinte], sondern ist auf empirischer Grundlage unannehmbar. Es ist nicht wahr, daß die Australier die rohesten Wilden sind, über die genaues Feldmaterial vorliegt; es ist nicht wahr, daß sie Magie betreiben und praktisch Religion ausschließen; es ist nicht wahr, daß Magie weltweit gleichförmig ist im Unterschied zu Religion . . ." (1952: 144). Und an anderer Stelle sagt er: „Kurz gesagt, Frazers Argumentation bricht in jedem Punkt zusammen; und selbst wenn wir seine Definitionen [von Magie und Religion] übernehmen, gibt es keinen Grund, der Magie ein höheres Alter zuzuschreiben als der Religion" (1952: 147).

In der Theorie lassen sich Magie und Religion selbstverständlich trennen, in der Praxis ist dies kaum möglich. Magie hat, ähnlich wie Religion, mit Kräften und Mächten zu tun, die oft einer übermenschlichen Kategorie angehören können (aber nicht müssen, wie bei der Religion). Grundlegend für die Magie ist aber die der Religion entgegengesetzte Geisteshaltung: In der Religion weiß sich der Gläubige von der Macht abhängig und unterwirft sich ihr, in der Magie sucht der magische Mensch die Macht für seine Ziele zu gebrauchen. Zu diesem Behufe hat er viele Praktiken ersonnen, die mit naturwissenschaftlicher Genauigkeit abrollen müssen, sollen sie Erfolg haben. Wurden aber die Riten nach Vorschrift abzelebriert, muß sich auch der Erfolg einstellen. Der Religionsphilosoph Alois Dempf nannte die Magie einen „Überwältigungsversuch des gewöhnlichen Naturlaufs, des eigenen Lebensgesetzes und der überweltlichen Mächte" (1937: 153).

Diese magische Geisteshaltung kann natürlich in jeder Religion auftauchen: Der Mensch ist dann versucht, auf das Absolute in der Weise Einfluß zu nehmen, daß es nicht anders kann als ihm zu helfen. Aber auch der magische Mensch kann sich von seiner Macht so abhängig wissen, daß er sich ihr unterordnet. Wer sogenannte „Zauberer" oder „Fetischpriester" näher kennenlernt, wird ihr Tun, und vor allem ihre Geisteshaltung, nicht mehr als Magie abtun können. Hier liegen echte religiöse Akte vor. Man muß deshalb annehmen, daß Magie und Religion zusammen auftreten; die Haltung des Menschen aber bestimmt, ob es sich um magische oder religiöse Akte handelt. Eine Priorität des einen oder anderen kann nicht ausgemacht werden.

II. Der Hochgottglaube

Es mag verwundern, daß ich unmittelbar auf den Evolutionismus den Hochgottglauben folgen lasse. Doch wenn man sich näher damit auseinandersetzt, wird man feststellen, daß der Hochgottglaube von Andrew Lang und Wilhelm Schmidt nur auf dem Hintergrund des Evolutionismus verständlich ist.

Ja, man könnte sie sogar noch zu den Evolutionisten rechnen, nur daß bei ihnen die Entwicklung umgekehrt verläuft („Degenerationshypothese"). – Es seien hier nur kurz einige wesentliche Punkte angesprochen, denn die Gottesidee wird später noch ausführlich behandelt werden.

1. Andrew Lang (1844–1912)

Andrew Lang war Schotte. Er war von Haus aus zwar nicht Religionsgeschichtler, doch fiel ihm auf, daß der Animismus nicht alle religiösen Phänomene erklären konnte. Lang lenkte die Aufmerksamkeit besonders auf die Urzeitwesen Australiens. Er wollte keine neue Religionstheorie begründen, sondern er stellte die Höchsten Wesen („Supreme Beings") in den Mittelpunkt seiner Betrachtung; gleichzeitig übte er Kritik an den herrschenden Religionstheorien seiner Zeit. Sein Hauptwerk heißt „The Making of Religion", es erschien 1898.

Der Religionswissenschaftler Nathan Söderblom beschreibt treffend Lang und seine Arbeit: „Ihre jetzige Berühmtheit verdanken diese von der Religionswissenschaft allzulange vernachlässigten Urwesen dem verstorbenen schottischen Polyhistor und Schriftsteller A. Lang, der hinter einer spielenden Ironie und Skepsis das warme Herz eines Romantikers verbarg. Daß sein allem Dogmatismus abgewandter Intellekt sich gegen eine abgeblaßte, die Tatsachen vergewaltigende Evolutionstheorie sträubte, soll man ihm nicht verübeln. Aber er hat beides, sowohl die Primitiven selbst als auch ihre Urwesen, über die Maßen idealisiert, und er sah in diesen hohen Göttern der niedrigen Rassen, in diesen Schöpfern den einen göttlichen Schöpfer und Richter, den er somit in den Beginn der religiösen Entwicklung setzte" (1926: 123).

2. Wilhelm Schmidt und der Urmonotheismus (1868–1954)

Wilhelm Schmidt war katholischer Priester und gehörte dem Orden der Steyler Missionare an. Wie alle hier vorgestellten Religionstheoretiker, so hatte auch er keine Felderfahrung. Seine These vom Urmonotheismus ist am grünen Tisch entstanden, und man kann wohl mit Recht sagen, daß viel Apologetik dabei mit im Spiele war. Schmidt hat übrigens den Ausdruck „Urmonotheismus" niemals verwendet, doch dieser Ausdruck hat sich für seine Darlegung der Gottesidee allgemein eingebürgert, und er drückt auch relativ prägnant Schmidts These aus.

Andrew Langs Theorie von den Höchsten Wesen wäre ohne W. Schmidt zwar nicht unbeachtet geblieben, aber heute würde man sie in der Geschichte der Religionsethnologie höchstens nebenbei erwähnen. Es war Schmidt, der sie zu Beginn des Jahrhunderts aufgegriffen und mit seinen Ideen bereichert hat.

Seine Hauptthesen sind in dem Monumentalwerk „Der Ursprung der Gottesidee", 12 Bände, von 1926–1955, niedergelegt. In der Zeit zwischen den beiden Weltkriegen gehörte Schmidt zu den wichtigsten Repräsentanten in Ethnologie und Religionsethnologie im deutsprachigen Raum.

Schmidt wurde durch die oberflächliche Behandlung der Religion durch die Vertreter des Evolutionismus zum Studium der Frage angeregt. An der Universität hatte er das Fach nicht studiert. Seine Ausgangsposition war derart vom Evolutionismus bestimmt, daß er ihn im Grunde genommen niemals überwunden hat. Er postulierte wie jener ein unbewiesenes und unbeweisbares Urstadium: jener ein religionsloses, dieser ein monotheistisches. Es seien hier kurz einige seiner Thesen aufgeführt:

– Schmidt war der Meinung, daß der Monotheismus um so reiner sei, je höher das kulturgeschichtliche Alter einer Ethnie ist. Der Frankfurter Religionsethnologe Adolf E. Jensen sagte hierzu: „Nur ein Blick auf die Religionsformen beispielsweise der afrikanischen Völker zeigt, daß die Himmelsgötter der viehzüchterischen Kulturwelle, die ich mit den Niloten in Zusammenhang bringe, viel eindeutiger und klarer hervortreten und deren gesamte religiöse Gestaltungen viel stärker beherrschen, als dies bei irgendeinem wildbeuterischen Altvolk der Fall ist" (^{2} 1960: 101).

– Schmidt hat in seinem „Ursprung" zunächst die Gottesidee der Wildbeuter, die er „Urvölker" nannte, behandelt; in den späteren Bänden dann auch die der Hirtenvölker. Die Gottesvorstellungen der einfachen Pflanzer und der Ackerbauer hat er nicht dargestellt. Man gewinnt den Eindruck, daß ihm diese Ethnien zu degeneriert erschienen. Denn gerade in den pflanzerischen Kulturen spielen die Höchsten Wesen im Vergleich zu den subalternen Mächten eine oft unbedeutende Rolle. Hierbei muß man aber bedenken, daß phaseologisch die Pflanzer- und Ackerbaukulturen durchweg älter sind als die Hirtenkulturen.

– Schmidt nahm eine Uroffenbarung an, um den Monotheismus und einige andere religiöse Fakten (z. B. Ursünde, Urflut) erklären zu können. Er glaubte also, daß sich Gott in der Urzeit den Menschen positiv geoffenbart hätte. – Verständlich, daß dieser Punkt lebhafte Kritik hervorrief. Eine derartige Annahme hat mit Religionsethnologie als Wissenschaft nichts zu tun.

– Den „Abfall" jüngerer Ethnien vom Hochgottglauben der Urzeit erklärt Schmidt mit der „Degenerationshypothese", d. h. die Menschen sind nach und nach vom Monotheismus zu weniger hochstehenden Religionsformen „abgefallen" – Diese Hypothese läßt sich natürlich wissenschaftlich nicht erweisen.

W. Schmidt hatte eine feste theoretische Konzeption, um die er das Feldmaterial zum Beweis gruppierte. Wenn Material gegen die These sprach, wurde es nicht selten gewendet und gestreckt, bis es paßte. Ein typisches Beispiel hierfür ist der Gottesglaube der Australier. Da das wissenschaftliche Material über die Religionen der Australier in Schmidts Augen nicht zuließ, von einem australischen Urmonotheismus zu sprechen, die Australier aber zweifellos zu den ,,Urvölkern" zählen, konstruierte Schmidt eine Reihe von Schichten, die schließlich den Monotheismus verdeckt hätten. Schmidt sagte: ,,Der Gedanke des Höchsten Wesens liegt somit vor der Zeit aller, selbst auch der ältesten uns aus Australien bekannten Mythologien" (1926: 469).

Ernst Worms, ein katholischer Missionar und Ethnologe, der Jahrzehnte bei den Australiern weilte, schreibt 1968: ,,Bei der Besprechung der Geistwesen haben wir, ohne im geringsten die Existenz höherer Wesen bei den Australiern anzuzweifeln, die Bezeichnung ,Gott' vermieden. Das vorhandene Material und unsere langjährigen Beobachtungen sowie diejenigen Stanners und T. G. H. Strehlows bieten keinen genügenden Anhalt, bei ihnen einen Glauben an Gott oder gar Hochgott anzunehmen" (1968: 232).

Schmidt hat für die Erforschung der sogenannten ,,Urvölker" viel getan. Viele seiner Schüler wurden tüchtige Feldforscher; anderen Forschern half er wieder, ihr Material zu publizieren. – Trotz allem muß man noch sagen, daß es Schmidt mehr um den Beweis der Richtigkeit seiner Theorie als um die Interpretation des ethnographischen Materials ging.

Der Wiener Religionsethnologe Josef Haekel, der noch die Schmidtsche Schule durchlaufen hat, schreibt zu diesem Thema 1956(: 5–6): ,,. . . so kann in den Hochgottvorstellungen der Naturvölker von einer Vollständigkeit der Wesenszüge, wie sie einem absoluten Eingott zukommen müßten, keine Rede sein. Einem Monotheismus würde es entsprechen, wenn die Gottheit aller anthropomorphen, natur- und astralmythologischen Züge entbehrt, alle Geister und höheren Mächte von ihr vollständig abhängig sind und die gesamte Religion durch die Gottesidee integriert wird. Soweit wir wissen, findet sich eine derartige Gotteskonzeption bei den ,Primitiven' nirgends."

3. Nathan Söderblom und die Urheber (1866–1931)

Söderblom war Theologe und Religionswissenschaftler. Er war Professor in Leipzig und Uppsala, später Erzbischof von Uppsala. 1930 erhielt er den Friedensnobelpreis für seine ökumenische Tätigkeit. Er betonte in seiner Religionsanalyse mehr den Begriff der Heiligkeit als den der Gottheit als Idee. Er distanzierte sich von der Schmidtschen Monotheismus-Theorie. Er sah in den Urzeitwesen ,,Urheber" und ,,Former", aber noch keine Gottheiten. Dennoch war Söderblom überzeugt, daß er die Existenz Gottes aus der

Religionsgeschichte beweisen könne. In seinen Gifford-Vorlesungen, die Friedrich Heiler 1966 auf deutsch unter dem Titel „Der lebendige Gott im Zeugnis der Religionsgeschichte" herausbrachte, sagt Söderblom kurz vor seinem Tod: „Ich weiß, daß Gott lebt. Ich kann es beweisen durch die Religionsgeschichte" (1966: V).

Wer und was seine Urheber-Wesen sind, sagt Söderblom prägnant in seinem religionsgeschichtlich bekanntesten Werk „Das Werden des Gottesglaubens" 1926. Dort heißt es (Seite 154): „Je mehr ich mich mit diesen tier- oder menschenähnlichen Wesen der Urzeit im Glauben der Primitiven beschäftige, desto mehr befestigen sie mir die Überzeugung, daß wir diese früher und noch heute als Zeugnisse eines Urmonotheismus herbeigezogenen oder jetzt als Naturgottheiten oder Ahnen aufgefaßten Wesen nicht in einer unserer geläufigen mythologischen Kategorien unterbringen können. Sie sind weder Naturgeister noch Seelen von Vorfahren im eigentlichen Sinne. Wir werden sie einstweilen als ein Genus für sich aufstellen, ihrer Eigenart und weiteren Entwicklung nachgehen und sie nicht durch mehr oder weniger gewaltsames Hereinpressen in die bisherige religionsgeschichtliche Nomenklatur verwischen dürfen. Als Bezeichnung schlage ich, um sie mit den geläufigen Kategorien nicht zu verwechseln, das Wort ‚Urheber' vor."

An anderer Stelle sagt Söderblom von diesen Urhebern: „Auffallend ist der theoretische Charakter des Glaubens an solche Wesen. Es liegt in ihrer Annahme mehr eine Antwort auf die Frage, woher kommt dies oder jenes? wer hat es gemacht? als auf die Frage, wer kann uns helfen? wen müssen wir besänftigen, um vom Unglück befreit zu werden und Erfolg zu gewinnen?" (1926: 123).

Söderbloms Theorie hat ein echtes Anliegen der einfachen Religionen zum Inhalt. Es sind vor allem die australischen Religionen mit ihren Urzeitwesen und Kulturheroen, die sich für die Urheber-Hypothese ganz besonders eignen. Söderblom verwendet denn auch reichlich das australische Material, um seine These zu beweisen.

Weniger überzeugend ist Söderbloms These für Schwarzafrika. So etwa, wenn er aufzuweisen sucht, daß Nzambi (von Namibia bis zum Kamerunberg als „Gottesname" verbreitet) nur Urheber und keine Gottheit sei. Ich habe Nzambi wiederholt als „rationale Kategorie" bezeichnet, mit der man das Woher der Schöpfung zu erklären sucht. Doch es gilt auch festzuhalten, daß Nzambi nicht nur rationale Kategorie ist; heute müssen wir auf jeden Fall in ihm ein göttliches Wesen sehen. Vor allem kann man Nzambi nie und nimmer mit den Urzeitwesen Australiens vergleichen. Zwischen den Bantu Zentral- und Südafrikas einerseits und den Australiern andererseits liegen in vieler Hinsicht Welten! Aber auch die übrigen Gottheiten Schwarzafrikas können nicht mit den Urzeitwesen Australiens in eine Gruppe gebracht werden.

Am schwächsten jedoch sind Söderbloms Ausführungen über die Naturhypothese. Berühmte Gelehrte wie der Sanskritist *Max Müller* (1823–1900) und *Paul Ehrenreich* (1855–1914) hingen der Naturmythologischen Schule an, die in den Naturelementen und -phänomenen einen wichtigen Faktor oder sogar den Ursprung selbst für die Entstehung von übermenschlichen Wesen sieht. Sicher schoß diese Schule mit ihrer These über das Ziel hinaus, aber auch sie hatte eine echte Ursache für die Bildung übermenschlicher Wesen erkannt und herausgestellt. Freilich war die Verabsolutierung ein Irrweg.

Söderblom nun lehnt jeden Einfluß der Naturobjekte auf die Herausbildung der Wesen ab und ist meiner Meinung nach nicht weniger einseitig als die Vertreter der Naturhypothese. Er schreibt: „Wie gering die Rolle ist, die der Himmel und die Himmelskörper im Vergleich zu nähergelegenen Dingen in der früheren Vorstellungswelt der Primitiven, aus der die Urväter oder Urheber hervorgegangen sind, und in ihren sakralen Einrichtungen gespielt haben, zeigt uns die Beobachtung, wie wenig Totem-Namen unter den Australiern von den Himmelskörpern genommen sind" (1926: 134–135).

Bedenkt man jedoch, wie häufig Himmel und Erde, Sonne und Mond, Meer und Urwald, Berge und Flüsse, Gewitter und Regen etc. etc. divinisiert oder doch zu sakralen Wesen höchster Wichtigkeit werden, dann ist mir Söderbloms Einwand unverständlich. Man bedenke nur, welche Bedeutung diese Naturelemente auch bei Wildbeutern haben können: Identifizieren nicht die zentralafrikanischen Pygmäen ihren Jagdgott Tore mit dem Urwald, ist nicht Sila, die höchste Gottheit der Eskimo, der Wind, das Wetter? – Wir werden auf diese wichtige Frage der Gottesidee noch zurückzukommen haben. – Hier bei Söderblom zeigt sich erneut, daß monistische Erklärungsversuche fast niemals allgemeingültig sind. Kategorien mit weltweiter Gültigkeit aufzustellen, ist fast unmöglich, denn die entwicklungsgeschichtlichen, wirtschaftlichen und sozialen Unterschiede sind einfach zu groß.

4. *Raffaele Pettazzoni* (1883–1959)

Pettazzoni war Professor für Religionswissenschaft an der Universität Rom. In seinen Hauptpublikationen beschäftigte er sich mit der Gottesidee. Hierbei war er ein vehementer Gegner des Urmonotheismus von Wilhelm Schmidt. In seinem Werk „L'essere supremo nelle religioni primitive. L'onniscienza di Dio" (1956), deutsche Ausgabe: „Der allwissende Gott. Zur Geschichte der Gottesidee" (1960) geht Pettazzoni der Allwissenheit Gottes als einem wesentlichen Unterscheidungsmerkmal nach.

Für Pettazzoni ist die Allwissenheit bereits ein methyphysisches Merkmal, das Schöpfertum dagegen ein mythologisches Attribut, da es in den Mythen grundgelegt ist; die Allwissenheit steht dagegen außerhalb der Mythen. Die Schöpferkraft impliziere bereits Allmacht und Ewigkeit, da ja die Fortdauer der Schöpfung garantiert werden müsse. Die Fortdauer bewirke aber auch die Inaktivität der Schöpferwesen.

Pettazzoni nimmt eine dreistufige Gottesidee an:

– Der Herr der Tiere ist die Gottheit der Altvölker, der Jäger und Sammler. Er wird in späterer Entwicklung zum allwissenden Vater im Himmel.

– Die Mutter Erde ist die Gottheit der Agrarkulturen. ,,Hier hängt das menschliche Leben vorwiegend von den Erzeugnissen der Erde ab. Aus der Erde kommen die Ernten und wachsen alle anderen Nutzpflanzen ... Das höchste Wesen echter Ackerbauer ist nicht der Vater im Himmel, sondern die Mutter Erde" (1960: 83). Der tellurischen weiblichen Gottheit fehlt aber der Komplex der göttlichen Allwissenheit; sie straft auch nicht die bösen Taten der Menschen mittels Blitz, Donner, Flut, wie dies der Himmelsgott tun wird. – Eine typische Erdmutter ist die vorhellenische Demeter, die, als ihre Tochter Kore geraubt wurde, den Sonnengott Helios befragen mußte, weil er den Raub durch Hades sah.

– Der himmlische Vater schließlich ist der Gott der Hirtenvölker. ,,Seine Allwissenheit, die die menschlichen Handlungen zum Objekt hat, wird ergänzt durch eine vorwiegend mittels Unwettern ausgeübte Vergeltungstätigkeit. Jahwe wohnt im Himmel und vom Himmel aus sieht er, was die Menschen treiben, vom Himmel aus schickt er seine Strafe" (1960: 77). – Zeus und Jupiter sind ebenfalls Vertreter dieser Gruppe.

Zu dieser Drei-Stufen-Theorie wäre viel zu sagen. Da wir eingehend auf das Gottesproblem zu sprechen kommen, wollen wir uns dort näher mit diesen Fragen beschäftigen.

III. Der Totemismus als Ursprung der Religion und seine hauptsächlichen Vertreter

Unter Totemismus versteht man eine enge, mystisch-magische verwandtschaftliche Verbindung eines Menschen oder einer Gruppe von Menschen mit einem Tier, einer Pflanze oder einem leblosen Objekt. – Man unterscheidet zwischen Individual- und Gruppentotemismus, je nachdem, ob ein Individuum oder aber eine ganze Gruppe mit einem Totem in Beziehung steht. Beim Gruppentotemismus ist für unsere Zwecke jener am wichtigsten, bei dem eine verwandtschaftliche Gruppe ein gemeinsames Totem verehrt. Man spricht in diesem Falle gewöhnlich von ,,Klantotemismus".

In den allermeisten Fällen ist ein Tier das Totem. Mit diesem fühlt sich eine verwandtschaftliche Gruppe in mystisch-mythischer Verwandtschaft verbunden. Es kommt nur vereinzelt vor, daß sich die Gruppe als direkt aus dem Totemtier hervorgegangen betrachtet. In den allermeisten Fällen ist man überzeugt, daß der mythische Urahn und das Totem einen gemeinsamen Ursprung haben; oft gelten die beiden auch als Brüder. Nach Ferdinand Herrmann bedeute der Begriff ,,*totam, todaim* oder *ndodem* in den Algonkin-Sprachen des südlichen Kanada soviel wie Verwandtschaft, Familien-Abzeichen oder auch persönlicher Schutzgeist" (1961: 40–41).

Diese enge Mensch-Tier-Beziehung könnte aus der jägerischen Schicht stammen, also bereits relativ alt sein. Bei Jägern kommt es vor, daß bestimmte Tiere, wenn man sie nicht tötet, Glück bringen. Sie werden mit einem Tabu, einem Meidungsgebot, auch für die Nachkommen belegt. Man darf sie fürderhin nicht töten und nicht essen. Es entsteht ein freundschaftliches Verhältnis. – Wir wissen zwar nicht, wie der Totemismus entstanden ist, aber er läßt sich aus der Jägerkultur verständlich machen.

Der Totemismus ist ein weltweites Phänomen; seine stärkste Ausprägung hat er aber vielleicht doch in Australien erfahren. Je nachdem, ob die Verwandtschaftszurechnung patri- bzw. matrilineal ist, erbt man das Totem von der väterlichen bzw. mütterlichen Linie. In Zentralafrika bei matrilinealen Klans fand ich, daß man zwar das Totem vom Matriklan übernahm, daß aber das wichtigere Totem vom Patriklan kam, obgleich man sonst mit diesem Klan recht wenig zu tun hatte. Man erklärte es damit, daß die heranwachsenden Kinder, besonders die Knaben, mit dem Vater zusammen speisten und daher auch seine Eßgewohnheiten annähmen.

Doch hier ist der Totemismus für uns wichtig, weil er von einigen Autoren als Ursprung der Religion und des Opfers angesehen wurde. Wie kommt es zu dieser Theorie?

Eng mit dem Begriff *Totem* ist der Begriff *Tabu* verbunden. Man darf sein eigenes Totem weder töten noch verzehren. Findet man aber Teile des eigenen Totems oder erhält man sie von einem anderen Klan (der ein anderes Totem hat) geschenkt, so verfertigt man daraus ein mächtiges Klanidol, in Afrika auch ‚Klanfetisch' genannt. Dieses Idol ist häufig das sakralste und stärkste Objekt, über das die Gruppe verfügt.

Gelehrte wie *W. Robertson Smith* und *Sigmund Freud* führen das Opfer auf den Totemismus zurück. Das Totem wäre zwar streng tabuisiert, aber bei feierlichen Anlässen werde es dennoch geschlachtet und gemeinsam aufgegessen. Opfer und Kommunion hätten in diesem Ritual ihren Ursprung.

Diese von Smith und Freud vorgetragene Theorie soll hier nicht weiter im Detail verfolgt werden, sie wird im Kapitel über das Opfer diskutiert werden. Es sei jedoch nur soviel angemerkt: Es kommt äußerst selten vor, daß das Totemtier von seinen „Verehrern" getötet und gegessen wird. Alfred Kroeber, Psychoanalytiker und Anthropologe, der sich mit Freuds These in „Totem und Tabu" (1913) kritisch auseinandersetzt, sagt, daß er insgesamt von vier solchen Fällen gehört habe (1920). Kroeber scheint sich bei dieser Angabe auf Frazer, The Golden Bough, Bd. I.: XXII, zu beziehen. Hier nämlich sagt Frazer: „Es ist wahr, daß ich, in meinem ‚Totemism' und anderswo ein paar Fälle (vier im ganzen) von feierlicher Tötung eines heiligen Tieres notierte, das ich, R. Smith folgend, als wahrscheinliches Totem betrachte. Aber keiner der vier Fälle schloß das Essen des heiligen Tieres durch die Verehrer ein, was ein wesentlicher Teil der Theorie meines Freundes war; überdies stand nicht positiv fest, daß das geschlachtete Tier wirklich ein Totem war" (1936: XXII–XXIII). – Mit anderen Worten: Es scheint in der ethnologischen Literatur keinen einzigen gesicherten Fall zu geben, daß ein Totemtier in feierlicher Zeremonie geschlachtet und als Kommunion verzehrt wurde.

Der Völkerpsychologe *Wilhelm Wundt* schrieb 1912, es ergebe sich „mit hoher Wahrscheinlichkeit der Schluß, daß die totemistische Kultur überall einmal eine Vorstufe der späteren Entwicklungen und eine Übergangsstufe zwischen dem Zustand des primitiveren Menschen und dem Helden- und Götterzeitalter gebildet hat" (1912: 139).

John Ferguson McLennan (1827–1881) brachte als erster den Totemismus mit Religion in Zusammenhang, und zwar in seinem Artikel „On the Worship of Animals and Plants" (1869). Er sah darin ein Überbleibsel des Fetischismus. Sein Schüler Robertson Smith ging weiter und erblickte im Totemismus den Ursprung der Religion überhaupt. James Frazer hatte ursprünglich ebenfalls den Totemismus mit Religion in Verbindung gebracht, so in seiner Arbeit „Totemism" von 1887. In einer Arbeit von 1905 hielt er dafür, man solle den Totemismus mit Magie, nicht aber mit Religion assoziieren. In seinem vierbändigen Werk „Totemism and Exogamy" von 1910 aber schrieb er: „Reiner Totemismus ist in sich selbst ganz und gar keine Religion, denn die Totems werden nicht verehrt, sie sind in keinem Sinne Gottheiten, sie werden nicht besänftigt mit Gebet und Opfer. Zu sprechen also einfachhin von einer Verehrung von Totems, wie einige Autoren tun, verrät ein ernstliches Mißverstehen der Tatsachen" (Bd. I: 91).

1. *William Robertson Smith* (1846–1894)

Er war anglikanischer Priester und Professor für orientalische Sprachen und Exegese des Alten Testamentes. Er hat eine Reihe von Werken über Religion und Sozialorganisation der Semiten, speziell der Hebräer, verfaßt. Seine totemistische Ausdeutung der Religion Israels kommt am besten zum Ausdruck in seinem Werk ,,Lectures on the Religion of the Semites" (1899). Seine Werke wurden von seiner Kirche indiziert, und er ging seines Lehrstuhls verlustig. Die Beweise für seine Totemismustheorie in Israel waren dürftig.

Sein Schüler F. B. Jevons versuchte auf breiter Grundlage zu beweisen, daß der Ursprung der Religion im Totemismus zu suchen sei. Sein Werk ,,Introduction to the History of Religion" (1896) hatte seinerzeit eine große Verbreitung. 1904 war die 3. Auflage erschienen. Evans-Pritchard urteilt in seinem Büchlein ,,Theorien über primitive Religionen" (1965, dt. 1968):

,,Religion war für ihn [sc. F. B. Jevons] die lineare Entwicklung vom Totemismus (der Animismus sei ,eher eine primitive Philosophie als eine Form religiöser Vorstellungen' [1896: 20]) über Polytheismus zum Monotheismus. Aber ich will seine Theorien nicht diskutieren oder in ihre Einzelteile zerlegen. Ich erwähne dieses Buch nur als das beste Beispiel für das mögliche Ausmaß von Irrtümern in Theorien über primitive Religionen: heute könnte wohl keine einzige von Jevons' allgemeinen oder theoretischen Aussagen einer Prüfung standhalten. Sein Buch ist eine Ansammlung von absurden Rekonstruktionen, unhaltbaren Hypothesen und Konjekturen, von wilden Spekulationen, Prämissen und Vermutungen, von falschen Analogien, Mißverständnissen, Fehlinterpretationen und, besonders in seinen Ausführungen über den Totemismus, von purem Unsinn" (1968: 36–37).

Doch die beiden Protagonisten des religiösen Totemismus wurden Sigmund Freud und Emile Durkheim. Es handelt sich also um zwei verschiedene Wissenschaftler, die aus ganz unterschiedlicher Richtung kommen, um den Totemismus als Ursprung von Religion und Sozialstruktur zu erweisen.

2. *Sigmund Freud* (1856–1939)

Er hat 1912 in der Zeitschrift *Imago* verschiedene Aufsätze veröffentlicht, die er 1913 als Büchlein unter dem Titel ,,Totem und Tabu" folgen ließ. Darin geht er von zwei Hypothesen seiner Zeit aus.

- Von einer des Evolutionismus: In der Urzeit lebten die Menschen in kleinen Gruppen. Das stärkste Männchen kapitalisierte die Weiber und vertrieb seine erwachsenen Söhne als seine Nebenbuhler.
- Und von Smith's Opfertheorie: Das blutige Opfer sei das wichtigste Element eines jeden Kultes. Dies gehe aber zurück auf das Töten und Verzehren des Totemtieres durch die Gemeinschaft der Verehrer.

Diese beiden Hypothesen verbindet nun Freud mit dem Ödipuskomplex. Der Ödipuskomplex schweißt beide Hypothesen zu einem neuen Ganzen zusammen. Die aus der primären Horde ausgetriebenen Söhne rotteten sich endlich zusammen und erschlugen ihren Vater, aßen ihn und eigneten sich die Weiber an ... Daß sie den Getöteten auch verzehrten, sei für den kannibalischen Wilden selbstverständlich. Der gewalttätige Urvater war gewiß das beneidete und gefürchtete Vorbild eines jeden aus der Brüderschar gewesen. Nun setzte sie im Akt des Verzehrens die Identifizierung mit ihm durch, eignete sich ein jeder ein Stück seiner Stärke an. Die Totemmahlzeit, vielleicht das erste Fest der Menschheit, wäre die Wiederholung und die Gedenkfeier dieser denkwürdigen, verbrecherischen Tat, mit welcher so vieles seinen Anfang nahm, soziale Organisationen, die sittlichen Einschränkungen und die Religion (Freud 1922: 190).

Als die Söhne den Vater erschlagen und gegessen hatten, überkam sie Reue und Schuldbewußtsein. Man kenne diese psychische Situation aus der Psychoanalyse des ,,nachträglichen Gehorsams". Sie widerriefen ihre Tat, indem sie die Tötung des Vaterersatzes, also des Totems, streng tabuisierten und die Frauen, also ihre Mütter und Schwestern, deretwegen sie den Vater erschlugen, ebenfalls tabuisierten. So kam es zu der Regelung, daß man das eigene Fleisch weder töten und essen noch geschlechtlich gebrauchen darf. Aus dem Tötungsakt soll dann das religiöse Gefühl entstehen, denn der erschlagene Vater bzw. das Totemtier ist im Grunde ja niemand anderer als Gott selbst (1922: 192). Dieses Erschlagen von Gottvater ist die alte Erbsünde der Menschheit. Wörtlich sagt Freud: ,,Im christlichen Mythos ist die Erbsünde des Menschen unzweifelhaft eine Versündigung gegen Gottvater. Wenn nun Christus die Menschen von dem Drucke der Erbsünde erlöst, indem er sein eigenes Leben opfert, so zwingt er uns zu dem Schlusse, daß diese Sünde eine Mordtat war. Nach dem im menschlichen Fühlen tiefgewurzelten Gesetz der Talion kann ein Mord nur durch die Opferung eines anderen Lebens gesühnt werden; die Selbstaufopferung weist auf eine Blutschuld zurück. Und wenn dieses Opfer des eigenen Lebens die Versöhnung mit Gottvater herbeiführt, so kann das zu sühnende Verbrechen kein anderes als der Mord am Vater gewesen sein" (1922: 206).

Alfred Kroeber, der ,,Totem und Tabu" eingehend bespricht und die Hauptthesen darlegt, bemerkt, daß die Darbietung des Gerüstes der Freudschen Hypothese über den Ursprung der sozio-religiösen Kultur wahrscheinlich ausreicht, um zu verhindern, daß sie angenommen werde (1920: 51). Hier seien trotzdem einige Punkte der Kritik zu Freuds Hypothese dargeboten.

1. Der Totemismus ist zwar weltweit verbreitet, aber es gibt zahlreiche wildbeuterische Altvölker, etwa die Pygmäen, sibirische Altvölker, aber auch Australier, nordamerikanische Völker sowie die Feuerländer, die keinen Totemismus kennen.

2. Daß der Totemismus eine allgemeine Durchgangsstufe wäre, wie Wilhelm Wundt vermutet und Freud selbstverständlich voraussetzt, ist sicher nicht der Fall.
3. Das Hauptelement der Hypothese, nämlich das Töten des Totems, ist eine absolut unbewiesene Behauptung. Es gibt praktisch keinen einzigen gesicherten Beweis, daß das Totemtier rituell geschlachtet und verzehrt wird.
4. Zahlreiche älteste wildbeuterische Völker kennen kein blutiges Opfer oder, wie die Australier, überhaupt kein Opfer. Das blutige Opfer setzt bereits eine wirtschaftliche Höherentwicklung voraus, denn es müssen ja wenigstens Opfertiere vorhanden sein.
5. Die wildbeuterischen Völker kennen praktisch keinen Kannibalismus. Dieser wird erst in den seßhaften Agrarkulturen praktiziert. Wer je mit Wilbeutern gelebt hat, dem ist die Annahme der Tötung des Hordenführers eine absurde Unmöglichkeit.
6. Die Annahme einer Urhorde, wie Darwin und vor allem Atkinson sie darstellten, ist eine reine Hypothese. Bei allen ethnologischen Völkern ist eine Urpromiskuität unbekannt, jedenfalls auf längere Dauer. Es gibt mal aus Anlaß eines Festes, z. B. bei den Eskimo, bei Australiern, aber auch bei Pygmäen, eine Art Partnertausch, aber dieses Fest hat oft noch religiösen Charakter. Daraus kann eine Promiskuität nicht abgeleitet werden. Die Partnerschaft ist bei allen Völkern eine bis ins Detail geregelte Angelegenheit. Eine Inbesitznahme aller geschlechtsfähigen Frauen durch den Hordenführer und die Ausstoßung der geschlechtsreifen Söhne ist in der Ethnologie unbekannt.

3. *Emile Durkheim* (1858–1917)

Durkheims Hauptziel war es, die Religion auf eine rationale Basis zu stellen, um sie so von der Transzendenz zu befreien. Diese Basis fand er in der Sozialstruktur gegeben. Religion ist für Durkheim an erster Stelle, ja man könnte sogar sagen ausschließlich, Kirche, also Gemeinschaftserlebnis. Eine Beziehung des einzelnen zur übermenschlichen Macht gibt es nach ihm nur in der Gemeinschaft, denn die Individualzeit – hier beruft er sich auf die Australier – ist profane Zeit, ausgefüllt mit Nahrungssuche; die gemeinschaftlichen Feste hingegen sind sakrale Zeit, denn nur hier entstehen religiöse Gefühle.

Die Realität, auf die Durkheim die Religion zu gründen sucht, ist nicht die Realität eines persönlichen Gottes, sondern die Realität des Sozialen. Er schreibt: „Es ist unzulässig, daß Ideensysteme wie die Religionen, die einen so hervorragenden Platz in der Geschichte eingenommen haben und aus denen die Völker aller Zeiten ihre Energie zum Leben geschöpft haben, nichts als Illusion sein sollen. Heute beginnt man zu erkennen, daß Recht, Moral und das wissenschaftliche Denken selbst aus der Religion hervorgehen, ja, daß sie lange mit ihr verwechselt wurden und von ihrem Geist durchdrungen geblieben sind. Wie hätte ein leeres Phantasiegebilde das menschliche Bewußtsein so stark und so lange gestalten können? Es muß, zugegebenermaßen, für die Religionswissenschaft als Prinzip gelten, daß Religion nur zum Ausdruck bringt, was in der Natur existiert; denn Wissenschaft handelt nur von natürlichen Phänomenen. Die ganze Frage besteht also darin zu wissen, zu welchem Bereich der Natur diese Tatsachen gehören, und was die Menschen dazu bewegen konnte, sich unter dieser einzigartigen Form vorzustellen, die für das religiöse Denken typisch ist" ([4] 1960: 98).

Durkheim will also zum Ausdruck bringen, daß Religion sich nicht auf überirdische, von unserer Wissenschaft nicht kontrollierbare Mächte beziehen kann, sondern Religion muß auf rational erfaßbare Realitäten gegründet sein. Wenn also Religionswissenschaft Wissenschaft sein will, muß ihr Objekt ein „natürliches Phänomen" sein. Damit kappt Durkheim jede Transzendenz der Religion und verlegt sie ins Diesseits. Da Religion im Sozialen gründet, betont Durkheim immer wieder, daß sie wichtig und wertvoll sei (sprich: für das soziale Leben; sie ist ja nur dessen Sublimation).

An anderer Stelle geht Durkheim darauf ein, wie denn das Religiöse entstehe. Wenn nämlich Religion auf eine soziale Realität gegründet ist, muß das Religiöse auch aus der Gesellschaft kommen. Er beschreibt nach dem Hörensagen das Leben der zentral-australischen Aranda: Sie durchstreifen in kleineren Gruppen, oft als Kernfamilien, das Land und obliegen ganz dem Nahrungserwerb. Diese Zeit ist eine rein profane Zeit. Zu bestimmten Anlässen kommt der Klan oder Stamm zusammen, um Feste zu feiern. Bei diesen Feierlichkeiten kommen die Gemüter in Bewegung, und es gerät der eine oder andere außer sich, wird exaltiert, schreit, gestikuliert. Auch die Gruppe als Ganzes wird animiert. Doch ein kollektives Gefühl kann nur dann zum Ausdruck gebracht werden, wenn bestimmte Regeln beachtet, d. h. die Schreie und Gesten in einen bestimmten Rhythmus und in eine Form gebracht werden. Mit anderen Worten: Es kommt zu Gebet, Tanz, Liedern etc. „Der einzelne fühlt sich von einer äußeren Kraft davongetragen, so daß er den Eindruck gewinnt, er sei ein anderer geworden. Und da zu gleicher zeit alle seine Begleiter sich ebenfalls auf gleiche Weise verwandelt fühlen und ebenso durch Schreie, Gesten und Haltung ihre Gefühle zum Ausdruck bringen, entsteht für ihn der Eindruck, daß er wirklich in eine besondere Welt entrückt sei, die ganz verschieden ist von der, in welcher er gewöhnlich lebt; sie ist mit außergewöhnlich starken Kräften bevölkert, die auf ihn eindringen und ihn verwandeln. Wie könnten solche Erfahrungen, besonders wenn sie sich

Wochen hindurch jeden Tag wiederholen, in ihm nicht die Überzeugung entstehen lassen, daß es zwei verschiedenartige und miteinander unvereinbare Welten gibt? ... Es scheint also, daß die sprudelnde Idee des Religiösen in der Mitte einer solchen sozialen Umgebung und aus einer solchen Lebhaftigkeit heraus geboren wird. Daß dies wirklich der Ursprung ist, wird durch die Tatsache bewiesen, daß in Australien die wirklich religiöse Aktivität auf jene Zeiten begrenzt wird, da die Versammlungen abgehalten werden" (1960: 312–313).

Durkheim zeigt also, wie es zu einem religiösen Gefühl kommt: ausschließlich in und durch die Gruppe; durch die notwendige Normierung entstehen Formen und Riten. Dem religiösen Gefühl entspricht aber keine transzendente Realität, also keine Gottheit, die in das Leben des Menschen einbricht, sondern es ist die Gesellschaft, die die Religion gebiert.

Durkheim geht in seinem Gedankengang weiter und zeigt, daß die Idee von Weiterleben und Unsterblichkeit ebenfalls aus der Gesellschaft ableitbar ist. Die Seelen der Neugeborenen sind Emanationen oder Reinkarnationen von Ahnenseelen. Seelen können demnach für den Australier nur von Seelen kommen. ,,Dies ist natürlich die Verewigung des Lebens der Gruppe. Die Individuen sterben, aber der Klan überlebt. So müssen also jene Kräfte, die das Leben geben, die gleiche Ewigkeit besitzen. Diese Kräfte sind die Seelen, die die Körper der Individuen beleben; die Gruppe aber existiert in ihnen und durch sie" (1960: 384).

Aus den zahlreichen Gedanken, die Durkheim in seinem Werke bietet, die es alle verdienten eingehender vorgestellt zu werden, sei nur noch kurz auf sein Gottesproblem verwiesen. Um genau zu sein: Ein Gottesproblem gibt es nicht, da es ja keinen Gott in unserem Sinne gibt. Die Gesellschaft ist das Große, Absolute, und ihr Exponent ist ihr Urahn, das Totem. Religion auf eine transzendente Macht gründen, hieße, Religion als Illusion begreifen.

Durkheim gibt zu, daß es in Australien Stammesgottheiten gibt, aber, sagt er, ,,daraus folgt nicht, daß man sie auf eine mysteriöse Offenbarung zurückführen müßte. Weit gefehlt, sie einer anderen Quelle entstammen zu lassen als die eigentlichen totemistischen Glaubenswahrheiten; sie sind im Gegenteil die logische Vollendung und die höchste Form" (1960: 415). Mit anderen Worten: Gott ist das höchste Totem.

Zu Durkheims Theorie ist im Laufe der Jahrzehnte sehr viel gesagt worden. Kaum einmal wurde seine Theorie ganz abgelehnt, denn zu viele Wissenschaftler sind Durkheims Ideen verpflichtet, so etwa Radcliffe-Brown, Evans-Pritchard und die Franzosen bis zu Lévi-Strauss.

Am intensivsten und kritischsten haben sich A. Van Gennep (1920) und Alexander Goldenweiser mit Durkheims Werk auseinandergesetzt; Letzterer am ausführlichsten in „Early Civilization" von 1922: 360–380). Auch Wilhelm Schmidt (1930: 111–113) und Alfred Kroeber (1952: 160–163) nehmen zu seinen Hauptthesen kritisch Stellung. Ich möchte hier nur zu drei, wie ich meine, fundamentalen Thesen in Durkheims Theorie Stellung beziehen:

- Durkheim verabsolutiert die Gesellschaft, und zwar die Sippe, den Verwandtschaftsverband. Das Individuum geht darin unter. Warum soll das Individuum keine persönliche religiöse Erfahrung außerhalb des Sippenverbandes machen können? Durkheim hatte keine persönliche Erfahrung, wie das Leben in solch einfachen Ethnien vor sich geht.
- Durkheims Erklärung für den Ursprung des Religiösen, der Unsterblichkeit, die Zurückweisung des Einflusses der Natur usw. sind unbewiesene Behauptungen. Es gibt z. B. zahlreiche Völker ohne Reinkarnationsglauben, und dennoch glauben sie an eine Unsterblichkeit.
- Durkheims ganze Überlegungen haben zur Voraussetzung, daß es Totemismus gibt. Wie aber schon in der Kritik Freuds erwähnt wurde, gibt es zahlreiche Völker, die keinen Totemismus kennen und ihn mit großer Wahrscheinlichkeit auch niemals besessen haben. Dennoch aber kennen sie ein Absolutes, haben Religion, glauben an Unsterblichkeit . . . Und dann kennen wir zahlreiche Völker, die haben zwar Totemismus, aber er spielt eine ausschließlich soziale und keine religiöse Rolle.

Die schwerste Fehlleistung in Durkheims System ist, daß der dem Religiösen von vornherein jedes Eigensein abspricht und es aufs Soziale reduziert. Dies widerspricht jeder religiösen Erfahrung. Religion ist mehr als nur Kirche; das religiöse Individuum macht jedenfalls diese Erfahrung.

Evans-Pritchard geht in seiner Kritik an Durkheim auf dessen Theorie der Entstehung der Religion ein; er sagt: „Sie widerspricht seinen eigenen Regeln der soziologischen Methode, denn im Grunde bietet sie eine psychologische Erklärung für soziale Tatsachen an. Durkheim selbst hat schließlich festgelegt, daß solche Erklärungen unweigerlich falsch sind. Von seinem Standpunkt aus war es nur vernünftig, Verachtung für andere zu bezeugen, die Religion aus der Triebkraft der Halluzination ableiteten, doch ich behaupte, daß er genau dasselbe tut. Keine Wortspiele mit Begriffen wie ,Intensität' und ,Überschwang' können darüber hinwegtäuschen, daß er die totemistische Religion der *Blackfellows* aus der emotionalen Erregung, aus einer Art Massenhysterie der in einer kleinen Menge versammelten Individuen ableitet. Einige unserer früheren Einwände, die in jenem Zusammenhang auch die Durkheims waren, müssen hier ebenfalls vorgebracht werden. Was beweist uns, daß die *Blackfellows* während ihrer Zeremonien sich in einem besonderen Gefühlszustand befinden? Wenn es aber zutrifft, dann ist evident, daß dieses Gefühl, wie Durkheim selbst behauptet, durch die Riten und die sie verursachenden Vorstellungen hervorgerufen ist; also können diese schlechterdings nicht als

Produkt der Gefühle angeführt werden. Deshalb kann, wenn überhaupt ein besonderer Gefühlszustand mit dem Ritual verbunden ist, emotionale Spannung (wie immer sie beschaffen sein mag) zwar ein wichtiges Element der Riten sein, indem sie ihnen eine tiefere Bedeutung für das Individuum verleiht; aber sie kann kaum eine angemessene kausale Erklärung für sie als soziales Phänomen liefern. Das Argument ist, wie so viele soziologische Argumente, ein Zirkelschluß: Die Riten erzeugen den Überschwang, der die Vorstellungen erweckt, die die Veranstaltung der Riten herbeiführen: – oder verdanken sie sich dem bloßen Faktum des Zusammenkommens? Im Grunde hat Durkheim aus der Massenpsychologie eine soziale Tatsache herausgelockt (1968: 109–110).

3. Kapitel
Religion und Wirtschaft

I. Vorbemerkungen und Voraussetzungen

Wenn der Titel dieses Buches von den „Religionen schriftloser Völker" spricht, sollte man bedenken, daß hierunter mehrere Tausend Religionen fallen, die über einen Großteil der Erde verbreitet sind. Mit dieser Rubrik „Religionen schriftloser Völker" oder „Naturreligionen", oder wie immer wir sie nennen wollen, erfassen wir ganz diverse Religionstypen. Um von dieser Vielfalt sprechen zu können, müssen wir sie klassifizieren. Das Kriterium der Schriftlosigkeit ihrer Träger gibt ja über die Religionen selbst keine Auskunft. Es werden ganz disparate Religionen zusammengefaßt, die inhaltlich kaum etwas miteinander zu tun haben. Man denke etwa an die Religion der Australier und die der Inka, an die Religion der Pygmäen und die der Altindonesier usw.

Man kann die Religionen unter mannigfacher Rücksicht einteilen: so nach dem Objekt der Religion, nach ihren Lehren und Mythen, nach der ethnischen Zugehörigkeit ihrer Gläubigen usw. Derartige Einteilungen liefern aber dem Religionsethnologen keine großen Einsichten. Eine Einteilung der Ethnien nach ihren Wirtschaftsformen ist erfolgversprechender, weil Religion und Wirtschaft, gerade bei archaischen Völkern, sehr eng miteinander verzahnt sind.

Über die Wirtschaftsstufen der ethnologischen Völker wissen wir relativ gut Bescheid. Aufs Ganze gesehen haben wir es mit einer linearen Evolution zu tun, wobei in konkreten Fällen die lineare Entwicklung durchaus unterbrochen sein kann.

Der Mensch hat Jahrhunderttausende als Wildbeuter gelebt, d. h. er war in viel stärkerem Maße als wir heute von der Natur abhängig. Der Altmeister der deutschen Ethnosoziologie, Richard Thurnwald, spricht denn auch vom archaischen Menschen als dem „Menschen geringer Naturbeherrschung". Der Wildbeuter ist deshalb bis heute auf Gedeih und Verderb auf die Gaben der Natur angewisen; er muß ihr seinen Lebensunterhalt abringen. Je nach Klima, Umwelt, Bevölkerungsdichte usw. ist dieser Existenzkampf mehr oder weniger hart. Wir machen die Beobachtung, daß der Naturmensch gerne das lebenssichernde Element personalisiert: Er tut so, als ob er seinen Lebensunterhalt von einer Person erhielte. Je nach Wirtschaftstyp werden andere Naturkräfte personalisiert.

1. Die *Wildbeuter* kennen vor allem einen Herrn oder eine Herrin der Tiere, der/die ihnen das Jagdwild zuführt.

2. Die *Ackerbauer* verehren die Mutter Erde, die ihre Pflanzen gedeihen läßt.
3. Die *Hirten* wissen sich von einem Himmelsgott abhängig; er schickt Regen und läßt die Weiden grünen.
4. *Komplexe Kulturen,* wie Stadtkulturen mit Handwerkertum, benötigen auch ein komplexes Pantheon. Zu einem eigentlichen Monotheismus kommt es bei ethnologischen Völkern noch nicht.

Wenn der Mensch der Natur seinen Lebensunterhalt abtrotzen mußte, dann darf man nicht vergessen, daß er dies nur als Glied einer solidarischen Gruppe erreichen konnte. Als Individuum, losgelöst von seiner Gruppe, ist der Mensch in der naturvolklichen Gesellschaft nicht überlebensfähig. Dies heißt aber nicht, wie Durkheim meint, daß das Individuum aufhört, seine persönlichen religiösen Erfahrungen auch ohne die Gruppe zu machen.

Da dem Religionsethnologen von einer Uroffenbarung nichts bekannt ist, müssen wir auch annehmen, daß sich Religion, ähnlich wie die Wirtschaftsstufen, ebenfalls entwickelt hat. Religion und Wirtschaft sind ja eng miteinander verbunden.

II. Funktionen der Religion

Wenn alle uns bekannten Naturvölker ein Absolutes kennen und in gewissem Sinne auch verehren, dann tun sie dies nicht, weil sie die überragende Größe des Absoluten erkannt hätten und ihm Ehrfurcht erweisen wollten, sondern weil sie dieses Wesen für ihre Existenzsicherung benötigen. Für einen „frommen" Mitteleuropäer, der seine Existenz vielfältig abgesichert hat, mag diese Aussage ketzerisch klingen; Naturvölker verfahren hier nach meiner Erfahrung äußerst pragmatisch: Man verehrt nur solche Kräfte, die helfen können und helfen wollen; und man opfert auch nur jenen, denen man opfern muß, damit sie einem helfen.

Ein mitteleuropäischer Christ stellt natürlich die sinngebende Funktion der Religion in den Vordergrund. Er hat sich gegen Existenzkrisen durch profane Mechanismen abgesichert: gegen Krankheit, Sozialkrise, Katastrophen etc. Die Religion wird bei uns gegen solche Katastrophen nicht mehr eingesetzt. Der Gläubige unter uns kann sich ohne existentielle Sorgen seiner Frömmigkeit hingeben und das Heilige heilig halten wegen seiner Heiligkeit.

Wenn man mit Naturvölkern zusammenlebt, gewinnt man den Eindruck, daß Religion mehr die Aufgabe hat, die materielle Existenz abzusichern als dem Leben einen Sinn zu geben. Der Lebenssinn wird nämlich weitgehend von der Gesellschaft, in der man lebt, bestimmt. Hierbei ist freilich die Religion niemals ganz ausgeschlossen. Man ist in die Gesellschaft integriert; wenn man sich ihren Regeln entsprechend verhält, hat das Leben immer den von der Gemeinschaft vorgezeichneten Sinn. Das Individuum hat immer mit seiner Gruppe solidarisch zu sein und für die Gruppe dazusein. Sein eigentliches Lebensziel besteht bei sehr vielen Völkern darin, einmal mit den Ahnen im anderen Dorf vereinigt zu sein, wo das irdische Leben in sublimierter Form weitergelebt wird. Auch in der Bibel heißt es von den Patriarchen, ,,er wurde zu seinen Vätern versammelt'' statt ,,er ist gestorben''.

Wer einfache Religionen im praktischen Vollzug erlebt, wird durchweg ein ,,do-ut-des-Verhalten'' feststellen. Man macht immer nur dann ein Opfer oder veranstaltet nur dann eine Zeremonie, wenn man durch die Umstände dazu gezwungen wird. Spontan aus sich heraus ,,zur größeren Ehre Gottes'' würde man sich kaum solche Umstände machen. Der ,,Primitive'' ist zwar durch und durch religiös, doch er erwartet auch von der Religion ganz handfeste Hilfen. Er braucht die Religion für sein Leben, deshalb kann er es sich auch nicht erlauben, a-religiös zu sein, er würde ja seine Existenz gefährden.

III. Wirtschaftstypen und Religionsformen

Die existenzsichernde Funktion der Religion hat natürlich nur dann einen Sinn, wenn die Religionsform dem Wirtschaftstyp angepaßt ist. So würde einer Wildbeuterethnie eine Fruchtbarkeitsgottheit nicht von Hilfe sein, ebenso wäre ein Reisritual für Jägervölker sinnlos.

Bestimmte Interdependenzen bestehen zweifellos zwischen Wirtschaftstyp und Religionsform, aber es läßt sich nicht schematisch für jeden Wirtschaftstyp eine entsprechende Religionsform ausmachen. Wir können die Interdependenz aber negativ ausdrücken und zeigen, daß sich mit einem bestimmten Wirtschaftstyp bestimmte Religionsformen nicht vertragen. Wenn dennoch solch disfunktionale Formen miteinander auftreten, dann kann dies verschiedene Ursachen haben, und es spricht nicht unbedingt gegen die Interdependenz von Religion und Wirtschaft. Es kann z. B. Einfluß von außen vorliegen. Es ist jedoch relativ selten der Fall, daß disfunktionale Religionselemente in eine Religion importiert werden. Meist handelt es sich darum, daß sich der Wirtschaftstyp wandelt, und da die Religion ein viel größeres Beharrungsvermögen hat als Wirtschaft, werden Teile daraus disfunktional, aber man behält sie noch bei, obgleich sie überflüssig sind.

Disfunktionale Elemente kann eine Religion aber auch deshalb in sich haben, weil die sie tragende Ethnie gewandert ist und im neuen geographischen Milieu alte Elemente unangepaßt erscheinen. So fand ich bei den Bambiem im Zaire Fetische in Bootsform, obgleich die Bambien heute gar keine Boote verwenden. Vor etwa 250 Jahren aber haben sie am Kwango und vorher am Kongo gesiedelt. Dort war der Einbaum ihr tägliches Verkehrsmittel. Heute ist der Bootsfetisch für die Bambiem selbst unverständlich.

Es gibt auch Fälle, daß Völker in eine sekundäre Primitivität gedrängt werden, sei es, daß stärkere Völker sie in Rückzugsgebiete drängen und ihre Wirtschaft verarmt, sei es, daß durch ungünstige Umstände ihre traditionelle Wirtschaftsstufe zerstört wird: Eine Epidemie rafft den Viehbestand weg oder man nimmt Bauern das Land weg und sie müssen kurzfristig ihre Wirtschaft umstellen.

In allen diesen Fällen wird die hergebrachte Religion weiterbestehen, aber oft sinnentleert wirken. Wenn es sich um einzelne Elemente handelt, sprechen wir von sinnentleerten ,,Survivals". Eine harmonische Entwicklung bezüglich Wirtschaft und Religion läßt disfunktionale Elemente kaum entstehen. Kommen sie dennoch vor, ist es fast immer ein Zeichen eines gestörten Ablaufs.

Die Ethnologie operiert mit einer Reihe von Wirtschaftstypen und ihren Untergruppen. Die Details interessieren uns hier nicht, denn uns kommt es nicht auf die Wirtschaft, sondern auf die ihr zugeordnete Religionsform an. Sind aber bereits die Wirtschaftstypen realiter schwer voneinander zu unterscheiden, so ist dies bei den Religionsformen noch mehr der Fall, da, wie ich bereits erwähnte, das Beharrungsvermögen der Religionen größer ist als in irgendeinem anderen Bereich. Mit anderen Worten: Die Wirtschaft hat bereits gewechselt, aber der Wechsel in der Religion kann Jahrhunderte hinterherhinken.

Es seien hier folgende vier idealtypischen Wirtschaftsformen mit den ihnen zugeordneten Religionsformen vorgestellt.

1. Die Wildbeuter

Bis vor etwa zwölftausend Jahren lebte noch die gesamte Weltbevölkerung auf dieser Wirtschaftsstufe, und noch heute gibt es einige wenige Ethnien – meist in Rückzugsgebieten –, die als Jäger und Sammler ihr Dasein fristen. Es ist allerdings abzusehen, daß es in wenigen Jahrzehnten keine Wildbeuter mehr geben wird. Diese Wirtschaftsform ist vor allem dadurch geprägt, daß die Männer jagen oder fischen und die Frauen sammeln. Es handelt sich also um eine rein aneignende Wirtschaftsform; die Natur wird noch sehr wenig, ja fast noch gar nicht verändert.

Wir werden später noch einige Religionen dieser Wirtschaftsstufe im Detail vorstellen. Hier geht es zunächst um eine idealtypische Beschreibung . – Das Wilbeutertum reicht als Wirtschaftsstufe weit in unsere menschliche Vergangenheit zurück. Dies besagt aber nicht, daß heute lebende Wildbeuterkulturen unbedingt älter sein müssen als Pflanzerkulturen.

Das vielleicht allgemeinste Elemente der Wildbeuterreligionen ist ein übermenschliches Wesen, das das Jagdwild, bisweilen auch die übrige Nahrung, zuführt. Wir sprechen vom „Herrn" oder der „Herrin der Tiere". Es können daneben noch Schöpferwesen vorhanden sein, aber im religiösen Alltag spielen sie eine untergeordnete Rolle. Da die Jagd im Zentrum der Beschäftigung steht, haben auch die meisten Riten mit der Jagd zu tun. Die Jagdzauberriten sind zahlreich. Oft wird auch Analogiezauber verwendet: Man simuliert die Tötung von Wild im Tanz, an Modellen, auf Zeichnungen, um dann beim nächsten Jagdzug in gleicher Weise erfolgreich zu sein. Viele Felsbilder mit Jagdszenen aus der Steinzeit haben vielleicht solch einen Analogiezauber zum Hintergrund.

Wenn *Tore,* der Waldgott der Pygmäen, den Urwald verschließt, und die Männer kein Wild mehr erlegen, muß eine Zeremonie gefeiert werden, um den Urwald wieder zu öffnen; und wenn der Eskimo keine Seehunde mehr erjagt, muß der Schamane zu Sedna, der Herrin der Tiere, auf den Meeresgrund hinabsteigen, um sie zu besänftigen, damit sie die Jagdtiere aus ihrem Haus herausläßt.

Das Einsammeln von Pflanzen, Früchten und Kleintieren durch die Frau schlägt sich in der Religion so gut wie nicht nieder, obgleich die Frau, außer bei den Eskimo, quantitativ mehr zum Nahrungsbedarf beiträgt als der Mann.

Die Wildbeuter-Kultur ist eine materiall sehr arme Kultur. Man ist noch nicht seßhaft, der Hausrat ist auf ein Minimum reduziert; man muß beweglich sein, die Fruchtbarkeit der Erde spielt praktisch noch keine Rolle. All dies trägt dazu bei, daß die Wildbeuter noch keine Fruchtbarkeitsgeister kennen, daß sie noch keinen ausgeprägten Ahnenkult betreiben und daß dadurch ihre Geisterwelt recht überschaubar bleibt: Der Herr der Tiere steht im Mittelpunkt des Interesses. Oft erhält er auch Erstlingsopfer (Primitialopfer). All dies trug dazu bei, daß Wilhelm Schmidt und die Wiener Schule in der Religion der Wildbeuter eine monotheistische Urreligion erblickten. Doch wir wissen heute, daß die Wildbeuter keine anderen Geister und Gottheiten benötigen, wofür? Später wird auch noch zu zeigen sein, daß der Herr der Tiere kein Gott in unserem Sinne ist.

2. *Die Ackerbaukulturen*

In der Ethnologie unterscheidet man gerne vier verschiedene Ackerbaukulturen:

a. das primitive Pflanzertum,
b. den Körnerbau mit Großviehhaltung,
c. den Körnerbau mit Düngewirtschaft, Terrassenanlagen und künstlicher Bewässerung,
d. den Pflugbau.

Die Weltanschauung aller vier Abteilungen ist sehr verschieden von der der Wildbeuter und der der Hirten; untereinander sind sie aber relativ homogen. Wesentliche Unterschiede gibt es nur zwischen Weltanschauung und Religion der Pflanzer und der Körnerbauer. Der Pflug und die damit zusammenhängenden Aktivitäten schlagen sich meist nur in der Mythologie nieder. Die künstliche Bewässerung hat in anderen Bereichen als der Religion – so in der Organisation der politischen Herrschaft – ihre Bedeutung. Ich werde hier nur das Weltbild des Pflanzertums und das des Körnerbaus darstellen.

Wahrscheinlich hat es in der Religionsgeschichte der Menschheit niemals eine größere Umstellung gegeben als beim Wechsel vom Wildbeutertum zum primitiven Pflanzertum bzw. zum Körnerbau. Vieles deutet darauf hin, daß die Frau mit den Kindern zuerst seßhaft wurde. Sie war als Sammlerin seit eh und je mit den Pflanzen befaßt; deshalb müssen wir annehmen, daß sie bei der Domestikation der Pflanzen die wichtigste Rolle spielte. Der Mann blieb der schweifende Jäger. Diese Annahme würde auch verständlich machen, weshalb viele einfache Pflanzer matrilinear organisiert sind.

Sehr häufig sind die Frauen bis heute in den Pflanzungen mehr beschäftigt als die Männer; oft pflanzen sie allein; eine Reihe von Knollenpflanzen, wie Maniok, Yams, gilt als ausgesprochen weiblich, und ein Mann würde sie niemals anpflanzen. Beim Körnerbau ist der Mann vielfach beteiligt. Obgleich die Pflanzerkultur starke weibliche Züge aufweist, läßt sich daraus kein Urmatriarchat ableiten.

Die agrarischen Kulturen haben viele gemeinsame Züge. Der wichtigste ist, daß die Erde in den Mittelpunkt des Interesses rückt. Sie wird zur heiligen Mutter Erde, von der alle Fruchtbarkeit kommt. Bisweilen wird die Mutter Erde als Pendant zum männlichen Himmel gesehen. Der Regen ist dann der Same, der die Mutter Erde befruchtet. Dieses Bild ist besonders in Westafrika verbreitet, aber auch die Mittelmeerkulturen kennen es. Des weiteren gehören in die Weltanschauung der Pflanzer und Körnerbauer Muttergestalten, die durchweg göttlichen Charakter haben. Von ihnen hängt die Fruchtbarkeit der Äcker und der Menschen ab. Diese Gestalten gibt es praktisch in allen agrarischen Gebieten: von Afrika über die Mittelmeerkulturen, nach Indien und Indonesien bis zur Pachamama Südamerikas. Doch die für uns bekannteste Gestalt dürfte die griechische Göttin Demeter (wahrscheinlich aus Ge-mater = Erde Mutter) mit ihrer Tochter Kore (Persephone) sein. Als Demeter durch

Griechenland wanderte und ihre von Hades geraubte Tochter Kore suchte, weigerte sie sich, zum Olymp zu gehen, und die ganze Vegetation drohte zu verdorren.

Demeters Kult reicht in die vorhellenische Zeit zurück. Die indogermanischen Hellenen haben dann Demeter in ihr Pantheon eingegliedert. Doch der Demeter-Kore-Kult überlebte in den eleusinischen Mysterien bis in die christliche Zeit. Eine Weizenähre war Demeters Symbol.

Man wird sich vielleicht fragen, weshalb auch in patrilinear organisierten Körnerbau-Kulturen weibliche Fruchtbarkeitsgottheiten vorgefunden werden.

Es scheint, daß die Analogie Pflanzloch – Furche – Vagina sehr viel dazu beiträgt. Hingegen werden Grabstock/Pflanzenstock und Pflug als Analogon zum Phallus gesehen. Sehr zahlreich sind die Texte, in denen die Frau als Acker oder Pflanzung gesehen wird. Im Koran heißt es (II, 223): ,,Eure Frauen sollen für euch wie Äcker sein." Im Atharva Veda heißt es: ,,Diese Frau ist gekommen wie ein lebendiges Erdstück: sät in sie, Männer, den Samen." In unserem Grimmschen Märchen ,,Das Eselein" klagt die unfruchtbare Königin: ,,Ich bin wie ein Acker, auf dem nichts wächst."

Man hat auch die Antwort darauf zu geben versucht, daß die großen Muttergestalten in den Körnerbaukulturen Überbleibsel aus den matrilinearen Pflanzerkulturen wären. Doch wie noch gleich zu erwähnen sein wird, ist es fraglich, ob im Vorderen Orient und in Griechenland dem Körnerbau matrilineare Pflanzerkulturen vorausgegangen sind. Man weiß, daß um 10.000 v. Chr. in Palästina Körner geerntet wurden; im 6. Jahrtausend gelangte urtümlicher Weizen nach Griechenland und später über das Donautal weiter nach Norden.

Martin Nilsson (1955, I: 465), der große Kenner der griechischen Religionen, meint, daß die großen Muttergestalten dieser Kulturen aus dem Parallelismus zwischen Acker und Mutterschoß abzuleiten wären. Deshalb wären Frauen auch so gut geeignet, die Fruchtbarkeitszeremonien vorzunehmen. Eine Mutterrechtliche Religion sei aber in Griechenland nicht zu erweisen. Nilsson fügt noch hinzu: ,,Die angebliche Mutterreligion ist ein Versuch, der ältesten Religion eine Art Theologie unterzuschieben."

Ein weiteres Wesenselement aller agrarischen Kulturen ist, daß sie das Sterben und Auferstehen zum zentralen Element ihres Weltbildes machen. Aufgrund der Erfahrung mit den Setzlingen und Körnern wissen sie, daß alles dem Stirb-und-Werde-Rhythmus unterworfen ist. Man weiß in diesen Kulturen, daß in Wirklichkeit das Sterben nicht ewig ist. Die agrarischen Kulturen sind derart vom Lebensrhythmus durchdrungen, daß der Tod zu einem Ritus umgedeutet wird. Die Semiten haben sich nach einem ewigen Leben gesehnt (diese Idee ging ja auch ins Christentum ein), Inder und Griechen dagegen sehnten sich nach Verjüngung und ewiger Jugendlichkeit. Geo Widengren (1961: 74) schreibt: „‚Erlösen' heißt im Orient ‚lebendig machen', ‚Leben geben'. So wird im Aramäischen das griechische Wort Soter [= Erlöser] mit ‚Lebendigmacher' wiedergegeben, und alle diese Kulte versprechen, als göttliche Gabe *Leben* zu geben ..."

Agrarische Kulturen sind ganz auf die Periodisierung der Zeit eingestellt. Für sie läuft Zeit nicht linear, sondern zyklisch ab: die Jahreszeiten, das Werden und Vergehen der Pflanzen, Tiere und Menschen. Wir werden noch im Kapitel über die Mythen sehen, daß es offensichtlich ein Wesenselement religiösen Denkens ist, Heilsgeschehen zyklisch zu wiederholen. Der Mensch lebt in Harmonie mit den Kräften der Natur wie mit den übermenschlichen Mächten, wenn er die Urzeit immer wiederholt. Nicht linearer Fortschritt ist in diesen Kulturen das Ziel, sondern die Urzeit, als die Heroen und Ahnen lebten, ist das Modell, nach dem man strebt.

Vegetationsgottheiten wie Isis und Osiris, Kybele und Attis sind im Grunde genommen Personifizierungen des Stirb-und-Werde. Sie sind so eng mit der Vegetation verknüpft, daß man sich fragen kann, ob ihnen außerhalb der Vegetation überhaupt ein sinnvolles Sein zukommt. Läßt sich bei derart auf Periodisierung eingestellten Kulturen noch von ‚ewig' bzw. ‚Ewigkeit' in unserem Sinne sprechen? Ist unser europäischer Begriff ‚Ewigkeit' nicht in enger Korrelation zu unserem linearen Zeitbegriff zu sehen? Wir glauben, daß die Zeit ins Unendliche fortschreitet, und Religionen rechnen mit der periodischen Wiederkehr der Zeit: Nur weil Urzeit und Heilszeit sich wiederholen lassen, kann überhaupt Heil gewirkt werden.

Selbst das Christentum, in unser fortschrittsgläubiges westliches Denken eingebettet, gründet sein Heilsangebot auf die Möglichkeit, die Heilszeit beliebig oft zu wiederholen. Der Kreuzestod Jesu gilt als die zentrale Heilstat des Christentums. Jede Messe *ist* die Wiederholung dieser Tat (nicht nur ihr Symbol), und somit ist sie Heilstat. Also auch im Christentum gelangt man sozusagen zum Heil durch Wiederholung der Urzeit, Heilszeit.

Mit der Periodisierung der Zeit und der Auflösung des Todes in einen Ritus kommen wir zu einem weiteren typischen Element der agrarischen Kulturen, nämlich zum Ahnenkult. Wir werden später eingehend den Ahnenkult zu behandeln haben; hier seien nur kurz aus der agrarischen Struktur heraus einige Anmerkungen gemacht.

Ansatzweise gibt es Ahnenkult auch schon bei Wildbeutern; auch die Hirtenkulturen kennen ihn. Nirgends aber ist er so intensiv entwickelt wie gerade bei den Ackerbauern. Sicher trägt ihre Seßhaftigkeit dazu bei: Sie bestatten ihre Toten in der Erde. Gleichzeitig aber wird die Erde Quelle der Fruchtbarkeit. Es ist deshalb nur ein kleiner Schritt, bis die Ahnen Garanten der Fruchtbarkeit werden. Da man sie in der Nähe des Wohnortes in der Erde bestattet, bleiben sie den Lebenden nah, ja sie gehören weiterhin zur Sippe, da ja der physische Tod in Wirklichkeit nicht stattfindet. Das Totenreich – in Zentralafrika spricht man in euphemistischer Weise vom „anderen Dorf" – befindet sich in der Erde oder im Westen, wo die Sonne am Abend zur Ruhe geht, oder im Meer, zumal wenn es im Westen liegt.

Da sich die Ahnengeister in der Erde (oft auch im Wald, in den Bergen, im Wasser – immer aber im Gegensatz zum Dorf der Lebenden) aufhalten, werden auch gerne Erd- und Wassertiere mit den Ahnen assoziiert. Sie nehmen am Wissen der Erd- und Ahnengeister teil und haben oft auch Einfluß auf die Fruchtbarkeit.

Das Ahnentier par excellence ist die Schlange. Ich habe an anderer Stelle die Schlange als Ahnentier beschrieben (1981b). Hier nur kurz einige Wesensmerkmale. Ackerbaukulturen sehen in der Schlange immer ein positives Tier, Hirtenkulturen fast immer ein negatives. Hier könnten zahlreiche Beispiele aufgezählt werden. Ich möchte nur auf das vorhellenische Griechenland, das vorhebräische Palästina und das vorarische Indien verweisen, wo es überall einen intensiven Schlangenkult gab (die Völker waren Pflanzer und Körnerbauer). Mit der Einwanderung der Hellenen, Hebräer und 'Arier wird der Schlangenkult zurückgedrängt, verboten, oder die Kultstätten mit neuen Gottheiten besetzt. Das markanteste Beispiel ist Delphi, wo früher ein zusammengerollter Python gewohnt hat, dann aber von Apoll zerschmettert worden sein soll, dennoch blieb es große Orakelstätte.

Da die Schlange als Erd- und Wassertier gilt, hat sie auch am Wissen der in der Erde lebenden Ahnen und Geister teil. Die Schlange hat deshalb in der Bibel nicht ohne Grund mit dem Baum der Erkenntnis und des Wissens zu tun. Dieser Bezug der Schlange ist weltweit. Selbst in unserem Grimmschen Märchen „Die weiße Schlange" versteht der, der sie ißt, die Sprache der Tiere.

Die Schlange ist aber auch das Symbol für das ewige bzw. für das sich verjüngende Leben: Sie streift jeden Frühling ihre Haut ab und beginnt sozusagen ein neues Leben. Sie paßt deshalb wie kein anderes Tier in die zyklische Zeitauffassung der Ackerbauer.

Ihren Bezug zur Fruchtbarkeit hat die Schlange nicht nur durch ihre Verbindung zu den Ahnengeistern, sondern auch durch ihr phallisches Aussehen. Da die Erde als weiblich gilt, ist die Schlange als Phallus das Pendant zur Mutter Erde. – Der Vollständigkeit halber sei hier noch ein vierter Aspekt der Schlange genannt, der aber wahrscheinlich aus den drei vorhergehenden abgeleitet werden kann: Sie ist auch Symbol für die Heilkunst. Man sagt, sie kenne die Kräfte der Kräuter, da sie in ihnen lebe. Doch es wurde bereits erwähnt, daß die Schlange das Tier des Wissens ist. Hier sei nur auf das Kraut des Lebens im Gilgamesch-Epos und auf das Grimmsche Märchen „Die Schlangenblätter" verwiesen. Im Grunde genommen hat die Schlange diesen Aspekt auch im Paradies, wenn sie zu Eva sagt (Gen 3, 4–5): „Nein, ihr werdet nicht sterben. Gott weiß vielmehr: Sobald ihr davon eßt, gehen euch die Augen auf; ihr werdet wie Gott und erkennt Gut und Böse."

Bisher haben wir die den agrarischen Kulturen gemeinsamen Elemente der Weltanschauung vorgestellt. Wie vorhin erwähnt, unterscheiden sich Pflanzer und Körnerbauer in einigen wichtigen Punkten recht erheblich. Wegen der Priorität dieser beiden Kulturen kam es in den fünfziger Jahren zwischen Adolf Jensen und Hermann Baumann (1980) zu einer Kontroverse (Jensen 1954–58: 169–180), die uns hier aber nur unter dem Aspekt der Religion interessiert.

Jensen beschreibt den Ausgangspunkt der Diskussion folgendermaßen: „Die Körnerfrucht stammt dabei aus dem Himmel, und zwar wurde sie gegen den Willen der Gottheit meistens dort gestohlen (Prometheus-Motiv), die Knolle aber entstand aus einem göttlichen Wesen, das in der mythischen Urzeit lebte, getötet wurde und sich in die Knollengewächse verwandelte (Hainuwele-Motiv). In Varianten der Mythe entstehen die Knollen auch aus dem Körperschmutz oder aus dem Samen eines männlichen Wesens. Die beiden Mythen lassen auf zwei verschiedenartige Gottesvorstellungen und schon deshalb auf zwei verschiedene Kultur-Perioden schließen" (1954–58: 172).

Das Weltbild der Pflanzer

Adolf Jensen hat in mehreren Publikationen das geschlossene Weltbild der Pflanzer beschrieben, deren Wirtschaftsform er für die älteste Form des tropischen Pflanzenbaus hält. Das wesentliche Element des Weltbildes sind Urzeitwesen, die Jensen, nach einer Bezeichnung der Marind-anim auf Neuguinea, *Dema*-Gottheiten nennt. Das Eigentümliche an diesen Dema ist, daß sie von den Menschen getötet, zerstückelt und begraben werden. Aus den Leichenteilen entstehen die Nahrungspflanzen, vor allem die Knollenpflanzen und Palmen.

Jensen hat versucht, dieses Mythologem der Dema-Tötung im melanesischen Raum in allen Pflanzerkulturen der Erde nachzuweisen, doch ich meine, ohne allzu großen Erfolg. Die von Jensen erbrachten Beweise überzeugen wenig. Schwarzafrika z. B. kennt kaum die Idee, daß aus Körperteilen der Heroen Nahrungspflanzen entstehen. Die wildbeuterischen Tindiga in Tanzania kennen eine ähnliche Mythe, aber aus den Körperteilen entstehen Haus- und Jagdtiere (Kohl-Larsen 1956: 25–33). Das bekannteste Beispiel des Dema-Mythologems außerhalb Melanesiens kommt von den Eskimo, wo aus den abgehauenen Fingergliedern des Urzeitwesens Sedna, die auch die Herrin der Tiere ist, die Meerestiere entstehen. Man möchte fast argumentieren, daß aus dem Urzeitwesen Nahrung entsteht, gleichwohl pflanzlicher wie tierischer Art. Es scheint eine Variante, aber kein weltweites Mythologem zu sein, daß aus diesem Wesen Knollenpflanzen werden.

Trotz dieser Einschränkungen ist das pflanzerische Weltbild, wie Jensen es darstellt, für unser Anliegen hier von großer Bedeutung. Hier seien einige wesentliche Punkte dieses religiösen Weltbildes aufgeführt. Auf das Gottesproblem der Dema-Gottheiten werden wir an entsprechender Stelle eingehen.

– Da ist zunächst die Mythe von der Zerstückelung des Urzeitwesens. Für Jensen ist die typischste Dema-Mythe jene der Wemale auf Ceram von dem Mädchen Hainuwele. In der Urzeit entstand ein Mädchen Hainuwele auf einer Kokospalme. Es wurde schnell erwachsen. Es beschenkte die Menschen. Hainuwele ging abends zum Tanz und wurde in der 9. Nacht von den Menschen lebendig begraben. Ihr Vater grub den ,,Leichnam aus und zerschnitt ihn in viele Stücke. Die einzelnen Teile des Körpers vergrub er in dem ganzen Gebiet um den Tanzplatz herum ... Die vergrabenen Leichenteile der Hainuwele aber verwandelten sich in Dinge, die es damals auf der Erde nicht gab – vor allem in die Knollenfrüchte, von denen die Menschen seitdem hauptsächlich leben" (1949: 37).
– Der schöpferische Akt der Urzeit besteht im Töten, aus dem aber dann wiederum etwas Neues wird. Jensen stellt sich einmal die Frage, ob dieses Töten etwas ethisch Böses war: ,,... ob die erste Tötung in der Urzeit-Mythe den Sündencharakter hat oder nicht, ließe sich manches dafür und noch mehr dagegen aufzählen. Ich will mich auf ein einziges Argument beschränken. Die Tatsache allein, daß das mythische Ereignis von den Menschen in kultischen Tötungen wiederholt werden *muß,* zeigt zur Genüge, daß wir es nicht mit einer Sündenfall-Erzählung zu tun haben können ..." (1951: 109). Hier argumentiert Jensen als Europäer: Aus der Mythe geht ganz deutlich hervor (ich habe hier den Inhalt nur gerafft wiedergegeben), daß die Tötung Hainuweles negativ bewertet wird (von ,Sünde' würde ich in diesem Zusammenhang nicht sprechen).
Eine ethisch böse Tat kann dennoch etwas Gutes bewirken. Ein großes Tabu zu brechen, setzt große Kräfte frei und kann Heil bewirken. Ähnlich argumentierte bereits Durkheim bei der angeblichen Tötung des eigenen Totems. Hierher gehört auch der schwarzafrikanische Königsinzest: Der König übertritt das strengste Tabu, und doch oder gerade deswegen wird er zum Segen für seine Untertanen. Doch sehen wir uns die Ursünde in der Bibel an: Der hl. Augustinus nennt sie mit Blick auf die Auferstehung Jesu und der Menschen Erlösung ,,O felix culpa – o glückliche Schuld" – und der Mord am Sohne Gottes hat schließlich die Erlösung der Menschheit bewirkt.

- Wenn die Urzeittat Heil bewirkt und wiederholt werden muß, dann wird auch verständlich, weshalb gerade in Pflanzerkulturen Kopfjagd, Menschenopfer und kultischer Kannibalismus religiöse Akte werden konnten. – Kopfjagd und Kannibalismus sind keine Erfindungen der Pflanzerkulturen. Wir finden solche Spuren bereits beim Frühmenschen: Er hat in gleicher Weise Menschenschädel geöffnet, um ans Gehirn zu kommen, wie in rezenter Zeit Vertreter in Melanesien und Südamerika. Der Frühmensch aber tat es wahrscheinlich aus einem Dynamismus heraus und nicht, um ein Urzeitgeschehen nachzuahmen.
- In rezenter Zeit scheinen ausschließlich Pflanzenvölker Kopfjagd und Kannibalismus zu betreiben, und zwar handelt es sich durchweg um Exokannibalismus (das Opfer muß aus einer anderen Gruppe stammen). Reine Menschenopfer, wie z. B. in süd- und mittelamerikanischen Hochkulturen, haben mit der pflanzerischen Weltanschauung nichts zu tun.
- C. A. Schmitz berichtet in Paideuma (1954–58: 381–410) von einer Mythe, die in ganz Melanesien verbreitet sein soll und die, meiner Meinung nach, den Sieg des Pflanzertums über das Wildbeutertum und den der Frau über die Sonne dokumentieren soll. Diese Mythe dient auch, wie C. A. Schmitz aufweist, als Vorbild und Modell für die in Melanesien verbreitete Kopfjagd. C. A. Schmitz resümiert die Mythe: ,,Am Ende der Urzeit lebt unter den Geistern ein Riese (Ogre), der die ganze Umgebung unsicher macht. Er schlägt alles tot und frißt die Leichen auf. Die Überlebenden verlassen die Wohnstätte und ziehen in weit entfernte sichere Gebiete. Nur eine alte Frau muß zurückbleiben. Sie ernährt sich mühsam von einem versteckten Garten, und auf wunderbare Weise, ohne einen natürlichen Vater, gebiert sie zwei Knaben. Diese wachsen heran, lernen von der Mutter den Gartenbau und den Kampf. Sobald sie groß sind, ziehen sie aus, um den Riesen zu erschlagen. Es gelingt ihnen auch, das Ungeheuer zu töten. Die geflohenen Verwandten kehren zurück. Man zerschneidet den Leichnam des Riesen und verzehrt ihn zusammen mit dem Fleisch der Schweine, die sich bislang in des Riesen Besitz befunden hatten. Danach heirateten die beiden Knaben und gebären Töchter. Diese werden im Wohngebiet der ethnischen Gruppe angesiedelt, die sich jeweils eine Fassung der Mythe erzählt. Sie werden zu den Stammüttern der matrilinearen Sippen. Sie sind die ersten Menschen! Und um das gleich vorweg zu nehmen: in dem Riesen erkenne ich den zentralen Gott aus dem jägerischen Pantheon. Er ist der Herr der Schweine; und das Schwein ist das wichtigste Jagdwild der austronesischen Kultur. Und in der Frau, welche die Zwillinge gebiert, erkenne ich eine der unzähligen Erscheinungsformen der Magna Mater" (386–387).
- Der Riese vertritt das Jägerische; er ist ein männlicher Himmelsgott; er wird mit der Sonne identifiziert.

- Die Zwillinge und ihre Mutter stellen das Pflanzerische dar. Die Zwillinge sind zwei halbe Menschen, also zusammen ein ganzer (ein weltweites Motiv). Der erfolgreiche Kopfjäger der melanesischen Kulturen ist der Repräsentant der Zwillinge.
- Die Mutter der Zwillinge ist eine Magna Mater; sie steht im Widerstreit zum Himmelsgott und besiegt ihn. Bei den Kopfjagdriten Melanesiens wird diese Frau durch die Schwester des erfolgreichen Jägers vertreten: Sie führt diesen über liegende nackte Frauen, zeigt auf die Vagina und sagt: ,,Seht jenen kleinen Ort, aus dem ein so gewaltiger Krieger entsprang", der den Riesen (Himmelsgott, Herrn der Tiere) zu erschlagen vermochte. Hier wird angedeutet, daß die Frau schließlich das Himmelswesen zu besiegen vermag.
- Die große Schlitztrommel Melanesiens erzeuge die Stimme des Riesen; das Schwein in Kult und Kunst dieser Region soll sein Abbild sein.
- Der Riese kann nur durch einen Speerstoß in die Hoden oder ins Gesäß getötet werden.
- Die Tötung bei der Kopfjagd soll langsam wie beim Tod des Riesen vor sich gehen (der Kampf ging bis zum letzten Speer). Muß das Opfer am Ort des Überfalls getötet werden, dann erfolgt zu Hause im Männerhaus noch eine rituelle Tötung. Lebt das Opfer noch, dann wird es zu Hause lange gemartert: Ein kleiner Junge schlägt mit einem Steinbeil die erste große Wunde, der eigentliche Jäger gibt schließlich den Gnadenstoß.
- Der Kopf wird dem Opfer abgetrennt und geöffnet. Jeder anwesende Mann nimmt mit einem Holzspatel Gehirn, Blut und Fäzes und ißt. Die mit besonderen Kräften ausgestattete Hand wurde bereits vorher abgehackt und gegessen.
- In dieser Beschreibung eines Urzeitgeschehens und eines kopfjägerischen Rituals haben wir eine Mischung von Kraftglauben (Dynamismus), Analogiezauber und pflanzerischer Weltanschauung vor uns. – Bisweilen fällt es uns wahrscheinlich schwer auszumachen, worin das eigentlich Religiöse besteht.

Das Weltbild der Körnerbauer

Die Kontroverse zwischen Baumann und Jensen über die Priorität von Pflanzertum bzw. Körnerbau interessiert uns hier nicht. Neue archäologische Forschungen (siehe ,,The Cambridge Encyclopedia of Archeology" 1980) scheinen aber zu beweisen, daß es außerhalb der Tropen Regionen gibt, wo der Übergang vom Wildbeutertum zum Körnerbau direkt erfolgte. Eines der frühesten Getreidezentren ist Jericho in Palästina. Hier ist vielleicht der direkte Übergang vom Jagdlager zum ,,Bauerndorf" bezeugt, und zwar zu Beginn der Nacheiszeit, also um etwa 10.000 v. Chr. Hier wurden der erste domestizierte, somit nicht ausfallende (bei wilden Ähren fallen die Körner aus) Emmer und zweireihige Gerste nachgewiesen. Dieser archäologische Fund ist nicht weit von einem Zentrum entfernt, wo noch heute wilde Getreideformen wachsen.

Der Anbau bei Jericho erfolgte in der Halbwüste, wo die wilden Gräser nicht von alleine wuchsen. Bei Aussaat aber genügten die Frühjahrsregen, um sie wachsen zu lassen. Trotz dieses archäologischen Befundes kann nicht angenommen werden, daß der Körnerbau, insgesamt gesehen, älter sei als der Knollenbau. In manchen Tropengebieten dürfte der Knollenbau älter sein, schon weil außer Reis und Mais dort kein Getreide wächst; diese beiden Spezies früher aber nicht zur Verfügung standen. Daß die Körner in den archäologischen Funden älter sind, ist kein Beweis für ihre Priorität. In den feuchten Tropen nämlich, wo der Knollenbau betrieben wird, hat man auch keine Körner gefunden. Trockengebiete und Halbwüsten bieten dem Archäologen eine größere Chance zu einem Fund als feuchte Tropen. –

Die neuen Getreide revolutionierten nicht nur die sozio-ökonomischen Verhältnisse von Ägypten bis Syrien und von den Zagros-Bergen im Osten des unteren Tigris bis Süd-Anatolien in der Türkei, sondern, wie schon erwähnt, auch Religion und Weltanschauung.

Da die meisten religiösen Elemente des Körnerbaus im vorausgehenden Text bereits erwähnt wurden, sollen sie hier nur kurz zusammengefaßt werden.

– Im Gegensatz zum Zerstückelungsmotiv des Pflanzertums ist bei den Körnerbauern das Saatraubmotiv das beherrschende Mythenthema. Es wird in vielen Varianten abgehandelt. Den Kern der Mythe bilden immer folgende Elemente: Ein Kulturheros oder Urahn, in Tier- oder Menschengestalt, begibt sich in den Himmel zum Schöpfergott und stiehlt Getreidesamen. Er gibt diesen den hungernden Menschen oder pflanzt ihn selbst in die Erde. Somit brauchen die Menschen nicht mehr zu hungern. Vielfach wiederholen die Menschen jedes Jahr diese Tat ihres Urahns, indem sie vor der Aussaat die Mythe mit den entsprechenden Riten, Tänzen und Gesängen zelebrieren. – Eine der bekanntesten Saatraubmythen Afrikas ist die der Bambara von Mali. Die Bambara wiederholen diese Heilstat jedes Jahr von neuem, andernfalls würde ihre Saat nicht gedeihen.

– Ein typisches Merkmal der Körnerbau-Kulturen sind die Kornmütter. Für uns am bekanntesten sind die aus dem Mittelmeergebiet: Demeter und Kore in Griechenland und auf den Inseln. In Italien ist es Ceres. Wahrscheinlich haben wir in ihr eine latinisierte Demeter zu sehen. Ihre italische Vorgängerin dürfte die Göttin Tellus (Erde, Erdgöttin) gewesen sein. Das Fest der Ceres waren die Cerealien; sie wurden im Frühjahr gefeiert, wenn die Saat saftig und grün war. Ceres gilt als die Nährende, die die Ernte sichert. Man opferte ihr, wie in Griechenland der Demeter–Kore,

Schweine. Ranke-Graves schreibt: „... im früheuropäischen Mythos bedeutet ‚Schweinehirt' Wahrsager oder Magier. So wird Eumaios (‚der erfolgreich Suchende'), der Schweinehirt des Odysseus, als *dios* (‚gottähnlich') bezeichnet. Obwohl im klassischen Zeitalter Schweinehirten ihre prophetische Kunst nicht mehr ausübten, wurden Demeter und Persephone doch Schweine geopfert, die man in eine Schlucht hinabwarf ..." (1974: 82).

In Ägypten ist Isis unter anderem Getreidegöttin, später wird sie mit Osiris verbunden. Walter Dostal (1957: 65) weiß zu berichten: „... die Ägypter [riefen] bei der Ernte Isis an, indem sie die ersten Ähren auf die Erde legten, sich zum Zeichen der Trauer an die Brust schlugen und Klagelieder sangen." In Indien ist die Muttergöttin unter dem Namen Gauri Getreidegöttin. Das Blut der Opfertiere für die Muttergöttin fing man in Sand auf. Später wurde dieser Sand auf die Äcker gebracht, um die Fruchtbarkeit zu erhöhen (Zimmer 1939: 179–180). In Nord- und Mittelamerika kennt man bei zahlreichen Ethnien eine ,,Maismutter", und in Indonesien (Java und Bali) kennt man Reis-Göttinnen (Hatt 1951). – Überall wo es Körnerbau gibt, gibt es auch eine Muttergestalt, die die Fruchtbarkeit des Getreides gewährleistet. Ob diese Frauengestalten mit den oberpaläolithischen Frauenfiguren mit betont weiblichen Merkmalen etwas zu tun haben, kann nicht gesagt werden. Wie weit aber die ,,große Mutter" in den alten Religionen verbreitet war und verehrt wurde, zeigt eine Reihe von Werken wie das ,,Eranos-Jahrbuch 1938" mit dem Titel: ,,Vorträge über Gestalt und Kult der ‚Großen Mutter'" und für den andinen Raum die Arbeit von Lucia Kill, Pachamama, 1969.

– Ein häufig geübter Brauch in Körnerbaukulturen ist die rituelle Aussaat des Getreides auf eine sakrale Parzelle. Man nennt diese Parzelle ,,Adonisgärtchen". Hier scheint sich ein altes Bauernweltbild erhalten zu haben. In profaner Form reicht es bis in die bäuerlichen Kulturen unserer Zeit. Im Osten Österreichs und in Jugoslawien ist der Brauch noch heute lebendig: In der Adventszeit nimmt man eine Handvoll Weizen, gibt ihn in eine flache Schüssel und befeuchtet ihn regelmäßig. Zu Weihnachten soll er 10–20 cm hoch sein. Man schmückt dann den Weizen mit bunten Bändern und stellt ihn in die Fenster zur Straße hin, unter den Christbaum oder in der Kirche auf den Altar. Wie gesagt, es ist ein Überbleibsel vom Adonisgärtchen, das nach Dostal (1957) bereits in der Industal-Kultur (Harappa), auf Knossos, im alten Ägypten usw. bekannt war. Der geistige Hintergrund des Adonisgärtchens ist die Identifikation der Gottheit mit dem Getreide. Kore (Persephone und Hekate), Ceres und die anderen Kornmütter bewirken nicht nur die Fruchtbarkeit der Felder, sondern sie sind das Getreide selbst. Der Raub der Kore durch Hades und ihr Verweilen in der Unterwelt bedeuten die Lagerung des Getreides in der Erde, wie es in Griechenland

Sitte war. Ceres war blond wie ein Weizenfeld, und die Ägypter sangen Klagelieder, wenn sie die ersten Ähren geschnitten hatten, da Osiris in den Körnern war. Nach Dostal ist in den älteren Schichten das Getreide weiblich, in jüngeren männlich.

Auf diese Identifikation einer Gottheit mit der Hauptnahrung werden wir noch im Kapitel über den Gottesbegriff zurückzukommen haben. In der Religion der Wildbeuter finden wir die gleiche Vorstellung.

– Als abschließendes Merkmal der Körnerbau-Kultur sei noch der Speicher genannt. Entwicklungsgeschichtlich ist die Speicherung von Nahrungsmitteln von unschätzbarer Bedeutung: Erst damit war eine Entwicklung auf eine Hochkultur hin möglich. Doch uns interessiert hier nur der sakrale Aspekt des Speichers. Bei sehr vielen Völkern ist der Speicher gleichzeitig Sitz der Ahnen. Bei den Munda in NO-Indien befindet sich inmitten des Hauses ein fensterloses Zimmer, wo die Vorräte lagern, wo die Ahnen wohnen und ihre Abbilder sich befinden. In dieses Heiligtum eines Munda-Hauses kommt ein Fremder nicht hinein. Ähnlich waren in China Vorräte, Ahnen und Schlafstelle der Eheleute in einem Raum.

Wenn, wie in Afrika, der Speicher ein vom Haupthaus getrenntes Gebäude ist, besitzt für gewöhnlich nur der Älteste des Gehöftes das Recht, den Speicher zu öffnen. Er teilt jeder Kernfamilie die ihr zustehende Getreidenahrung zu. Er macht die nötigen Opfer, damit die Ahnen ihre Nachkommen nicht hungern lassen, denn sie, die in der Erde wohnen, sind für das Wohlergehen ihrer Nachkommen zuständig. – Aufs Ganze gesehen dreht sich die Weltanschauung der Ackerbauer um die Fruchtbarkeit der Felder und der Menschen. Die Hauptnahrung wird aber personifiziert, hypostasiert, aber ebenso die Fruchtbarkeit selbst. Sie wird in der großen Mutter Erde symbolisiert.

3. Die Hirten

Auf die Problematik der Hirtenkultur möchte ich hier nicht weiter eingehen, sondern auf die Ausführungen in meinen „Grundbegriffen" (1983a: 71–76) verweisen.

Hirtenkulturen sind fast ausnahmslos patriarchalisch organisiert. Wie die Frau von jeher die Beziehung zur Pflanze hatte, so der Mann zum Tier. In vielen Hirtenkulturen wird die Tätigkeit der Frau aufs Haus oder Zelt beschränkt. Sie darf oft auch nicht direkt mit dem Vieh zu tun haben. Die Frau wird gerne als unter dem Mann stehend betrachtet. Es kommt nicht von ungefähr, daß im Islam und im Judentum, und in seinem Gefolge im Christentum, die Frau von allen religiösen Funktionen ausgeschlossen ist. (Die ursprünglichen Träger des Judentums und des Islams waren Hirten). War die

Frau in den Ackerbaukulturen die bevorzugte Mittlerin der Fruchtbarkeit, so wird sie in der Religion der Hirten zur Statistin degradiert. Ja wie die Bibel zeigt, wird sie sogar für die Sünde in der Welt verantwortlich gemacht.

Was den Gottesbegriff angeht, so identifizieren Hirten gerne Gott und Himmel. Fruchtbarkeitsgottheiten kennen Hirten kaum, wofür auch? Ihnen genügt, daß der Himmel regnen läßt, dann grünen die Weiden, und sie haben Nahrung für ihre Herden.

Die Schlange ist in allen Hirtenkulturen ein negatives Tier; sie steht für die Erde, den Mond, die Frau; Sonne, Vogel, Himmel sind Attribute der Hirtenkultur. Hirten nehmen flüssige Nahrung zu sich: Blut, Milch, Bier, Brei.

Die ganze Gegensätzlichkeit im Weltbild der Ackerbauer und Hirten kommt in einer Mythe der Kikuyu in Kenya wunderbar zum Ausdruck. Den englischen Text veröffentlichen W. S. Routledge und K. Routledge (1968: 312–314):

„Die Krieger zogen aus, sich Frauen zu suchen. Einer hieß Wa-dú-a (wörtlich: Sohn der Sonne) und der andere Wa-m'wer'-i (Sohn des Mondes – übliche Namen), und als sie dahinzogen, sahen sie auf der Straße ein Mädchen. Nun, sie war nicht schön, denn sie hatte ein Auge verloren, aber Wam'wer'-i hatte sie gern, und das Mädchen mochte auch Wam'wer'-i; so nahm er sie zur Frau und fuhr nicht fort, weiter zu suchen. Wadúa sagte jedoch: ‚Warum nimmst du dir ein Mädchen, dem ein Auge fehlt?' Und er setzte seine Reise weiter fort. Als er dann auf seinem Wege dahinging, sah er einen jungen Burschen und sagte zu ihm: ‚Kennst du hier auf dem Lande irgendein Mädchen?' Und der Junge antwortete: ‚Nein, ich kenne kein Mädchen, natürlich außer dem Mädchen Wa-shú-ma; aber an sie sollte man nicht denken, denn sie mag keine jungen Männer.' Und Wadúa reiste wieder weiter und traf einen alten Mann und sagte: ‚Kannst du mir sagen, wo ich ein Mädchen finden kann?' Und er sagte: ‚Es gibt kein Mädchen außer Washúma, und sie will mit keinem Mann sprechen.' Dann wieder traf er eine alte Frau, die ihm die gleiche Geschichte von Washúma erzählte, daß sie nämlich nicht von einem Mann umworben sein wollte. Schließlich traf er am achten Tage einen jungen Mann, und er sprach von Washúma auch wieder in derselben Weise. Daher erkundigte sich Wadúa bei ihm, wo das Haus dieser Washúma wohl sei; und er sagte: ‚Auf der gegenüberliegenden Hügelseite, wo du den Rauch aufsteigen siehst.' Daher ging Wadúa an jenem Tage weiter und schlief nachts auf der Straße; und nach drei Tagen kam er zum Hause von Washúma und wartete draußen, während das Mädchen selbst im Garten war. Später kam sie herein und kochte Essen, und kam heraus und ging zum Vorratshaus und holte ‚sir-oc'-o' und kochte es, und kam und gab es dem Fremden. Aber er wollte es nicht annehmen, und sie ging wieder zum Vorratshaus und holte ‚Bohnen', aber er lehnte ab; und dann Haferschleim, und er wollte immer noch nicht; aber sie dachte nicht an Milch, und als sie Milch brachte, trank er sie, und sie bot ihm mehr an, aber er sagte: ‚Es genügt'.

Nun kehrte Washúmas Vater zurück, und die Ziegen und Ochsen kamen zur Nacht herein, und das Mädchen nahm Wadúa mit in die Heimstatt, daß er schlafen konnte, und sie sagte zu ihm: ‚Wenn du in der Nacht einen großen Lärm hören solltest, geh nicht hinaus.' Und er sagte: ‚Warum?' Washúma sagte: ‚Weil jede Nacht ein großes Tier wie eine Schlange kommt und die Ochsen tötet und frißt.' Und das Tier hieß Munkun'ga M'búra, und es wohnt im Meer.

So schlief also Wadúa im Hause; aber als er in der Nacht einen großen Lärm hörte, stand er auf und nahm seinen Speer; aber Washúma nahm ihn beim Arm und flehte ihn an, nicht hinauszugehen. Aber er war zu stark für sie, und er ging hinaus und sah die Schlange, und er nahm den Speer und stieß ihn von hinten in den Hals, so daß sie starb, und er kam ins Haus zurück und sagte nichts.

Und am Morgen, als die Vögel zu zwitschern begannen, ging der Vater hinaus, um nach dem Vieh zu sehen, und er fand das tote Tier und sagte: ‚Wer hat das getan?' Und das Mädchen erzählte es seinem Vater. Und er schickte sie hinaus, als alle jungen Männer auf dem Tanzplatz versammelt waren und setzte für sie eine Entfernung fest und sagte zu den Jugendlichen: ‚Derjenige, der diese Strecke hin und zurück laufen kann, der ist es, der die Mukun'ga M'búra erschlagen hat.' So liefen sie, aber einige fielen und einige keuchten wie Schafe; aber als die Zeit für Wadúa kam, lief er und kam zurück und schlug alle anderen Jugendlichen. Und der Vater sagte: ‚Was soll ich dir geben, da du das Tier erschlagen hast?' Und er sagte: ‚Ich suche eine Frau; gib mir deine Tochter.'

Aber der Vater sagte: ‚Wenn bisher ein Mann um die Hand meiner Tochter bat, habe ich ihm gesagt ‚Hol den nyó-ya'.' [*Nyóya ya náge,* beschrieben als ‚ein großer weißer und schwarzer Vogel', von dem die jungen Leute die Federn tragen.] Daher stand Wadúa auf und ging zum großen Wasser, und Washúma blieb am Ufer und sah zu; und Wadúa ging, und das Wasser stieg bis zu seinen Waden und den Knien und der Taille, und dann zur Brust und zum Hals und den Augen. Washúma dachte, er ertränke; aber Wadúa ging richtig unter Wasser und blieb dort, und er starb nicht. Washúma wartete, und als die Nacht kam, schlief sie dort; aber am Morgen sagte sie: ‚Er ist sicherlich tot'; und sie wandte sich zum Gehen. Aber als sie wegging, hörte sie im Wasser ein lautes Geräusch; und sie blickte um sich, und ging zurück und sah Wadúa und viele andere, und Schafe und unzählige Ziegen aus dem Wasser kommen; und das Wasser war ganz verschwunden, [als Antwort auf eine Frage wurde erklärt, daß das Verschwinden des Wassers nichts mit dem Töten von Mukun'ga M'búra zu tun hätte] und Wadúa kehrte mit dem Mädchen zu ihrem Hause zurück. Und er teilte die Schafe und Ziegen, und stellte eine Hälfte auf eine Seite und eine Hälfte auf die andere, denn sie konnten wegen der großen Menge nicht gezählt werden; und er nahm eine Hälfte für sich, und gab die andere Hälfte dem Vater von Washúma, damit er sie zur Frau bekäme."

Mond und Einäugigkeit sind Hinweise auf das Bauerntum. Washúma hat mit dem Bauerntum zu tun: Sie ist im Garten, sie gibt Wadúa Bohnen (Bauernnahrung) zu essen; Wadúa, der Hirte, trinkt Milch.

Die Schlange, das Symbol der Agrarkultur, ist der Feind der Tiere (Hirtenkultur). Der Hirte tötet die Schlange.

Wadúa ist die Sonne; er geht am Abend unter (ins Wasser), kommt aber am Morgen wieder heraus.

Die Mythe erzählt den Sieg des Hirtentums über die Ackerbauer. – H. Baumann deutet diese Mythe folgendermaßen: „Diese plastische Solarmythe zeigt den Sonnenhelden als Besieger des Regenbogenungeheuers. Seine Braut ist der Mond, der während seines Verschwundenseins am Nachtwasser bleibt. (Die einleitende Episode mit dem Mondgefährten braucht diese Deutung nicht unmöglich zu machen.) Sehr interessant ist aber, daß der Sonnenheld Bohnen, die Nahrung der offenbar pflanzenbautreibenden Mondfamilie, verschmäht und Milch verlangt. Das deutet darauf hin, daß er Viehzüchternahrung gewöhnt ist und weiterhin, daß in der Werbung von Sonne um Mond der kulturgeschichtlich bedeutsame Vorgang der Überschichtung von Feldbauern durch Viehzüchter sich widerspiegelt ... Vielleicht ist das ein Fingerzeig für die kulturelle Zuordnung des Sonnenkultes im nördlichen Ostafrika ..." (1936: 197).

4. Kapitel
Sakrale Objekte

Es ist natürlich nicht möglich und auch gar nicht intendiert, die sakralen Objekte der schriftlosen Völker hier aufzuzählen und zu beschreiben. Wahrscheinlich bliebe am Ende der Aufzählung kein profanes Objekt mehr übrig, denn durch bestimmte Umstände kann alles einen sakralen Charakter erhalten.

Ziel dieses Kapitels ist es vielmehr aufzuzeigen, weshalb ein Objekt sakral wird und welche Kräfte es dazu machen. In einem weiteren Punkt der Ausführungen wird versucht, die Objekte in ihrem Raum-Zeit-Gefüge zu erfassen. Da längst nicht auf alle sakralen Objekte, auch nur *einer* Ethnie, eingegangen werden kann, seien einige Objekte herausgegriffen, die dann sozusagen Modellcharakter haben sollen. Es sollen kurz vorgestellt werden: die *Fetische* der Schwarzafrikaner, die *Steindenkmäler* der Munda (NO Indien) und die *Tjuruṇga* der Australier. Die Auswahl ist willkürlich, aber ich hoffe, sie zeigt ein klein wenig den geistigen Hintergrund von sakralen Objekten.

I. Der Kraftglaube

Objekte sind aus sich heraus indifferent; mächtig und sakral werden sie durch ihre Beziehung zu einer Kraft oder einem persönlichen Wesen. Naturobjekte wie Erde, Himmel, Berge, Wasser, Feuer usw. werden von Geistern bewohnt oder gelten als personifizierte Wesen. Die naturmythologische Schule glaubte seinerzeit, von hier alle übermenschlichen Wesen, einschließlich der Gottheiten, ableiten zu können. Andere Naturobjekte, wie sonderbar geformte Steine, große Bäume, Quellen usw., gelten oft als Erscheinungsorte für Kräfte und Geister – wir sprechen von Kratophanien und Hierophanien – oder aber sie gelten als Wohnorte für Geister und übermenschliche Wesen. Von Menschen hergestellte Objekte wie Statuetten, Masken, Fetische, Waffen, Kreuze usw. sind meistens der Wohnsitz einer unpersönlichen Kraft oder eines Geistes. Der Beweis dafür, daß sie bewohnt sind, ist ihre größere Wirksamkeit.

Unter den einfachen Naturvölkern ist die Ansicht weit verbreitet, daß jedes Objekt und erst recht jeder Mensch und jedes Tier mit einem bestimmten Maß an Kraft ausgestattet sind. Dieser Glaube wurde von *Arnold van Gennep* (1873–1957) *Dynamismus* (von griech. *dynamis* – Kraft) genannt. Es handelt sich um eine unpersönliche Kraft. Der Mensch ist dieser Kraft ausgesetzt, aber er kann sie durch magische Praktiken und Riten manipulieren und zu seinem Vorteil nutzen. Es ist deshalb sehr wahrscheinlich, daß gerade der Kraftglaube das magische Denken und die magischen Praktiken förderte.

Der Kraftglaube ist nicht nur auf die Naturvölker beschränkt, wenn er auch gerade bei ihnen am stärksten ausgebildet ist. Viele Völker haben für die allem innewohnende Kraft einen eigenen Ausdruck. Der bekannteste ist aber sicher der von dem englischen Missionar R. H. *Codrington* (1830–1922) beschriebene Ausdruck *Mana*. Codrington war von 1871–1877 Missionar in Melanesien. Seine Beobachtungen machte er vor allem auf den Neuen Hebriden, den Salomonen und auf einigen kleineren Inseln. Später arbeitete er seine Untersuchungen in England aus. Den Mana-Begriff beschreibt er in dem Werk „The Melanesians: Studies in Their Anthropology and Folklore" (1891).

1879 hatte Codrington an Max Müller geschrieben: „Es besteht ein Glaube an eine Macht, die, vollkommen getrennt von physischer Stärke, auf jede Weise zum Guten und zum Bösen wirkt, und die zu besitzen und zu kontrollieren der größte Vorteil ist. Das ist Mana... Die ganze melanesische Religion besteht tatsächlich darin, dieses Mana für sich selbst zu gewinnen." In seinem Werk von 1891 definiert er Mana „als Kraft, die, obgleich selbst unpersönlich, doch immer mit einer Person verbunden ist, die sie dirigiert" (119).

Ähnliche, wenn auch nicht deckungsgleiche, Machtbegriffe sind das *Orenda* der Irokesen und das *Manito* der Algonkin. Das *Wakan* oder *Wakonda* der Sioux habe eine weiterreichende Bedeutung; es bezeichne „alles Wunderbare und Auffallende" (Herrmann 1961: 33). Die afrikanischen Pygmäen kennen die unpersönliche Kraft *Megbe,* und bei vielen Bantu-Ethnien ist eine unpersönliche Kraft *Ndoki* oder eine Ableitung von diesem Namen bekannt.

Das *Ndoki* ist eine ambivalente Kraft; beim ersten Bekanntwerden gewinnt man den Eindruck, das *Ndoki* sei eine durch und durch negative Kraft. Doch dann erfährt man, daß ein großer Häuptling aufgrund seines mächtigen *Ndoki* Erfolg habe, ein angesehener *nganga* (Zauberpriester) wegen seines großes *Ndoki* so frequentiert sei. Wenn aber von einem einfachen Menschen gesagt wird, er habe ein *Ndoki,* dann heißt dies so viel wie er sei ein Hexer. Offensichtlich gesteht man nicht jedem zu, sich ein großes *Ndoki* zuzulegen. Bei unbedeutenden Menschen scheint das *Ndoki* ausschließlich negativ zu sein. Die unpersönliche Kraft hat also auch einen eminent sozialen Bezug.

Und dennoch, der *Muntu* ist in konstanter Weise damit beschäftigt, sich Kräfte zuzulegen, einerseits, um schädliche Einflüsse abzuwehren, und andererseits, um mächtiger zu sein als seine Mitmenschen. Diese Kräfte werden aber nicht in abstrakter Form gehandelt, sondern sie befinden sich in Objekten, in Behältern, in die ein Spezialist, ein *nganga,* sie gebannt hat. –

Wenn also in diesem Kapitel von sakralen Objekten die Rede ist, dann meine ich unter anderen diese kraftgeladenen Objekte Schwarzafrikas, die wir gerne als „Fetische" bezeichnen.

II. Fetische, Masken und Idole

Als die Portugiesen im 15. Jahrhundert nach Westafrika und ins Kongoreich kamen, sahen sie, wie die Afrikaner Figuren, Masken und verschnürte Bündel beopferten und anbeteten. Sie nannten alle diese Objekte „Fetische", von feitiço – nachgemacht; künstlich; Zauber). Sie wollten damit sagen, daß die Schwarzen handgemachte Objekte anbeten. Dabei entging natürlich den Portugiesen, daß die Afrikaner nicht die Objekte, sondern die Kräfte bzw. Geister in den Objekten verehrten.

Die Vielfalt der Fetische – die Bantu sprechen von *nkisi* – ist enorm. Kein Mensch kann sie auch nur von einer Ethnie kennen. Eine Ordnung hineinzubringen, ist sehr schwer. Die meisten werden von unpersönlichen Kräften animiert. Sie haben ein engumgrenztes Betätigungsfeld. Oft haben diese kleinen *nkisi* nicht einmal einen eigenen Namen. So gibt es *nkisi* gegen Bauchweh, Seitenstechen, gegen die Gefahren beim Baumfällen, für Reisen etc. Es gibt praktisch nichts, wofür oder wogegen es nicht ein *nkisi* gibt. Das moderne Leben wird genauso in das Kräftespiel der Fetische einbezogen wie das traditionelle. So z.B. konsultieren Fußballmannschaften ihre *banganga* und lassen sich von ihnen *nkisi* machen. Streit gibt es meist erst dann, wenn ein *nkisi* im gegnerischen Tor vergraben wird. Solche Aktivitäten kommen selbst auf Länderspielebene vor.

Es gibt aber auch *nkisi* mit Eigennamen. Sie sind oft in der ganzen Ethnie bekannt. Sie können in Form einer Statuette geschnitzt sein, müssen aber nicht. Diese großen, allgemein bekannten *nkisi* haben meist ihren eigenen Priester *(nganga)*. Er verfertigt für Interessenten den Fetisch gegen Entgelt oder nimmt wenigstens die Zeremonie vor, damit die Kraft oder der Geist in ihm wohne.

In die Kategorie der mächtigsten *nkisi* gehören die Klanfetische, die Fetische der politischen Macht, die Fetische der Erdherren usw. Bei Kräften, welche diese letzte Kategorie beleben, handelt es sich fast immer um weit zurückliegende Ahnengeister. Oft ist dieser Umstand den Verehrern der Fetische selbst gar nicht mehr bewußt. – Bei den Yansi im Zaire z.B. gehört der Fetisch Nsongo zu den mächtigsten im Lande. Er wird, obgleich die Yansi matrilinear organisiert sind, vom Vater auf die Kinder vererbt. Der Nsongo besteht in einer Holzstatuette. Heiratet ein Mädchen, dann wird sie unter die Obhut des Nsongo ihres Mannes gestellt; das ist praktisch der Beginn der Ehe. Der Nsongo gewährleistet die Fruchtbarkeit und das Wohlergehen der Familie. Am Tage *mpiuk* der Yansi-Woche (sie besteht aus vier Tagen, und *mpiuk* ist der Feiertag) wurde früher die Statuette mit Palmwein und Kolanußsaft übergossen, von Zeit zu Zeit auch mit Hühnerblut. Meist wurde früher der Nsongo in einer Rundhütte hinter dem viereckigen Wohnhaus aufbewahrt (die Rundhütte ist heute den Yansi unbekannt). Neben dem Nsongo befand sich früher immer ein Einbaum mit Rudern (heute besitzt man keine Boote). Ich erwähne diese Details, weil sie zeigen, daß der Nsongo ein alter Fetisch sein muß, denn die Yansi kennen seit ca. 250 Jahren weder Rundhütte noch Einbäume.

Daß der Nsongo von einem Ahnengeist belebt wird, geht aus dem Gebet des Klanältesten hervor. Beim Opfer am Tage *mpiuk* spricht er:

„O Nsongo, du bist mein Vater, du bist meine Mutter.
Sieh, ich gehe angeln.
Ich muß Fische fangen die ganze Zeit.
Wenn die Fische anbeißen, erhältst du dein Geschenk.
Aber es soll weder ein Unfall noch Unheil passieren."

Wir kennen in der afrikanischen Kunstgeschichte eine ganze Reihe berühmter Statuetten und Masken, die eindeutig Ahnen repräsentieren, so etwa die Kakungu-Maske der Suku, Stautetten der Hemba-Luba (Zaire), der Kota (Gabun) usw.

Die afrikanischen Masken, die sich in unseren ethnologischen Museen befinden, sind in den allermeisten Fällen, jedenfalls in den Augen der Afrikaner, ebenfalls *nkisi*. Sie werden wie Statuetten oder Fetische beopfert. Wenn sie nicht mehr wirksam sind, werden sie aufgeladen mit Medizinen, Speisen, blutigen Opfern etc. Und wenn man schließlich feststellt, daß sie trotz der vorgeschriebenen Opfer doch nicht helfen, dann entledigt man sich ihrer: man wirft sie weg. Denn wenn sie nicht mehr wirksam sind, ist dies ein Beweis, daß die Kraft oder der Geist gar nicht mehr in der Maske wohnt. Einen Kunstwert hat die Maske ja noch nicht.

Hier wird man aber auch leicht begreifen, daß unsere ethnologischen Museen die sakralen Objekte der Afrikaner denaturieren: Sie unterschieben diesen Objekten einen neuen Sinn. Wir machen sie zu Kunstobjekten; aber das waren sie in Afrika nicht. Für den Afrikaner ist das wichtigste an seinen Objekten, daß sie wirksam sind. Deshalb ist ihm kein Opfer zu groß: Er übergießt sie mit Tierblut, Palmwein, Essen; gibt ihnen Geld, Medizinbeutel, schlägt Eisennägel in sie hinein usw. Alle diese Aktivitäten dienen der Aufladung, der Reaktivierung der Kraft.

Aber eine Maske ist in Afrika in einen dynamischen sozio-religiösen Prozeß eingebunden: Sie tritt auf bei Begräbnissen, bei Aussaat und Ernte, bei Inthronisation und Beschneidung und bei allen möglichen zyklischen Jahresfesten. Die Maske lebt wirklich inmitten der Lebenden. In unseren Museen aber ist die tot: Sie tanzt nicht mehr, sie bewirkt nichts. Sie hat nur mehr die Aufgabe, „schön" zu sein, und gerade diese Aufgabe hatte sie in Afrika nicht, jedenfalls nicht an erster Stelle. Das afrikanische Objekt ist auf diese Weise entsakralisiert und zweckentfremdet.

III. Die *sasandiri* der Munda

Natürlich könnte man noch Hunderte anderer religiöser Objekte der Afrikaner aufzählen, doch vielleicht ist es vorteilhafter, etwas ganz anderes darzustellen, um einen Eindruck von der Vielfalt der sakralen Objekte zu erhalten.

Die Munda leben im NO Indiens als Pflanzer und Reisbauern. Bei Ihrer Landnahme vor vielen Jahrhunderten stießen sie mit einem Volk, Asur genannt, zusammen, das bereits das Schmiedehandwerk kannte. Die Munda überwältigten die Asur – die berühmt gewordene Asur-Legende (Hoffmann 1950: 240–250) berichtet davon. Die Männer wurden durch eine List des Munda-Gottes Singbonga in ihren Hochöfen verbrannt, aber die Asur-Frauen wurden zu Naturgeistern im Mundagebiet. Als nämlich Singbonga (‚the spirit of light') zum Himmel zurückkehrte, hängten sich die Asur-Frauen an ihn. Er schüttelte sie ab, und wo immer sie hinfielen: in eine Quelle, auf einen Berg, in eine Schlucht usw., da wurde die Asur-Frau der *bonga*-Geist dieser Gegend.

In dieser Erzählung kommt folgendes zum Ausdruck: Die Asur waren die Besitzer des Landes. Die Munda vertrieben sie; doch die Erd- und Naturgeister kann man nicht erobern, über die befinden immer die Erdherren, die Erstbesitzer des Bodens. Das Land bleibt nach der Vertreibung der Asur dennoch in ihrem Besitz, aber nur mehr auf der Ebene der Geister.

Einen fast identischen Vorgang beobachtete ich bei den Yansi in Zentralafrika. Ich konnte wiederholt Überlieferungen aufspüren, die erzählten, daß bei der Landnahme durch die Yansi die Wälder von Pygmäen, *Bambwiiti* genannt, bewohnt waren. Die Bambwiiti verschwanden. Heute aber wohnt in jeder Quelle und Schlucht, auf jedem Berg und in jedem Wald ein Naturgeist *Lubwij*. Wer er ist, weiß niemand; vom Namen her könnte er mit dem der Bambwiiti identisch sein.

Besitz auf Land spielt im indischen Kontext eine große Rolle, heute genauso wie zur Zeit der Landnahme durch die Munda. Jeder Munda hat in seinem Heimatdorf ein Recht auf Land. Nach außen weisen die Sasandiri, die steinernen Grabmäler, einen Klan bzw. eine Familie als ortsansässig aus. Wer nämlich in einem Dorf nachweisen kann, daß er ein Nachkomme in männlicher Linie jenes Ahns ist, der ein Sasandiri besitzt, der hat auch Wohn- und Landrecht in besagtem Dorf. – Die Sasandiri werden folgendermaßen aufgestellt:

Die Dorfgemeinschaft, bestehend ausschließlich aus Munda, besitzt gemeinschaftlich das Land (man nennt die Landbesitzer *khuntkatidari*). Jeder Klan oder jede Lineage dieser Dorfgemeinschaft setzt auf dem Friedhof *(sasan)* des Dorfes einen bis zu 2 Meter großen Stein, aber nicht über dem Grab des Ahns selbst. Meist werden nur einige wenige Knochen, mit Vorliebe die Knochen des Schädels, unter dem Stein beigesetzt. Früher praktizierten die Munda die Feuerbestattung. Offensichtlich rührt die heutige Praxis von dort her, daß man einige übriggebliebene Knochen unter den Sasandiri begrub. Eine Familie, die noch keinen Sasandiri *(diri* – Stein*)* auf dem Dorffriedhof besitzt, spart lange Zeit, bis sie die Mittel hat, einen solchen zu erstellen. Alle Dorfbewohner werden eingeladen, es kommt zu einem großen Fest.

Der Stein darf nicht mit Tieren herbeigeschafft, sondern muß von Männern gezogen werden. Sie werden mit Fleisch bewirtet: mit einem Ochsen, wenn der Stein horizontal gelegt wird, aber nur mit einer Ziege, wenn er vertikal gestellt wird. Man ruft möglichst viele Leute zusammen, auch die ausgeheirateten Frauen des Klans, um zuzuschauen. Alle erhalten zu essen, auch die Kinder. Hoffmann sagt: „Sie werden vielleicht eines Tages wichtige Zeugen sein" (Vol. XIII: 3872).

Mit dem Bezeugen hat es nämlich folgende Bewandtnis: Jeder Munda, der *khuntkatidar* ist, hat ein Recht auf Land, kann Wald urbar machen und es seinen männlichen Nachkommen vererben. Sollte bei längerer Abwesenheit mal das Recht angezweifelt werden, geht der Nachkomme zum *Sasandiri* und beweist damit sein Recht. – Wenn jemand wegen eines Vergehens aus der Dorfgemeinschaft ausgestoßen wird, wird am Rand des Dorfes ebenfalls ein Stein aufgestellt, jetzt aber zum Zeichen des Ausschlusses: Er und seine Nachkommen dürfen nicht mehr zurück.

Mehr als die Fetische markieren die Steine der Munda Raum und Zeit. Ich habe erlebt, daß in der Stadt lebende intellektuelle Munda voller Stolz im Dorf ihre *Sasandiri* zeigten: Sie haben Rechte auf Land und auf die Dorfgemeinschaft. Das heißt natürlich auch, daß sie in die religiösen Aktivitäten des Dorfes jederzeit einbezogen werden können. Heiratszeremonien, Ahnenopfer, Ernteriten, Sühnefeiern usw.: Zu allem hat man Zugang, wenn man einen *Sasandiri* hat.

IV. Die *tjurunga* der Australier

Wir verstehen unter einer *tjurunga* für gewöhnlich das australische Schwirrholz. Es gibt eine Reihe von Wörtern für diese Schwirr- und Seelenhölzer, doch hat sich das Aranda-Wort (Zentralaustralien) *tjurunga* dafür eingebürgert. T.G.H. Strehlow, Sohn des evangelischen Missionars und Ethnologen *Carl Strehlow* (1871–1922), schreibt jedoch zum Begriff *tjurunga* der Aranda folgendes:

„Das Arandawort *tjurunga* ist unbestimmt und kann eine Reihe von Bedeutungen haben. Für den Eingeborenen sind sowohl die sakrale Zeremonie wie die sakralen Objekte, die dabei verwendet werden, *tjurunga*. Alle früheren Forscher haben in ihren Arbeiten die Bedeutung des einheimischen Ausdrucks auf zwei Hauptmeinungen beschränkt: Sie haben ihn ganz für die Bezeichnung der steinernen und hölzernen Objekte reserviert, die in sakralen Höhlen aufbewahrt werden. Es ist wahr, daß im Alltagsgebrauch das Wort *tjurunga* die eine oder auch beide Bedeutungen hat: In gewöhnlicher Rede werden eher sakrale Stein- und Holzobjekte so genannt als die Mythen, Gesänge oder Zeremonien. Der Besitz dieser sakralen Objekte bringt aber das Besitzrecht auf die Legende, den Gesang und die Zeremonien, die damit verknüpft sind, mit sich. Ihr Besitzer bezeichnet gewöhnlich alles als seine *tjurunga*" (1947: 84–85).

Ernst Worms nennt alle „Einrichtungen, die ein außernatürliches Wesen mit der Bestimmung eingesetzt hat, seiner eigenen Vergegenwärtigung und der Ausstrahlung seiner lebenerweckenden Kräfte zu dienen", *tjurunga* (1968: 140).

Nach Auffassung der Australier sind ihre Schwirr- und Seelenhölzer nicht nur Erinnerungsstücke an ihre Urheberwesen, die in der Urzeit *(bugari*–Zeit) auf Erden gelebt haben, sondern sie vergegenwärtigen diese Wesen selbst und machen sie dadurch in einem bestimmten Punkt im Raume präsent. Nach dem Glauben der Australier sind ja in der *bugari*-Zeit übermenschliche Wesen – man spricht von „All-fathers", Söderblom bezeichnet sie als „Urheber" – auf Erden gewandelt, haben die wichtigsten Zeremonien institutionalisiert, die Menschen mit ihrer *djalu*-Kraft fertiggeschaffen, die Plätze der Jugendweihen eingerichtet usw.; schließlich haben sie den Menschen die Schwirrhölzer gegeben, dann sind sie in den Himmel oder in die Erde gestiegen. – Wir werden später noch ausführlich von diesen Schöpferwesen zu berichten haben. Hier sei nur so viel gesagt, um die Bedeutung der *tjurunga* zu vestehen.

Da die *tjurunga* die Urzeitwesen selbst gegenwärtig setzen, besitzen sie auch deren Wirkkraft *djalu*. Der Eingeborene schabt z.B. die *tjurunga* ab und bläst den Staub über die ausgetrocknete Steppe. Er ist überzeugt, sie werde dadurch grünen.

Der äußeren Form nach sind die Schwirrhölzer sehr verschieden: Sie können von wenigen Zentimetern bis 2 m lang sein; an ihrer breitesten Stelle messen sie etwa 8 cm. Die meisten jedoch sind nur 60 cm lang. Manche von ihnen laufen in einen Handgriff aus, andere laufen spitz zu. Die meisten sind an einem Ende durchbohrt. An diesem Loch wird ein Haarseil angebunden, so daß man sie über dem Kopf kreisen lassen kann.

Viele *tjurunga* sind je nach Region und Stamm verziert: bald mit naturalistischen Menschen- oder Tierdarstellungen, bald mit Mäandern oder Spiralen oder auch abstrakten Mustern. Die spielen durchweg auf Mythen an. Verständlich werden die Zeichnungen oder Einritzungen aber erst, wenn sie von ihren Urhebern erklärt werden. Worms sagt: ,,Neben den Frauengestalten werden oft Schlangen oder kleine Spiralen als angemessene Wunschdeutungen einer durch diese *tjurunga* hervorzurufenden Schwangerschaft angebracht. Im Vertrauen auf die diesen *tjurunga* innewohnenden Lebenskräfte lassen Männer sie im nächtlichen Dunkel kreisen, um durch den so erzeugten Ton, der im stillen Busch- und Steppenland weithin hörbar ist, Frauen ihren erotischen Wünschen gefügig zu machen" (1968: 144).

Um die *djalu*-Kraft der *tjurunga* zu erhöhen, wird eine ganze Reihe von ihnen auf einmal in Aktion gebracht. Man erreicht dadurch auch, daß das Urzeitwesen in wesentlich stärkerer Präsenz erscheint und man so eher die gewünschte Hilfe erfährt. Es gibt auch *tjurunga,* mit denen man in magischer Weise anderen schaden kann. Es handelt sich hierbei um ganz spitze Objekte, die auch *djurun tjurunga* genannt werden. Hier ist natürlich der alte Glaube, daß die *tjurunga* das Urzeitwesen, den Urheber repräsentiert, zu Gunsten platter Magie bereits aufgegeben.

,,Die Anfertigung eines Schwirr- und Seelenholzes ist keine bloße Holzschnitzerleistung, sondern wesentlich ein hochreligiöser Akt, der die mythologisch fortdauernde Tat des Urzeitwesens nachvollzieht und erneut mit allen Urkräften in die Gegenwart stellt" (Worms 1968: 149).

Ernst Worms hat seine Forschungen vor allem im Dampier-Land in NW Australien betrieben. Das Urzeitwesen jener Gegend heißt Djamar. 1950 hat Worms das Schöpferwesen Djamar und seine *Urtjurunga, galaguru* genannt, beschrieben und auch die Zeichnungen dazu veröffentlicht. Am Ende der *bugari*-Zeit hat Djamar ein Abbild der *Galaguru* unter einem Felsen am Meer versteckt und sich zum Himmel zurückgezogen.

Wenn heute die alten Njol-Männer – so heißt die Ethnie jener Gegend – eine *tjurunga* schnitzen wollen, versuchen sie, ihren Heros Djamar bis in alle Kleinigkeiten nachzuahmen. ,,Singend begeben sich heute die alten Njol Njol zu jenem Baum, in dessen Schatten sich *Djamar* in der *bugari*-Zeit von seinen weiten Wanderungen, die die Erde gestalteten und die Menschen beglückten, ausruhe und die Original-Tjurunga verfertigte. Auf der Suche nach dem schon von *Djamar* erwählten Silbereukalyptus-Baum dringen sie, stets singend, tiefer in den Urwald ein. Singend umschreiten sie den gesuchten Baum und schlagen mit ihren Steinbeilen tiefe Sanduhrkerben in ihn. Wenn der Baum zu fallen beginnt, umfangen sie ihn ehrfurchtsvoll und legen mit ihm *Djamar* selbst sorgsam auf einen vorbereiteten Blätterteppich nieder.... Unter Mythengesängen, die die Urhandlung beschreiben, wird der Stamm in entsprechend lange Brettchen zerlegt. Da alle abfallenden Rindenstücke und Späne die *djalu*-Kraft bereits enthalten, werden sie sorgfältig vergraben, um ihre Lebenskeime nicht unkontrolliert wirken zu lassen. Um sich auch äußerlich den ewig jungen Geistern anzupassen, salben sich die Männer mit rotem Ocker und Eidechsenfett. Sie überführen feierlich die rohen Hölzer zum geheimen *djalai*-Platz in einer Waldlichtung. Unter weisen Belehrungen werden sie von früher initiierten Jungmännern fertiggeschnitzt, geglättet und mit heiligen Zeichen versehen. Dazu benutzen sie Stichel aus Känguruhzähnen, neuerdings auch aus abgeflachten Eisendrähten.... Zuweilen dünkt die Hersteller die Kraftausstrahlung des neuen Werkstücks so stark, daß sie die Spitzen der *tjurunga* mit Rindenstückchen abbinden" (Worms 1968: 149–150).

Ein Mann des Dampier-Landes sagte einmal zu Worms: „Diese *Mamuliritjurunga* ist mein eigentlicher Meister. Ich strecke sie Blitzen und Stürmen, Menschen und Krankheiten entgegen, sie wird sie alle bannen. Sie war schon da, ehe Menschen wuchsen. Ich gebe dir diese *Gundji-tjurunga,* weil ich mich fürchte. Wenn meine Stammesgenossen krank werden sollten, werde ich dafür beschuldigt, weil ich sie im Verwahr habe" (1968: 150).

Aus dieser Schilderung geht klar hervor, daß das Holz- oder Steinbrett nichts als Träger der größten und sakralsten Macht der Australier ist. Die *tjurunga* war da, ehe die Menschen entstanden. Wie schon bei den großen Fetischen, so ist auch hier das sichtbare Objekt nur Träger. In Afrika allerdings, wenigstens bei den Bantu, wird die oberste Macht, die Schöpfergottheit, nicht in ein Objekt gebannt. Dazu ist sie wohl doch zu groß. Deshalb sind auch in Afrika Idole und Masken nur subalterne Mächte; über ihnen thront immer noch der unzugängliche Schöpfer.

Nur erwachsene Männer besitzen *tjurunga;* sie müssen vor Frauen und Kindern sorgfältig verborgen werden. Kleine *tjurunga* trägt man mit sich oder verbirgt sie griffbereit in einem hohlen Baum, große werden auf dem Männerplatz, zu dem nur sie Zutritt haben, gestapelt. Oft gibt es mehr *tjurunga* als ein Stamm Mitglieder hat, denn häufig sind auch noch die der Verstorbenen vorhanden, und jeder Neuinitiierte bringt seine eigene mit. Die alten *tjurunga* beläßt man, bis sie verfaulen oder verbrennen. Man stapelt sie gerne auf

Gestellen unter Bäumen oder in Berghöhlen; man deckt sie mit Blättern zu, um sie vor Uneingeweihten zu schützen.

Die *tjurunga* ist für den Australier das Bindeglied zwischen ihm und der Heilszeit, der *bugari*-Zeit. Durch sie ist er mit dem *tempus illud* verbunden, von woher er sein Leben erhält. Wenn der Australier dann noch die *tjurunga* seiner Väter und Großväter aufbewahrt, dann ist es für ihn wie ein geschichtliches Zurückreichen in die Zeit der Urheber, die mit ihrer *djalu*-Kraft das heutige Leben ermöglicht haben. Ohne seine *tjurunga* wäre der Australier vom Lebensstrom aus der *bugari*-Zeit abgeschnitten, er wäre dem Untergang preisgegeben.

V. Die sakrale Durchdringung von Raum und Zeit

Die hier kurz beschriebenen sakralen Objekte, besonders die der Munda und Australier, haben deutlich gemacht, wie der an sich profane Raum sakral durchdrungen wird. Das australische Urzeitwesen, das in der *bugari*-Zeit weite Gegenden durchwanderte, hat immer wieder Wasserlöcher, Männerplätze, Zeremonialplätze usw. angelegt: Der Raum wurde von ihm religiös durchgestaltet. Die *tjurunga* wiederum repräsentieren das Urzeitwesen bis in die Jetztzeit auf diesen Plätzen. Die ins Leben gerufenen Institutionen wie Jugendweihe, Blutpakt usw. markieren wiederum die Zeit mit religiösen Festen.

Auch die *sasandiri* der Munda gliedern den Raum – vordergründig in ein sozio-ökonomisches Netz –, doch im Grunde ist das Anliegen der *sasandiri* eminent religiös: Der Mensch erhält Zugang zum Boden, zur Nahrung, aber was mehr ist: Er bekommt Zugang zu den Geistern, zu den Ahnen. Erst dadurch wird er ein vollwertiges Mitglied der Dorfgemeinschaft. Und vor allem: Ihm steht jetzt der Weg zum Ahnsein offen.

Die afrikanischen Fetische scheinen auf den ersten Blick nichts mit der religiösen Durchdringung des Raumes zu tun zu haben. Doch wenn man die großen, allgemein verbreiteten *nkisi*, wie z.B. die Klanfetische, die Fetische der Naturgeister, der politischen Macht usw., nimmt, dann wird effektiv der ganze afrikanische Raum von ihnen sakral besetzt. Die Yansi im Zaire haben sogar einen eigenen Ausdruck für solche Gebiete, die keinen Naturgeist Lubwij haben. Sie nennen eine derartige Parzelle *iyuk*. (Dies kann z.B. vorkommen, wenn ein Lubwij je für ein Waldstück zuständig ist, dazwischen aber ein Stück Savanne weder zu dem einen noch zu dem anderen Lubwij, genauer zum Lubwij-Besitzer (= Erdherrn), gehört.)

Es ist wohl die Tendenz einer jeden Religion, Raum und Zeit mit ihren

Vorstellungen, Riten und Objekten zu durchdringen. Nur jene Religion, die Raum und Zeit durchdringt und beherrscht, ist die autochthone Volksreligion. Es gibt Gebiete in der Dritten Welt, wo das Christentum 50 und mehr Prozent der Gesamtbevölkerung ausmacht, aber äußerlich ist dies nicht wahrnehmbar. Dies ist ein Zeichen, daß das Christentum noch als fremde Religion empfunden wird. Hingegen kann in einer europäischen Großstadt das Christentum eine Minderheitenreligion sein, es ist dennoch die autochthone Religion, da es Raum und Zeit trotz aller Abbröckelung noch prägt. Es sind dies nicht nur Kirchen, religiöse Denkmäler, Friedhöfe und Feste der Jahreszeit wie des Lebenszyklus, die das Christentum präsent erscheinen lassen, sondern Sprache, Dichtung, Musik, Kunst, kurz, die ganze Kultur ist von christlichen Ideen geprägt, wenn auch, zugegebenermaßen, für viele diese christlichen Ideen keine religiösen Ideen mehr sein mögen.

Man kann sich natürlich fragen, weshalb manche Orte sakrale Orte werden, andere nicht. Ist es der Mensch, der Jerusalem, Rom, Benares, Mekka zu heiligen Orten erwählt oder ist es nicht vielmehr die übermenschliche Macht, die dort den Menschen erscheint und den Ort deshalb zum heiligen Ort macht? Für den Gläubigen ist es immer die Gottheit, die sich ihren heiligen Ort wählt. Für den Außenstehenden ist es der Mensch, der den Ort seiner religiösen Erlebnisse zum Zentrum der Welt macht. Der Gläubige ist ja auch der Meinung, daß in seinem Erlebnis Himmel und Unterwelt offenstehen: Natur und Übernatur fließen für ihn zusammen.

Noch spürbarer als den Ort durchdringt die Religion die Zeit, und zwar durchdringt sie vor allem den Lebenszyklus des Menschen und den Jahreszyklus. Auf den ersten Blick ist es besonders die Religion der Ackerbauer, die den Jahreszyklus beherrscht – man greife nur einmal nach einem alten Bauernkalender, möglichst aus einer katholischen Region, um zu sehen, wie sehr religiöse Feste und Heilige das ganze Jahr beherrschen. Es gibt Patrone und Lostage, Wetterregeln, Wallfahrten, Märkte und Segnungen, und alles fußt auf christlicher Tradition und fügt sich in den bäuerlichen Jahresablauf ein: Wenn die Landarbeit drängt, gibt es keine Feste, und wenn die Bauern Zeit haben, kann auch gefeiert werden. Aber auch unter anderer Rücksicht ist der Blick auf den Heiligenkalender von Interesse: Unser Weihnachtsfest liegt auf dem alten Sol invictus-Fest, d.h. die Sonne beginnt gerade wieder nach Norden zu kommen. Ostern, das Fest der Auferstehung, liegt im Frühjahr. Das Fest des großen Zweiflers, des heiligen Apostels Thomas, hat man auf die Wintersonnenwende gelegt, wo also die Nacht am längsten ist, und das Fest des „Größten vom Weibe Geborenen", des hl. Johannes des Täufers, auf die Sommersonnenwende, wo der Tag am längsten ist. – Man sieht, dem Christentum lag sehr daran, Raum und Zeit mit seinen Ideen zu durchdringen. Andere Religionen machen es ebenso.

Auch Wildbeuter und Hirten sind stark dem jahreszeitlichen Rhythmus unterworfen. Sie ziehen ja nicht ins Uferlose, sondern kehren jedes Jahr zu ihrem Ausgangspunkt zurück. Man nehme etwa die Australier: Sie wissen genau, wann sie an welchem Wasserloch sein müssen, wann es wo besondere Nahrung gibt: Knollen, Raupen, Honig, wann sie am Initiationsplatz sein müssen, um mit dem ganzen Stamm die Jugendweihen zu begehen. – In gleicher Weise könnte auch der religiöse Zyklus der Hirten aufgezeigt werden.

Der Lebenszyklus eines jeden Menschen wird nicht weniger stark an seinen entsprechenden Wendepunkten von religiösen Ideen und Zeremonien durchdrungen. Arnold van Gennep hat dafür den treffenden Ausdruck ,,rite de passage" – Übergangsritus geprägt. Diese Wendepunkte im Leben eines Menschen sind: Geburt – Initiation – Heirat – Berufung zum Priester, zum Häuptling (König) – Tod. Es lassen sich regional und individuell noch einige andere Wendepunkte ausmachen, aber die genannten sind fast immer und überall gegeben.

Diese Wendemarken sind für den Menschen gefährliche Zeiten: Er stirbt dem bisherigen Seinszustand ab und ersteht in einem neuen. Und weil dieser Übergang so gefährlich ist, deshalb benötigt er die Hilfe der Religion. Im Christentum ist dies nicht anders als in den Naturreligionen.

Der von allen zweifellos gefährlichste Übergang ist der Tod; deshalb hat auch gerade hier jede Religion ihren günstigsten Ansatzpunkt. Alle anderen Übergangsriten werden eher vernachlässigt als die Sterbe- und Begräbnisriten. Der Tod ist ja nur dann ein rite de passage, wenn man an das Heil glaubt, das einem die Religion anbietet. Glaubt man aber nicht, dann ist der Tod kein Übergangsritus mehr, d.h. dem Tod folgt keine Auferstehung. Aber wer will das schon wahrhaben! Weder wir Christen noch die Australier noch die Pygmäen oder Feuerländer. Also glauben wir der Religion, daß der Tod nur ein rite de passage ist. Sigmund Freud sagt in ,,Totem und Tabu", es sei viel leichter, an ein ewiges Leben als an einen ewigen Tod zu glauben. Deshalb sei wohl auch der Glaube an ein Weiterleben nach dem Tode älter als der, daß mit dem Tod alles vorbei sei.

5. Kapitel
Sakrale Worte

In allen schriftlosen Kulturen hat das gesprochene Wort eine viel größere Bedeutung als in unserer Kultur mit Schrift. Dem Wort kommt bei vielen Ethnien Schöpferkraft zu: Ausgesprochen bewirkt es, was es bedeutet. In Westafrika bei den Dogon und Bambara wird das Wort, ähnlich wie der Logos im Christentum, hypostasiert, es wird zur schöpferischen Persönlichkeit. Man vergleiche einmal hierzu ,,Schwarze Genesis" von Marcel Griaule in der Übersetzung von Jahn 1970.

Bei vielen Ethnien machen wir die Feststellung, daß sie, wenn sie zu übermenschlichen Wesen reden, eine andere Wortwahl treffen als wenn sie mit ihresgleichen sprechen. Selbst in unserer eigenen Kultur wird im religiösen Bereich eine gehobenere Ausdrucksweise verwendet als im profanen Umgang. Die Puyuma, eine altindonesische Ethnie auf Taiwan, kennen sogar eine eigene Sakralsprache. Ihre ,,Kulttexte sind durchweg in Parallelversen abgefaßt. Der eine enthält archaische Formen und der andere meist eine allgemeinverständliche Sprache. Die archaische Sakralsprache nennt man ,Sprache der Schamaninnen und Häuptlinge' oder ,Sprache des Ursprungs' *(rëvoaqan)*. Man behält sie aus Ehrfurcht sklavisch treu bei und will alles so vollziehen, wie die Urahnen es getan haben. Die Schamaninnen verstehen sie noch zum größten Teil und können sie erklären. Die Sakralsprache ist sehr poetisch und hat einen reichen Wortschatz" (Schröder 1966: 273–274).

Daß im Sakralbereich eine andere Sprache oder doch andere Worte benutzt werden, liegt nicht nur am höheren Alter bei gebundener Sprache und am Beharrungsvermögen der Religion, sondern auch an der Distanz, die der Mensch zwischen sich und die höheren Wesen zu bringen sucht. Die übermenschliche Macht ist auch ein *tremendum*. Bei verschiedenen Ethnien Bantu-Afrikas stellte ich fest, daß die Wortwahl sehr verschieden sein konnte, je nachdem ob man sich an Gleichgestellte und Gleichaltrige oder an Höhergestellte und Ältere wandte. Wieviel mehr kommt dann der Unterschied in der Wortwahl zum Tragen, wenn man sich an Wesen einer übermenschlichen Kategorie wendet!

Sakrale Worte können aber neben der schöpferischen auch eine zerstörerische Seite haben; wir sprechen dann von Verwünschungen und Fluch. Spricht im naturvolklichen Bereich ein Höhergestellter gegen einen Abhängigen eine Verwünschung oder gar einen Fluch aus, so geht der unweigerlich in Erfüllung, wenn die Verwünschung nicht zurückgenommen wird. Ich habe einmal in einem Buschdorf der Yansi (Zaire) eine solche Verwünschung miterlebt:

Ein junger Mann hatte einen schlechten Charakter und war deshalb der Schrecken seiner Eltern. Eines Abends um etwa 6 Uhr (um diese Zeit sind alle Leute vor dem Hause und kochen das Hauptessen) begann er Streit mit seiner Mutter, in dessen Verlauf er seine Mutter schlug, so daß das umgesteckte Tuch herunterfiel und sie nackt dastand. Es gilt aber als äußerst anstößig, wenn Ältere, zumal Verwandte, vor Jüngeren nackt erscheinen. Die Mutter verwünschte daraufhin ihren Sohn. Sie schlug sich mit der Hand auf die Vagina und rief: ,,Wärst du doch nie daraus hervorgekrochen! Geh, verschwinde aus dem Dorf!" – Das Volk lief zusammen und trieb den Mann aus dem Dorf. Ebenso geschah es in allen anderen Dörfern. Nach etwa zwei Jahren starb der Mann. Der Fluch hatte den Lebensstrom aus dem Jenseits durchschnitten. – Worte bewirken, was sie besagen, im Guten wie im Bösen. – Auf diesem Hintergrund muß man die Worte der Religionen schriftloser Völker sehen.

I. Gebete

,Gebete' nennen wir das Sprechen des Menschen mit einer übermenschlichen Macht. Auf einer höheren Ebene kann man aber auch jede Kommunikation des Menschen mit der Macht ,Gebet' nennen. Das Wortesagen ist oft nur ein Anfangsstadium der Kontaktaufnahme mit der Macht. Das Wichtigste bleibt meist unausgesprochen, da es oft nicht mehr in Worte faßbar ist. Viele Religionen kennen das monotone Hersagen von Formulierungen; es kommt weniger auf ihren Inhalt als auf ihre beruhigende Wirkung und die Hinführung zur Macht an. Litaneien und Rosenkranzgebet haben im katholischen Christentum eine ähnliche Wirkung. Die höchste Vollendung, heißt es, sei das wortlose Gebet.

Doch kehren wir zu unseren einfachen Religionen zurück. Das wortlose Beten gibt es sicher nicht in dem Maße wie in den Hochreligionen. Man hat immer handfeste Anliegen, wenn man sich an die überirdischen Mächte wendet. Germaine Dieterlen sagt in der Einleitung ihres Buches ,,Textes sacrés d'Afrique noire" (1965): ,,Der Mensch wendet sich fast überall zuerst an Gott, den Schöpfer, den Allwissenden, den Allmächtigen, und an jene, denen er seine Macht delegiert hat..." (1965: 20).

Diese Erfahrung, daß sich der Mensch fast überall zuerst an den Schöpfergott wendet, kann ich nicht bestätigen. Ich habe in den fast fünf Jahren, die ich bei den Yansi im Zaire verbrachte, kaum Gebete gehört, die sich an den Schöpfergott wandten, außer etwa von Christen. Und wenn man Gebetstexte anderer Kulturen durchgeht, fällt auf, daß der Schöpfergott relativ selten angesprochen wird.

Es sind vor allem die aktiveren subalternen Gestalten, an die man sich mit seinen Anliegen wendet. Der Schöpfergott ist meist zu otios, zu unveränderlich. Dennoch gibt es auch Völker, die kaum andere Gottheiten kennen, so etwa die Wildbeuter und Hirten. Fast schon christlich muten die Gebetsrufe der Feuerländer an, die Wilhelm Koppers und Martin Gusinde gesammelt haben. Koppers berichtet: ,,Im Laufe der Zeit sammmelten wir von solchen Gebeten und Sprüchen [an den Hochgott Watauinewa] gut sechzig... Ihrem Charakter nach lassen sie sich bequem in vier Gruppen aufteilen... 1. Klagegebete, 2. Bittgebete, 3. Dankgebete und 4. Aussprüche neutraler Natur..." (1924: 146).

Hier seien auch einige Gebetsproben wiedergegeben:

,,Eine Witwe rechtet tief betrübt und sehr erregt mit Watauinewa:

,Er selber soll dann heruntersteigen und mich heiraten /für mich sorgen/!' Oder auch: ,Der da oben hat den Mann mir hinweggenommen, er komme daher herunter und ernähre meine Kinder!'"

Eine Frau, deren Kinder gestorben sind, fordert ihren Mann auf:

,,Du bist stark, ich bin schwach. Töte du alle Vögel und Tiere draußen, denn sie gehören ja ihm [dem Watauinewa]. Tue ihm so dasselbe, was er mir getan. Nur einen Knaben (oder ein Mädchen) ließ er mir noch und den (oder das) wird er bald auch wohl noch holen wollen!" (1924: 147).

Ein typisches Gebet für ackerbautreibende Ethnien Afrikas veröffentlicht Paul Mercier. Der Sippenälteste spricht es vor der großen gemeinsamen Jagd in Anwesenheit aller Jäger, indem er auf dem Ahnenaltar ein Huhn opfert. Das Gebet stammt von den Somba, genauer: von der Gruppe der Betammaribe in der Volksrepublik Benin. Es lautet (Dieterlen 1965: 96–97):

,,Die Erntezeit ist vorüber,
Ihr habt uns eine gute Ernte gegeben.
Wir werden in den Busch ziehen.
Jetzt rufe ich euch,
Damit uns nichts Böses zustoße,
Damit wir unsere Füße auf nichts Böses setzen,
Damit wir nur guten Sachen begegnen mögen,
Damit nichts Schlimmes unsere Körper berühre,
So wie ihr es früher für unseren Vater getan habt,
Damit die Tiere der Savanne uns begegnen mögen,
Daß sie in den Kreis kommen, den wir schließen werden,
Daß unsere Pfeile treffen mögen,
Daß die Pfeile sie töten mögen,
Daß die Pfeile nicht die Menschen töten.
Ihr, die ihr uns eine gute Ernte gegeben habt,
Fahrt fort, uns vorauszugehen,
So wie ihr es immer für unseren Vater gemacht habt."

Die große gemeinsame Treibjagd in der Trockenzeit wird in den Savannen ganz Afrikas vorgenommen. Oft werden die Gräser bei dieser Gelegenheit in einem Kreise angezündet. Das Feuer treibt das Wild in die Mitte, wo es dann abgeschossen wird oder durch das Feuer umkommt. Am Abend vorher nimmt der Sippenälteste immer das Ahnenopfer vor. Diese Feuerjagd ist wohl das größte jägerische Ereignis des Jahres.

Es sei hier noch ein Gebet aus einer ganz anderen Region aufgeführt, und zwar von den Amis auf Taiwan. Der Schweizer Missionar und Ethnologe Otto Bischofberger hat einen ganzen Band Gebete und Riten der Amis veröffentlicht (1976). Die Amis gehören, wie die bereits erwähnten Puyuma, zu den neun altindonesischen Stämmen, die als die Ureinwohner Taiwans gelten. Sie sind Ackerbauer. Der Ahnenkult ist sehr stark entwickelt. Am Neujahrstag kommt es zu großen Festlichkeiten. Ein Mann soll das Große Gebet sprechen, in dem ,,alles, was dem Dorf und seinen Bewohnern hilft oder schadet" zur Sprache kommen soll. Das folgende Gebet richtet sich an die verstorbenen Häuptlinge des Dorfes (1976: 186–187):

,,Dies ist heute der Tag des Jahres. Die jungen Männer freuen sich.

Heute (ist) unser Neujahrsfest.

Wenn die jungen Männer irgendwohin gehen, nach Norden, nach Süden, nach Westen, wenn sie irgendwo in die Berge gehen, laßt sie nicht auf böse Geister treffen!

Laßt es den jungen Männern gut ergehen!

Wenn die Frauen zum Ort der lolag [Name eines Baumes, Blätter sind Schweinefutter] gehen, (wenn sie) zu ihrer Wasserstelle gehen, bewahrt sie vor dem Stürzen!

Laßt es den jungen Männern (und) den Frauen gut ergehen!

Wenn wir bald Reis, Hirse, Kürbisse (und) Süßkartoffeln anpflanzen, segnet den Reis der jungen Männer des Dorfes!

Man soll sagen: ‚Gut sind der Reis (und) die Hirse vom dortigen Dorfe.'

Wer ist stolz (darauf)? Ihr Vorfahren, die ihr in jener (alten) Zeit das Dorf verwaltet habt.

Wenn es Wildschweine gibt, laßt sie nicht in die Äcker dringen!

Wenn Ungeziefer (und) Heuschrecken da sind oder was sonst den Reis frißt, laßt sie nicht zum Reis vordringen, verwehrt es (ihnen)!

Wenn die Häuser den Reis anpflanzen, laßt ihn schön werden!

Ich bitte euch (um Beistand), teile euch (unsere Bitten) mit.

Von wem ist (dieses Fest)? Dies ist euer Tun, das wir befolgen.

‚Doch nicht! Warum ergreifst du einfach so das Wort? Warum stellst du dich über die Alten, über die viel älteren Leute?' So sagt (ihr Vorfahren).

Weil ich dafür bestimmt worden bin, wende ich mich an euch, lasse euch wissen, was wir heute tun.

Nichts Schlechtes soll über das Dorf und die jungen Männer kommen!

Wenn irgendetwas (Übles), (wenn) Krankheit bekommt der Süden, der Norden, der Westen des Dorfes, möge unser Dorf auf der Seite gelassen werden!

Laßt die Seuche nicht herkommen!

Laßt es den jungen Männern (und unserem) Dorf gut ergehen!"

Die Gebete der drei Ethnien zeigen deutlich die großen Anliegen dieser einfachen Völker: Es geht um die Existenz und um die Nahrung. Es werden keine großen Lobpreisungen ausgesprochen, sondern man bittet um Hilfe für handfeste Anliegen des Alltags. Dies ist wohl auch der typische Grundzug der sogenannten Naturreligionen.

II. Mythen

Die Mythen sind für die schriftlosen Ethnien was die Bibel für die Christen oder der Koran für die Moslems ist. In ihnen sind die ganze Glaubenslehre, die Ethik und der Kult festgelegt. Wir vertreten heute nicht mehr die Meinung, wie es früher gang und gäbe war, daß Mythen ‚etwas Unwahres, Fiktives, Erdachtes' wären. Der Mythus ist etwas Wahres; dennoch ist der Mythus auf ganz bestimmte Typen von Gesellschaften festgelegt. Er hat sozusagen in ihnen seinen Sitz im Leben, weil er auch nur in diesen Gesellschaften in seinem ganzen Umfange wahr ist. Man kann deshalb auch hören, daß von ,,mythischen Gesellschaften" gesprochen wird. Man will damit sagen, daß diese Gesellschaften die Mythen noch als real wirksame Geschichten zelebrieren im Unterschied zu jenen (etwa unsere Gesellschaft), die im Mythus nur mehr erzählte Geschichten ohne innere Wirksamkeit sehen.

1. Zur Definition

Nach Mircea Eliade enthält ein echter Mythus folgende Merkmale:

- Er erzählt eine wahre Geschichte,
- die Geschichte ist sakral bzw. heilig,
- sie handelt von der Urzeit der Schöpfung,
- sie ist exemplarisch für die Jetztzeit,
- sie ist wiederholbar (damit sie wirksam wird),
- die in ihr handelnden Personen sind übernatürliche Wesen.

Hermann Baumann definiert den Mythus folgendermaßen: ,,Mythus ist anschauliche Darstellung der Weltanschauung von Gemeinschaften" (1936: 2). Baumann hebt zu Recht beim Mythus den sozialen und damit auch den kulturellen Charakter des Mythus hervor. Er distanziert auch den Mythus vom Märchen. So etwa schreibt er auf Seite 2 (1936): ,,Das einfache Märchen unterscheidet sich dadurch, daß es nur dürftig und sekundär weltanschaulichen Gehalt besitzt. Es ist nicht, wie Ehrenreich glaubt, die primitivere Grundlage für den Mythus, sondern eine seit Urbeginn gleich geschaltete literarisch-künstlerische Ausdrucksweise, aber eben ohne ursprünglich religiösen Gehalt. Der Mischtypus des Mythenmärchens enthält zwar weltanschauliche Elemente, ist aber noch kein Mythus."

Auch Eliade betont, daß viele Ethnien zwischen wahren Geschichten (Mythen) und falschen Geschichten (Märchen) unterscheiden. Er schreibt 1963 (18–19): ,,Es sei noch hinzugefügt, daß die Gesellschaften, in denen die Mythen noch lebendig sind, sorgfältig die Mythen – ‚wahre Geschichten' – von den Fabeln oder Märchen, die sie ‚falsche Geschichten' nennen, unterscheiden" (18). Etwas weiter fährt er dann fort: ,,Kurz, bei den ‚wahren' Geschichten haben wir es mit dem Sakralen und dem Übernatürlichen zu tun; bei den ‚falschen' im Gegenteil, mit einem profanen Inhalt" (19).

2. Deutung der Definition

- Nach Mircea Eliade ist es die Hauptaufgabe des Mythus, exemplarische Modelle von allen Riten und allen wichtigen menschlichen Aktivitäten aufzuzeigen, und zwar für die Menschen der Jetztzeit.
- Mythen kann man nur zu bestimmten heiligen Zeiten zelebrieren, nicht erzählen. Rolf Stein berichtet (1959: 318–319), daß die Tibeter früher vor der Rezitation des Heldenepos von ihrem König Ghesar Gerstenmehl auf die Erde streuten. Wenn dann der Barde stundenlang das Ghesar-Epos vorgetragen hatte, sah man nachher die Hufabdrücke von Ghesars Pferd. Man sieht also hier, daß die Mythe bewirkt, was in ihr erzählt wird.

- Die Mythe ist immer wahr, weil das, was sie erzählt, tatsächlich nachweisbar ist. Nehmen wir eine Mythe über den Ursprung des Todes. Sie ist deshalb wahr, weil der Tod tatsächlich eingetreten ist, weil er ohne den Menschen wirklich existiert. Oder hören wir die Eskimo-Mythe, die die Flecken des Mondes erklärt. Die Mythe erzählt, daß Sonne und Mond Geschwister waren und in einer Nacht bei einem Fest die beiden Geschwister miteinander Geschlechtsverkehr hatten; die Schwester brannte aber ihrem Bruder mit der Fackel ein Mal auf den Rücken. Er floh zum Himmel, sie folgte ihm, und seither weist der Mond den (Brand-)Flecken auf. Der Beweis, daß diese Mythe wahr ist, sind eben die Flecken des Mondes. – So könnte man alle Mythen durchgehen. Eliade sagt (1954b: 489): ,,Diese Beispielfunktion des Mythos wird auch in dem Bedürfnis des archaischen Menschen spürbar, ,Zeugnisse' für die im Mythos vorkommenden Ereignisse zu finden. So das wohlbekannte Thema, daß die Menschen nach einem bestimmten Ereignis sterblich geworden sind, daß die Robben ,seither' keine Zehen mehr haben oder der Mond daher seine Flecken hat usw.... Für die archaische Mentalität ist dies ,beweisbar', denn der Mensch *ist* tatsächlich sterblich, die Robben *haben* keine Zehen und der Mond *hat* die Flecken. Der Mythos, der erzählt, wie die Insel Tonga vom Grunde des Ozeans heraufgefischt wurde, wird als wahrhaftig erwiesen dadurch, daß man die Angelschnur und den Felsen, aus dem der Angelhaken genommen wurde, noch zeigen kann."

- Die handelnden Personen eines Mythus sind keine Menschen mehr, sondern Götter, Heroen oder doch Übermenschen, die unserer sterblichen Sphäre bereits entrückt sind.

- Mythen sind deshalb sakrale Geschichten, weil sie immer den Ursprung einer Sache, eines Ritus usw. erzählen. Ursprungszeit ist aber immer auch heilige Zeit.

- Die Urzeit muß nicht die absolute Urzeit sein, also der Uranfang der Welt oder der Menschen, sondern es kann sich auch um den Anfang eines Reiches oder einer Sitte handeln, etwa: weshalb die Menschen Gekochtes und nicht mehr rohe Speisen essen wie früher. Immer aber handelt es sich um einen Anfang, der Modellcharakter für die jetzige Menschheit hat. Viele Völker sehen in der Urzeit eine heilige Zeit. Die Australier z.B. nennen die Urzeit der Schöpfung *bugari*-Zeit – Traumzeit. Diese Urzeit ist gleichzeitig eine Heilszeit. Das *illud tempus,* in dem Heil gewirkt wurde; diese Heilszeit, Urzeit, muß wiederholt werden, damit die Heilstaten der Götter, Hereoen und Übermenschen wieder fruchtbar gemacht werden für die Jetztzeit.

- Nach diesem Prinzip des Wiederholens der Urzeit handeln praktisch alle Religionen, auch das Christentum. Wenn der Katholik das heilige Meßopfer feiert, dann wiederholt er den Kreuzestod Christi und macht ihn für die Jetztzeit fruchtbar. Der Kreuzestod aus dem Jahre 33 wird jetzt wiederum gegenwärtiggesetzt. Und weil er gegenwärtiggesetzt wird, kann er auch wirken. Die Messe ist nicht nur eine Erinnerung, sondern der Kreuzestod selbst wird gegenwärtig. Er wird also aus der Zeit herausgenommen und wieder lebendig gemacht.

- Die Urzeit hat Modellcharakter. Was damals durch die Urahnen, Götter oder Heroen geschah, muß jetzt wiederholt werden, damit die Menschen des Heils der Urzeit teilhaftig werden. Die Urtat muß aber bis in kleinste Details nachgeahmt werden, denn nur dann wird sie fruchtbar.

- Viele Mythen haben etiologischen Charakter, d.h. sie erzählen, weshalb etwas so ist, wie es jetzt ist. Denken wir z. B. an die zahlreichen Mythen, die den Saatraub oder das Zerstückelungsmotiv schildern. Beide Mythologeme haben in dem Sinne etiologischen Charakter, daß sie das Vorhandensein von Körner- bzw. Knollenfrüchten zu erklären versuchen.

- Eine Mythe ist immer eine wahre Geschichte. Sobald der Mensch in rationalistischer Weise versucht, die Mythe auf ihre Echtheit zu überprüfen, ist die Mythe keine echte Mythe mehr, denn für den rationalistischen Prüfer bewirkt sie nicht mehr, was sie erzählt. Die Mythen der Griechen, wie sie uns Homer, Hesiod oder auch später die griechischen Klassiker vermitteln, haben keinen mythischen Charakter mehr. Es sind Erzählungen, die bereits rational durchdacht werden; sie bewirken nicht mehr, was sie beinhalten, und die Zuschauer glauben nicht mehr an ihre Wirkung. Anders dann in den griechischen Mysterienkulten, wo der Demetermythus wiederum mythisch wirksam wird. – Man gewinnt den Eindruck bei Betrachtung bestimmter Bewegungen unserer Zeit, etwa der starken Hinwendung zu außerrationalen exotischen Meditationsformen und Heilserwartungen, daß der Mensch ganz ohne Mythen überhaupt nicht auskommt. Das Rationale allein befriedigt offensichtlich auf die Dauer nicht.

3. *Der Zeitbegriff der Mythen*

Der Zeitbegriff der Mythen ist, wie schon früher dargelegt wurde, unserem europäischen Zeitbegriff entgegengesetzt. Wir Europäer erfassen uns als ein Produkt der Geschichte, wobei für uns Geschichte auf einem linearen Zeitablauf beruht. Der Naturmensch erfaßt sich als Produkt mythischer Vorgänge der Urzeit. Der Mythus hebt die lineare Zeit, also die Diachronie, auf, denn nur so kann er ja wirksam werden. Jede Religion muß auf diese Weise handeln, will sie das Heil der Urzeit ihren Gläubigen vermitteln. Die Irreversibilität der Zeit gilt also nur in bestimmten Bereichen. Auch das

Christentum kennt ja, wie wir gesehen haben, die Wiederholbarkeit eines Ereignisses in der Zeit. Unser linearer Zeitbegriff ist also nicht unbedingt für die Religion der ausschlaggebende Zeitbegriff. Da Mythen immer vom Ursprung handeln, sind Mythen für Naturmenschen unerläßlich, um die Herkunft der Dinge und Institutionen kennenzulernen. Für Naturvölker gilt durchweg das Axiom, daß man ein Objekt oder einen Ritus dann durch und durch kennt, wenn man um seinen Ursprung weiß. Wissen, wie etwas geworden ist, heißt, es ganz und gar zu kennen und damit es auch zu beherrschen. Kennen allein genügt aber nicht, sondern im Kennen will man erleben, und deshalb genügt es nicht, einen Mythus zu erzählen, sondern der Mythus muß zelebriert werden. An den eleusinischen Mysterien nahm man nicht nur teil, um den Demeterzyklus rezitiert zu bekommen, sondern man ging hin, um durch die Zelebration des Mythus das Urzeitgeschehen auf mystische Weise realiter mitzuerleben. Das Erkennen schließt in sich notwendigerweise das Erleben ein; deshalb müssen Mythen auch ,,zelebriert" werden.

4. *Der Mythus-Begriff bei Claude Lévi-Strauss*

Wenn gesagt wird, daß wir bei der Zelebration des Mythus in seinen Wesenskern vordringen, den Mythus also durch und durch erkennen und auch seinen Inhalt erleben, so ist dieses Wissen um den Wesenskern doch noch etwas anderes als was Claude Lévi-Strauss mit seinem ,,mythologischen Denken" meint; denn auch er dringt in seiner Mythenanalyse zu Urstrukturen des menschlichen Denkens vor. Aber es gibt wesentliche Unterschiede zwischen den Urstrukturen des mythischen Denkens bei Lévi-Strauss und dem Mythus, wie ich ihn dargelegt habe. Ich möchte diese Unterschiede kurz aufzeigen:

- Für Lévi-Strauss ist das menschliche Denken bei allen Völkern gleich, da es gleichen physischen Prozessen entstammt. Sein Hauptaxiom lautet: Alle Menschen, ihre Psyche und ihre Kulturen sind im Wesen gleich.

- Der Mensch unterscheidet sich von den anderen Lebewesen durch seinen Verstand. Damit schafft er Kultur und steht in Opposition zur Natur. Hier ist eine wichtige Lévi-Strausssche mythische Dichotomie gegeben: Kultur – Natur.

- Das menschliche Denken wird von vielerlei Determinanten wie Wirtschaft, Religion, Sozialstruktur usw. beeinflußt, aber seine Grundstrukturen bleiben dennoch gleich. Und deshalb kann man die Elemente dieses Grunddenkens weltweit miteinander vergleichen, weil die Menschen überall und zu allen Zeiten gleich sind.

- Wichtig bei diesem Prozeß des Vergleichens ist, daß man zum Denken an sich, also zum Ursprung, vorstößt, wo diese Determinanten noch nicht wirksam sind. Es gilt deshalb, jenes Gebiet als Untersuchungsfeld zu wählen, wo der Mensch noch nicht determiniert ist und wo er frei denken kann.

- Lévi-Strauss sucht deshalb nach dem ,,pensée sauvage", dem ungebremsten, undeterminierten, ursprünglichen Denken.

- Nirgendwo habe sich das Denken freier austoben können als in der Mythologie; deshalb können gerade Mythologeme auch weltweit miteinander verglichen werden. Ursprünglich hatte Claude Lévi-Strauss über die Verwandtschaftsbeziehungen zum ursprünglichen Denken vordringen wollen. Sein berühmtes Werk hieß bezeichnenderweise ,,Les structures élémentaires de la parenté" (1949). Es lehnt sich schon im Titel sehr stark an Durkheim an, und zwar an sein berühmtes Werk ,,Les formes élémentaires de la vie religieuse" (1912). Doch später hat Lévi-Strauss die Verwandtschaftsbeziehungen doch nicht als die beste Möglichkeit erachtet, um an die ursprünglichen Denkstrukturen heranzukommen. Er sagte, es könne ja doch noch eine Determinierung gerade in den Verwandtschaftsbezeichnungen vorliegen, deshalb wandte er sich den Mythen zu.

- Im Lévi-Straussschen Strukturalismus wird Geschichte als diachronischer Ablauf irrelevant, denn beim Vordringen zu den Urstrukturen des Denkens kann es keine Diachronie geben, wenn das menschliche Denken bei allen Völkern und zu allen Zeiten gleich ist.

- Lévi-Strauss gewinnt seine Urmodelle oder die Urstrukturen des Denkens durch Abstraktion und nicht durch Empirie. Er muß also alles Individuelle und den geschichtlichen Prozeß eliminieren, um an die Urstruktur heranzukommen. Er entäußert somit die Struktur ihrer wichtigsten und interessantesten Merkmale. Was aber soll dann noch Kulturwissenschaft bei Lévi-Strauss bedeuten? Was nützt eine derart ,,nackte" Struktur für die Kulturwissenschaft? Das Mythologem des Paradieses z. B. wird für den Theologen oder Kulturwissenschaftler erst durch die regionalen, zeitlichen, sprachlichen etc. Prozesse interessant. Die Struktur an sich gibt für die Kulturanthropologie nichts her.

- Eine typische Grundstruktur im Strukturalismus ist die Dichotomie, so etwa: kalt – warm, roh – gekocht, Natur – Kultur, Mann – Frau, Wasser – Feuer usw. Stillschweigend wird hierbei immer vorausgesetzt, daß es ein drittes Teil, ein tertium comparationis, nicht gibt und nicht geben kann. Aber stimmt dies auch? Gibt es z.B. in der Mythologie zwischen Mann und Frau nicht doch noch ein drittes Element? Bei vielen einfachen Völkern läßt sich nachweisen, daß weder das Männliche noch das Weibliche das Ideale ist, sondern beide Geschlechter in einem, also eine Androgynie, die Idealvorstellung ist. Wenn dem aber so ist, dann kann man nicht mehr mit der Dichotomie als einer Urstruktur operieren. Ähnliches ließe sich auch von den anderen Dichotomien sagen.

- Lévi-Strauss sieht im Mythologem eine Urwahrheit, eine Urstruktur des menschlichen Denkens. Wir sehen ebenfalls eine Wahrheit im Mythologem, aber sie gehört nicht zu den Urwahrheiten, die bei allen Menschen immer und überall gleich sind. Wir räumen ein, daß die Wahrheit in der Mythe von der Geschichte, von Wirtschaft, Sozialstruktur etc. determiniert wird und folglich von einem Volk zum andern anders geartet sein kann. Wir gewinnen auch auf ganz anderem Weg als Lévi-Strauss die Wahrheit eines Mythologems, nämlich durch Empirie, indem wir die Mythe in der Gesamtkultur betrachten und sie zu ähnlichen Mythen kulturvergleichend in Beziehung setzen. Lévi-Strauss hingegen gewinnt sie auf rationalem Wege, durch Abstraktion, indem er sie aller Determinanten entkleidet. Für uns hat die Mythe einen religiösen Charakter, denn sie bewirkt, was sie erzählt. Für Lévi-Strauss ist die Mythe keine religiöse Geschichte, sondern eine rein rationale Denkstruktur. Sie hat nicht mehr zu bewirken, was sie erzählt, jedenfalls nicht für die Strukturalisten. Lévi-Strauss hat die Mythe ihres sakralen Charakters entkleidet; ihm geht es um rein profane Dinge. Der Vergleich mit Durkheim und seiner Einstellung zur Religion, wie sie aus der Untersuchung des australischen Totemismus hervorgeht, drängt sich auf. Religion als eigenständiger Wert wurde von beiden Forschern von vornherein ausgeschlossen. Man suchte, Religion und Mythen rational zu erklären, um zeigen zu können, daß keine Beziehung zu etwas Über- oder Außermenschlichem besteht. Es geht beim Strukturalismus um einen rein weltimmanenten Erklärungsversuch der Mythen.

- Für unser Verständnis sind Mythen etwas Religiöses, weil übermenschliche Wesen in ihnen handeln. Der Mensch aber fühlt sich von diesen Wesen abhängig. Diese Abhängigkeit kommt gerade bei den Urstandsmythen stark zum Ausdruck: Einfache Völker legitimieren all ihr Tun damit, daß die Urzeitwesen das gleiche getan haben, und die sind ja verpflichtendes Vorbild.

- Mythen können ihren religiösen Charakter auch wieder verlieren. Sie können zu Geschichten herabsinken. Dann enthalten sie als Erzählungen zwar noch religiöse Inhalte, aber mit ihrer Wirksamkeit ist es vorbei. Sie werden nicht mehr zelebriert, sondern nur mehr erzählt. Solche Vorgänge der Entsakralisierung sind häufig; typisch sind sie für das klassische Griechenland, aber auch für das Alte Testament, in das viele Mythenthemen des Vorderen Orients eingegangen sind, ohne daß sie im Alten Testament noch als Mythen gehandhabt würden.

Bronislaw Malinowski drückt in seinem Buch „Myths in Primitive Psychology" (1926) den Charakter der Mythen sehr gut aus. Er schreibt: „Die Mythe ist nicht eine Erklärung, dazu bestimmt, die wissenschaftliche Neugier zu befriedigen, sondern ein Bericht, der die Tatsachen der Urzeit wieder lebendig macht und der dem tiefen religiösen Bedürfnis, den ethischen Bestrebungen, den Zwängen und Aufgaben der sozialen Ordnung und selbst den praktischen Forderungen entgegenkommt. Die Mythe erfüllt in den Primitivkulturen eine wesentliche Funktion: Sie beinhaltet, erhebt und kodifiziert die Glaubensinhalte. Sie hält die ethischen Prinzipien aufrecht und macht sie verpflichtend. Sie garantiert die Wirksamkeit der rituellen Zeremonien und gibt praktische Hinweise für den Gebrauch durch den Menschen. Die Mythe ist deshalb ein Wesenselement der menschlichen Kultur. Sie ist weit davon entfernt, eine leere Moralgeschiche zu sein; sie ist vielmehr eine lebendige Realität, auf die man immer wieder zurückgreift. Sie ist keine abstrakte Theorie oder ein Ausbreiten von Bildern, sondern eine wahrhafte Kodifizierung der primitiven Religion und der praktischen Weisheit.... Alle diese Erzählungen sind für die Eingeborenen der Ausdruck einer Urrealität, die einen tieferen und reicheren Sinn hat als die gegenwärtige. Sie bestimmt das unmittelbare Leben, die Aktivitäten und die Geschicke der Menschheit. Die Kenntnis, die der Mensch von dieser Realität hat, enthüllt ihm den Sinn der Riten und den der ethischen Pflichten, und gleichzeitig zeigt sie ihm die Art und Weise, wie er sie durchzuführen hat" (zitiert nach Eliade 1963: 32).

III. Mythen von Paradies und Tod

Die theoretischen Ausführungen über die Mythen sollen nun an zwei Mythenthemen veranschaulicht werden. Ich habe zwei Beispiele ausgewählt, die weltweit verbreitet sind und sicher mit zu den ältesten und die Menschheit am meisten beschäftigenden Fragen gehören. Auf den ersten Blick scheinen Paradies und Tod einander diametral entgegengesetzt zu sein: hier die Seligkeit, die höchste Lust – dort die Trauer, die höchste Not eines jeden Menschen. Doch bei näherem Hinsehen wird man feststellen, daß beide Mythologeme miteinander zu tun haben. Nicht nur weil nach jüdisch-christlicher Anschauung Tod und Verlust des Paradieses zusammengehören, sondern auch weil häufig der Tod die Bedingung für das neue, das Endzeitparadies ist.

Man muß offensichtlich mehrere Arten von Paradies unterscheiden. Das jüdisch-christliche, an das wir zunächst denken, wenn von Paradies die Rede ist, befindet sich am Beginn der Menschheit. Auch andere Völker kennen dieses Paradies des Anbeginns. Es ist eine Art Goldenes Zeitalter („aurea prima aetas" bei Ovid), das durch ein schlechteres abgelöst wird. Das zweite Paradies ist jenes der Endzeit. Dazwischen ließe sich noch ein drittes ausmachen. Man könnte es das Paradies der Glückseligkeit nennen. In ihm befinden sich alle jene Menschen, die, losgelöst von der Mühsal des Erdenlebens, bereits mit der jenseitigen Macht vereinigt sind. Diese dritte Art Paradies gibt es weniger bei Naturvölkern als in Hochreligionen. Doch auch bei Naturvölkern gibt es Männer und Frauen, die in totaler Harmonie mit sich, der Welt und den jenseitigen Mächten leben; die bereits mehr in die andere als in diese Welt gehören. Diesen Zustand könnte man Paradies der Glückseligkeit nennen.

Bei Naturvölkern ist ein Paradies des Anbeginns mit breit ausgemalten Wonnen wenig gebräuchlich. Man kennt allerdings Paradieserzählungen, nach denen das Schöpferwesen zu Anbeginn mit den Menschen gelebt hat. Aber wegen eines Vergehens hat sich das Wesen von den Menschen wieder entfernt.

1. Pygmäen

Paul Schebesta hat zwei solche Paradiesesmythen von den afrikanischen Bambuti-Pygmäen aufgezeichnet. Die eine ähnelt in wichtigen Punkten der biblischen Erzählung. Sie soll dennoch, nach Schebesta, altes pygmäisches Erbe sein. Doch es kommen einem unwillkürlich Zweifel: So erzählt die Mythe, daß Gott Mugasa schmiedet und an den Armen Messingringe trägt. Die Pygmäen verstehen sich aber gar nicht auf das Schmiedehandwerk. Sie tauschen ihre Metallobjekte wie Pfeil- und Lanzenspitzen bei ihren negerischen Wirtsherren ein. Auch daß Gott bei seinem Weggang die Pygmäen die Schmiedekunst lehrt, paßt nicht in das traditionelle Weltbild der Pygmäen. – Die biblische Vorlage ist aber, wie ich meine, handgreiflich. Doch sehen wir die Mythe:

„Am Anfang war nur *Mugasa* [Mondgott sowie Jagd- und Waldgott], er war ganz allein. Er hatte weder Frau noch Bruder. Er hatte aber drei Kinder, Menschen, die er gemacht. Einer von ihnen wurde der Stammvater der Pygmäen, der andere jener der Neger. *Mugasa* verkehrte mit den Menschen, sprach mit ihnen wie mit seinen Kindern, zeigte sich ihnen aber nicht. Das war sein großes Gebot, das er ihnen einschärfte, dessen Übertretung Unheil über sie bringen würde: sie dürften ihn nicht ausspähen. *Mugasa* wohnte in einer großen Hütte, in der man ihn hämmern und schmieden hörte. Zu seinen Kindern war er gut, es fehlte ihnen an nichts, sie lebten glücklich und zufrieden und brauchten nicht im Schweiße ihres Angesichts ihr Brot zu essen, denn alles kam ihnen, ohne daß sie sich anzustrengen brauchten, halbwegs entgegen. Kurzum, die Menschen lebten im Schlaraffenland. Die Tochter hatte die Aufgabe, ihrem Vater Feuerholz und Wasser vor die Tür seiner Hütte zu stellen.
Eines Abends, als sie wieder den Wassertopf vor die Türe stellte, erlag sie der Neugierde, die immer schon in ihr brannte. Sie wollte es versuchen, den Vater heimlich

zu erspähen, niemand sollte es erfahren. Sie versteckte sich hinter einem Pfosten, um wenigstens den Arm ihres Vaters zu sehen. Da streckte auch schon *Mugasa* seinen, mit Messingringen reich behangenen Arm zur Hütte hinaus, um nach dem Topf zu langen. Sie hatte ihn gesehen, den prächtig geschmückten Arm *Mugasas*. Wie jubelte sie im Herzen auf! Doch ach! Die Strafe folgte ihrer Sünde auf dem Fuße. Zornig rief *Mugasa,* dem das Vergehen nicht verborgen blieb, seine Kinder zusammen und machte ihnen Vorwürfe ob ihres Ungehorsams. Er kündigte ihnen die grausame Strafe an, daß sie fortan allein, ohne ihn leben müßten, er werde von ihnen ziehen. Alles Jammern und Weinen war vergebens. *Mugasa* hinterließ ihnen Waffen, Werkzeuge und lehrte sie die Schmiedekunst und alles, womit sie sich allein durchs Leben schlagen könnten. Ihre Schwester aber verfluchte er. Sie sollte fortan die Frau ihrer Brüder werden, in Schmerzen Kinder gebären und alle harten Arbeiten leisten. – Das ist der Fluch, der bis heute auf den Frauen lastet. *Mugasa* verließ heimlich seine Kinder und verschwand in der Richtung flußabwärts. Seitdem hat ihn niemand gesehen. Mit *Mugasa* aber floh auch das Glück und der Friede, ja, alles floh von den Menschen, das Wasser, die Früchte, das Wild, alle Nahrungsmittel, die sich ihnen früher freiwillig dargeboten hatten. Sie mußten hart arbeiten, um fern von *Mugasa* ihr tägliches Brot zu essen. Noch mehr. Als Strafe für die Sünde folgte auch der Tod. Das erste Kind, das die Frau gebar, nannte sie selbst ahnungsvoll ,,*kukua kende"*, ,,der Tod kommt". Das Kind starb zwei Tage nach der Geburt. Seither entgeht kein Mensch dem Rächer Tod. So kam der Tod in die Welt" (Schebesta 1950: 19–20).

2. Gilgamesch-Epos

Die wohl am längsten kodifizierte Geschichte, die von ewigem Leben und Tod handelt, ist das Gilgamesch-Epos. Der größte Teil der Abschriften wurde um 650 gemacht; es gibt aber auch Teile, die in die sumerische Zeit um 2000 v. Chr. reichen. Die Grundstimmung des Gilgamesch-Epos ist bezüglich des ewigen Lebens und des Todes pessimistisch. Es erzählt die Geschichte des Königs Gilgamesch von Uruk und schildert sein vergebliches Streben nach ewigem Leben: Er begegnet seinem verstorbenen Freund Utnapischtim und fragt nach dem Leben im Jenseits. Gilgamesch sagt zu ihm:

> ,,,Ach, wie soll ich handeln, wo soll ich hingehn?
> Da der Raffer das Innere mir schon gepackt hat!
> In meinem Schlafgemach sitzt der Tod,
> Und wohin ich den Fuß mag setzen, ist er – der Tod!'"
> (Schott 1958: 96, 230–233).

> ,,Utnapischtim sprach zu ihm, zu Gilgamesch:
> ,Du, Gilgamesch, kamst, hast dich abgemüht, abgeschleppt –
> Was geb ich dir, daß du kehrst in die Heimat?
> Ein Verborgenes, Gilgamesch, will ich dir enthüllen,
> Und ein Unbekanntes will ich dir sagen:

> Es ist ein Gewächs, dem Stechdorn ähnlich,
> Wie die Rose sticht dich sein Dorn in die Hand.
> Wenn dies Gewächs deine Hände erlangen,
> Wirst du das Leben finden!'
> Kaum hatte Gilgamesch dieses gehört...,
> Da band er schwere Steine an die Füße,
> Und als zum Apsû [gewaltiges Wasserbehältnis, aus dem alles Wasser in die Welt rinnt] sie ihn niederzogen,
> Da nahm er's Gewächs, ob's auch stach in die Hand,
> Schnitt ab von den Füßen die schweren Steine,
> Daß ihn die Flut ans Ufer warf." (263–276).

> „Da Gilgamesch den Brunnen sah, dessen Wasser kalt war,
> Stieg er hinunter, sich mit dem Wasser zu waschen.
> Eine Schlange roch den Duft des Gewächses.
> Verstohlen kam sie hierauf und nahm das Gewächs;
> Bei ihrer Rückkehr warf sie die Haut ab!
> Zu der Frist setzte Gilgamesch weinend sich nieder,
> Über sein Antlitz flossen die Tränen,
> Er sprach zum Schiffer Urschanabi:
> ‚Für wen verströmt mein Herzblut?
> Nicht schafft' ich Gutes mir selbst –
> Für den Erdlöwen [= Schlange] wirkte ich Gutes!'"
> (98, 285–296).

Gilgamesch holt das Kraut des Lebens, aber die Schlange stiehlt es, und so wird sie unsterblich, und Gilgamesch wird sterben. Hier wird die Feindschaft der Menschen zur Schlange begründet.

Das Los der Verstorbenen ist alles andere als beneidenswert. – Gilgamesch spricht in der 12. Tafel zu seinem Freund Utnapischtim und fragt nach dem Leben im Jenseits:

> „‚Sage mir, Freund, sage mir, Freund,
> Sage mir die Ordnung der Erde, die du schautest!'
> ‚Ich sag sie dir nicht, Freund, ich sag sie dir nicht!
> Sag ich dir die Ordnung der Erde, die ich schaute –
> Du müßtest dich setzen und weinen!' –
> ‚So will ich mich setzen und weinen!' –
> ‚Freund, meinen Leib, den du frohen Herzens berührtest,
> Frißt Ungeziefer, wie ein altes Gewand!
> Meinen Leib, den du frohen Herzens berührtest,
> Entstellt die Verwesung, erfüllt der Staub!' – "
> (Schott 1958: 105, 87–96).

Im Grunde genommen schildert hier Utnapischtim ein Anti-Paradies: Das Jenseits ist schlimmer als das Diesseits. „Das Rätsel des Todes, das zu allen Zeiten die Denker und Dichter beschäftigt hat, bildet den Schwerpunkt der ganzen Dichtung. Dem nach dem Leben, d. i. Unsterblichkeit verlangenden Menschen antwortet sie, daß die Götter für die Menschen den Tod festgesetzt, das Leben aber für sich behalten haben. Aber ein Hoffnungsschimmer bleibt auch für den Sterblichen. Wenigstens die Seele, der Lebenshauch, setzt nach dem Tode in der Erde, d. i. der Unterwelt, ihre Sonderexistenz fort" (Feldmann 1913: 215–216).

3. Das klassische Griechenland

Griechenland kennt eine Reihe von Paradieserzählungen, meistens handelt es sich allerdings um das endzeitliche Paradies, das Elysium. So läßt Homer Menelaos gesandt werden (Odyssee 4. Gesang, 565–569):

„Nach Elysion hin, ins Land Radamanthys', des Blonden:
Dort ist den Menschen fürwahr das leichteste Leben bereitet;
Denn kein Schnee, kein Regen noch Grauen des Winters befällt sie,
Sondern beständig schickt der Okeanos wehenden Westwinds
Liebliches Säuseln herein und erfrischt die Seele der Menschen..."

Auch Hesiod (um 700) beschreibt in „Werke und Tage" das endzeitliche Paradies:

„Und dort wohnen sie nun mit kummerentlastetem Herzen
Auf den seligen Inseln und bei des Okeanos Strudeln,
Hochbeglückte Heroen; denn süße Früchte wie Honig
Reift ihnen dreimal im Jahr die nahrungsspendende Erde."

Die Herakles-Mythe macht dagegen Anleihen an den vorderorientalischen Paradieses-Mythus. So werden die goldenen Hesperiden-Äpfel von der Schlange (Drachen) Ladon bewacht, die Herakles tötet. Der Garten mit dem Baum steht aber nicht im Osten, sondern im Westen beim Atlas, also wo die Sonne untergeht, ein Sinnbild des Totenreichs.

4. Paradieserzählung der Bibel

„Dann legte Gott, der Herr, in Eden, im Osten, einen Garten an und setzte dorthin den Menschen den er geformt hatte. Gott, der Herr, ließ aus dem Ackerboden allerlei Bäume wachsen, verlockend anzusehen und mit köstlichen Früchten, in der Mitte des Gartens aber den Baum des Lebens und den Baum der Erkenntnis von Gut und Böse" (Gen 2 8–9).

„Gott, der Herr, nahm also den Menschen und setzte ihn in den Garten von Eden, damit er ihn bebaue und hüte. Dann gebot Gott, der Herr, dem Menschen: ‚Von allen Bäumen des Gartens darfst du essen, doch vom Baum der Erkenntnis von Gut und Böse darfst du nicht essen; denn sobald du davon ißt, wirst du sterben'" (Gen 2, 15–17).

„Die Schlange war schlauer als alle Tiere des Feldes, die Gott, der Herr, gemacht hatte. Sie sagte zu der Frau: ‚Hat Gott wirklich gesagt: Ihr dürft von keinem Baum des Gartens essen?' Die Frau entgegnete der Schlange: ‚Von den Früchten der Bäume im Garten dürfen wir essen; nur von den Früchten des Baumes, der in der Mitte des Gartens steht, hat Gott gesagt: Davon dürft ihr nicht essen, und daran dürft ihr nicht rühren, sonst werdet ihr sterben.'

Darauf sagte die Schlange zur Frau: ‚Nein, ihr werdet nicht sterben. Gott weiß vielmehr: Sobald ihr davon eßt, gehen euch die Augen auf; ihr werdet wie Gott und erkennt Gut und Böse.' Da sah die Frau, daß es köstlich wäre, von dem Baum zu essen, daß der Baum eine Augenweide war und dazu verlockte, klug zu werden. Sie nahm von seinen Früchten und aß; sie gab auch ihrem Mann, der bei ihr war, und auch er aß.

Da gingen beiden die Augen auf, und sie erkannten, daß sie nackt waren. Sie hefteten Feigenblätter zusammen und machten sich einen Schurz. Als sie Gott, den Herrn, im Garten gegen den Tagwind einherschreiten hörten, versteckten sich Adam und seine Frau vor Gott, dem Herrn, unter den Bäumen des Gartens. Gott, der Herr, rief Adam zu und sprach: ‚Wo bist du?' Er antwortete: ‚Ich habe dich im Garten kommen hören; da geriet ich in Furcht, weil ich nackt bin, und versteckte mich.' Darauf fragte er: ‚Wer hat dir gesagt, daß du nackt bist? Hast du von dem Baum gegessen, von dem zu essen ich dir verboten habe?' Adam antwortete: ‚Die Frau, die du mir beigesellt hast, sie hat mir vom Baum gegeben, und so habe ich gegessen.' Gott, der Herr, sprach zu der Frau: ‚Was hast du da getan?' Die Frau antwortete: ‚Die Schlange hat mich verführt, und so habe ich gegessen.'

Da sprach Gott, der Herr, zur Schlange:

> ‚Weil du das getan hast, bis du verflucht
> Unter allem Vieh und allen Tieren des Feldes.
> Auf dem Bauch sollst du kriechen
> Und Staub fressen alle Tage deines Lebens.
>
> Feindschaft setze ich zwischen dich und die Frau,
> Zwischen deinen Nachwuchs und ihren Nachwuchs.
> Er trifft dich am Kopf,
> Und du triffst ihn an der Ferse.'

Zur Frau sprach er:

> ‚Viel Mühsal bereite ich dir, sooft du schwanger wirst.
> Unter Schmerzen gebierst du Kinder.

Paradies und Tod

> Du hast Verlangen nach deinem Mann;
> Er aber wird über dich herrschen.'

Zu Adam sprach er:

> ‚Weil du auf deine Frau gehört und von dem Baum gegessen
> hast, von dem zu essen ich dir verboten hatte:
> So ist verflucht der Ackerboden deinetwegen.
> Unter Mühsal wirst du von ihm essen
> Alle Tage deines Lebens.
>
> Dornen und Disteln läßt er dir wachsen,
> Und die Pflanzen des Feldes mußt du essen.
>
> Im Schweiße deines Angesichts
> Sollst du dein Brot essen,
> Bis du zurückkehrst zum Ackerboden;
> Von ihm bist du ja genommen.
> Denn Staub bist du, zum Staub mußt du zurück.'

Adam nannte seine Frau Ava (Leben), denn sie wurde die Mutter aller Lebendigen. Gott, der Herr, machte Adam und seiner Frau Röcke aus Fellen und bekleidete sie damit. Dann sprach Gott, der Herr: ‚Seht, der Mensch ist geworden wie wir; er erkennt Gut und Böse. Daß er jetzt nicht die Hand ausstreckt, auch vom Baum des Lebens nimmt, davon ißt und ewig lebt.' Gott, der Herr, schickte ihn aus dem Garten von Eden weg, damit er den Ackerboden bestellte, von dem er genommen war. Er vertrieb den Menschen und stellte östlich des Gartens von Eden die Kerubim auf und das lodernde Flammenschwert, damit sie den Weg zum Baum des Lebens bewachten" (Gen 3, 1–24).

Die Paradiesesgeschichte der Bibel ist von allen die bekannteste. Sie hat eine ganze Reihe von Mythologemen des Vorderen Orients in sich aufgenommen und zu einem Ganzen gemacht. Mythe im eigentlichen Sinne aber ist die biblische Geschichte nicht mehr. Diese Urstandsgeschichte schildert die Situation des Menschen, ist aber strenggenommen kein heiliges Wort, das es zu zelebrieren gälte, um den Urzustand wieder präsent zu machen und dadurch Heil zu vermitteln.

Die Geschichte will den Menschen der damaligen Zeit, mit ihren Bildern und nach ihrem Verständnis, die Situation des Menschen schildern: seine Beziehung zu Gott, seine Sündhaftigkeit usw. Sie will aber keine Urgeschichte sein. – Die mehr konservative Exegese schreibt die Kodifizierung dieser Paradieserzählung dem Jahwisten zu, der im 10. oder 9. vorchristlichen Jahrhundert gewirkt haben soll. Neuere Arbeiten stellen diesen Jahwisten in Frage; dann wäre die Kodifizierung 3–4 Jahrhunderte jünger. Der Inhalt der Geschichte ist aber sehr viel älter. Viele Teile daraus stammen ja von anderen Kulturvölkern des Vorderen Orients. – Auf welche Punkte nun kommt es in der Geschichte an?

- Gott will dem Menschen die Unsterblichkeit verleihen, doch soll der Mensch selbst darüber entscheiden.

- Der Mensch wählt die Erkenntnis und mit ihr die Sterblichkeit. Die Schlange wählt offensichtlich den Baum des Lebens. Sie taucht in den Mythen ja immer als Lebenssymbol auf. Sie häutet sich und wird wieder jung.

- Die Botschaft der Schlange an Eva ähnelt in vielem der verkehrten Botschaaft in den afrikanischen Todesmythen: Tiere sollen den Menschen die Unsterblichkeit bringen, aber aus Ungeschicklichkeit oder aufgrund eines Versäumnisses bringen sie die verkehrte Botschaft: nämlich den Tod. Von den Wute in Kamerun ist eine solche Geschichte, Mythe oder Fabel?, bekannt, die Schlange und Chamäleon auftreten läßt (Sieber 1921/22: 57–60).

„Vor langer Zeit sandte Gott einmal das Chamäleon auf die Erde mit dem Auftrag: ‚Geh‘ und bringe den Menschen eine frohe Botschaft: Die Menschen werden nach dem Sterben wieder auferstehen.‘
Als das Chamäleon unterwegs war, sagte es: ‚Ich möchte, daß mir jemand einen Kopfputz macht, dann gehe ich weiter.‘ Die Leute fertigten daher dem Chamäleon einen Kopfputz an. Darüber vergingen aber 14 Tage; solange verweilte das Chamäleon unterwegs.
Die Schlange hörte nun inzwischen davon, daß Gott das Chamäleon mit der Botschaft vom Auferstehen beauftragt habe. Sie machte sich sogleich auf den Weg zu den Menschen und sagte ihnen: ‚Gott hat mich mit einer Botschaft zu euch gesandt.‘ Da kamen viele Menschen zusammen. Die Schlange verkündete ihnen: ‚Das ist die Botschaft: die Menschen, welche sterben, sollen nicht wieder auferstehen, sondern der Tod hält sie fest, so daß sie nicht wieder zurückkehren können.‘ Der Tod hörte dies mit Freuden und dachte bei sich: ‚Welch große Macht hat mir doch Gott gegeben!‘ Zum Schlaf aber sagte die Schlange: ‚Wenn du die Menschen in deine Gewalt bekommst, sollst du sie wieder freigeben.‘ Der Schlaf hörte dies und befolgte die Weisung der Schlange, der Tod tat ebenfalls, wie er von der Schlange gehört hatte.
Am nächsten Tage kam auch das Chamäleon in die Stadt. Es rief die Leute zusammen: ‚Kommt und hört die Botschaft Gottes. Gott hat mich zu euch gesandt mit einer frohen Kunde: Die Menschen werden zwar sterben, aber danach wieder auferstehen.‘ Die Leute aber entgegneten: ‚Dich halten wir für einen Lügner und glauben, daß uns die Schlange die Wahrheit gesagt hat.‘ Das Chamäleon erwiderte: ‚Nein, das ist nicht an dem; sondern die Schlange hat euch betrogen.‘ – Am andern Tage kamen viele Leute im Hause des Chamäleons zusammen. Dieses fragte sie: ‚Wo ist die Schlange?‘ Die Menschen antworteten: ‚Sie ist in ihrem Hause.‘ ‚So geht und ruft sie her‘, gebot das Chamäleon.
Als die Schlange kam, fragte das Chamäleon sie: ‚Wer hat dich hierher gesandt?‘ Ohne Skrupel kam die Antwort: ‚Wer anders als Gott?‘ Das Chamäleon erwiderte: ‚Das ist gelogen, der von Gott Gesandte bin ich.‘ Die Schlange und das Chamäleon kämpften

nun miteinander. Dann gingen sie, um die Sache vor Gott zum Austrag zu bringen. Das Chamäleon fragte Gott: ‚Hast du die Schlange mit einer Botschaft zu den Menschen gesandt?' Gott erklärte: ‚Nein, ich habe die Schlange nicht beauftragt.' Darauf berichtete nun das Chamäleon: ‚Die Schlange hat den Menschen gesagt, sie würden nach dem Tode nicht wieder auferstehen. der Tod hat dies gehört und schon viele Menschen umgebracht.' Darauf sagte Gott: ‚So sollen künftig die Menschen die Schlange töten, wo immer sie sie treffen, weil sie den Menschen Böses zugefügt hat und sie ihre Feindin ist.' – Wir handeln daher jetzt nach dem Gebote Gottes und töten die Schlangen, sobald wir sie sehen. – Weiter sagte Gott: ‚Auch das Chamäleon muß bestraft werden, denn es hat zu lange auf dem Wege verweilt und dadurch den Menschen viel Leid gebracht.' – Wenn wir jetzt ein Chamäleon erblicken, so schleudern wir es ins Gras, weil es seines Haarputzes wegen den Auftrag Gottes verzögert hat. Wir hassen also sowohl das Chamäleon wie auch die Schlange, denn beide haben uns Böses zugefügt."

Die Bambuti-Pygmäen erzählen sich folgende Geschichte, fast möchte man sagen Fabel, denn die Geschichte dient schon mehr der Unterhaltung als der Suche nach dem Ursprung des Todes:

,,Anfangs starben die Menschen nicht. Tore gab der Kröte einen Topf, in dem der Tod eingeschlossen war, mit der Warnung, ihn vorsichtig zu tragen, damit er nicht zerbreche. Ginge der Topf in Scherben, würde der Tod herausschlüpfen, und alle Menschen müßten sterben. Die Kröte befolgte sorgsam den Auftrag. Unterwegs begegnete der Kröte ein munter hüpfender Frosch, der sich antrug, ihr den Topf abzunehmen. Anfänglich sträubte sich die Kröte, dann gab sie aber nach und lud dem Frosch den Topf mit der Mahnung auf, doch recht vorsichtig damit umzugehen. Der Frosch aber hüpfte leichtfertig mit der Last davon, und der Topf ging dabei in Scherben. Der Tod schlüpfte heraus; so kam der Tod in die Welt" (Schebesta 1950: 25).

- In den afrikanischen Mythen kommt der Tod durch Ungeschicklichkeit zu den Menschen, in der Bibel entscheidet sich der Mensch frei. Die Schlange wird zum Sündenbock gemacht. In der Mythe wie in der Bibel sucht der Mensch seine ,,conditio humana", sein Sein zum Tode, zu erklären. Der Mensch will es nicht wahrhaben, daß er von vornherein als endliches, sterbliches Wesen konzipiert worden war; so macht er Schuldige dafür aus.

- Der Mensch wählt die Erkenntnis und damit den Tod. Doch diese Wahl führt nur scheinbar zum ewigen Tod. Sie weckt in der Frau die geschlechtliche Lust, und diese verführt Adam. Damit ist das Geschlechtsleben der Menschen erwacht. Die Folge davon ist die Zeugung. Jetzt lebt zwar nicht mehr das Individuum als solches ewig, sondern durch die Zeugung lebt die Lebenskraft des Individuums in seinen Nachkommen weiter. Die individuelle Unsterblichkeit ist in eine soziale umgewandelt. Die Schlange ist die Mittlerin dieser neuen Unsterblichkeit. Sie st ja nicht nur Symbol des

Lebens, sondern auch Phallus- und Ahnensymbol. Die Schlange ist deshalb ein eminent ambivalentes Tier: Sie ist schuld am Tod und an der Vertreibung, andererseits führt sie zur Erkenntnis, zum Geschlechtsleben und über die Zeugung zur sozialen Unsterblichkeit.

- Indem sich Hermann Baumann auf James Frazers Ausführungen zum Sündenfall stützt, macht er folgende weiterführende Anmerkungen:
  „Jene Schlange, die sich die Unsterblichkeit erwarb, verleitet Eva zum Essen des Apfels. Eva ißt den Fruchtbarkeitsapfel, und die durch diesen und die Schlange zum ersten Male erregte Geschlechtslust bringt sie dazu, Adam zu verführen. Sie schafft so die Möglichkeit der Fortpflanzung, denn vorher war ihnen jeder Geschlechtsverkehr unbekannt. In den meisten afrikanischen Mythen vom Ursprung der Geschlechter treffen wir diese Urtrennung und Unkenntnis der Zeugung der ersten Menschen. Sie lebten ewig, ohne sich fortzupflanzen und ohne Sexualorgane oder die Kenntnis ihrer Anwendung. Das Gebären aber schließt ohne weiteres das Vergehen in sich; Geburt und Tod bedingt eines das andere. So ist die Frucht des Todesbaumes nicht nur die Ursache der Geschlechtslust und Geburt, sondern auch des Sterbens. Die Todesäpfel der Hel in der nordischen Mythologie sind ja *auch* todbringend und befruchtend. Da die Schlange aber auch in Afrika als Phallusschlange im Mythus, Märchen und Kultus weithin bekannt ist und Traditionen über die Heiraten von Mädchen mit Schlangenmännern sehr zahlreich sind, besteht auch der Verdacht, daß da, wo in Afrika die Schlange auftritt, sie direkt als Verführer *auch* zum Geschlechtsgenuß aufgefaßt werden muß. Trotzdem zeigen obige Ausführungen, daß nicht nur in Afrika, wie wir sehen werden, die Sündenfallgeschichten oder, wenn wir genauer sein wollen: die Mythen vom Verlust des Urparadieses – den Todesursprung in den Mittelpunkt der Problematik stellen" (1936: 266–267).

- Das zentrale Anliegen des Paradieses des Urbeginns ist der Tod und seine Überwindung. Bei den Naturvölkern kreisen denn auch die Urstandsmythen um das Woher des Todes und seine Überwindung und nicht um einen paradiesischen Urzustand. Hermann Baumann sagt (1936: 267):
  „... nichts regte den afrikanischen Geist so sehr an, wie die Frage nach dem Ursprung des Todes. Die Todesursprungslegenden sind tatsächlich die afrikanischen Sündenfallmythen. Auch diese Erscheinung zeigt uns deutlich die Übermacht manistisch-animistischen Denkens im eigentlich negritischen Mythus an."

5. Das Paradies der Endzeit im Koran

In Sure 55, ,,Der Barmherzige", heißt es über das Paradies:

46 Wer aber den Ort, an dem sein Herr steht, fürchtet, den erwarten zwei Gärten. 47 Welche der Wohltaten eures Herrn wollt ihr beiden denn leugnen? 48 Beide mit verschiedenen Arten (von Gewächsen). 49 Welche der Wohltaten eures Herrn... [dieser Satz wiederholt sich nach jedem Vers]. 50 Dort gibt es zwei fließende Quellen. 52 Dort gibt es von allen Früchten zweierlei: 54 Man liegt dort auf Polstern, die innen mit Brokat gefüttert sind, und die pflückreifen Früchte der beiden Gärten hängen herab. 56 Dort gibt es auch Frauen mit keusch niedergeschlagenem Blick, die zuvor weder Mensch noch Dschinn berührt hat. 58 Sie gleichen dem Hyazinth und den Korallen. 60 Kann das Entgelt der guten Taten etwas anderes sein als eine gute Tat? 62 Und diesseits davon gibt es noch zwei Gärten. 64 Zwei grünschimmernde. 66 Dort gibt es zwei sprudelnde Quellen. 68 Dort gibt es Obst, Datteln und Granatäpfel. 70 Dort gibt es gute, edle Frauen. 72 Huris, in Zelten abgeschlossen. 74 Weder Mensch noch Dschinn hat sie zuvor berührt. 76 Ihr liegt dort auf grünen Decken und schönen bunten Teppichen. 78 Voll Segen ist der Name deines Herrn, des majestätischen, verehrungswürdigen! (Übersetzt von Tilman Nagel, 1983: 183–184).

6. Das Paradies und die Naturreligionen

Es wurde bereits darauf hingewiesen, daß den Naturreligionen zwar das Paradies nicht unbekannt ist, aber die Ausschmückungen der Hochreligionen fehlen. Naturvölker sehen ihre Lebensaufgabe vornehmlich hier auf Erden. Ihr großes Problem ist das Sterben, der Tod; über kein Thema gibt es so zahlreiche Mythen wie über den Tod. Baumann sagt: ,,Die Todesursprungsmythen stellen die wichtigste Kategorie der Sündenfallmythen dar" (1936: 304). Hans Abrahamsson zeigt in seinem Werk ,,Origin of Death. Studies in African Mythology" (1951) die ganze Bandbreite der afrikanischen Todesmythen auf.

Nach der Mythenfülle zu schließen, fragt sich jede afrikanische Ethnie, weshalb es den Tod gibt und wie er zu den Menschen gekommen ist. Dabei muß man noch bedenken, daß die Afrikaner dafür bekannt sind, daß sie relativ wenige Mythen besitzen. Die Indianer Südamerikas z. B. besitzen viel mehr Mythen als die Afrikaner, und natürlich auch über die Herkunft des Todes.

Von Interesse ist in diesem Zusammenhang noch die Frage, wer als Schuldiger für die Existenz des Todes ausgemacht wird. Das patriarchalische Judentum, und in seinem Gefolge das Christentum, bezeichnet die Schlange und die Frau als die Schuldigen. Ich habe bei den matrilinearen Yansi Urstandsmythen aufgenommen, in denen wechselte von Mal zu Mal der Schuldige: Hörte ich die Mythe von Frauen, dann war der Mann der Schuldige und umgekehrt.

Doch alle Antworten zum Ursprung des Todes, vom Alten Testament bis zur einfachsten Naturreligion, zeigen doch, daß der Mensch keine Antwort weiß. Der Mensch hat die Erkenntnis, daß er sterben muß, aber er weiß nicht, wie er dem Tod entgehen kann. Die Religionen freilich glauben zu wissen, wie der Mensch dem ewigen Tod entgehen kann, aber offensichtlich ist der Mensch von ihrem Versprechen nicht immer überzeugt. So muß er immer weiter grübeln und neue Anworten suchen. Ob er, auf seine Vernunft allein gestellt, je eine befriedigende Antwort finden wird?

6. Kapitel
Sakrale Handlung

Wir haben im vorausgehenden Kapitel Gebete und Mythen als ‚sakrale Worte' bezeichnet, und es wurde darauf hingewiesen, gerade bei den Mythen, daß ihre Zelebration, also ihr kultischer Vollzug, ein konstruktives Element ist. Ähnlich kann man auch sagen, daß eine erzählte Messe keine Messe ist, mag man dabei auch alle entsprechenden Evangelientexte vorlesen. Soll die Messe echt sein, also vom gläubigen Christen als solche akzeptiert werden, dann ist die Einheit von Wort und Ritus Voraussetzung. Genau die gleiche Einheit muß es auch bei Mythus und Ritus geben.

Im Mythus wird die Ordnung von den übermenschlichen Wesen grundgelegt. In illo tempore geschah etwas, was jetzt nachzuvollziehen ist. Religiöses Handeln gewinnt somit Legitimität, wenn es mit dem Handeln der Urzeit übereinstimmt. Deshalb muß auch alles große und wichtige sakrale Tun im Mythus grundgelegt sein.

Waldemar Stöhr hebt die Einheit von Mythus und Ritus – er beschreibt die Stammesreligionen Indonesiens – sehr deutlich hervor. Er sagt: „Die göttliche Ordnung ist im Mythos begründet. Dort wird gesagt, warum es auf Erden so ist und sein muß, wie es ist. Selbstverständlich lassen sich nicht alle der unzähligen Riten, Opferzeremonien, Gebote, Verbote und Verhaltensweisen in ihrem mythischen Ursprung nachweisen. Dazu ist einmal unsere Kenntnis des Mythos der meisten Altvölker viel zu fragmentarisch; weiterhin sind sicherlich viele Riten und Handlungen willkürlich entstanden und wurden durch die Gewohnheit sanktioniert. Jedoch sind die wichtigsten Formen des irdischen Daseins vorweggenommen und damit bestimmt in den Ereignissen des Mythos, die im Ritual ihre Wiederholung und Vergegenwärtigung finden. Diese Tatsache ist nicht nur eine Erkenntnis religionsethnologischer Interpretation: sie ist den Altvölkern durchaus bewußt, zumindest den Esoterikern unter ihnen. Dafür gibt es zahlreiche Beispiele; ein besonders eindrucksvolles findet sich im sogenannten ‚Heldengesang der Niasser'. Darin wird unter anderem geschildert, wie die Gottheit *Sirao* einige ihrer Söhne als Stammväter der Menschen zur Erde (d. h. zur Insel *Nias*) hinabschickt. Sein Sohn *Hia* bittet ihn:

> ‚Dann aber laß mich hinab zur Erde,
> Dann erst laß mich hinab aufs Gestein,
> Wenn mit mir kommt das Sittengesetz des Himmels,
> Mit mir kommt das Sittengebot der Sonne.'

Das Sittengesetz des Himmels *(Oroisa langi),* d. h. die von der Gottheit gegebene Schöpfungsordnung, wird ausdrücklich für die Menschen erbeten und ins irdische Dasein mitgegeben. Es ist ‚in den Herzen' geschrieben, wie

Møller sagt, und läßt die Menschen ‚im Einklang mit der großen Einheit' leben" (1965: 161).

Gerade bei der Zelebration des Mythus will der Mensch dem Sakralen, der numinosen Macht gegenübertreten. Er will sie nicht nur mit seinem Verstand begreifen, sondern er will sie sinnenfällig erleben. Friedrich Heiler führt einmal über den Kult aus: „Dem Menschen genügt aber nicht ein Schauen der göttlichen Gegenwart; der Kultgegenstand ist für ihn nicht nur eine statische, sondern eine dynamische Größe. Der Mensch will sich aufs innigste mit dem Göttlichen berühren, einigen, an seiner Lebenskraft und Herrlichkeit teilnehmen... Die sinnenfällige Form dieses wechselseitigen Tuns ist der Kultus. Er ist ein Mysteriendrama..." (1979: 176–177).

Nach Berichten der neuplatonischen Philosophen soll Aristoteles folgendes Grundprinzip der antiken Mysterienkulte ausgesprochen haben: „Diejenigen, die in die Mysterien eingeweiht werden, sollen nichts lernen *(mathein),* sondern etwas erleben *(pathein)* und in eine bestimmte innere Verfassung kommen, d. h., wenn sie die entsprechende Eignung dafür erlangt haben" (zitiert nach Kehl 1979: 7).

Ziel der Mysterienkulte war es, durch das Erleben zum Erkennen zu gelangen und nicht mit dem Verstand. Das Erlebnis war das zentrale Anliegen der Mysterienkulte, wie es ja auch noch heute bei Mystikern und bei vielen Sekten der Fall ist. Alle Teilnehmer eines Kultes werden durch ein ideelles Band miteinander verbunden, es entsteht eine neue Gemeinschaft, eben die Kultgemeinschaft. Die Mitglieder fühlen sich geborgen und getragen in ihr. Gerade deshalb haben die autochthonen Kirchen in der Dritten Welt so große Erfolge: Sie stellen eine neue Gemeinschaft in das Zentrum ihrer Bemühungen. Durch die Kolonisation und die Verstädterung wurden vielfach die traditionellen Formen der Gemeinschaft zerschlagen und zerrissen. Der Afrikaner oder Indonesier etc. kann aber nicht ohne Gemeinschaft leben: Er braucht die Geborgenheit, die Verbindung mit dem Lebensstrom aus dem Jenseits.

In den alten Mysterienkulten wurden die Mythen nicht vorgetragen, sondern szenisch dargestellt. Ähnlich wurden bei uns im Mittelalter das Leiden Christi und die Auferstehung in den Kartagen gespielt. Das Volk wollte nicht hören, sondern sehen, mitmachen. Es war die ganze Passionswoche über mehr oder weniger aktiv am Leidensgeschehen beteiligt. Wie erwähnt, hat selbst der Philosoph Aristoteles zwei Wege des Erkennens angenommen: durch die Ratio und durch unmittelbares Erleben. Der Kult bietet vor allem diese zweite Erkenntnisart an. Doch zum Vollzug der sakralen Handlung gehören festgefügte Formen, damit man sie versteht. Gestus und Ritus als nicht-verbale Verständigungsmittel müssen in ihrem Inhalt festgelegt und von der Gesellschaft akzeptiert sein, um ihrer Aufgabe als Verständigungsmittel gerecht zu werden. Die von Urbeginn an eingesetzten Riten und Worte machen, daß der Kultteilnehmer die in den Mythen enthaltene Weltordnung im Kult mit größter Intensität erlebt.

Ritus und Wort sind zwar zwei Wesenselemente des Kultes, aber Kult umfaßt noch eine ganze Reihe anderer Elemente, die ebenfalls wichtig sind. Es wäre verkehrt, wollte man den Kult auf Ritus einengen. Meistens z.B. vollzieht sich der Kult in einem sakralen Raum und oft zu einer sakralen Zeit. Er bedient sich einer reichen Symbolsprache. So haben Zahlen im Kult selten einen numerischen Wert; sie sind sakrale Symbole. Wenn der Yansi-*nganga* am Fluß das Lubwij-Opfer vornimmt und vier Kauri flußaufwärts und fünf flußabwärts wirft, will er zum Ausdruck bringen, daß dieses Opfer allen Lubwij gilt, den männlichen, symbolisiert durch 4, und den weiblichen, symbolisiert durch 5. Aber auch Farben und Kleider und alle zum Kult verwendeten Materialien wie Feuer, Wasser, Blut, Erde, Salz etc. haben ihre Symbolsprache. Im Kult redet alles; es ist aber nicht ganz leicht, die Sprache immer richtig zu verstehen.

Dieses Kapitel über die sakrale Handlung wird drei Teile umfassen, im

1. Teil geht es um die Riten im allgemeinen. An einem Initiationsritus soll der Typ des ‚rite de passage' erläutert werden. Der

2. Teil wird als besondere Kulthandlung das Opfer beschreiben; und der

3. Teil den Priester und den Charismatiker darstellen. Als eine Sonderform des Priesters soll der Schamane etwas ausführlicher behandelt werden.

I. Die Riten

In der Religionsethnologie bezeichnen wir als Riten sakrale, meist stereotype Handlungen, die den Kult begleiten und seinen Inhalt symbolisch ausdeuten und unterstreichen.

Vertreter einfacher Religionen legen größeren Wert auf die gleichbleibende Form der Riten, denn nur dann scheinen sie Legitimität und Authentizität zu besitzen. Wirksam sind sie nur dann, wenn sie so ausgeführt werden, wie der Urahn sie eingesetzt hat. Bei der Inzestzeremonie *(kud)* der Yansi z. B. gießt der Priester den beiden Delinquenten neunmal Palmwein in die Handflächen, den sie aufschlürfen müssen. Würde der Priester z. B. nicht Palmwein nehmen, oder würde er ihn nicht in die Handflächen gießen, oder die Zeremonie irgendwie sonst verändern, kein Yansi würde die Zeremonie anerkennen, ganz abgesehen davon, daß die bösen Folgen des Inzests, die Sterilität, weiterhin bestehen blieben.

Ähnlich konservativ denken aber auch Christen unserer Zeit. Es gibt konservative Katholiken, die in Zeitungen annoncieren und nach einer „echten heiligen Messe" Ausschau halten. Sie meinen damit eine Messe in lateinischer Sprache und mit den vorkonziliaren Riten (Priester mit dem Rücken zum Volk, Stufengebet, Zungenkommunion etc.). Das mythische Denken bricht offensichtlich auch in Hochreligionen immer wieder durch. Für solche Menschen ist es nicht so sehr die geistige Haltung, die Heil wirkt, sondern die stereotype äußere Form.

Legitimität aus der Geschichte abzuleiten, ist für Naturreligionen ein zulässiger Modus, weil es für sie die einzige Möglichkeit der Legitimation ist; Schriften, Theologen, Lehrämter etc. fehlen ihnen ja. Vertreter von sogenannten Hochreligionen sollten wissen, daß das Alter eines Ritus nichts über seine Heilswirksamkeit aussagt; er wirkt nur in Verbindung mit einer entsprechenden geistigen Haltung.

1. Versuch einer Einteilung

Jedes sakrale Tun kann zu einem Ritus erstarren, es muß nur Wiederholung finden und Erfolg haben. Ich möchte damit andeuten, daß eine Riteneinteilung recht subjektiv ist und vielleicht doch nicht diese Klarheit bringt, die man sich wünschen würde. Den großen Vorteil der Einteilung sehe ich aber darin, daß man auf alle möglichen Riten und die dazu verwendeten Symbole und Materialien zu sprechen kommt, die ansonsten unerwähnt blieben.

Apotropäische Riten

Wir verstehen darunter solche Riten, die drohendes Übel und böse Geister vertreiben sollen (von griech. apotropein – wegwenden). Wenn man im alten Arabien eine Giftschlange an die Haustür nagelte oder Giftschlangen unter die Türschwelle eingrub, so sollten dadurch Giftschlangen davon abgehalten werden, ins Haus einzudringen. Die Schlange dient hierbei als ‚Apotropaion'.

Unheilvolles läßt sich auf vielerlei Weise abwenden. Eine uns geläufige Form ist die Lärmentfaltung. Man denke etwa an das Glockenläuten bei Sturm und Gewitter, an das Böllerschießen bei drohendem Gewitter; das Schießen in der Neujahrsnacht, es soll die unheilvollen Mächte vom neuen Jahr fernhalten; den gleichen Sinn hat das Geschirrzerschlagen auf dem Polterabend usw.

In unserer Kultur ist das An- und Ausspucken ein sehr starker Abwehrgestus. Das Ausspucken vor jemandem bedeutet die Trennung der Gemeinschaft. Bei vielen Völkern Afrikas, Neuguineas und anderswo ist Speichel Lebensträger. Wenn daher ein Alter einen Jungen mit seinem Speichel einschmiert, überträgt er ihm seine Kraft. Auf den großen Pfosten der

Männerhäuser am Sepik (Papua-Neuguinea) ist oft ein Urahn mit herausgestreckter Zunge zu sehen: Dies bedeutet, daß der Ahn seine Lebenskraft an seine Nachkommen weitergibt.

Im Vorderen Orient und in Nordafrika gilt der böse Blick als sehr gefährlich; man schützt sich mit zahlreichen Amuletten dagegen. Wahrscheinlich haben wir in den Handdarstellungen mit gespreizten Fingern in den Felsbildhöhlen der Sahara apotropäische Bilder zu sehen; vielleicht hatten diese Hände schon damals die Bedeutung von heute, nämlich zu schützen vor dem bösen Blick.

Das Verbrennen bestimmter Kräuter und Gräser soll ebenso böse Geister abhalten; gekreuzte Bäumchen oder Sträucher am Eingang zum Dorf sollen in Afrika den Geistern den Eingang verwehren. Da man in Afrika wie anderswo nicht will, daß die Totenseelen wieder ins Dorf zurückkommen, zerstört man ihr Haus und bringt ihnen all ihren Hausrat aufs Grab.

Doch es gibt derart viele Formen apotropäischer Riten, daß man ihre Vielfalt auch nicht annähernd beschreiben kann. Bisweilen allerdings mischt sich Magisches mit natürlicher Erfahrung, und es ist dann die Grenze zwischen beiden Bereichen nicht leicht auszumachen. Als ich im afrikanischen Busch lebte, wurde mein Haus wiederholt von fleischfressenden Ameisen angegriffen. Man riet mir, in den Sand ums Haus einen Kreis zu ziehen. Ich dachte an unseren europäischen Zauberkreis und zog keinen Kreis ums Haus. Später fand ich heraus, daß Ameisen selten den Kreis überqueren; sie laufen meist in der Rille weiter. Mit Zauberei hat dies nichts zu tun.

Eliminationsriten

Mit diesem Ritus will man etwas Böses absondern, meist aus der Gemeinschaft bannen. Man denke etwa an die Übertragung der Sünden einer Gemeinschaft auf einen Sündenbock. Im alten Israel gab es die Zeremonie, daß der Hohepriester seine Hände auf einen Bock stützte und dadurch die Sünden des ganzen Volkes Israel auf das Tier übertrug, das dann in die Wüste getrieben wurde und dort verendete.

Das Sündenbock-Denken nimmt auch im Werk von René Girard eine zentrale Stellung ein. Aus der Vernichtung des Sündenbocks entstehe, nach Girard, Sakralität. Doch wir werden beim Opfer eingehend von dieser Theorie zu handeln haben. – Der heilige Paulus argumentiert übrigens ähnlich, wenn er darlegt, weshalb der Opfertod Jesu für alle Menschen wirksam wurde. Jesus habe wie ein Sündenbock die Sünden der ganzen Welt auf sich genommen, sie seien mit ihm am Kreuze gestorben, deshalb sei auch der Erlösungstod für alle Menschen fruchtbar geworden.

Die Hexenverfolgungen mit Prozessen, Folterungen und Verbrennungen kann man ebenfalls als Eliminationsriten betrachten. Die weitverbreiteten

Giftordale und Gottesurteile sind ebenfalls Versuche, das Böse mit Stumpf und Stiel aus der Gemeinschaft auszumerzen. Freilich war bei diesen zuletzt genannten eliminatorischen Aktionen das religiöse Anliegen vielfach nur ein vorgeschobener Grund, in Wirklichkeit ging es zumeist um handfeste politische und ökonomische Interessen.

Reinigungsriten

Die weitaus meisten Riten gehören wahrscheinlich dieser Gruppe an. Um im Kult mit dem Sakralen, dem Göttlichen in Berührung zu kommen, muß sich der Mensch vorbereiten, sich reinigen. Diese Vorbereitung kann von der physischen Waschung bis zur Aufgabe der menschlichen Existenz alles umfassen. Dabei werden zahleiche Materialien verwandt, um die Reinigung zu unterstützen. Hier seien einige Beispiele genannt:

Das *Feuer* ist das Mittel par excellence, das Böses und Unheiliges ausbrennt. Die Hochreligionen kennen wohl alle das Feuer als Läuterungsmittel, in den einfachen Religionen hat es weniger diese Aufgabe. Hier sieht man im Feuer mehr ein Symbol der Lebenskraft: So muß in den afrikanischen Königskulturen das Feuer wie das Leben des Königs gehütet werden.

Das *Wasser* ist zur kultischen Reinigung noch weiter verbreitet als das Feuer. Es ist ja, wie das Feuer, auch Symbol des Lebens. Besonders in Wüstengebieten kommt dem Wasser eine sakrale Bedeutung zu. Auch in Naturreligionen findet es rituelle Verwendung; sogar als Opfergabe wird es gebraucht. Wenn aber in einer Regenmacherzeremonie Wasser verschüttet wird, liegt meist Analogiezauber vor: Man will dann erreichen, daß der Himmel ebenfalls sein Wasser verschütte. Man denke doch nur an die Wichtigkeit des Wassers im Hinduismus (Bad im Ganges), an die Waschungen im Islam, an das Taufwasser im Christentum und an das Weihwasser im Katholizismus!

Das *Salz* steht für Unverderblichkeit und Festigkeit. In den Tropen ist Salz ein kostbares Genußmittel; es dient deshalb auch oft als Opfermaterie. In großen Gebieten Innerafrikas diente die Tasse Salz bis in jüngste Zeit als Währungseinheit. Im Christentum findet Salz in den Riten reichlich Verwendung (Taufe, Taufwasser, Weihwasser).

Das *Blut* wird in fast allen Kulturen als Lebensträger angesehen. Die Blutriten nehmen in allen Religionen eine wichtige Stelle ein. So spielt der von den Urzeitwesen eingesetzte Blutpakt bei den Australiern eine wichtige Rolle. In Afrika kennt man die Blutsbrüderschaft: Zwei nichtverwandte Männer mischen ihr Blut und schwören sich ewige Brüderschaft. Wird der Blutspakt zwischen Eheleuten geschlossen, heißt dies, daß, wenn einer stirbt, der Überlebende nicht mehr heiraten darf. Er verpflichtet sich auch zur Monogamie. Im Christentum schließlich kommt dem Opferblut Christi eine zentrale Bedeutung zu, allerdings noch nicht in der Urkirche. Dort hat man die Erlösung noch anders erklärt. Doch im Mittelalter wird die ,,Bluttheologie" immer wichtiger. Das Blut wird sozusagen Erlösungsträger. Auf alten Darstellungen kann man Engel mit Kelchen sehen, wie sie an den Wundmalen Jesu das Blut auffangen.

Bei vielen Naturvölkern kommt *alkoholischen Getränken* eine geradezu sakrale Bedeutung zu. In den Waldgebieten Afrikas kann man sich keine religiöse Zeremonie ohne Palmwein vorstellen, in den Savannen ist hier Hirsebier, anderswo ist es Reisschnaps und in Teilen Südamerikas ist es Chicha oder irgendein anderes leicht berauschendes Getränk. Man vergesse nicht, daß auch im Christentum die Hauptopfermaterien Brot und Wein sind. – Je nach Region kennt man noch viele andere Ritualmaterien, die wir hier nicht aufzählen können. Erinnert sei hier nur an die Rolle der Kolanuß, an die von Kaffee, Tabak, Betel, Kawa, Tee usw.

Die *Enthaltsamkeit* von Geschlechtsverkehr, Essen und Trinken, von Schlaf und Belustigung spielt in fast allen Religionen eine wichtige Rolle. So wird die rituelle Enthaltsamkeit von Schlaf viel praktiziert. Nachtwachen und Vigilien sind vor großen Festen wichtig, denn nachts sind Geister und übermenschliche Mächte besonders aktiv. Naturrreligionen zelebrieren zahlreiche Kulte nachts. Wenn jemand stirbt, wacht man die ganze Nacht, die Trommeln werden geschlagen und man tanzt die ganze Nacht hindurch. Alle diese Elemente wirken zusammen, um die unheimliche Nacht segensreich zu gestalten.

Fasten gilt in vielen Religionen als Vorbereitung auf den Verkehr mit der Übernatur, wenn auch zugegebenermaßen mehr in den Hochreligionen. Jesus fastet vor seinem öffentlichen Auftreten, Mose vor seinem Gang zum Sinai. Im Hinduismus kommt dem Fasten eine ganz große Bedeutung zu. Aber auch die Naturreligionen kennen das Fasten. Ich erlebte einmal in Zentralafrika, daß bei einer Art Epidemie die Alten auf dem Friedhof saßen, ihre Toten beklagten und weder aßen noch tranken. Der Entzug von Speise und Trank soll das Mitsterben symbolisieren. Die jungen Männer der Beschneidungsschule müssen bisweilen ebenfalls fasten. Dadurch soll ihr symbolischer Tod zum Ausdruck kommen.

Es gibt kaum eine Religion, die nicht vor bestimmten kultischen Zeremonien eine geschlechtliche Enthaltsamkeit fordert. Einfache Religionen, z. B. der Jäger und Sammler, verlangen geschlechtliche Enthaltsamkeit vor großen Jagdunternehmungen für die Männer, oder für die Frauen vor dem Fischfang, bevor sie in den Krieg ziehen, vor einer wichtigen Reise usw. Nicht als ob man im Geschlechtlichen etwas Böses sähe, man glaubt einfach, daß dadurch der Körper stärker und weniger abgelenkt sei. Enthaltsamkeit wird auch in bestimmten heiligen Zeiten gefordert, so früher in der Fastenzeit, an bestimmten Festtagen. Unkeusche Vestalinnen wurden in Rom lebendig begraben. Wer das Gelübde der Enthaltsamkeit brach, der riskierte den Tod der Gemeinschaft.

Noch wichtiger aber als die Reinigungsritten sind die Übergangsriten, die rites de passage, denn sie greifen in das Leben des Menschen am tiefsten ein.

2. Die Übergangsriten

Arnold van Gennep hat als erster (1909), wie schon an anderer Stelle erwähnt wurde, die Übergangsritten in ihrer Bedeutung erkannt und beschrieben. Er nennt all jene Riten „rites de passage", die eine Veränderung des Ortes, des Zustandes, der sozialen Position und des Alters begleiten. Ich will hier auf drei Arten von Übergangsriten kurz eingehen:
– auf solche, die mit dem Zeitablauf zu tun haben.
– auf solche, die mit der Überschreitung eines Raumes zu tun haben
  und
– auf solche, die mit dem Menschen selbst zu tun haben.

Übergangsriten des Zeitablaufs

Hierzu gehören alle Riten, die mit dem Wechsel der Gestirne, besonders dem Mond und der Sonne, zu tun haben. Bei Vollmond finden bei vielen Ethnien bestimmte Riten und Veranstaltungen statt, ebenso bei Sonnenfinsternis usw. Gerade bei Pflanzern und Ackerbauern spielen Sonne- und Mondriten eine wichtige Rolle. Des weiteren gehören hierher Riten der Jahreszeitveränderung, wie Riten des Winters und des Frühjahrs. Solche Riten und Feste gibt es auch bei Naturvölkern, etwa bei den Eskimos, wenn die Winternacht beginnt, oder bei Jagdvölkern, wenn die großen Jagdzeiten beginnen usw. Eine wichtige Rolle spielt bei diesen Riten der Jahreswechsel. Die Neujahrsfeste sind ungemein verbreitet und sehr bis ins Detail ausgearbeitet (siehe Henninger 1968, 1975 und Lanternari 1959, 1976).

Riten des Raumes

Hierher gehören solche Riten, die gefeiert werden müssen, wenn ein bestimmter Raum verlassen wird, etwa ein heiliger Bezirk. Es gibt heilige Haine, heilige Städte, Stammesgebiete, die immer nur nach Zelebration von bestimmten Riten verlassen oder aber auch betreten werden dürfen. Bevor der König von Sparta in den Krieg ziehen und die Landesgrenze überschreiten durfte, mußte er verschiedene Riten zelebrieren lassen, und nur, wenn sie alle günstig ausfielen, durfte er mit einem Fackelträger vor sich die Landesgrenze überschreiten und ins Feindgebiet eintreten (Van Gennep 1960: 19). Triumphbögen haben vielfach eine reinigende Bedeutung. Die heimkehrenden Soldaten sollten bei ihrem Zug durch den Triumphbogen gereinigt werden. Sie waren ja im Feindgebiet, hatten gemordet, waren blutbefleckt. Da auf den Triumphbogen Götter und Heroen abgebildet waren und auch Sprüche standen, hatten sie eine reinigende Wirkung. Das Tambaran- oder Männerhaus in Papua Neuguinea hat oft als Eingang eine Urmutter mit gespreizten Beinen. Wer ins Haus hineinkriecht, muß sozusagen von ihr neu geboren werden. Er läßt die profane Welt hinter sich und ist dann im Innern des Hauses ein ganz anderer als er draußen war. Vor allem für die Novizen ist dieser Ritus wichtig. Sie müssen nach der Initiation zwischen den Beinen dieser Figur hindurchkriechen. Sie werden also neu geboren, und zwar als Männer. Hierher gehört auch die Bedeutung des Tores, das man in vielen Religionen, auch Hochreligionen, findet, in Indien, Peru, aber auch im Christentum. Die Tempelpforten, die Heiligen Pforten, all das sind räumliche ‚rites de passage'.

Riten, Personen betreffend

Die rites de passage gehen zwar das Individuum an erster Stelle an, aber wir müssen das Individuum immer auch als Glied einer solidarischen Gruppe sehen. So sagen die Yansi im Zaire, wenn einer aus ihrer Lineage stirbt: ,,Wir sterben", oder wenn einer ihrer Lineage heiratet: ,,Wir heiraten". Man kann also sagen: Wenn ein Mitglied einer solidarischen Gruppe einen rite de passage vollzieht, vollzieht die ganze solidarische Gruppe den Ritus. Aus diesem Gedanken heraus wird auch verständlich, weshalb es für einen Menschen einer naturvolklichen Gemeinschaft nichts Schlimmeres gibt, als wenn er außerhalb seines Ahnenlandes stirbt. Seine Angehörigen werden unter vielen Opfern versuchen, wenigstens Haare und Fingernägel von ihm nach Hause zu bringen, um sie dort zu bestatten, damit er in seiner Gruppe weiterlebt. Wenn daher jemand aus der solidarischen Gruppe seine Heimat verläßt, werden Trennungsriten gefeiert. Wenn in der belgischen Kolonialzeit am Kongo junge Männer zum Militärdienst gingen, hat man vorher die Totenriten gefeiert, da der Klan die jungen Männer bereits für verloren gab. Wenn in einem Verband Klanexogamie und Virilokalität bestehen, wird das heiratende Mädchen mit feierlichen Riten aus seiner Lineage entlassen. Genauso muß ein Fremder, der in eine neue Gemeinschaft kommt, in sie integriert werden. Wenn die Gemeinschaft mit ihm ißt und trinkt und Geschenke austauscht, ist die Inkorporation in die neue Gemeinschaft vollzogen. – Von den eigentlichen rites des passage im engeren Sinne seien hier vor allem folgende genannt:

Riten der Schwangerschaft und der Geburt

Für die Frau, besonders wenn sie zum ersten Mal schwanger wird, ist dies ein äußerst wichtiges Ereignis: Sie kommt in den Stand der Mutterschaft. Es gibt zahlreiche Riten hierfür. – Das Kind wiederum wird häufig als eine Reinkarnation einer Ahnenseele oder einer Ahnensubstanz erachtet. Da der Prozeß des Übergangs von einem Stadium zum anderen ein gefährliches, ambivalentes Unternehmen ist, werden Mutter und Kind bei und nach der Geburt von den übrigen Mitgliedern der Sippe getrennt. Man baut eine eigene Geburtshütte. Es gibt zahlreiche Tabus, die sowohl die Mutter, aber auch der Vater und andere Anverwandte befolgen müssen. Diese labile Zeit des Übergangs muß richtig genützt werden, um alle schädlichen Einflüsse fernzuhalten. Nach einer gewissen Zeit folgt dann die Wiedereingliederung der Frau in die Gesellschaft. Die Geburt selbst wird ja häufig als ein unreines Stadium erachtet. Deshalb muß die Frau späterhin Reinigungsriten über sich ergehen lassen. Ähnlich war es auch im Alten Testament. Die katholische Kirche feiert am 2. Februar bis heute Mariä Reinigung. Im Tempel war ein Opfer darzubringen, um diesen unreinen Zustand durch ein Opfer zu beenden.

Eingliederung des Kindes

Das Kind wird stufenweise in die Gesellschaft eingegliedert. Es ist nicht schon durch die Geburt Mitglied oder Vollmitglied der Gesellschaft, sondern dieser Integrationsprozeß erstreckt sich über Jahre: Zunächst muß der Vater das Kind als sein eigenes annehmen. Im alten Rom legte man das Kind auf die heilige Mutter Erde, und der Vater konnte dann das Kind annehmen oder es verweigern. Wenn die Yansi im Zaire das Kind aus der Geburtshütte holen, nimmt es der Vater, hält es über ein Feuer, das man vor der Geburtshütte angezündet hat, und nimmt es dann als sein Kind an. – Die Namengebung ist ein weiterer Schritt in die Gemeinschaft, denn wenn man den Namen einer Person kennt, hat man auch eine bestimmte Macht über sie. Bei vielen Völkern ist das erste Haareschneiden ein besonderer Ritus. Er zeigt äußerlich an, daß nun die Eltern den Geschlechtsverkehr aufnehmen können. Bei bestimmten Anlässen werden zwischen Mann und Schwiegereltern Geschenke ausgetauscht. Bei den Yansi muß der Vater des Kindes, wenn dieses etwa 2 Jahre alt ist, seinen Schwiegereltern eine „Pißdecke" schenken, denn die Großeltern hätten das Kind so häufig auf ihrem Schoß gehabt und es habe sie angepißt. In Wirklichkeit ist dies ein Anlaß, das Band zwischen Schwiegersohn und Schwiegereltern zu festigen, denn bei dieser Gelegenheit schenken auch die Schwiegereltern ihrem Schwiegersohn eine Kleinigkeit.

Es gibt zahlreiche Initiationsriten. Am bekanntesten sind die, die in der Jugendzeit stattfinden, beim Übergang vom Kind zum Jugendllichen.

Neben der Jugendinitiation gibt es noch zahlreiche andere Initiationsriten, so z. B. wenn jemand zum Priester oder Schamanen berufen wird. Er stirbt dann einen rituellen Tod, um in einem neuen Seinszustand aufzuerstehen. Ähnlich ist es bei der Inthronisation des Häuptlings oder Königs. Bei vielen

Völkern Afrikas wird denn auch zuerst ein Scheinkönig inthronisiert, der dann nicht nur einen rituellen Tod, sondern sogar einen wirklichen Tod erleiden muß. Erst wenn dieser Teil der Inthronisation vorbei ist, wird der echte König inthronisiert. Gerade hier setzt die Überlegung von René Girard mit seiner Sündenbocktheorie ein. Sie besagt: Der König nehme alle Fehler auf sich, werde rituell getötet, und daraus entstehe die Sakralität des Königtums.

Verlobung und Heirat sowie Tod und Begräbnis sind weitere Übergangsriten im Leben des Individuums. Wir haben bereits im vorausgehenden Text darauf hingewiesen. – Hier soll einmal an einem Übergangsritus die Symbolik des Sterbens und Auferstehens gezeigt werden. Ich habe zu diesem Zweck das *ngongi*, die Buschschule der Yaka (Kwango, Zaire), ausgesucht.

3. Die Buschschule (ngongi) der Yaka

Fast alle sogenannten Naturvölker heben den Übergang vom Kindesalter zum Jugendalter durch Übergangsriten besonders hervor. Solch ein Ritus und seine Symbolik seien aus Afrika vorgestellt.

So sehr der Afrikaner Kinder liebt und sie verwöhnt, so dürfen Kinder dennoch nicht am Gemeinschaftsleben des Klans oder des Stammes direkt teilnehmen. Sie sind noch keine Vollmitglieder: Sie kennen noch nicht den letzten Sinn der Riten, der Mythen; die Freundschaften und Feindschaften des Klans sind ihnen noch fremd. Vielfach wird mit der Geschlechtsreife die feierliche Aufnahme in den Klan oder Stamm vollzogen. Aber auch jetzt sind sie noch keine Vollmitglieder, denn im Grunde genommen sind dies nur die Ahnen. Man könnte sagen, die Zugehörigkeit zum Klan ist ein Prozeß, der sich auf die ganze Lebenszeit und über den Tod hinaus erstreckt; der mit der Geburt „ganz dünn" beginnt, sich mit jedem rite de passage mehr verdichtet und schließlich irgendwann zur Vollmitgliedschaft führt. Anfangs- und Endpunkt des Prozesses lassen sich aber kaum genau fixieren.

Den Initiationszeremonien geht meist eine längere Schulung für das kommende Leben als Erwachsene voraus: Mädchen werden in ihre zukünftige Rolle als Frau und Mutter eingeführt, die Burschen in ihre Aufgabe als Krieger; man vermittelt ihnen auch einen Teil des Geheimwissens des Stammes und Klans usw. In Schwarzafrika spricht man von der Buschschule. Es gibt im Zaire und in Angola (Lunda) Ethnien, bei denen die Schulung früher zwei Jahre und länger dauerte.

Bereits der äußere Ablauf der Buschschule zeigt das Gewicht der Ahnen bei diesen Zeremonien auf. Man holt die Knaben zwischen 12 und 15 Jahren (in manchen Ethnien auch die Mädchen dieses Alters) in den Wald oder in die Savanne, also in den unkultivierten Raum, das Reich der Geister, im

Gegensatz zum Dorf, den Bereich der Lebenden, und führt sie in das Wissen der Alten ein. Sie dürfen in dieser Zeit nicht mit Frauen bzw. Männern in Berührung kommen oder nur mit solchen Frauen, die noch nicht oder nicht mehr in gebärfähigem Alter sind. Ihre Körper werden weiß bemalt – weiß ist die Symbolfarbe des Jenseits, der Ahnen und Geister –, essen vielfach nur ungekochte Speisen (die Nahrung der Ahnen und Geister), schlafen auf der bloßen Erde (in der die Ahnen wohnen), tragen Bast- oder Grasröcke usw. Diese starke Betonung der jenseitigen Elemente soll dartun, daß sie einen rituellen Tod sterben werden. Oftmals wird am Ende der Reklusion die Beschneidung oder Exzision vorgenommen, die dann als äußeres Zeichen der Mitgliedschaft gilt. Die Beschneidung ist gleichzeitig eine Mutprobe; wer weint, wird zum Außenseiter. Wenn alles vorbei ist, werden die Kleider gewechselt, man nimmt ein Bad im Fluß – alles Zeichen, daß der alte Seinszustand zu Ende ist –, dann beginnen die Festlichkeiten mit Essen, Musik, Tanz und oft mit freizügigem Geschlechtsverkehr. Alles soll unterstreichen, daß das Kindesalter vorüber ist.

Bei Ethnien mit institutionalisierten Altersklassen beginnt für die Neuinitiierten das Kriegerdasein; es ist gewöhnlich die unterste Stufe des Erwachsenenlebens. Mit der Heirat folgt dann die nächsthöhere Initiationsstufe.

Das *ngongi*. Nach M. Plancquaert, „Les sociétés secrètes chez les Bayaka" (1930), dem ich hier hauptsächlich folge, ist der Sinn des Wortes nicht eindeutig zu bestimmen. Das Wort bedeutet an und für sich „Doppelglocke aus Eisen", aber das gibt hier keinen Sinn. *Ngongi* könnte aber auch von *ngongo* abgeleitet sein, dann bedeutet es „Hohlraum", „Höhle", und es könnte damit das Ahnengrab gemeint sein, das im Zentrum der Zeremonien steht. Plancquaert zufolge habe das *ngongi* einen durch und durch manistischen Charakter, denn „alle Zeremonien spielen sich im Dorf der Ahnen und um ein offenes Grab ab" (1930: 14).

Das Grab weist auf den rituellen Tod der zu Initiierenden. Der häufig gehörte Ausdruck *kufwa ngongi* – wörtlich: sterben im *ngongi*, heißt einfach „initiiert werden". Das Sterben der Kandidaten steht somit im Mittelpunkt der ganzen Buschschule.

Fast alle Ethnien der Zaire-Kasai-Region haben ähnliche Initiationszeremonien wie die Yaka. Die Yaka aber führen den Ursprung des *ngongi* auf Kola zurück. Sie sagen: *ngongi yituka ku kola* – das *ngongi* kommt von Kola. Die herrschende Schicht der Yaka, die Luwa, stammen wahrscheinlich vom Lunda-Plateau im Süd-Osten. Da man nach Kola Tribut zahlte, dürfte die Buschschule von dort herstammen. Das heutige Zentrum der Zeremonie liegt denn auch im Gebiet des Großhäuptlings Kiamfu von Kasongo-Lunda, am Kwango, an der zairesisch-angolanischen Grenze.

Das *ngongi* wird alle zwei bis fünf Jahre durchgeführt, immer dann, wenn die Fruchtbarkeit der Felder und Frauen zu wünschen übrig läßt, wenn die Männer kein Wild mehr erlegen, wenn Epidemien herrschen usw. Dies ist ein Zeichen, daß die Ahnen auf die Lebenden böse sind und ihre Treulosigkeit bestrafen, da sie die Gräber der Verstorbenen nicht mehr reinigen, die Ahnenhölzer, *makulu,* und die Ahnenbäume, *miombo,* nicht mehr pflegen, d. h. nicht mehr beopfern. All dies sind Gründe für den Zorn der Ahnen, der durch das Abhalten eines *ngongi* wieder besänftigt wird.

Die beteiligten Personen:

- der *nganga:* ein erfahrener Mann, der für alle Zeremonien zuständig und verantwortlich ist,
- die *banyadi* (von dem Verb *yala* – herrschen). Es handelt sich um Alte, Männer wie Frauen, die früher initiiert wurden. Sie sind die Helfer des *nganga.* Sie stellen während der Zeremonie die Ahnen dar. Sie heißen *bafwa ngongi* – ,,im *ngongi* Verstorbene".
- Die *bamvumbi. Mvumbi* heißt eigentlich Kadaver, wird aber auch als Bezeichnung für die verstorbenen Ahnen verwandt. Das jenseitige Dorf heißt *ngata di bamvumbi.* Der Informant sagt, es befinde sich ,,dort in der Erde, wo die Lebenden herumgehen, und seine Ausgänge befinden sich in den Flüssen und den Tiefen der Täler" (28). 1921 stellten vier *banyadi* noch namentlich bekannte Ahnen dar.
- Die Kandidaten – *bana ba ngongi.* Ca. 10 bis 30 Jugendliche, aber auch bereits Verheiratete, nehmen an einem *ngongi* teil. Die meisten sind bereits beschnitten, aber auch Unbeschnittene werden zugelassen. Es nehmen sowohl Mädchen wie Knaben teil, werden aber im Lager getrennt gehalten.

Das *ngongi*-Lager befindet sich außerhalb des Dorfes, häufig zwischen den Palmen eines ehemaligen Dorfes, *zumbu* genannt. Man achtet darauf, daß ein ehemaliger Ahnenbaum, *miombo,* vorhanden ist. Man holt grüne Hölzer aus dem Wald, steckt sie in den Boden und sondert auf diese Weise den Platz der Männer, *zembi,* von dem der Frauen ab. Rundherum werden Wassergräben gezogen. Eins der herbeigeholten Hölzer muß immer ein Ahnenbaum sein. In der Mitte befindet sich ein leeres Ahnengrab.

Der *nganga* macht das *nkisi,* auch *pfula-ngongi* genannt, außerhalb des Dorfes. Er nimmt weiße Flußerde, *mpembe* genannt, *nkula,* rote Erde, weiße Asche von der Kochstelle, Hölzer aus der Steppe oder des Waldes, getrocknete Gräser und wickelt alles in die Haut eines Fleischfressers. Dieses *nkisi* halte die bösen Geister vom Lager fern und habe die Eigenschaft, die Ahnen herbeizuführen.

Die Helfer des *nganga*, die *banyadi*, ziehen ihre Kleider aus und tragen nur eine durch die Beine gezogene Schambinde, streichen sich mit weißer Flußerde an und erhalten an ihre Finger Eisenkrallen, um die Kandidaten zu initiieren. Die Kandidaten erhalten zum Zeichen ihrer Transformation im *ngongi* einen neuen Namen, den manche später wieder ablegen, andere beibehalten.

Während einige seit langem Initiierte die Trommel schlagen, versammeln sich die Kandidaten im Dorf. Die *bamvumbi* verstecken sich in der Savanne entlang der Wege, die zum Lager führen, um durch wildes Geschrei die Menschen zu verängstigen. Die Kandidaten kommen herbei, aber meist nicht freiwillig, sondern bereits initiierte Männer schleppen sie auf dem Rücken ins Lager. Am Eingang werden sie nach ihrer Identität befragt. Dann haben sie zu schwören, daß sie nichts von dem, was im *ngongi* vor sich geht, im Dorf erzählen. Hielten sie den Schwur nicht ein, so müßten sie sterben.

Hierauf werden zahlreiche Gesänge vorgetragen, meist von den *banyadi*. Einer dieser Gesänge nimmt Bezug auf den Ahn Makunsa, der das *ngongi* in diese Region eingeführt und bei seiner Initiation geweint haben soll. In anderen Gesängen werden Anspielungen auf sexuelle Freiheiten gemacht, die im normalen Leben verboten sind. Schließlich versammeln sich die Kandidaten um das Lagerfeuer, die Burschen um das *zembi*, die Mädchen um ihr eigenes. Um Mitternacht entsteht fürchterlicher Trommelwirbel. Die *banyadi* beginnen mit langgezogenen Rufen durch die Gegend zu schreien, dann singen sie:

> „Bei den Ahnen;
> Sie haben dich schnell in Stücke geschnitten;
> Das unbesonnene Opfer, sie werden es vom Tode emporheben;
> Ahnen, kommt und seht das *zembi*" (40).

Dieser Gesang unterstreicht in eindrucksvoller Weise den rituellen Tod und die Auferstehung zu einem neuen Leben der Kandidaten.

Nach dem Gesang kommen die *bamvumbi* vom *zembi* der Jungen hervor und werfen Sand auf die Versammelten. Die Kandidaten sind inzwischen ganz nackt, werfen sich mit dem Gesicht zu Boden und bedecken es mit ihren Händen. Ihre persönlichen Helfer halten die Kandidaten an Kopf und Beinen fest. Jetzt stürzen sich die Ahnen mit ihren Krallen auf die Liegenden und zerschneiden ihnen Rücken und Gesäß, daß sie im Nu von Blut überströmt sind.

Bevor sie sich zum *zembi* der Frauen begeben, streichen die *bamvumbi* in die Wunden der Kandidaten *mazaya*, ein Gemisch aus Kräutern und Ahnenessenzen, das die Eigenschaft haben soll „die aufzuerwecken, die sie gerade symbolisch getötet haben". Nach der Initiation der Frauen begeben sich die *bamvumbi* ins Dorf, um die Verspäteten mit Gewalt zu initiieren. Gewöhnlich werden diese ganz besonders brutal behandelt.

Nach der Initiation wird getanzt, und, wie es scheint, sind bei diesem Tanz Obszönitäten an der Tagesordnung. Zwar wird nach Geschlechtern getrennt getanzt, aber die Anwesenden sind praktisch nackt, und, wie es scheint, nehmen häufig Frauen, die auf sich etwas halten, nicht an diesen Festlichkeiten teil.

Die Tänze dauern bis zum Morgengrauen. Man singt „Ahnen kommt herbei. Hier gibt es Wunden zu heilen!" Die Kandidaten werden von einem Alten zum Fluß geführt, um ihre Wunden zu baden. Ebenso baden sich die *bamvumbi*. Nach dem Bad schminken sie sich mit roter Farbe. Die Kleidung der Nacht werfen sie in den Fluß. Wenn sie ins Dorf gehen und am Lager vorbeikommen, liegt dort ein in eine Matte eingerollter Schein-Leichnam, über den jeder Kandidat hinwegsteigen muß. Es ist der alte Körper des Kandidaten. Die Kandidaten heben ihn auf, tragen ihn ins *zembi* und begraben ihn in dem Loch nahe der Initiationsstelle.

Die Kandidaten erhalten ein Stück gekochten Maniok vom *mvumbi* (gekochte Speisen sind ein typisches Merkmal der Lebenden). Hierauf erhalten die Initiierten vom *mvumbi* kleine Narbentätowierungen auf die Arme. Nach diesen Zeremonien kleiden sich die Kandidaten in neue Kleider und begeben sich ins Dorf, wo es zu weiteren Festlichkeiten mit Tanz usw. kommt.

Das *ngongi* ist auf die Initiation und Aufnahme in die Klangemeinschaft ausgerichtet. Es hat auch Sühnecharakter, denn man unternimmt es immer erst auf Druck der Ahnen hin. Wie man sieht, versuchen sich die Yaka so lang wie möglich dieser Tortur zu entziehen. Bei den Zeremonien, die die Naturvölker vielfach durchführen, wie besonders hier deutlich im *ngongi* aufgezeigt wird, unterzieht man sich den Handlungen, weil man sonst die Rache der Ahnen und Geister fürchtet.

Der *do-ut-des*-Charakter tritt sehr stark in Erscheinung. Die Verehrung einer übermenschlichen Macht um ihrer Größe oder Heiligkeit willen ohne egozentrische Hintergedanken ist in den Naturreligionen kaum oder nur ansatzweise vorhanden.

Der Dualismus jenseitige Welt – diesseitige Welt ist überall präsent. Ebenso tritt der Grundcharakter des rite de passage als Tod und Auferstehung deutlich hervor. Die Symbolik des Übergangs kann kaum noch deutlicher herausgearbeitet oder verdeutlicht werden. Wenn M. Planquaert glaubt, daß sich die *ngongi*-Gesellschaft zeitlich den moralischen wie sozialen Verpflichtungen der Gesellschaft und der Kontrolle des politischen Häuptlings entziehen möchte, indem sie diese Riten im Wald, in der Savanne mit sexuellen Freiheiten begeht, so verkennt er meiner Ansicht nach das Uranliegen dieser Zeremonien. Wenn man einem Leben abstirbt, muß man auch zeigen, daß man über ihm steht und nicht mehr an seine alten Gesetze gebunden ist. Diese Freiheit wird dadurch dokumentiert, daß man die politische Macht verspottet, daß man die sexuellen Schranken überschreitet, Wald und Savanne sind aber das Milieu der Ahnen und Geister. Man ist nicht mehr an die alte Ordnung gebunden. Dies besagt aber nicht, daß nicht im neuen Seinszustand wiederum neue Ordnungen auf einen zukommen.

Bemerkung. Das Ergebnis dieser Untersuchung ist, daß alle großen Riten, die im Leben der Naturvölker fest verankert sind, Übergangsriten sind. Man könnte sagen, das Leben der Naturvölker gehe wellenförmig vor sich. Immer wieder wird ein Abschnitt des Lebens mit *Todeszeremonien* beschlossen und mit *Auferstehungsriten* ein neuer begonnen. Man kann sich daher mit Recht fragen: Warum immer wieder diese Dichotomie Tod – Auferstehung? Vielleicht läßt sich eine Antwort in folgender Richtung suchen.

Das Leben der Naturmenschen mit all seinen Aktivitäten, auch der Religion, ist ein *systemimmanenter* Prozeß: Auch der Tod bringt keine Sprengung des Sozialsystems. Man bleibt immer diesem System verhaftet. Ziel des Lebens nach dem Tod ist es nicht, mit dem Schöpfergott in Ewigkeit zusammenzuleben, also quasi aus dem Sozialsystem auszubrechen, sondern Ziel ist es, mit den Ahnen im Ahnendorf weiterzuleben. Das Ahnendorf ist aber eine Projektion des diesseitigen Dorfes ins Jenseits mit allen ökonomischen, sozialen und politischen Vor- und Nachteilen.

Dieser Auffassung vom systemimmanenten Prozeß liegt der zyklische Zeitbegriff zugrunde, der zu unserem linearen Zeitbegriff im Gegensatz steht. Den zyklischen Zeitbegriff sehe ich im Sozialsystem darin verwirklicht, daß sich die Lebenskraft des Urahns praktisch unendlich oft reinkarniert. Die Bantu haben die Vorstellung, daß sich alternierende Generationen reproduzieren: Die Enkelkinder sind „Neuausgaben" ihrer Großeltern, diese wiederum diejenigen ihrer Großeltern usw., zu Ende gedacht, haben wir es mit einer zyklischen Wiedergeburt es Urahns zu tun.

Da das Ziel des Menschen die Ahnwerdung ist, sind alle Übergangsriten nur Schritte auf dieses Ziel hin. Von der Geburt über die Jugendweihe, über die Heirat, über die Altersklassen usw. wird mit jedem Lebensabschnitt ein Schritt weiter auf die Ahnwerdung hin getan. Aber im Unterschied zu unserer abendländisch-sezierenden Auffassung und Analyse des Lebens und seiner Funktionen sind für den Naturmenschen die Ereignisse an den Wendepunkten des Lebens mit den Übergangsriten langwierige Prozesse. Typische Beispiele hierfür sind Ehe und Tod. Man braucht eben Jahre, um in einen neuen Seinszustand hineinzuwachsen. Und schließlich irgendwo in unbestimmter Ferne nach dem Tod erreicht man sein Ziel, so man nach dem Gesetz der Alten lebt, und wird Ahn. Ein fixes Datum hierfür läßt sich aber nicht angeben und liegt auch gar nicht im Sinn der Naturvölker.

II. Das Opfer

Neben dem Gottesbegriff ist vielleicht das Opfer jenes Element der Religion, das am kontroversesten interpretiert wird. Die allermeisten Autoren räumen zwar ein, daß dem Opfer de facto ein zentraler Platz in der Religion zukommt, aber nicht alle sehen in ihm eine ethisch hohe Form der religiösen Betätigung.

Am meisten differieren die Meinungen, wenn es um den Ursprung des Opfers geht, denn praktisch alle Autoren machen die unbewiesene Voraussetzung, daß das Opfer *einmal* entstanden sei und daß alle Opfertypen von dieser Form ableitbar seien. Dieser monogenetische Ursprung darf zum mindesten in Zweifel gezogen werden.

Das deutsche Wort „Opfer" betont die sakrale Handlung; man leitet es entweder von lat. *offerre* – darbringen, oder von *operari* vollbringen, ab. Das lateinische *sacrificium* (engl. und franz. sacrifice) setzt sich zusammen aus *sacer* – heilig und *facere* – tun. Leider ist die deutsche Sprache ungenau, sie bezeichnet die Opferhandlung und die Opfergabe in gleicher Weise als Opfer. Ich werde mich bemühen, Opfergabe oder Opfertier zu verwenden.

Der Religionswissenschaftler Kurt Goldammer nennt das Opfer „die zentrale Äußerungsform der Kultwirklichkeit. Es ist die hauptsächliche Methode des kultischen Kontaktes mit dem Göttlichen. Aber auch die meisten anderen Formen des Kultus sind mit dem Opfer als Nebenritus eng verknüpft. Nichts kann ohne Opfer geschehen" (1965: 336).

1. Definition

Eine Opferdefinition geben, heißt, sich bereits auf eine Meinung festlegen. Ich gebe eine vorläufige Definition, obgleich sich im Laufe des Kapitels herausstellen wird, daß meine Meinung nicht unwidersprochen ist. Von einem Opfer spreche ich dann, wenn der Mensch (allein oder als Exponent einer Gruppe) Güter jedweder Art, die ihm wertvoll sind, dem eigenen Gebrauch entzieht und sie einer übermenschlichen Macht übereignet.

Ich habe mit dieser Definition das Gabenopfer im Sinn, das aber, wie wir sehen werden, wahrscheinlich keine absolute Allgemeingültigkeit beanspruchen kann. Trotzdem erscheint mir diese Opferdefinition zutreffender zu sein als die vielen anderen. Robert L. Faherty hat in seiner Opferdefinition in der Encyclopaedia Britannica von 1977 (Bd. 16 s. v. ‚sacrifice') ebenfalls das Gabenopfer im Sinn; allerdings ist seine Definition enger gefaßt. Sie lautet: „Sacrifice is a religious rite in which an object is offered to a divinity in order to establish, maintain or restore a right relationship of man to the sacred order. It is a complex phenomenon that has been found in the earliest known forms of worship and in all parts of the world."

In meiner Definition will ich folgende Elemente festhalten:

- Der Mensch steht einer übermenschlichen Macht gegenüber; sie ist meist ein persönliches Wesen, muß es aber nicht sein. Wäre aber die übermenschliche Macht wie eine unpersönliche Kraft nach Art des Mana konzipiert, würde ich nicht mehr von einem religiösen Opfer sprechen. Bei einem subalternen Fetisch z. B., hinter dem sich sicherlich kein persönliches Wesen verbirgt, würde ich nicht von einem Opfer reden, wenn ihm, bei Nachlassen der Kraft, eine Kraftladung angehängt oder in Form eines Nagels eingeschlagen wird. Dagegen ist die Libation an einen Klanfetisch meist ein echtes Ahnenopfer, da der Fetisch vom Geist des Urahns belebt gedacht wird.

- Unter einem wertvollen Gut jedweder Art kann alles verstanden werden, was als Opfermaterie dient; und wie van Baaren (1964a: 7) zu Recht sagt, gibt es kaum etwas, das nicht schon einmal als Opfermaterie gedient hätte. Wertvoll will aber nicht heißen, daß es sich um einen realen materiellen Wert handeln muß. Ein kleines, die Abhängigkeit ausdrückendes Objekt kann oft besser die Opferhaltung des Menschen zum Ausdruck bringen als materiell hochwertige Opfergaben. Wenn z. B. der Pygmäe eine Antilope tötet, schneidet er ein Stück vom Herzen ab und wirft es für den Herrn der Tiere in den Busch. Dadurch anerkennt er ihn als Besitzer des Wildes und demonstriert seine Unterwürfigkeit. In den meisten Ahnenopfern der Bantu Zentralafrikas werden unter anderem Palmwein und Kolanuß verwandt. Vom Wert her sind diese Opfermaterien unscheinbar. Wer aber Palmwein und Kolanuß verschenkt, demonstriert Anerkennung und Unterwürfigkeit, und genau das soll im Opfer zum Ausdruck kommen: die Anerkennung der hierarchischen Ordnung.

- Dem eigenen Gebrauch entziehen; das kann heißen: die Gaben zerstsören, weggeben, im heiligen Mahl verzehren oder aber das Wesen der Gabe, die Seele, das Leben, an die übermenschliche Macht restituieren. Sibirische Jäger stellen, wenn sie einen Bären erlegen, eine Astgabel auf, damit die Seele des Bären an einem Zinken zum Herrn der Tiere gehe und im nächsten Jahr am anderen Zinken als junger Bär zurückkehre. ,,Nach den übereinstimmenden mythologischen Vorstellungen der Ainu und Giljaken beginnt die Seele des Bären von hier aus ihren Weg zum Herrn der Wälder. Ein Stamm dieses gespaltenen Baumes dient als Weg für den ,abgeschickten' Bären des laufenden Jahres, der andere als Weg, auf dem das Bärenjunge des neuen Jahres zu den Menschen zurückkehrt" (Vasilev 1948: 97–98, zitiert nach Obayashi 1966: 219). Nach H.-J. Paproth fangen die Ainu auf Hokkaido junge Bären ein, ,,um bei einem großangelegten Feste...

‚fortgesandt', d. h. zu einem ‚Herrn der Berge', der als Oberhaupt der Bären aufgefaßt wird, mit Gaben und Botschaften versehen, zurückgeschickt zu werden" (1976: 14). Der Herr der Tiere bekommt ,,nur" die Seele, das Lebensprinzip, die Menschen verzehren das Fleisch. Das Lebensprinzip ist aber das Wesen des Bären; ohne dieses könnte es ja gar keine Bären geben.

2. Opferarten

Ein Blick auf die verschiedenen Opfertheorien zeigt, daß fast alle Autoren von einem blutigen, also einem Vernichtungsopfer ausgehen. Der Grund liegt wohl darin, daß man zuerst die klassischen Kulturen des Mittelmeerraumes und des Vorderen Orients kennengelernt hat. Alle diese Kulturen waren jedoch Ackerbauer und/oder Viehzüchter, d.h. in allen waren Großtiere vorhanden, und blutige Opfer wurden vollzogen. Nun wissen wir aber, daß diese klassischen Hochkulturen zwar früh anzusetzen sind (3. oder 4. Jahrtausend v. Chr. und früher), aber entwicklungsgeschichtlich sind sie doch eine späte Erscheinung. Die für uns typologisch ältesten erfaßbaren Kulturen, nämlich die der Jäger und Sammler, kennen meist ebenfalls das Opfer, aber es ist äußerst selten ein blutiges Opfer. Meist wird das unblutige Opfer der Wildbeuter, man spricht gerne von einem ‚Erstlings- bzw. Primitialopfer', nicht beachtet.

Es wäre natürlich verkehrt, wollte man schließen: Da das Wildbeutertum phaseologisch älter ist als die archaischen Hochkulturen, muß auch sein Opfer älter sein. Wer weiß schon, ob es vor fünftausend Jahren bereits Pygmäen gegeben hat und ob sie das Primitialopfer schon hatten. (Die älteste Nachricht über Pygmäen stammt von Pharao Pepi II. aus dem Jahre 2360). Es gibt nämlich auch Wildbeuter, die das Opfer nicht kennen, so die Australier und Feuerlandindianer.

Das Primitalopfer

Es hat wenig Sinn, das Primitialopfer gegen das blutige Tieropfer wegen der Priorität ausspielen zu wollen. Man muß von der jeweiligen Kultur bzw. Religion ausgehen und das Opfer von hier aus zu erklären versuchen. Wenn die Pflanzer ein blutiges Opfer, ja sogar Menschen- und Heroenopfer (Dema) benötigen, um ihr Weltbild sinnvoll zu erklären und aufrechtzuerhalten, dann haben diese Opfer für diese Pflanzerkulturen eine wesentliche Funktion, wären aber für Nicht-Pflanzerkulturen sinnlos.

Das Primitialopfer reicht von den Wildbeuterkulturen bis in die bäuerlichen Kulturen unseres Kulturraumes. Heckscher sagt in seinem Artikel ,,Erstling" (1929/30: 975): ,,Das Erstlingsopfer ist ein altes, weitverbreitetes *Dankopfer:* der Nomade bringt der Gottheit die Erstgeborenen der Herde, der Ackerbauer das Erstgeborene des Feldes dar, ein Opfer, das älter als die Religion des Ackerbaues ist." Auch die Bibel kennt ja das Primitialopfer: Kain als Bauer bringt Feldfrüchte dar, Abel, der Hirte, ein Lamm. Die Israeliten als ursprüngliches Hirtenvolk valorisieren das Opfer des Hirten und verdammen das des seßhaften Ackerbauern. Man kann natürlich auch umgkehrt argumentieren und fragen, ob das Zurückschicken des Lebens auch in anderen als den Jägerkulturen einen Sinn ergibt. Ja, es ließe sich sogar fragen, ob das Restituieren des Lebens, sei es nun das von Tieren oder Pflanzen, im strengen Sinne überhaupt ein Opfer genannt werden kann. Der Mensch restituiert das Leben an dessen Besitzer. Der kann ein Herr der Tiere, des Waldes, ein Ahn, eine Gottheit oder wer immer sein. Nicht aber ist der Mensch Besitzer des Lebens. Das Primitialopfer wäre also eher ein Akt der Aufrechterhaltung der kosmischen Ordnung als ein Opfer im strengen Sinne. – Im übrigen ist der Begriff ‚Primitialopfer' sehr weit gefaßt worden. Strenggenommen handelt es sich dabei um ,,Erstlinge" von allem Erbeuteten oder Selbstgezogenen. Wenn aber auch Schädel- und Langknochenopfer sibirischer Hirten und nordamerikanischer Jäger sowie jene des Paläolithikums so genannt werden, dann heißt dies, den Begriff ,,Primitialopfer" über Gebühr zu verwenden.

Wilhelm Schmidt ist der Meinung, daß das Primitialopfer das älteste Opfer ist. Er aber war kaum am Erstlingsopfer der Pflanzer und Ackerbauer interessiert, sondern nur an dem der Wildbeuter, wollte er doch zeigen, daß die übrigen Opfer eine spätere Entwicklung darstellen. Da die Primitialopfer der Wildbeuter nach ihm immer an einen Hochgott oder den Herrn der Tiere bzw. des Waldes gerichtet sind, konnten alle übrigen Opfer, gerichtet an Ahnen und Geister, nur von den wildbeuterischen Primitialopfer her kommen, aber als Degeneration. Er faßt seine Hauptgedanken im 6. Band von ,,Der Ursprung der Gottesidee" (1935: 453–454) folgendermaßen zusammen: ,,Wir stehen also vor der gesicherten Tatsache, daß der Mensch der Urzeit die ununterbrochen fortdauernde Abhängigkeit seines Lebens von dem erstmaligen Schöpfer dieses Lebens dadurch bekannte, daß er stets, bevor er die Lebensmittel zu sich nahm, die der Schöpfer zur Fristung seines Lebens ihm schenkte, einen kleinen (aber besonders wertvollen) Teil derselben beiseitelegte und dem eigenen Genuß versagte. Das war nicht eine Gabe, mit der er das bereits unendlich reiche Schöpferwesen bereichern, noch weniger ein Geschenk, mit dem er den unwandelbar gütigen und gerechten Gott bestechen wollte. Es war überhaupt nicht bloße Gabe, bloßes Geschenk, sondern es war eine Sprache, eine Rede an Gott, durch welche er dessen Obergewalt über sein Leben und dessen Primäreigentum an allen Lebensmitteln anerkannte, für die Gewährung dieser Lebensmittel dankte und um die fernere Gewährung derselben bat. In der Tat, das Primitialopfer ist – weit mehr als eine Gabe – ein Gebet, ein Gebet in Gesten, das zumeist auch von einem Gebet in Worten begleitet ist.

Es würde interessant sein, von hier aus einen Blick auf die Frage nach der Entstehung des Opfers überhaupt zu werfen. *Es ist klar, daß das Primitialopfer die älteste Form des Opfers ist.* Daß es von irgendeiner anderen Form des Opfers abgeleitet werden könnte, ist dadurch unmöglich gemacht, daß es in dieser ältesten Zeit keine andere Form des Opfers gab. Daß es von den Totenopfern aus entstanden sei, wird dadurch hintangehalten, daß in den Urkulturen keine Speisen an das Grab gestellt wurden. Daß die Primitialopfer der Viehzucht- und der Ackerbau-Kulturen nicht bei der Entstehung des Primitialopfers der Urkultur mitgewirkt haben können, liegt auf der Hand, denn Viehzucht und Ackerbau gab es damals nicht." *Vittorio Lanternari* ist einer der wenigen Religionsethnologen – außer Wilhelm Schmidt –, der sich eingehend mit dem Primitialopfer auseinandersetzt. Für ihn aber entspringt das Primitialopfer der Angst vor dem Erfolg. Es sei für den primitiven Jäger eine typische Geisteshaltung, wenn er erfolgreich war. Sobald er das Tier zur Strecke gebracht habe, beginne er seine Tat zu verleugnen und zu bereuen, und so schickt er das Tier wieder zurück zum Herrn der Tiere.

In NO Asien wird von verschiedenen Jägervölkern berichtet, daß der Jäger, sobald er ein Tier erlegt hat, seine Tat dem Tier gegenüber zu verheimlichen sucht oder doch um Verzeihung bittet. Dies kann aber auch mit der Idee zusammenhängen, daß der getötete Bär für den Jäger nicht einfach nur ein Bär ist. Obayashi (1966: 215) zitiert Taniuchi, wo dieser sagt (1944: 98–99): ,,Seehund, Bär und Vögel sind die Götter, die auf diese Weise verkleidet auf der irdischen Welt erscheinen. Durch das Abnehmen und Verbrauchen der Haut und des Fleisches schickt man die Seelen des Wildes wieder in die göttliche Welt zurück. Aus diesem Grunde stellt die Jagd eine heilige Tätigkeit dar."

Ähnliches sagt Paproth vom Bären bei den Tungusen: Er sei ein ,,geachtetes und gefürchtetes Wesen", ,,sehe und höre alles"; zuweilen ist er Ahn, der zu Besuch kommt, dann ist er wieder Sohn oder Tochter des Himmelsgottes (1976: 12).

Karl Meuli hat in ,,Griechische Opfergebräuche" zahlreiche Fakten, vor allem aus nordischen Jägerkulturen, zu dieser Fragestellung zusammengetragen. Es gibt Jäger, die bemalen ihr Gesicht, andere lassen den Bären von einem Fremden töten, um nicht als sein Mörder erkannt zu werden. Meuli schreibt: ,,Dieses Abwälzen der Schuld ist sehr beliebt. Die Ojibwa schieben sie auf die Engländer, die Tungusen auf die Jakuten, die Jakuten auf die Russen oder die Tungusen, und so weiter. Drollig schildert der alte Adam Brand [von 1734] das Verhalten der Ostjaken: ,Wenn sie einen Bären erlegt und seinen Kopf auf einem Baum bestattet haben, laufen sie ehrerbietig und beflissen um ihn herum, ,bücken ihre Häupter, und pfeifen mit dem Munde, wie man einem Hunde locket, und sagen, nachdem sie den Bären gefället: du wer hat dich geschlagen? das haben die Russen gethan'..." (1975: 953). Man sucht den Geist des Bären irrezuleiten, so wie man es mit einem Totengeist tut, damit er nicht ins Dorf zu den Lebenden findet. Die Angst vor dem Erfolg, schimmert aber in keinem der Berichte durch.

Lanternari dehnt seine Erklärung des Primitialopfers auch auf Pflanzer- und Ackerbaukulturen aus. Henninger, der sich eingehend mit Lanternaris Opfertheorie auseinandersetzt, faßt dessen Hauptgedanken folgendermaßen zusammen: ,,Die Primitialopfer der *Jäger und Sammler* richten sich nicht an das höchste Wesen, sondern an den ,*Herrn der Tiere*', der (nach R. Pettazzoni) kulturgeschichtlich älter ist als das höchste Himmels- und Schöpferwesen; sie gehen nicht aus dem Gefühl der Abhängigkeit und der Dankbarkeit hervor, sondern aus der *Angst,* die gerade im Augenblick des Erfolges eine seelische Krise herbeigeführt (weil die Tötung des Jagdtieres als Sakrileg empfunden wird). Bei den Australiern fehlt das Primitialopfer; hier konzentriert sich die Angst nicht auf den Jagderfolg, sondern auf die Abhängigkeit vom Regen, und daher dominiert in ihrer Mythologie die Gestalt des Wesens, von dem der Regen abhängt: die Regenbogenschlange. Bei den älteren Pflanzern (mit Grabstockbau) ist zur Zeit der Ernte dieselbe seelische Krise festzustellen wie bei den Jägern nach erfolgreicher Jagd, daher gleichfalls die (wenigstens symbolische) Zerstörung des Erfolges durch Primitialopfer; diese richten sich hier an die Toten, weil der Neubeginn des Jahres die gemeinsame Rückkehr der Toten bringt; den Totengeistern, die dann ins Dorf kommen, wird Nahrung angeboten. In den wirtschaftlich und sozial weiter fortgeschrittenen Pflanzerkulturen (bei den Polynesiern, den Südost-Bantu und in Westafrika) gibt die Technik der künstlichen Bewässerung größere Sicherheit für eine gute Ernte, daher entwickelt sich dort nicht die seelische Krise im Augenblick des Erfolges, wie bei Jägern und niederen Pflanzern. Entsprechend der hierarchischen Gesellschaftsstruktur werden dort die Erstlinge der Feldfrüchte dem König, den Priestern, den Königsahnen oder den Göttern dargebracht. In den Hirtennomadenkulturen bringt der Reichtum an Vieh, das Erlebnis des dauerhaften Besitzes (im Unterschied zur Jägerkultur!) das Gefühl der Dankbarkeit gegenüber dem höchsten Himmelswesen hervor; diesem ist deshalb dort auch das Primitialopfer geweiht" (1968: 160–161).

Lanternaris Hauptthese, daß der Mensch im Augenblick des Erfolgs Angst bekomme und dann dem Herrn der Tiere opfere, ist eine absolut unbewiesene Annahme. Es ist nicht einsichtig, weshalb Pygmäen, die einen Bienenstock ausfindig machen und die ersten Waben in den Busch werfen, aus Angst handeln sollten. Lanternari zieht mit Gewalt einen psychologisierenden Erklärungsversuch heran, der aber vollkommen unbewiesen ist.

Sehr verwunderlich erscheint eine Bemerkung von Adolf Jensen über das Primitialopfer, er sagt (1960: 349): ,,Über das Primitial-Opfer, das bei vielen Naturvölkern eine zweifellos wichtige Rolle spielt ... haben wir uns hier nicht geäußert, weil eine Sinndeutung dieser Sitte zu schwierig erscheint. Als Gabe an eine Gottheit, die dieser Gabe ausdrücklich nicht bedarf, scheint es mir ebenso wenig ‚verstehbar' wie andere ähnlich gedeutete Opfer." – Offensichtlich will Jensen hier zum Ausdruck bringen, daß allein die Opferung der Dema-Wesen ‚verstehbar' sei. Bei einem Opfer kommt es nicht in erster Linie auf die Opfergabe an, und wenn wir den Opferakt phänomenologisch betrachten, ist nicht einmal der Empfänger des Opfers wichtig, sondern die Opferhaltung, die Opfergesinnung ist das Wesentliche. Dies ist zutiefst der Akt des Sich-abhängig-Wissens und des Sich-Unterwerfens.

Aus Jensens Gedanken heraus wäre jedes an eine Gottheit gerichtete Opfer „wenig verstehbar", ja selbst Gebete und Huldigungen wären in weitem Maße unverstehbar, weil die Gottheit ihrer wirklich nicht bedarf. Nur subalterne Mächte bedürfen der Verehrung und der Opfer! – Mir scheint, daß Jensen diese seine Äußerung einfach nicht genügend durchdacht hat.

Hier bei den Ausführungen über das Primitialopfer sollten noch folgende Fakten erwähnt werden, da sie inhaltlich irgendwie hierher gehören: Es handelt sich um die sogenannten „Tieropfer" des ausgehenden Paläolithikums.

Zunächst wären die *Versenkopfer* zu erwähnen. „So wurden nahe den magdalénienzeitlichen Lagerplätzen von Stellmoor und Meiendorf in einem ehemaligen Tümpel, mehrere jugendliche, weibliche Rentiere von den spätpaläolithischen Jägern versenkt, nachdem man ihnen den Brustkorb geöffnet und mit Steinen beschwert hatte. Das eine Tier zeigt eine Schußwunde am Schulterblatt. Wir müssen also annehmen, daß die Renkühe erlegt, nicht etwa verendet aufgefunden worden waren. Nach ihrem Lebensalter handelt es sich um allerbestes Wildbret, das hier absichtlich und im Zuge eines gewissen Rituals – wie die gleichmäßige Behandlung von mehr als 15 solchen Tieren erkennen läßt – vollständig durch Versenken geopfert wurde. Nur der Schädel dieser Tiere war gewaltsam aufgeschlagen, das Hirn also entnommen worden" (Müller-Karpe 1966: 224–225). – Es gibt natürlich auch andere Prähistoriker, die die sogenannten Versenkopfer nicht als Opfer deuten wollen. Ähnlich steht es bei einer anderen Art von Tieropfern, nämlich den Höhlenbärenopfern.

Indem sich Müller-Karpe auf die Ausgrabungen von Emil Bächler im Wildkirchli, Drachenloch und Wildenmannlisloch stützt, der in diesen Alpenhöhlen aufgeschichtete Bärenschädel und Bärenknochen fand, nimmt er an, daß diese Deponierungen nur kultisch gedeutet werden können. Er sagt: „Mögen bei einigen dieser Deponierungen von Höhlenbärenschädeln und -knochen ... gewisse Unklarheiten und Widersprüche in den Berichten der Ausgräber eine Rekonstruktion der ursprünglichen Befunde erschweren, so bleibt davon doch die Tatsache als solche unberührt, daß im Mittelpaläolithikum und vereinzelt offenbar auch noch später in Höhlen, welche Höhlenbären zum Winterschlaf oder sonst als Unterschlupf aufsuchten, und in denen daher die Tiere besonders leicht erlegt werden konnten, Teile dieser Jagdbeute vom Menschen in einer Art niedergelegt bzw. ‚aufgestellt' wurden, die schlechterdings nicht anders denn als kultisch gedeutet werden kann" (1966: 227).

Zahlreiche Wissenschaftler haben sich dieser von Emil Bächler, Wilhelm Schmidt und der hier von Müller-Karpe vorgetragenen These angeschlossen und sahen in diesen Knochendeponierungen ein Primitialopfer mit einem Alter von über 30 000 Jahren. Wilhelm Schmidt sah darin noch einen Beweis, daß die Paläolithiker bereits den Hochgottglauben hatten. Selbst wenn die Bärenschädel an den ‚Herrn der Tiere' gerichtet worden wären, müßte davor noch der Hochgottglaube existiert haben, da der Gott des Wildes eine jüngere, vom älteren Höchsten Wesen ‚abgesplitterte' Erscheinung sei.

Der Berner Prähistoriker Hans-Georg Bandi widerspricht dieser These schärfstens. Für ihn handelt es sich um keine irgendwie gearteten religiösen Deponierungen (1966, bes. S. 5). Wörtlich sagt er: ,,Nirgends konnten bisher wirklich überzeugende Beweise dafür erbracht werden, daß Knochenanhäufungen das Werk altpaläolithischer Menschen sind, beziehungsweise kultischen Charakter haben." Etwas weiter räumt dann Bandi ein, daß es ,,für das späte Jungpaläolithikum Westeuropas Anhaltspunkte für Tendenzen gibt, die an das Bärenzeremoniell der jüngsten Vergangenheit im arktischen Gebiet erinnern." Es ist deshalb ,,denkbar, daß ähnliche Erscheinungen bereits während älterer Abschnitte der oberen Altsteinzeit existieren und bis ins alpine Gebiet gelangten; auch dafür besitzen wir aber, zumindest im Bereich der Schweiz, bisher noch keine Anhaltspunkte" (ibid.).

Die Frage muß zumindest offen bleiben, ob es sich bei diesen Höhlenbärenknochen um religiös-kultische Deponierungen handelt oder einfach um Knochen von selbst verendeten Tieren. Als Primitialopfer werden wir sie wohl nicht deuten können. Im besten Fall könnte man darin eine Restitution des Lebensprinzips sehen.

Damit kommen wir zu dem schon wiederholt erwähnten zentralen Problem des Primitialopfers: Was ist sein letzter Sinn und Zweck? Speiseopfer kann es nicht sein – nicht weil die Gottheit ihrer nicht bedarf, sondern weil oft keine Speise gegeben wird. Was sollen abgegessene Knochen? Meuli vermerkt zu Recht in seinen ,,Griechischen Opfergebräuchen", wo denn der Opfercharakter wäre, wenn nur abgegessene Knochen hingelegt würden.

Man muß, soll das Primitialopfer, aber auch jedes andere Opfer, als religiöser Akt empfunden werden, von der Gabe als Nahrung für das Höchste Wesen abrücken. Häufig ist nämlich die Gabe des Primitialopfers keine Nahrung, und wenn sie es ist, dann ist darin nur ein Anthropomorphismus zu sehen, und zum anderen bedürfen Höchste Wesen keiner Nahrung, wie Jensen richtig bemerkt.

Die Domäne der Höchsten Wesen und der Herren der Tiere und der Wälder ist aber immer, das *Leben* zu geben und es meist auch wieder zu nehmen. Was liegt deshalb näher, als in all den Opfergaben das Leben oder, bei leblosen, die Kraft dieser Opfergaben zu sehen. Der Mensch also restituiert das, was nicht in seine Domäne gehört. Damit aber würde das Opfer nur auf andere Weise als der Glaubensakt oder das Gebet die Grundhaltung der Religion zum Ausdruck bringen. Wie ethisch hochwertig ein Opfer ist, hängt weder von der Opfergabe noch vom Empfänger des Opfers ab, sondern von der Grundhaltung des Opfernden. Opfer mit Mahl oder ohne Mahl, blutige oder unblutige Opfer – all das sind im Grunde genommen nur zweitrangige Fragen, wenn die Opfergesinnung echt ist.

Blutige Opfer

Mehr als alle anderen haben die blutigen Opfer das Interesse der Autoren gefunden und von diesen wiederum die blutigen Menschenopfer. Gerade die alten Hochkulturen mit ihrer Großviehzucht und ihren zahlreichen Kriegen mit Kriegsgefangenen waren in der Lage, große blutige Opfer zu veranstalten. Doch wie es scheint, ist weder der Tötungsakt noch das Opfermahl das Zentrum des Opfers. Es geht vielmehr dabei um das vergossene Blut. Blut ist Lebensträger; deshalb brachte man in Indien auch das Opferblut auf die Felder als Fruchtbarkeitsstoff. Wenn man beim Opfer das Blut von Tieren und Menschen zu Ehren einer Gottheit vergoß, so gab man praktisch das Leben dieser Opfergaben an die Gottheit; wir haben es also wiederum mit einer Restitution des Lebens zu tun. Man kann auch nicht ein x-beliebiges Tier einer Gottheit opfern. Der Gott Indra z. B. erhielt einen Stier und der Sonnengott Sūrya einen weißen Ziegenbock. Im Alten Griechenland erhielten chthonische Gottheiten schwarze Tiere, der Sonnengott Helios schnelle Pferde und Demeter trächtige Säue geopfert. Man sieht, daß zwischen Empfänger und Gabe eine innere Verbindung besteht, man könnte es fast Analogiezauber nennen.

Die Opfer sind überhaupt sehr gut für die Magie geeignet: Sie können nicht nur sehr leicht auf ein do-ut-des-Geschäft absinken, sondern man glaubt, durch besondere Opfer die übermenschlichen Wesen für die eigenen Intentionen gefügig machen zu können. Bereits Ovid erkannte dies und schrieb in seiner „Ars amatoria" (III, 653):

> Munera, crede mihi, capiunt hominesque deosque,
> Placatur donis, Jupiter ipse datis.
> Gaben, so glaube es mir, gewinnen die Menschen und Götter.
> Zeus, der Höchste, sogar wird durch die Gabe versöhnt.

Vor allem in der Opfertheorie von E. Tylor kommt das magische Ziel des Opfers deutlich zum Ausdruck. Man muß hierbei Tylors Entwicklungsschema der Religion aus dem Seelenglauben vor Augen haben: Am Anfang gab es nur subalterne Geister, die natürlich auf die Gaben der Opfer angewiesen waren; sie waren daher beeinflußbar. Erst allmählich hätten sich mit den höheren Wesen auch höhere Opferformen herausgebildet.

Es gibt immer wieder Versuche, im Tötungspunkt selbst das Sakrale des Opfers zu erblicken, so als ob der Mensch von Natur aus auf das Töten hin angelegt wäre. – Wir sahen ja, daß Jägerkulturen, im Gegenteil, sich sträuben zu töten, jedenfalls tötet man niemals mehr als unbedingt nötig ist, und Menschen überhaupt nicht. Erst in späteren Kulturen kommt das Menschenopfer auf.

Walter Burkert legt in seinem Werk ,,Homo Necans. Interpretationen altgriechischer Opferriten und Mythen" (1972) eine Theorie vor, auf die hier in exemplarischer Weise etwas eingegangen werden soll. Der Altphilologe geht zwar von Griechenland aus, wendet aber die Schlußfolgerungen auf die allgemeine Menschheitsentwicklung an – ein Vorgang, den man den meisten Opfertheorien zur Kritik machen muß.

Burkert geht von der Aggression und ,,Gewalttätigkeit des Menschen gegen den Menschen . . . inmitten unseres zivilisatorischen Fortschritts" aus und stellt fest, ,,daß alle Ordnungen und Herrschaftsformen menschlicher Gesellschaft auf institutionalisierter Gewalt beruhen." ,,Wer aber Erlösung von diesem ,sogenannten Bösen' in der Religion erhofft, sieht sich der Tatsache gegenüber", daß ,,gerade in der Mitte der Religion . . . faszinierend blutige Gewalt" droht" (8).

Indem Burkert auf die griechische Religion eingeht, sagt er, man komme den Göttern dadurch nahe, ,,daß man viele Schenkelstücke verbrannt hat" (Homer), und fährt dann fort: ,,denn dies ist der Akt der Frömmigkeit: Blutvergießen, Schlachten und Essen." Unser Autor hebt dann wieder aufs allgemein Menschliche ab und stellt fest: ,,Grunderlebnis des ,Heiligen' ist die Opfertötung. Der homo religiosus agiert und wird sich seiner selbst bewußt als homo necans" (9). Und an anderer Stelle heißt es: ,,Der Geheiligte ist es, der tötet, der Akt des Tötens ist sakralisiert" (19).

Burkert sucht dann aufzuzeigen, weshalb der Mensch dieser ,homo necans' und das Töten im Opfer zum Herzstück der Religion geworden sind. Das Töten in den Jägerkulturen und das blutige Opfer hingen nach Burkert genetisch zusammen. Im Opfer der alten Hochkulturen würden noch immer Jagdzeremonien beschworen (23). Die ,,Unschuldskommödie" - ein Ausdruck von K. Meuli – der sibirischen Jagdvölker erklärt Burkert damit, daß die Jäger

„Angst [hatten] um die Zukunft des Lebens angesichts des Faktums des Todes: die blutige ‚Tat' war lebensnotwendig, doch nicht minder notwendig ist, daß neues Leben wiederum entsteht" (24). So wird denn auch das Restituieren der Knochen notwendig. (Eine Idee von Meuli, der auch die Höhlenbärenschädel so deutete.)

Der Mensch ist also im Unterschied zu den Primaten zum Jäger geworden. Man könnte ihn als ‚hunting ape' definieren. Durch die Jagd und das Töten sei es aber auch zur scharfen Differenzierung der Geschlechter gekommen. „Jagd ist Männersache – beim Menschen, im Gegensatz zu sämtlichen Raubtieren –, sie erfordert Schnelligkeit und Kraft; dazu bedarf es der langen, schmalen Schenkel des Mannes, während die Frau, die Kinder mit immer größerem Schädel gebären muß, runde, weiche Formen entwickelt..." (25).

Ich möchte das Werk nicht weiterverfolgen; von der Ethnologie her zu urteilen, ist es reiner Dilettantismus. Oder worauf stützen sich Sätze wie: „Der Mensch wurde zum Menschen durch das Jägertum, durch den Akt des Tötens"? (30) Doch es kann hier nicht darum gehen, dieses Werk auf seine ethnologischen Schwachstellen abzuklopfen. Es sollte hier nur aufgezeigt werden, daß es für viele gute Wissenschaftler typisch ist, die blutigen Opfer der archaischen Hochkulturen in der Frühzeit des Menschentums zu verankern. Zwischen der Frühzeit des Menschen und dem Griechentum liegen Welten, ökonomische, soziale und religiöse Revolutionen. Nichts erlaubt, bei einer derartigen Verschiedenheit Parallelen zu ziehen.

Die archaischen Hochkulturen sind in der Tat blutige Kulturen; ich meine hier nicht nur in bezug auf die Tieropfer, sondern auch bezüglich der Menschenopfer. Es wurde aber bereits festgestellt, daß sie nicht ein Proprium der Hochkulturen sind. Einfache Pflanzerkulturen im indonesisch-melanesischen Raum betreiben oder betrieben ebenso das Menschenopfer wie indische Ethnien (Khond). Die intensivste Ausprägung hatte es aber zweifellos bei den Azteken Mexikos und im Caucatal im NO Südamerikas erfahren. Im Caucatal war es allerdings mehr Kannibalismus als religiöses Opferritual. Bei den Azteken wurden die zahlreichen Kriegsgefangenen aus einem magischen Opfergedanken heraus getötet. Man führte sogar eigene Kriege, um Kriegsgefangene für das Opfer zu bekommen. 1407 sollen an 4 Tagen bei der Einweihung eines Tempels zwischen 2000 und 80000 Kriegsgefangene durch Herausreißen des Herzens getötet worden sein. Die Gefangenen wurden bis zu ihrer Opferung gut behandelt, denn es sollte für sie eine Ehre sein, geopfert zu werden.

Auch die Hochkulturen des Mittelmeeres kannten die Menschenopfer, aber wohl schon frühzeitig hat man dafür Ersatzlösungen gefunden, Tiere oder auch Figuren.

Sakrale Handlung

Begleitumstände des Opfers

Bei der Behandlung des Opfers wären noch einige Elemente der Vollständigkeit halber zu erwähnen. So z. B. ist die Frage von Interesse, wer das Opfer darbringt. Selbst in den am wenigsten geschichteten Gesellschaften werden die Opfer immer von einigen wenigen Personen dargebracht: vom Ältesten, Hordenführer, Spezialisten. Auch Frauen können häufig als *Opferer* fungieren; so etwa bei den Altindonesiern Taiwans. In geschichteten Gesellschaften kommt es zur Spezialisierung des Priestertums. Man beobachtet hierbei eine ungeheure Vermehrung der Riten, so daß die genaue Beachtung der Riten wichtiger wird als das Opfer selbst.

Der *Opferritus* ist weitgehend von der Opfermaterie abhängig. Auch die sozio-ökonomische Struktur der opfernden Gruppe ist von Bedeutung. Das Opfer muß sich aber immer nach bestimmten, von der Tradition festgelegten Riten vollziehen, soll es wirksam werden. Opfergaben kann man hinlegen, verbrennen, zerstören, im Wasser versenken usw. Es kann sich ein Opfermahl anschließen oder auch nicht. Opfer für Tote, aber auch Ahnen, werden gerne auf Friedhöfen vorgenommen, man legt ihre Speisen auf die Gräber, wo ihre Präsenz ganz besonders intensiv ist, obgleich man weiß, daß sie im Jenseits, im Dorf der Ahnen bereits leben.

Was *Ort und Zeit* des Opfers anbelangt, so gibt es natürlich zahlreiche regionale Möglichkeiten. Agrarische Völker neigen zu saisonal bedingten regelmäßigen Opfern, Jäger und Hirten opfern, wenn die Jagdgründe verschlossen sind oder Epidemien den Viehbestand reduzieren. Neujahr oder Neubeginn in irgendeiner Form sind immer potentielle Opferzeiten. Was den Ort der Opfer anbelangt, so ist er um so spezialisierter, je professioneller der Opferer ist. Dem Herrn des Wildes opfert man dort, wo man sich gerade zur Jagd aufhält. Den Ahnen opfert der Sippenälteste auf dem Friedhof oder an einem speziellen Ahnenaltar. Den Geistern opfert man je nach ihrer Funktion im Gelände oder wo ihre Präsenz spürbar ist. Den Gottheiten opfert man an ihren Erscheinungsorten. Meist werden solche hierophanische Zentren durch besondere Gebäude wie Tempel etc. besonders markiert.

Von dem Ziel des Opfers her unterscheidet man traditionellerweise vier Opferarten: Das Lob-, Bitt-, Dank- und Sühneopfer. Es ist selbstverständlich, daß bei einfachen Ethnien, die jeden Tag um ihre Existenz kämpfen müssen, das Bittopfer überwiegt. Die anderen Intentionen fehlen zwar nie ganz, aber sie kommen doch vor allem in solchen Ethnien vor, die von der Natur eine größere Unabhängigkeit haben.

4. Opfertheorien

Eine der ersten religionsethnologischen Opfertheorien war die bereits erwähnte Geschenk-Theorie von *Edward Tylor*. Er trug diese Theorie in seinem Werk ,,Primitive Culture" von 1871 vor. Da sich der Geisterglaube erst allmählich entwickelt habe, hat sich dementsprechend auch der Opfergedanke nach und nach gewandelt: Ursprünglich war das Opfer eine Gabe an die Geister, um diese zu bestechen, ihre Gunst zu erlangen oder ihren Zorn zu besänftigen. Später wäre dann aus diesem Gabenopfer Huldigung und Entsagung, d. h. unser Lob- und Sühneopfer geworden.

Zeitlich etwas später ist die Opfertheorie von *William Robertson Smith* anzusetzen (1886 in der Encyclopaedia Britannica s. v. ,sacrifice'). Smith ging in seinen Überlegungen von Alt-Israel aus und suchte von hier aus eine allgemeine Opfertheorie abzuleiten. Als Schüler von McLennon, dem Beschreiber des Totemismus, suchte Smith in der Tötung und im Verzehr des Totems den Ursprung des Opfers. Für gewöhnlich sei zwar das Totem streng tabuisiert, aber bisweilen werde es doch bei feierlichen Anlässen von seinen ,,Nachkommen" geschlachtet und in einer Opfermahlzeit gegessen. Faherty sagt in der Encyclopaedia Britannica zu Smith' Theorie: ,,For Smith an animal sacrifice was essentially a communion through the flesch and blood of the sacred animal, which he called the ,theanthropic animal' – [gottmenschliches Tier'] – an intermediary in which the sacred and the profane realms were joined" (1977: 129). – Smith' Verdienst ist es, die Opfermahlzeit in den Opferbegriff eingebracht zu haben. Daß praktisch niemals Totemtiere geschlachtet werden, haben wir bereits an anderer Stelle ausgiebig erwähnt.

James Frazer, der Autor von ,,The Golden Bough", sah den Ursprung des Opfers in den magischen Verjüngungspraktiken, wie sie vor allem im ,,magischen", sakralen Königtum vorgenommen werden. Wenn dort der König alt oder krank wird, schwindet seine Kraft (Charisma, Mana, *ndoki* etc.). Da er als Mikrokosmos mit seinem Volk, dem Makrokosmos, identifiziert wird, muß ein solcher König durch rituellen Mord beseitigt werden, damit das Volk nicht Schaden nehme. Der Nachfolger, er ist eine ,Neuauflage' des alten Königs, bringt wieder die volle Kraft. Ähnlich wird beim Opfer ein Gott geschlachtet – man denke an die Vegetationsgötter –, um dann wieder als neuer, kräftiger Gott aufzuerstehen. – Frazers Theorie berücksichtigt natürlich in keiner Weise das Opfer nicht-geschichteter Gesellschaften. Gesellschaften mit einem sakralen Königtum und solche mit Vegetationsgottheiten bilden eine recht späte Entwicklungsstufe.

Marcel Mauss hatte 1899 zusammen mit dem Historiker *Henri Hubert* den Artikel ,,Essai sur la nature et la fonction du sacrifice" in ,L'année sociologique' publiziert. Nach diesem Artikel bietet das Opfer dem profanen

Menschen mittels eines Opfertieres die Möglichkeit, mit dem Sakralen zu verkehren; dabei verändert sich der Zustand des Opferers, d. h. er wird auf eine höhere Ebene gehoben. Das Opfertier ist nicht – wie bei Smith – von vornherein sakral, sondern dies wird es erst durch den Ritus, der es zum Mittler zwischen beiden Bereichen macht. In seinem späteren Werk „Essai sur le don" (1923–24) baut Mauss seine Theorie weiter aus. Im Opfer findet ein Gabenaustausch statt (do ut des). Aber die geopferte Gabe ist nicht nur ein Objekt, sondern sie ist auch ein Teil des Gebers, seine Kraft liegt darin. So entsteht eine innige Verbindung zwischen Opferer und dem Adressaten des Opfers. Mauss' Opfertheorie versteht man erst richtig auf dem Hintergrund von Durkheims Thesen zum Ursprung der Religion.

Evans-Pritchard sagt deshalb zur Hubert – Mauss'schen Theorie: „Ihre Schlußfolgerungen sind, wiewohl bestechend, ein Beispiel soziologischer Metaphysik, das kaum zu überzeugen vermag. Götter sind die Repräsentationen von Gemeinschaften; sie sind idealisierte, in der Phantasie vorgestellte Gesellschaften. So nähren die Versagungen bei Opfern soziale Kräfte – geistige und moralische Energien. Das Opfer ist ein Akt der Selbstverleugnung, durch den das Individuum die Gesellschaft anerkennt; es ruft dem Einzelbewußtsein das Vorhandensein von Kollektivkräften ins Gedächtnis, die durch ihre Götter repräsentiert werden... Das alles scheint mir eine Mischung aus bloßen Behauptungen, Konjekturen und Verdinglichungen zu sein, für die es keinen zureichenden Beweis gibt. Es sind Folgerungen, die einer glänzenden Analyse des Mechanismus des Opfers, besser vielleicht seiner logischen Struktur oder sogar seiner Grammatik, aufgesetzt, nicht aber aus ihr abgeleitet sind" (1968: 112–113).

Für *Adolf E. Jensen* ist das blutige Opfer eine dramatische Aufführung des Mordes in der Urzeit. Das blutige Opfer ist aber im wesentlichen mit der Pflanzerkultur verbunden, denn erst in der Weltanschauung der Pflanzer ist der Tod Quelle der Fruchtbarkeit. Die Tötung des Dema-Wesens bringt Zeugung und Fruchtbarkeit in die Welt. Das Töten selbst wird in diesen Kulturen zum sakralen Akt. Jensen schreibt (1960: 185): „Überall, wo wir die Tieropfer kennen,... gehört zwar auch das Verschmausen des Fleisches oder die Darbringung bestimmter Teile an bestimmte göttliche Wesen zur Gesamtheit der Handlungen, aber immer gehört auch dazu, daß das Tier lebendig an die Kult-Stätte gebracht wird, um dort getötet zu werden. Daß das keine zufällige Erscheinung ist, ergibt sich wenigstens für bestimmte naturvölkische Schichten eindeutig aus zahlreichen Feststellungen, wonach das Töten gepriesen und als eine für die Weltordnung wichtige Tat herausgestellt wird" (185).

Etwas weiter heißt es dann: „Die erwähnten und viele andere Beispiele entstammen Kulturen, die nicht die ältesten in der Menschheitsgeschichte sind" (186). Jensen weist noch darauf hin, „daß in den ältesten greifbaren

Schichten der menschlichen Kultur, und zwar bei den Völkern, die uns heute noch als Jäger und Sammler entgegentreten, das rituelle Töten nicht nur völlig zu fehlen scheint, sondern uns auch offenbar eine ganz andere Geisteshaltung begegnet" (187). Der Jäger töte aus Selbsterhaltungstrieb, nicht um des Aktes des Tötens willen. – Dieser Unterschied des Weltbildes ist den meisten Theoretikern des Opfers leider nicht aufgefallen. Sie reden von Opfer, ohne zu berücksichtigen, ob es sich um das Opfer von Jäger-, Pflanzer-, Hirten- oder gar Hochkulturen handelt. Es muß mehr als fraglich erscheinen, ob das Opfer der verschiedenen Kulturen auf eine gleiche Idee und Morphologie zurückführbar ist.

Von den zahlreichen Opfertheorien, die hier noch aufgezählt werden könnten, sei eine ganz rezente noch kurz vorgestellt, die zur Zeit in Frankreich großes, aber auch in den USA und seit einiger Zeit auch bei uns Interesse findet, freilich mehr in theologischen und literarischen Kreisen als in der Religionsethnologie. *René Girard,* ihr Propagator, ist Literaturwissenschaftler. Er verwendet auch ethnologisches Material, allerdings ohne besondere Durchdringung und Nuancierung des Materials. Girards These nimmt als ihren Ausgangspunkt geschichtete Gesellschaften mit blutigen Opfern, möglichst mit Menschenopfern. Die Aggressionen einer Gesellschaft konzentrieren sich auf ein Objekt, entladen sich aber nicht auf das Objekt selbst, sondern auf ein Ersatzobjekt, einen Sündenbock. Dadurch wird dieser sakralisiert, aber auch verabscheut. Girard will damit nicht nur den Sinn des blutigen Opfers, sondern den Ursprung des Sakralen überhaupt erklären. So ist z. B. gerade das afrikanische sakrale Königtum ein beliebtes Demonstrationsfeld für ihn. Vor der Inthronisation wird der Kandidat als ,,Pest" beschimpft; dann wird ein Scheinkönig (,,Sündenbock") inthronisiert, der früher bisweilen umgebracht wurde; schließlich wird die daraus entstehende Sakralität auf den echten, neuen König übertragen. Girard schreibt: ,,Der König muß der für ihn vorgesehenen Strafe ,würdig' sein... Er muß alle möglichen Verbrechen bis zur Neige durchkosten. Er wird zum Monstrum, das von finsterer Macht starrt, nicht aber ästhetischer Gründe wegen, sondern um ihm zu ermöglichen, allen ansteckenden Pesthauch im buchstäblichen Sinne auf seine Person zu polarisieren und ihn wie ein Magnet anzuziehen, um ihn hierauf in Stabilität und Fruchtbarkeit umzuwandeln" (1972: 154). Etwas weiter heißt es dann vom König: ,,Der König herrscht aufgrund seines künftigen Todes; er ist niemand anderer als die Opfergabe, die wartet, geopfert zu werden; ein zu Tode Verurteilter, der auf seine Hinrichtung wartet" (ibid.).

Zu dieser Theorie wäre sehr viel zu sagen, doch sie nuanciert das ethnologische Material viel zu wenig, als daß man in eine Fachdiskussion eintreten könnte. Girards Opfertheorie hat jedoch als ihr ideelles Zentrum das Opfer Jesu am Kreuz. In Jesus Christus habe schließlich das ganze Opferwesen ein Ende gefunden, denn Jesus machte sich selbst freiwillig zum Sündenbock, starb freiwillig und überwand auf diese Weise das Opferwesen.

5. *Zusammenfassung*

- Die Empfänger der Opfergaben sind übermenschliche Wesen. Je wichtiger und allgemeingültiger das Opfer, desto mehr sind mythische Ahnen, große Geistwesen und Gottheiten die Empfänger der Opfergaben.
- Jede Opfergabe enthält Leben oder Lebenskraft. Bisweilen wird zwar der Gottheit in anthropomorpher Weise Speise und Trank angeboten, aber häufig steckt dahinter Lebenskraft und bei vielen Opfern das Leben der Opfergaben selbst, das man dem Schöpfer restituiert.
- Leben ist für alle einfachen Völker:
  - übermenschlichen Ursprungs und deshalb
  - unvergänglich und unveräußerlich.
- Der Mensch gibt es deshalb an seinen Urheber wieder zurück.
- Sehr viele Opfer können als Rückführung von Lebenskraft, ja vom Leben selbst gedeutet werden.
- Wenn es um Lebenskraft geht, fehlt Magie fast nie. Die Versuchung ist zu groß, mit Hilfe magischer Riten die eigene Lebenskraft zu vergrößern und fremde zu verkleinern. Dies ist wohl einer der Hauptgründe dafür, daß Magie so oft mit dem Opfer verbunden ist.

III. Priester, Charismatiker, Schamanen

Unsere Überschrift greift drei Grundtypen jener Person heraus, die als Mittler zwischen den Menschen und den übermenschlichen Mächten steht. Die Ausführungen hier beziehen sich ausschließlich auf solche Personen, die von der Gesellschaft positiv bewertet werden. Ausdrücke wie Zauberer, Scharlatan, Hexer und viele andere, die man, zumal in älterer Literatur, lesen kann, sind negativ geladene Bezeichnungen; wir verwenden sie nicht. Allenfalls könnte das Wort „Zauberpriester" verwendet werden, wenn man den magischen Charakter mancher Riten unterstreichen will. Doch da diese Kultdiener Priesterfunktionen ausführen, sollte man sie auch ganz einfach „Priester" nennen. Waldemar Stöhr sagt in seinem Kapitel über das Priestertum der indonesischen Stammesreligionen: „Selbstverständlich ist der Priester bei den Altvölkern Indonesiens und der Philippinen auch Zauberpriester, Schamane, Magier, Augur, Orakeldeuter, Krankenheiler und sogar noch einiges mehr: vor allem aber ist er der Repräsentant der göttlichen Ordnung, der Hüter und Vermittler des Mythos, der Kenner und Leiter des Rituals, der Zeremonienmeister der großen Feste und der Mittler zwischen Gottheit und Mensch, d. h., er ist Priester im vollen Sinne des Wortes" (1965: 167).

Folgende Unterscheidungen sollen zum klareren Verständnis von vornherein getroffen werden.

1. Einige Prämissen

- Es lassen sich prinzipiell zwei Arten von Mittlern bzw. Spezialisten unterscheiden:
  - Solche, die aufgrund ihrer Bestallung und Legitimation durch die Gemeinde Macht und Würde besitzen. Normalerweise spielt hier die Berufung durch die übermenschliche Macht eine geringere Rolle oder fehlt ganz. Die Amtsmacht kommt aus der Gemeinde oder wird von einer Hierarchie verliehen. Hier wären vor allem Priester unseres christlichen Bereichs zu nennen. Von Gott berufen oder nicht, die Amtsgnade wird dennoch verliehen. Wenn hohe Priesterfunktionen nur an sozial Hochgestellte verliehen werden, ist eine eigentliche Berufung, ja sogar eine „fachliche" Eignung, meist nicht erforderlich. Man denke an die Investitur hoher kirchlicher Würdenträger in unserem Mittelalter oder wenn der Oberpriester der Inka der Bruder des Inka sein mußte.
  - Solche, die aufgrund ihres Charisma und/oder ihrer Berufung sakrale Macht besitzen. Hierher gehören vor allem charismatische Führergestalten, Propheten, Heiler, Wahrsager. Sie stehen nicht in einer Hierarchie; ihr Prestige ist so hoch wie ihre Macht wirksam ist. Schamanen können in diese Kategorie gehören, müssen aber nicht. Nicht selten werden Charismatiker gegen ihren Willen zu ihrer Aufgabe berufen (man denke an die Propheten Israels!). – Für die erste Gruppe, also die Priester, ist vor allem die Vollziehung des Kultes wichtig; sie sind aber auch Mittler. Für die zweite Gruppe ist vor allem die Mittlerfunktion wichtig; der Kult wird zur Nebensache, oft ist sogar eine Kultfeindlichkeit festzustellen (wie bei einigen Propheten Israels).
- Durch ihre Mittlerfunktion haben die Priester – wie ich kumulativ die ganze Gruppe nennen will – teil am Wissen der Mächte oder können wenigstens ihren Willen deuten. Sie besitzen auch die Fertigkeit, ihre Seele zur Macht zu schicken oder selbst von ihr besessen zu werden. In jedem Falle aber kommt es auf diese Weise zu einer Partizipation am Wissen der übermenschlichen Macht und dadurch zu einer verstärkten Mittlertätigkeit.
- Dem Schamanentum soll ob seiner historischen Bedeutung etwas mehr Aufmerksamkeit geschenkt werden.

2. Der Priester als Kultdiener

Als Kultdiener bezeichne ich jede Person, Mann oder Frau, die für eine Gemeinde die Kultriten vollzieht. Hierbei ist unwichtig, ob der Kult einer Gottheit, Ahnengeistern oder Naturgeistern gilt. Wir sehen auch davon ab, ob die Riten mehr magischen oder mehr religiösen Charakter haben. Es geht uns hier nur um eine für die Gemeinde positive Kulthandlung.

Es sind viele Faktoren, die den Kultdiener näher bestimmen, ja determinieren:

- Die Wirtschaftsform entscheidet vielfach darüber, ob das Priestertum von einem eigenen Berufsstand oder von den traditionellen Führerpersönlichkeiten der Gesellschaft verwaltet wird. In reinen Subsistenzgesellschaften – etwa bei den Pygmäen – gibt es noch keinen Priesterstand. Der Führer der Jagdhorde, ein Ältester oder ein religiös besonders Begabter vollzieht den Kult. Seine normale Beschäftigung unterscheidet sich aber in noch nichts von der anderer Männer seines Alters und seiner Gruppe. In Pflanzerkulturen ist vielfach der Sippenälteste gleichzeitig der Opferer, vor allem an die Ahnen. – Die Schöpfergottheiten erhalten sowohl bei Wildbeutern wie bei Pflanzern relativ selten Opfer. Für ganz Bantu-Afrika sind z. B. nur wenige echte Opfer an den Schöpfergott bekannt. Und bei den wenigen bezeugten werden noch Zweifel laut. Ahnen, Naturgeister und Fetische werden jedoch laufend beopfert. Erst in Gesellschaften mit einer bestimmten Überproduktion an Nahrungsmitteln entsteht das Berufspriestertum. Je nach Besitzstand der Gesellschaft und seiner eigenen Tüchtigkeit wird der Priester gut oder schlecht von seiner Tätigkeit leben können oder vielleicht auch noch nebenbei ,,profane" Arbeit verrichten müssen. Nicht selten kann man gerade bei Wohlhabenden eine bestimmte Verachtung für den Priesterberuf feststellen: Er kann wie ein Bettler angesehen werden, der möglichst viel von seinen Klienten zu erhalten versucht.

Stöhr berichtet im genannten Werk vom Priestertum der Ngadju-Dajak (Kalimantan/Borneo), daß sein hervorstechendes Merkmal die ,,sexuelle Ambivalenz" ist. ,,Die Priester heißen *Basir* und die Priesterinnen *Balian;* die älteste der Priesterinnen *(Upo)* kann den Basir vertreten. Bei allen wichtigen Kulthandlungen sind sie als Repräsentanten der höchsten Gottheiten *Mahatala* und *Djata* anwesend und dienen als Mittler speziell ihrem Kult. Der religiös-ethischen Ambivalenz der Gottheit entspricht bei ihnen eine sexuelle. Die Gottheit wählt den Priester aus, und Zeichen für das Amt sind Homosexualität, Impotenz oder Hermaphroditentum. Bei den Balian drückt sich dies in ihrer *‚sakralen Prostitution'* aus. Zu Priesterinnen wählte man früher Sklavenmädchen aus, die durch erfahrene Kolleginnen in das Ritual eingeführt wurden. Das Verdienst aus der Prostitution floß dem Besitzer zu. Nach Aufhebung der Sklaverei kommen die Balian aus dem untersten Volk. Es wurde als Schande betrachtet, wenn eine Tochter aus angesehener Familie – gewissermaßen aus Liebe zum Beruf – Balian wurde; oft wurde ein solches Mädchen von ihren Brüdern getötet. Zur niederen Herkunft und zum schlechten Ansehen steht die rechtliche Achtung in merkwürdigem Gegensatz" (1965: 168).

– Die sozio-politische Struktur hat ebenfalls großen Einfluß auf die Form des Priestertums. In matrilinearen, und erst recht in Gesellschaften mit Matriarchat haben wir vielfach Frauen als Priesterinnen; Männer sind deswegen vom Priestertum nicht ausgeschlossen. Bei den Puyuma auf Taiwan ist die Mehrheit der Priester weiblichen Geschlechts. Bei zahlreichen Ethnien Zentralafrikas üben Frauen den *nganga*-Beruf aus. Als ich in den sechziger Jahren dort lebte, waren allerdings die berühmteren der *banganga* männlichen Geschlechts. Es scheint, daß in stark männlich organisierten Gesellschaften der Priesterberuf in der Hauptsache Männern vorbehalten wird. Das Christentum hat, vom patriarchalischen Judentum beeinflußt, ausschließlich Männer als Priester zugelassen. Der Apostel Paulus prägte sogar den Satz: „Die Frauen sollen in der Versammlung schweigen" (1 Kor 14,34).

In politisch organisierten Gesellschaften usurpieren die politischen Herrscher gerne die priesterliche Gewalt, wenigstens was den offiziellen Teil des Kultes, d. h. den Staatskult, angeht. Wir sprechen dann gerne von „Priesterkönigen". Sie üben aber fast immer nur den offiziellen Staatskult aus. Die Volksreligion mit ihrem Kult für Ahnen und Naturgeister, mit ihrem Ritual für Fruchtbarkeit der Felder, Tiere und Menschen bleibt meist die Domäne der Erstbesitzer des Bodens. In Schwarzafrika ist der Erdherr gewöhnlich auch Priester der Erde und ihrer Geister. Bei den Munda in NO Indien muß der Dorf-priester *(pahâr)* ein direkter Nachkomme des Dorfgründers sein, selbstverständlich muß er auch Munda sein. Daß hier das Priestertum zum Erstbesitzer des Bodens gehört, zeigt auch der Umstand, daß in Dörfern, die später an Oraon gingen und heute den Oraon gehören, der Priesterberuf von einem Munda ausgeübt wird. Zu seiner Verfügung steht, wie bei den Munda, ein Reisfeld.

– Es ist jedoch sehr schwer, ja unmöglich, eine allgemeine Charakteristik des Priestertums der Naturreligionen zu geben; die Verschiedenheiten von einer Ethnie zur anderen sind einfach zu groß. Ja selbst innerhalb einer Ethnie kann es mehrere Arten von Priestern geben. So z. B. kennen die Yansi im Zaire folgende „Priesterarten":

  – Der *Ngangwom* ist vor allem Wahrsager; aber er führt auch Opfer durch und ist für viele Spezialfälle bei Krankheit und Tod zuständig. Er macht eine schamanenartige Berufung mit langer Reklusion durch und hat einen persönlichen Schutzgeist.

- Der *Ngalubui* ist der Priester des Erd- und Naturgeistes Lubwij. Er ist für alle Belange zuständig, die mehrere Klane angehen oder die die Verunreinigung der Erde betreffen wie z. B. Inzest. Er gehört immer der Lineage des Erstbesitzers des Bodens an.

- Die Ahnenopfer werden vom Lineageältesten durchgeführt; dieser kann sich aber immer nur an die klaneigenen Ahnen wenden. Es gibt bei den Yansi einige wenige Ahnen, die von mehreren oder allen Klanen angerufen werden können, so z. B. der Häuptling Tasat aus der Einwanderungszeit. Das Opfer an ihn nahm in einem konkreten Fall der *Ngalubui* jenes Gebietes vor, wo sich das Grab von Tasat befindet. Die Angehörigen des regierenden Klans dürfen nicht das Ahnenopfer vollziehen, ja sie dürfen nicht einmal den Friedhof der Häuptlinge betreten. Bei den matrilinearen Yansi werden die Häuptlinge von ihren Enkeln beerdigt, und der älteste Sohn des ältesten Sohnes des Häuptlings, der sogenannte *Mumbabiem*, vollzieht das Ahnenopfer für sie.

3. Der Charismatiker

Als Charismatiker möchte ich jene Personen bezeichnen, die aufgrund einer inneren Berufung mit einer speziellen Kraft, eben dem Charisma, ausgestattet sind und meist den Willen jener Macht verkünden, die sie berufen hat. Wie schon gesagt, beziehen Charismatiker ihre Legitimation aus ihrer Berufung und ihrer speziellen Kraft. Charismatiker sind oft religiöse Führerpersönlichkeiten. In den neuen unabhängigen Kirchen der Dritten Welt sind sie sehr zahlreich. Hierher würde ich z. B. zählen die ,,Big Men" des ozeanischen Raumes, die Führer der messianischen Kirchen Afrikas und anderswo. Auch die Mahdis diverser Bewegunen des Islams können hier eingeordnet werden.

In den großen etablierten Kirchen sind die Charismatiker zumeist ausgemerzt worden, da sie der Hierarchie unbequem sind. In Israel und im Urchristentum durften sie aber wirken. Mehrere Propheten haben vehement gegen Könige und Priester gepredigt. Der Prophet Nathan hat z. B. König David und seinem ganzen Hause Unheil angekündigt, weil er gegen Urias gefehlt hatte. Auch die Reformationsbewegung entstand durch charismatisch begabte Führerpersönlichkeiten. Man führe sich einmal die Berufungsgeschichte eines großen Charismatikers und einer großen Führerpersönlichkeit des Alten Bundes vor Augen, um die Kraft der Berufung ,,von oben" kennenzulernen. Es handelt sich um Samuel, der viele Jahre Israel führte und ins Königtum überleitete.

Samuels Mutter Hanna hatte keine Kinder; sie machte das Gelübde, daß sie, sollte sie einen Sohn bekommen, diesen dem Herrn weihen wolle. Als dann Samuel geboren war, brachte sie ihn in jungen Jahren nach Schilo, wo damals

Eli Oberpriester war und sich die Bundeslade befand. Hanna übergibt mit folgenden Worten den Jungen dem Herrn: ,,Bitte, mein Herr, so wahr du lebst, mein Herr, ich bin die Frau, die damals neben dir stand, um zum Herrn zu beten. Ich habe um diesen Knaben gebetet, und der Herr hat mir die Bitte erfüllt, die ich an ihn gerichtet habe. Darum lasse ich ihn auch vom Herrn zurückfordern. Er soll für sein ganzes Leben ein vom Herrn Zurückgeforderter sein" (1 Sam 1,26–28).

Die Berufung Samuels erfolgt dann einige Zeit später im Tempel zu Schilo (1 Sam 3,1–12. 19–21):

,,Der junge Samuel versah den Dienst des Herrn unter der Aufsicht Elis. In jenen Tagen waren Worte des Herrn selten; Visionen waren nicht häufig. Eines Tages geschah es: Eli schlief auf seinem Platz; seine Augen waren schwach geworden, und er konnte nicht mehr sehen. Die Lampe Gottes war noch nicht erloschen, und Samuel schlief im Tempel des Herrn, wo die Lade Gottes stand. Da rief der Herr den Samuel, und Samuel antwortete: ‚Hier bin ich.' Dann lief er zu Eli und sagte: ‚Hier bin ich, du hast mich gerufen.' Eli erwiderte: ‚Ich habe dich nicht gerufen. Geh wieder schlafen!' Da ging er und legte sich wieder schlafen. Der Herr rief noch einmal: ‚Samuel!' Samuel stand auf und ging zu Eli und sagte: ‚Hier bin ich, du hast mich gerufen.' Eli erwiderte: ‚Ich habe dich nicht gerufen, mein Sohn. Geh wieder schlafen!'
Samuel kannte den Herrn noch nicht, und das Wort des Herrn war ihm noch nicht offenbar geworden. Da rief der Herr den Samuel wieder, zum drittenmal. Er stand auf und ging zu Eli und sagte: ‚Hier bin ich, du hast mich gerufen.' Da merkte Eli, daß der Herr den Knaben gerufen hatte. Eli sagte zu Samuel: ‚Geh, leg dich schlafen! Wenn er dich (wieder) ruft, dann antworte: Rede, Herr; denn dein Diener hört.' Samuel ging und legte sich an seinen Platz nieder. Da kam der Herr, trat (zu ihm) heran und rief wie die vorigen Male: ‚Samuel, Samuel!' Und Samuel antwortete: ‚Rede, denn dein Diener hört.' Der Herr sagte zu Samuel: ‚Fürwahr, ich werde in Israel etwas tun, so daß jedem, der davon hört, beide Ohren gellen. An jenem Tag werde ich an Eli vom Anfang bis zum Ende alles verwirklichen, was ich seinem Haus angedroht habe..."
,,Samuel wuchs heran, und der Herr war mit ihm und ließ keines von all seinen Worten unerfüllt. Ganz Israel von Dan bis Beerscheba erkannte, daß Samuel als Prophet des Herrn beglaubigt war. Auch weiterhin erschien der Herr in Schilo: Der Herr offenbarte sich Samuel in Schilo durch sein Wort."

Im Bereich der Naturreligionen ist das Auftreten der Charismatiker nicht so spektakulär, aber dafür ist es viel mehr verbreitet. Man hat insgesamt einen viel engeren Kontakt zu den übermenschlichen Wesen. Sie erscheinen einem nicht nur im Traum und tun ihren Willen kund, sondern auch bei Tage begegnet man Geistern, und zwar vor allem in ihrem Milieu, in der unbebauten Natur. Es kann leicht vorkommen, daß jemand bei einem Tanz, beim Begräbnis, bei einem Ritus von einem Geist besessen wird und der Geist aus ihm spricht. Der Zugang zu den jenseitigen Mächten kann noch sehr direkt sein, und zwar für jedermann. Die offizielle Abwicklung der Zeremonien jedoch ist ganz in den Händen der zuständigen Gruppe. So werden auch in den sogenannten

Naturreligionen alle nicht zur Führungsschicht Gehörenden Kult-Konsumenten. Die aktive Rolle wird von einigen wenigen geleistet.

4. Der Schamane

Der Schamane ist die vielleicht bekannteste Mittlergestalt der Religionsethnologie. Dies liegt unter anderem auch daran, daß er in seiner arktisch-sibirischen Form eine relativ lange Forschungsgeschichte aufweist. Schon früh haben russische Reisende und Gelehrte vom sibirischen Schamanismus berichtet. Auch der arktische Schamanismus war durch die Nordlandmission relativ früh bei uns bekannt geworden. Dies ist wohl auch ein Grund dafür, daß vielfach nur der nordische Schamanismus als der echte angesehen wird. M. Eliade und W. Schmidt, um nur zwei Altmeister des Schamanismus zu nennen, nebst vielen anderen, vertreten diese Meinung.

Das Wort *Schamane* kommt aus dem Tungusischen. Früher waren Forscher der Meinung, es käme über das Chinesische aus dem Sanskrit, doch diese Theorie hat man heute verlassen, weil seine Wurzel in den altaischen Sprachen, zu denen das Tungusische gehört, erklärt werden kann; vielleicht kann sie auf das Zeitwort *sa* zurückgeführt werden, was ‚wissen' heißt (nach Hultkrantz 1973: 27).

Da über Schamanismus seit langem intensiv diskutiert wird und der Terminus auf viele Besessenheitsphänomene angewendet wird, ist eine einheitliche Meinung darüber, was Schamanismus ist, nicht zu erzielen. Hans Findeisen sah im Schamanismus eine eigene Religion (1957). Doch diese Meinung wird von den allermeisten Autoren nicht geteilt. Sucht man jene Elemente herauszukristallisieren, die von den meisten Autoren als Wesenselemente des Schamanismus ausgegeben werden, so ließen sich 5 Punkte ausmachen, die zum echten Schamanismus gehören. Daraus läßt sich dann folgende Definition aufstellen: Der Schamane ist ein Mittler zwischen seiner Gruppe und den übermenschlichen Mächten. Die Mittlerfunktion übt er mit Hilfe der Ekstase aus, welche ihn befähigt, mit den Geistern zu verkehren, um seiner Gruppe anhand bestimmter Formen und Riten dienstbar zu sein.

Zum Vergleich sei hier ein Blick in südamerikanisches Material getan. Gerhard Baer entschuldigt sich gleichsam in seiner ,,Religion der Matsigenka, Ost-Peru" (1984), weil er den Terminus ‚Schamane' verwendet. Dann zählt er die für den Schamanen der Matsigenka wesentlichen Elemente auf: ,,rituelle Ekstase und Besessenheit bzw. rituelle Trance; (anthropomorphe) Schutzgeister, (theriomorphe [= tierische]) Hilfsgeister; Berufung; Ausbildung und Initiation des Schamanen; Jenseitsreise; mehrstufiger bzw. mehrschichtiger Kosmos; Schamanenkampf; spezielle Schamanenausrüstung und Schamanentracht mit symbolischer Beziehung zum Kosmos" (1984: 200).

Der Matsigenka-Schamane macht keine Berufung durch, sondern „er ergreift nach übereinstimmender Aussage verschiedener Gewährsleute sein Amt, weil er selbst dies will (Selbstbestimmung)" (ibid.).

Zum echten Schamanen gehören die folgenden fünf Wesenselemente:

Die Ekstase

Sie ist das wichtigste Element. D. Schröder schreibt: „Zur Ekstase gehören zwei Dinge, ein seelisches Erlebnis und eine sinnenfällige Äußerung des Leibes. Fehlt eins, so handelt es sich nicht um eine volle Ekstase. Das seelische Geschehen besteht wesentlich in einer Seinswandlung..., [sie] hat ihre Ursache in der Verbindung mit einem außerseelischen Gegenüber" (1964: 306).

Alle Forscher mit Ausnahme der Angelsachsen sind sich wohl einig, daß die Ekstase die conditio sine qua non des Schamanismus ist. A. Hultkrantz führt eine amerikanische Definition von 1950 an, worin es heißt: „the term shaman is usually used by Americanist ethnographers in reference to men or women who, through the acquisition of supernatural powers, are believed to be able to either cure or cause disease" (1973: 25–26). Nach dieser Definition könnte natürlich jeder Wahrsager und Krankenheiler als Schamane bezeichnet werden. Damit wäre der Begriff Schamane wertlos geworden.

László Vajda weist darauf hin, daß Ekstase allein noch nicht den Schamanismus ausmache, denn Ekstase gibt es auch in anderen Religionsformen als dem Schamanismus, etwa in der Mystik (1964: 270).

Beim Ekstatiker läßt sich feststellen, ob seine Seele auf Reisen geht oder ob er von einem Geist besessen wird. Dementsprechend unterscheiden wir einen Wander- und einen Besessenheitsschamanismus. Beim *Wanderschamanismus* unterscheiden W. Schmidt und M. Eliade wieder einen ‚weißen' und einen ‚schwarzen' Schamanismus. „Dem weißen eignet die Himmelsreise, die Verbindung mit den guten Geistern und als Ziel der Nutzen der Menschen; zum schwarzen Schamanismus gehört die Unterweltsreise und Besessenheit, die Verbindung mit den bösen Geistern und als Ziel meist die Schädigung der Menschen" (Schröder 1964: 198). Eliade hält den weißen, Schmidt den schwarzen für den primären Schamanismus. Dies ist wohl darauf zurückzuführen, daß Eliade im Schamanismus ein Wesenselement der sibirischen Hirtenreligionen sieht und Schmidt eine Degenerationsform, welche aus südlichen Agrarkulturen stammt und sich mit der nördlichen Himmelsreligion verbunden hat.

Um es deutlicher auszudrücken: Für W. Schmidt war die Religion der Hirten mit ihrem Himmelsgott nebst der Religion der „Urkultur" mit ihrem

Monotheismus die reinste Religionsform. Der Schamanismus mit seinen magischen Riten und Praktiken, mit dem häufig berichteten Geschlechtswandel der Schamanen, waren Schmidt suspekt. Dieses Bild paßte eher in die bereits degenerierte Religion der Agrarier mit weiblichen Gottheiten, Fruchtbarkeitsriten, rituellen Tötungen etc. als in die hohe Himmelsreligion der Sibirier. Dies ist der eigentliche Grund, weshalb er im schwarzen Wanderschamanismus die ursprüngliche Form sieht. Die Hirten hätten dann noch sozusagen das Beste daraus gemacht und den Schamanen die Reise zum Himmelsgott antreten lassen.

Im Wanderschamanismus besitzt der Schamane in der Ekstase die Fähigkeit, seine Seele auf Reisen zu schicken. Sie macht diese Reise nicht allein, sondern mit einem oder mehreren Schutzgeistern. Handelt es sich um einen Himmelfahrtsschamanismus, dann steigt die Seele durch die verschiedenen Schichten des Kosmos und kann bis zum Himmelsgott vordringen. Die Weltenachse ist die Verbindung von Himmel und Erde; sie dient dem Schamanen zum Aufstieg. Beim schwarzen Schamanismus steigt die Seele in die Unterwelt hinab und verkehrt mit den bösen Geistern.

Beim *Besessenheitsschamanismus* wird das Ich des Schamanen in der Ekstase ausgeschaltet und der oder die Schutzgeister nehmen von dem Schamanen Besitz. Beim Wanderschamanen ist der Leib in der Ekstase ruhig, er ist quasi leblos, beim Besessenheitsschamanen ist er in Aktion, weil der Geist in ihm wohnt und aus ihm spricht. Der Himmelfahrtsschamanismus ist vor allem im Norden, der Besessenheitsschamanismus im Süden beheimatet: im tibetischen Lamaismus, in Stammesindien, Südchina, Indonesien und Amerika. Gerade beim Besessenheitsschamanismus ist es oft schwer zu sagen, was noch und was nicht mehr Schamanismus ist. Es gibt nämlich sehr oft ekstatische Besessenheitsphänomene, auch in Afrika (siehe Beatrix Heintze 1970), aber will man mit dem Begriff Schamanismus etwas anfangen, ist es sinnlos, ihn für all diese Phänomene zu gebrauchen. Matthias Hermanns (1970) gebraucht den Ausdruck *Pseudoschamane* für solche, die nicht in eine große Trance fallen. Nach dieser Unterscheidung, sagt Hultkrantz, würden die meisten nordamerikanischen Schamanen als Pseudoschamanen gelten müssen (1973: 28).

Schutzgeist

Schröder sagt: ,,Der Schutzgeist ist in der Konstituierung der Schamanenperson die aktive Komponente ... mit dem Schutzgeist steht und fällt der Schamane" (1964: 312). Wer der Schutzgeist eines Schamanen wird, ist von Volk zu Volk sehr verschieden: Bald ist es ein Himmelsgeist, der Geist eines Ahns, der selbst Schamane war, dann der Geist des Lehrmeisters, eines Naturgeistes usw. Knud Rasmussen berichtet von einem Schamanen-Adepten bei den Eskimo, dem das Höchste Wesen eine schöne weiße Frau als

Schutzgeist zuführte. Je nachdem, ob der Schamane einen starken oder schwachen Schutzgeist erhält, wird er auch ein großer oder kleiner Schamane.

Die Berufung

An den Schamanen werden in seinem Beruf hohe Anforderungen gestellt, dementsprechend hart sind die Berufung und Ausbildung. Der Kandidat muß bestimmte Dispositionen mitbringen. Er sondert sich häufig vom gesellschaftlichen Treiben etwas ab, ist in sich gekehrt, ist allein in der Wildnis usw. A. Ohlmarks (1939) sprach von der ‚arktischen Hysterie'. Vajda betont, daß das arktische Milieu ,,höchstens die Intensität, nicht aber die Formen und Funktionen dieser Erscheinungen zu bestimmen vermochte. Es steht außer Zweifel, daß ein guter Teil der von den Feldforschern beobachteten Schamanen epileptisch, seelisch instabil, sexuell gehemmt oder krankhaft veranlagt und ähnliches war" (1964: 270–271).

Wie sich konkret eine Schamanenberufung bei den Eskimo zugetragen hat, schildert Rasmussen (1930: 52ff.). Ich führe hier eine Zusammenfassung von Hultkrantz an; es handelt sich um die Berufung des Karibu-Eskimo Igjugarjuk:

,,Im Traum besuchten ihn unbekannte Wesen und sprachen zu ihm. Bald war es allen klar, daß er ein *angakoq* werden müsse. Ein älterer Schamane, Perqanaoq, nahm sich seiner als Lehrer an. Fern von den Menschen baute Perqanaoq seinem Schützling eine Schneehütte, die so klein war, daß dieser darin kaum Platz fand. Sein Lehrer befahl ihm, sich dort niederzusetzen und seine Gedanken nur auf eine Sache zu richten, nämlich darauf, daß das Höchste Wesen auf ihn herabschauen und ihn zum Schamanen machen möge. Dürstend, fastend und frierend – es war im kältesten Mittwinter – verbrachte Igjugarjuk dreißig Tage in seiner unbequemen Hütte, in der er kein Glied rühren konnte. Nur einigemale gab ihm sein Lehrer ein Glas warmes Wasser und etwas Fleisch. Zuletzt sah er in seinem inneren Gesicht eine schöne weiße Frau, die gleichsam über ihm schwebte. Sie wurde sein Schutzgeist, den das Höchste Wesen ihm als Zeichen, daß er ein Schamane geworden war, gesandt hatte. Erschöpft wurde er nach Hause gebracht. Fünf Monate lang nahm er nur Diätkost zu sich und vermied jeden Geschlechtsverkehr" (1962: 401).

In Gegensatz hierzu möchte ich die Berufungsgeschichte des *Ngangwom* der Yansi, von der Untergruppe der Mbiem, stellen. Die Informanten Mutima und Kibu haben sie wiederholt aus nächster Nähe miterlebt und auf Band gesprochen. Der *Ngangwom* ist kein Schamane, aber dennoch sind in seinem Berufsbild eine Reihe schamanistischer Elemente auszumachen:

„Ngangwom wird jemand, wenn in seiner Familie schon einer Ngangwom war: seine Mutter, ein Mutterbruder, ein älterer Bruder oder auch eine ältere Schwester. Wenn ein Onkel oder die Mutter dieses *nkisi [ngwom = ngombo]* besessen hat, dann wird auch ein Kind diesen Beruf ausüben. – Eines Tages beginnt er zu zittern, wir sagen in unserer Sprache, er leidet an Wahnsinn *(bunkin)*. Es kommt vor, daß er nachts das Haus verläßt, um sich in den Wald zu begeben. Ein andermal singt er mitten in der Nacht. Er kommt mit einem Bündel Sträucher zurück und stellt sie an seine Hütte. Selbst wenn es regnet, geht er in den Wald, um Sträucher am Wasser zu holen. Bisweilen lädt er bis zu zehn auf seine Schultern. Er reißt die Sträucher mit der Hand aus. Es ist ihm nicht erlaubt, sie zu zerhacken. Er darf auch keine Machete gebrauchen. Er kann sich einen ganzen Tag damit abgeben. Bisweilen holt er sich auch Männer, um ihm zu helfen.

Ein andermal nimmt er einen Korb und geht zum Fluß, wo es einen Wirbel *(kiföm)* gibt; dort ist Lubwij präsent. Er gräbt mit der Hand im Sand, nimmt neunmal davon und füllt seinen Korb damit. Dann tötet er einen Hahn und wirft Geld in den *kiföm*. Er macht sich einen Grasschurz *(kikok nkirendi –* Kleidung seines *nkisi)*. In seinem Korb *(kitor)* befinden sich weiße Flußerde und Schneckengehäuse aus dem Wald, die mit Erde gefüllt sind. Dann wird das ganze mit rotem Tuch zugedeckt und der Korb in Raphia-Stoff gehüllt. Bei einer Sitzung streicht er Leib, Arme und Kopf mit weißer Flußerde ein.

Bevor er aber in den Wald geht, begibt er sich in den Friedhof, und zwar zum Grab seines verstorbenen Verwandten, der *Ngangwom* war. Er reinigt das Grab und verbringt die Nacht dort. Er sagt zu seinem Verwandten: ‚Du bist gestorben, du aber besaßest das *nkisi*. Jetzt aber wollen wir es wieder haben. Bitte, komm und gib es uns!' – Einige Tage später wird er, wie wir sagen, wahnsinnig, dann geht er in den Wald. Die Ahnen aber geben ihm den Platz an, wo er graben muß, um sich sein *nkisi* zu machen. Es ist im Wasser oder neben einem Baum.

Wenn er ins Dorf zurückkommt, gibt ihm der Häuptling das Kraut *mikiak* [Zeichen der Harmonie] und weiße Erde, indem er sagt: ‚Du hast viele Tage in deiner Hütte eingesperrt zugebracht [neun Yansi-Wochen zu je vier Tagen]. Heute trittst du in die Öffentlichkeit. Was du tust, ist gut; du bist nicht gestorben. Nimm diese weiße Ahnenerde, mach dein *nkisi* und übe deinen Beruf aus.' –

Alle Dorfbewohner geben eine kleine Münze oder Kauris in den Korb. Damit kann der Nganga seine Arbeit beginnen."

Farben und Materialien haben einen sehr starken symbolischen Wert; ebenso Wasser, Gras, Raphia, Wald – alles symbolisiert die Welt der Geister, besonders die der Ahnen- und Naturgeister.

Die Eingebundenheit in die Gesellschaft

Der Schamane ist kein Mystiker, welcher für sich und seine eigene Heiligung in die Ekstase fällt, sondern zum Nutzen der Gemeinde, die ihn akzeptiert. Er ist zu ihrem Wohle Schamane; sie unterhält ihn deshalb auch. Er ist ihr Mittler. Durch die Ekstase wird er ein anderer, er wandelt sein Sein und kann somit mit den Geistern wie mit seinesgleichen verkehren. Auf diese Weise erfährt er von den Übeln und ihrer Heilung. Er kann Krankheiten heilen, Jagdgründe öffnen (bei den Eskimo fährt er auf den Meeresboden zu Sedna und erreicht von ihr, daß sie die Tiere wieder aus ihrem Haus läßt); er kann wahrsagen, Hungersnöte abwenden usw.

Die Formgebundenheit

Der Schamane steht in einer festen Tradition, was seine Paraphernalia angeht: Er hat eine für das Volk, dem er angehört, typische Schamanenkleidung und Utensilien für die Zeremonien. Eines der wichtigsten Objekte ist die Schamanentrommel. Er ist aber auch an einen bestimmten Ablauf der Séance gebunden und auch an bestimmte Gebetstexte. Magische Elemente spielen bei den Zeremonien eine große Rolle.

Nimmt man alle diese Elemente zusammen, dann erhält man ein Bild des Schamanismus, welches sich von dem aller anderen Kultträger und Priestergestalten unterscheidet. Die Ekstase ist zwar das wichtigste Element, aber sie allein reicht nicht aus, um einen Schamanen als solchen zu bestimmen.

Vieles deutet darauf hin, daß es sich beim Schamanismus um keine ursprüngliche Religionsform handelt. L. Vajda sagt zu seiner Entstehung folgendes:

,,Der schamanistische Komplex ist ein Produkt von fruchtbaren Wechselwirkungen zwischen südlich-agrarischen und nördlich-jägerischen Kulturen. Er ist weder für die ersteren noch für die letzteren typisch, sondern stellt das Ergebnis kulturhistorischer Integrationsvorgänge dar. Er ist phaseologisch jung: jünger als die Kulturen, welchen seine Komponenten entstammen. Sein absolutes Alter reicht deshalb möglicherweise nicht weiter als höchstens in die Bronzezeit zurück" (1964: 295).

7. Kapitel

Der Ahnenkult

Das Wort ‚Kult' in der Überschrift soll zum Ausdruck bringen, daß hier die Ahnenverehrung als religiöses Phänomen beschrieben werden soll. Dennoch wird mancher Leser den Eindruck gewinnen, daß dieses Kapitel mehr von der Sozialorganisation als von der Religion handelt. In der Tat, im Ahnenkult berühren sich soziale und religiöse Welt aufs innigste, und es ist nicht immer einfach zu sagen, wo die eine aufhört und die andere beginnt.

Der Ahnenkult steht aber auch noch in anderer Hinsicht zwischen zwei Feldern: Wenn es sich um *Kult* handelt, hätte man ihn auch im Kapitel „Sakrales Handeln" darstellen können. Anderseits sind die Ahnen übermenschliche Wesen, bisweilen nicht ohne weiteres von einer Gottheit zu unterscheiden. Man hätte also den Ahnenkult auch im nächsten Kapitel behandeln können, wo es dann um die übermenschlichen Wesen geht.

Mir scheint jedoch, daß es gerechtfertigt ist, den Ahnenkult in einem eigenen Kapitel abzuhandeln, da er bei vielen Ethnien nicht nur das religiöse, sondern auch das ökonomische und soziale Leben bestimmt. Bei seßhaften agrarischen Ethnien kann der Ahnenkult das Leben derart beherrschen, daß ohne ihn die Ethnie nicht lebensfähig wäre. Von den Batak auf Sumatra schreibt Johannes Warneck 1909 (22): „... die Gottesidee [ist] unter die Schwelle des Bewußtseins gesunken und damit fast wertlos für die sittliche Ausgestaltung des Lebens. *Die Ahnen sind die eigentlichen Götter"* (von mir hervorgehoben). – Ich werde in meiner Darstellung vor allem auf Material aus Zentralafrika zurückgreifen, um nicht nur in allgemeinen Aussagen steckenzubleiben. Gelegentlich werde ich auf Indonesien verweisen, da dort der Ahnenkult eine noch intensivere Entwicklung erfahren hat als in Schwarzafrika.

I. Sozialstruktur und Ahnenkult

‚Kult' bedeutet nicht nur religiöses Handeln, sondern auch Handeln aus der Tradition heraus. Gerade bei den schriftlosen Völkern bezieht der Kult seine Legitimation und seine Kraft aus der Tradition. – ‚Verehrung' ist dagegen ein mehr profanes Handeln und weit weniger als der Kult an Normen der Tradition gebunden. Man spricht deshalb von ‚Totenverehrung', weil Tote (noch) keine übermenschlichen Wesen sind; bei den Ahnen aber spricht man von Kult.

Unter einem Ahn versteht man eine im Jenseits lebende Person der eigenen Verwandtschaftsgruppe, die bereits zu ihren Lebzeiten einen hohen sozialen

Status innehatte, der durch den rite de passage des Todes aber noch wesentlich erhöht wurde. – Als Urahn bezeichnen wir den Begründer der Gruppe. Je größer die Zahl seiner Nachkommen, desto größer sein Prestige im Jenseits; gleichzeitig aber ist die Persönlichkeit um so mythischer und abstrakter, bis sie schließlich ganz in Vergessenheit gerät oder aber den Namen für einen Fetisch oder einen Naturgeist abgibt. – Ich habe in einer früheren Arbeit für zahlreiche große Fetische und Naturgeister Zentralafrikas ihren anzestralen Ursprung nachgewiesen (1977: 140–165). Warneck erwähnt auch von den Batak, daß man unheimliche Orte mit Ahnen bevölkert (1909: 17), und auch bei den Munda (NO Indien) sind die Naturgeister ehemalige Asur-Frauen; sie sind zwar keine Ahnen, aber doch die Erstbesitzer des Bodens.

Eines der wichtigsten Prinzipien der Sozialstruktur lautet: Je näher jemand dem Ursprung ist, desto mehr Lebenskraft besitzt er. Der Besitz der Lebenskraft gibt aber auch zugleich die hierarchische Position innerhalb der Gesellschaft an. Die sogenannten Naturvölker sind nämlich immer nach der Altershierarchie geschichtet, d. h. der Ältere steht immer über dem Jüngeren. Man kann von einem Autoritäts- und Subordinationsverhältnis sprechen. Der Urahn des Klans oder des Stammes kann derart verabsolutiert werden, daß er von einer Gottheit nicht mehr abzuheben ist. Er wird somit Quelle und Ursprung der Lebenskraft. Die Ahnen im Jenseits sind der gleichen hierarchischen Altersordnung unterworfen wie die Lebenden hier. Nur kommt noch ein Element hinzu: Um Ahn zu werden, muß man einen hohen *Sozialstatus* besitzen, d. h. man muß Sippenältester, Häuptling, König, Priester oder dergleichen sein. Bei manchen Völkern kommt noch die ökonomische Wohlhabenheit als Kriterium hinzu. In Bantuafrika ist dies weniger der Fall, aber in Indonesien, wo die Wirtschaft weiter entwickelt ist, spielt der Reichtum der Sippe für das Ahnwerden eine wichtige Rolle, da der Status der Ahnen von der größe der Verdienstfeste der Lebenden abhängt.

Warneck schreibt von den Batak: ,,Gewöhnliche Menschen bleiben immer einfache begu [= Totenseelen], und bald erlischt ihr Andenken und damit unausgesprochen ihre Weiterexistenz im Totenreich. Höherstehende Familien aber, die durch Reichtum oder Ansehen und Macht sich über die Menge erheben, helfen ihrem verstorbenen Vater oder Großvater, damit er es zu einer vornehmeren Stellung im Geisterreiche bringt. Zunächst werden bei seinem Begräbnis viele Büffel und Schweine geschlachtet, deren Schatten mit ihm ins Geisterreich einziehen. Mit ihnen bewirtet er die angesehenen begu und wird damit in ihren aristokratischen Kreis aufgenommen" (1909: 17).

Waldemar Stöhr hebt für den Ahnenkult der Altindonesier folgende zwei Momente hervor (1976: 125)): ,,Der Ahne muß für die Gesellschaft von Bedeutung sein und durch eine besondere Kulthandlung in seinen Status überführt werden. Beides findet sich auch bei den Toba-Batak, doch ist bei ihnen die Zahl der Nachkommen ausschlaggebend. Die *„Begu"* (= Totenseele) kann zur *„Sumangot"* erhöht werden, falls die Nachkommenschaft eine eigenständige Verwandtschaftsgruppe *(Saompu)* werden will und die Mittel für ein großes Fest besitzt. Weit höher steht der *„Sombaon"* (= Anbetungswürdiger, nach Warneck), der meist vor mehr als einem Dutzend Generationen gelebt und bereits mythischen Charakter hat. Die Festlichkeiten einer solchen Rangerhöhung können sich bis zu sechs Monaten hinziehen und stehen in Zusammenhang mit der Verselbständigung einer großen Verwandtschaftsgruppe als *Marga*. Die *Sombaon* haben schon göttlichen Rang, und *„Silaon na Bolon"*, der Höchste unter den *Sombaon*, wird von Tobing als eine Erscheinungsform der höchsten Gottheit gedeutet."

Grundlage des Ahnenkults ist die Sozialstruktur im Diesseits. Meyer Fortes schreibt zum afrikanischen Ahnenkult: „Man stimmt im allgemeinen darin überein, daß der Ahnenkult in den Beziehungen und Institutionen der Hausgemeinschaft, der Verwandtschaft und der Nachkommenschaft wurzelt. Einige sagen, er wäre eine Erweiterung dieser Beziehungen in die übernatürliche Sphäre, andere, er wäre ihr Spiegelbild, und noch andere meinen, er wäre ihr ritueller und symbolischer Ausdruck" (1965: 122).

Fortes schneidet hier ein wichtiges Problem des Ahnenkultes an: Ist dieser Kult überhaupt etwas anderes als das diesseitige soziale Verhalten, übertragen auf die Ahnen?

Wir sagten, daß die Altershierarchie omnipräsent ist: Der Lineage-Älteste hat für seine Gruppe alles zu bestimmen, in religiöser, juridischer, ökonomischer und sozialer Hinsicht. Er verwaltet die gemeinsame Kasse, den Speicher, er vollzieht die Opfer, nur er kann vor Gericht seine Angehörigen verteidigen usw. Kurz, er ist der Exponent der Gruppe, denn er steht dem Urahn am nächsten; er ist also das Bindeglied zwischen Diesseits und Jenseits.

Will nun ein Jüngerer bei seinem Ältesten etwas erreichen, will er z. B. heiraten oder muß er vor Gericht erscheinen, so nimmt er Geschenke – in Zentralafrika immer Palmwein und Kolanüsse, in schwierigeren Fällen auch ein Huhn – und bringt sie zu seinem Ältesten, indem er ihm sein Problem vorträgt. Palmwein und Kolanüsse sind die Lieblingsgeschenke der Alten, denn sie drücken Subordination bzw. Anerkennung der Hierarchie aus. Nimmt der Älteste das Geschenk an, dann ist er auch verpflichtet, seinem Untergebenen zu helfen, denn der Jugendliche begibt sich in die von den Ahnen gewünschte Ordnung.

Das gleiche Zeremoniell spielt sich auch im Ahnenkult ab. Der lebende Älteste ist ja im Verhältnis zu den Ahnen im Jenseits ebenfalls nur ein „Jugendlicher". Beim Ahnenopfer tritt er in der unterwürfigen Haltung eines

Jüngeren dem Ahn gegenüber und bringt ihm Palmwein und Kolanüsse, und je nach Fall ein Huhn, eine Ziege oder irgendeine andere Gabe. Da die Annahme der Gabe von großer Wichtigkeit ist, wird nach dem Opfer oft das Orakel befragt, ob die Ahnen das Opfer auch angenommen hätten.

So richtig verständlich wird die Haltung des Ältesten nur, wenn man den Tod als rite de passage begreift, d. h., daß keine Kluft zwischen Diesseits und Jenseits existiert.

Die Ideologie, daß es den physischen Tod in Wirklichkeit gar nicht gibt, hat manchen Forscher dazu veranlaßt zu glauben, daß Diesseits und Jenseits in der afrikanischen Mentalität ein und dasselbe seien. So z. B. hat der Amerikaner Igor Kopytoff versucht zu zeigen, daß die Suku (SW Zaire) keinen Unterschied machten zwischen ihren lebenden Ältesten und ihren Ahnen; sie sprächen beide als *bambuta* – Älteste, an (1971: 131). Andere haben auch geglaubt, im Ahnenkult kein religiöses Phänomen erblicken zu sollen, da er ja nur eine Weiterführung der Sozialbeziehungen sei (so Driberg 1936).

Meiner Meinung nach verwechseln hier Wissenschaftler wie Kopytoff und Driberg (und viele andere ebenso) Ideologie und Wirklichkeit. Vom ideologischen Standpunkt aus haben Kopytoff und Driberg recht: Die Lebenden bemühen sich in ihrem Umgang mit den Ahnen so zu tun, als wären sie Älteste unter den Lebenden. Wenn man aber längere Zeit mit den Afrikanern zusammenlebt und ihre Sprache und ihren Umgang mit den Ahnen studiert, bekommt man ein ganz anderes Bild. Ich habe am besten die Yansi kennengelernt, die nicht allzu weit von den Suku, Yaka und Kongo siedeln. die Yansi reden ihre Ahnen wie ihre Ältesten mit dem Terminus *bakwurebi'* – ‚unsere Ältesten', an. Diese Form gebrauchen sie aber nur in der Anrede den Ahnen gegenüber, also bei Anrufungen oder beim Ahnenopfer. Ähnlich ist es bei den Suku. Referieren sie Dritten gegenüber, so sagen die Suku (nach Lamal 1965: 173–174, 179): *bamvumbi* – wörtl. ‚Leichname', *banzambi, bisonga, bafwi* – Verstorbene, und die Yansi sagen in diesem Fall *bakwi* – Tote (ohne das Possessivsuffix *-bi'*. Die lebenden Ältesten werden aber immer als *bambuta* bzw. als *bakwurebi'* bezeichnet. Ich muß allerdings hinzufügen, daß außergewöhnliche Urahnen auch in der referierenden Redeweise niemals als Tote – *bakwi*, bezeichnet werden. Sie sind offensichtlich unsterblich geworden. So sagen die Yansi, wenn sie von ihren Urahnen sprechen, *bakwurebi' atop – atop* – unsere allerersten Ahnen. Hier würde man niemals den Terminus *bakwi* benutzen. In ähnlicher Weise drücken sich die Songo, Yaka, Kongo, Mbun und andere Ethnien Zentralafrikas aus (Thiel 1977: 126–127).

Ich habe erlebt, daß Yansi, wenn sie wiederholt Ahnenopfer darbrachten, aber keinen Erfolg hatten, in ihrem Zorn sagten: „Ihr lebt ja gar nicht, ihr seid ja doch nur *bakwi* – Tote!"

142 Der Ahnenkult

Diese Unterscheidung zeigt, daß die Beziehung zu den Ahnen nicht einfach eine Weiterführung der sozialen Beziehungen ist, sondern daß mit dem Tod ein Ideologisierungsprozeß der sozialen Beziehungen einsetzt. Man hebt sie sozusagen auf eine rituell-symbolische Ebene.

Ich habe mich immer gefragt, weshalb die Yansi so tun, als wären ihre Ahnen wie Älteste um sie, wo sie doch wissen, und dies auch bisweilen kundtun, daß sie Verstorbene sind. Ich glaube, der eigentliche Grund für dieses Verhalten ist die eigene Angst vor dem Tod. Wenn die Ahnen nicht gestorben sind, stirbt man selbst auch nicht: Man hat ja teil, ja ist sogar ein Teil ihrer Lebenskraft. Wenn andererseits die Lebenden auf Erden aussterben – wenn also die Sippe keine Nachkommen mehr hat –, sterben die Ahnen auch im Jenseits. Die gleiche Beobachtung machte Warneck auch bei den Batak (1909: 18). Man könnte also sagen, daß Ahnen und Lebende einander für das Überleben benötigen: Die Lebenden haben Interesse, die Ahnen „leben" zu lassen und die Ahnen ihre Nachkommen.

Ich glaube, hier rührt man an das Wesen des Ahnenkultes überhaupt: Der Mensch opfert den Ahnen und meint im Grunde seine eigene Unsterblichkeit. Da man den physischen Tod erlebt und erleidet, kann man ihn nur auf einer ideologischen Ebene aufheben, ,hinwegdisputieren', in einen Ritus umwandeln. Wie in den Paradieses- und Todesmythen gezeigt wurde, gewinnt der Mensch die verlorene Unsterblichkeit über die Zeugung wieder zurück. Er weiß, daß er in seinen Nachkommen weiterlebt, also muß auch er in seinen Vorfahren leben, und deshalb müssen die Ahnen selbst leben.

II. Der Ahnenstatus

Wäre der Ahnenkult nur eine Verlängerung der diesseitigen Sozialbeziehungen, dann wäre nicht einzusehen, weshalb nicht alle Menschen von einem gewissen sozialen Rang im Jenseits zu Ahnen würden. Wir haben ja gehört, daß für das Ahnwerden einige Voraussetzungen nötig sind. Meyer Fortes bemerkt richtig, daß nicht der ganze Mensch zum Ahn umgewandelt wird, sondern nur sein juridischer Status als Elter, der mit Autorität und Verantwortung ausgestattet ist (1965: 133).

Durch den rite de passage des Todes wird die Autorität der Ältesten gleichsam von ihren Trägern abstrahiert und verabsolutiert. Deshalb muß auch nicht jeder Mensch ein Ahn werden, sondern es genügt, wenn jene, die mit besonderer Autorität und Fruchtbarkeit ausgestattet sind, zu Ahnen werden. Jeder der Verwandtschaftsgruppe kann sich mit diesen Exponenten identifizieren und an ihrer Unsterblichkeit partizipieren. Die geforderte absolute Solidarität in der Verwandtschaftsgruppe erweist also auch über den Tod hinaus ihre Nützlichkeit, da man über sie mit der Unsterblichkeit verbunden ist.

So sehr das Ahnsein letztes Ziel eines jeden ist, und es Ahnen gibt, die bisweilen von einer Gottheit kaum unterschieden werden können, so werden sie ob ihres hohen Status von den Lebenden doch nicht beneidet, im Gegenteil. Warneck sagt von den Batak, daß jedes lebende Kind besser gestellt sei als die großen Ahnen in ihrem Schattendasein.

Da die Weiterexistenz der Ahnen von ihren Nachkommen und deren Opfern abhängt, bewegt sich der Ahnenkult auf einem reinen do-ut-des-Geschäft: Man gibt dem Ahn immer so viel, daß er gut ist und nicht zürnt. Er andererseits wird aber immer zürnen, wenn er sich vernachlässigt oder übergangen fühlt. Die erzürnten Ahnen sind für ihre Nachkommen eine Geißel, für die *banganga* aber sind sie hochwillkommen. Für jede Krankheit und jede Kalamität läßt sich immer irgendein erzürnter Ahn ausmachen.

Was nun die Zuständigkeit der Ahnen anbelangt, so läßt sich nur schwer eine allgemeine Darstellung geben; ihre Aufgaben sind zu verschieden von einer Ethnie zur andern. Im allgemeinen läßt sich aber doch sagen, daß die Ahnen für das materielle Wohlbefinden ihrer Nachkommen sowie für die Fruchtbarkeit der Felder, Tiere und Menschen zuständig sind. Ich konnte in Zentralafrika beobachten, daß man sich bei Hunger, Kinderlosigkeit, Krankheit an die Ahnen wandte. Wenn sich aber diese Probleme existentiell zuspitzten und die Ahnen nicht halfen, kam man zu der Überzeugung, daß sie nicht helfen konnten, und man wandte sich dann gerne an den Schöpfergott selber, nicht mit Opfern, sondern mit Anrufungen. Ein typisches Beispiel lernte ich bei den Yansi erst nach vier Jahren kennen: Alles was mit der menschlichen Fruchtbarkeit zu tun hat, gehört in die Kompetenz der Ahnen. Wenn aber ein Kind geboren wird, das nicht schreit – die Geburt findet meist außerhalb des Dorfes unter Ausschluß der Männerwelt statt –, bilden alle anwesenden Frauen einen Kreis um Mutter und Kind. Die älteste Frau legt das Kind auf die Erde, übergießt es mit Wasser und reibt es mit rotem Paprika ein. Die Frauen im Kreis beginnen, mit einem Fuß auf die Erde zu stampfen und zu skandieren, und zwar immer eindringlicher: „*Nkiir*, gib mir mein Kind, *Nziam*, gib mir mein Kind!" *Nkiir* und *Nziam* sind Namen für das Höchste Wesen.

Man sieht, in so einem Fall reicht offenbar die Macht der Ahnen nicht mehr aus. Bei einem Todesfall werden Ahnen und Fetische konsultiert. Wenn aber eine Epidemie ausbricht, fragt man das Höchste Wesen nach dem Warum.

Typische Gelegenheiten, bei den Ahnen zu intervenieren, sind:

- Wenn Kinder erkranken,
- bei Unfruchtbarkeit von Feldern und Menschen,

- bei erfolgloser Jagd,
- bei schlechtem Allgemeinzustand,
- vor größeren Aktionen: Fischfang, Jagd, Anlegen von Feldern und Dörfern etc.

III. Der Kult

Seit Jahren diskutieren gebildete Afrikaner darüber (z. B. Matota 1959: 170 und Kanyamachumbi 1969: 440), ob die Ahnen aus eigener Machtvollkommenheit ihren Nachkommen etwas zukommen lassen können oder ob sie die Gunst beim Höchsten Wesen erbitten müssen. Christliche Afrikaner sehen ihre Ahnen gerne im Status von christlichen Heiligen, also als Mittlergestalten zwischen dem Höchsten Wesen und den Menschen. Ich habe selbst (1963) zwei Gebete an Ahnen veröffentlicht, in denen die Ahnen als Mittler aufgefaßt werden. Heute bin ich mir sicher, daß dies bei den Yansi nur christlicher Einfluß ist. Ursprünglich kommt ihren Ahnen diese Rolle nicht zu.

In einem der Gebete wandte sich ein Lineage-Ältester – er war zwar Christ, hatte aber vom Christentum wenig mitbekommen – folgendermaßen an seine Ahnen: „Du mein verstorbener Ahn, diesen deinen Platz nehme ich jetzt ein. Warum haben wir in unserem Klan nichts zu essen? Wir sind nur armselige Menschen, immer leiden wir Hunger. Sicher hast du, als du gestorben bist, Ndzam nicht geschaut. Wenn du Ndzam siehst, diese Dinge, die ich erbitte, habe ich nicht. Darum erbitte ich von dir und du erbitte von Ndzam. Dann gibt Ndzam dir und du gibst mir. Sieh diesen Palmwein, trinke!" (1963: 219–220).

Wie schon erwähnt, zieht der Lineage-Älteste je nach Wichtigkeit des Falles mit einigen oder allen Vertretern seiner Lineage – die Yansi sprechen von *zum* – Mutterleib und meinen damit alle, die aus dem gleichen Mutterleib gekommen sind – zum Grab seines Vorgängers und bringt das Opfer dar. Beim Ahnenopfer erhalten immer alle Ahnen des Klans, die auf dem Friedhof begraben sind, von den Opfergaben. Wenn ein Huhn oder eine Ziege geopfert wird, erhalten die Ahnen das Blut, die Anwesenden aber halten mit dem Fleisch das Opfermahl.

Die Gebete beim Ahnenopfer machen nicht immer einen sehr freundschaftlichen Eindruck. Man fordert nicht selten in einem recht rauhen Ton Hilfe. Bei einem Ahnenopfer bei den Yaka für eine gute Jagd kniete sich der Erdherr *(kalaamba)* vor seine Rundhütte mit den Ahnenhölzern und streckte seinen Kopf etwas hinein, die Jäger knieten hinter ihm. Er klatschte in die Hände, um die Ahnen zu begrüßen, drückte seine Handrücken auf die Erde, daß die Fingerglieder knackten – ein Gestus des unterwürfigen Bittstellers –, machte eine Handbewegung als wollte er den Boden fegen, und begann dann sein Gebet (de Beir 1975: 171):

>„Ihr habt gegessen [d. h. Wild],
>Ihr habt erhalten.
>Damit wir doch auch erhalten,
>Damit wir auch essen,
>Dieses Opfer hier [bringen wir euch dar].
>Ihr verwehrt uns
>Gazelle und *tsoombi* [Antilopenart]
>und Yipiti [Antilopenart].
>Wie ihr gegessen habt
>Ihr Väter,
>Wir auch.
>Wie wir euch nachfolgen,
>So möchten wir [wie ihr seinerzeit] essen.
>Gebt uns Kraft,
>Damit wir körperlich stark sind
>Und unsere Kinder auch."

Jeder Jäger erhielt hierauf vom Erdherrn etwas weiße Erde. Sie bestrichen damit Arme und Waffen, dann zogen sie zur Treibjagd aus. – Haben sie Erfolg, bringen sie dem Erdherrn eine Vorderkeule; der politische Häuptling erhält eine Hinterkeule.

Die Jagdtiere gehören in die Domäne der Ahnen und in die der Naturgeister – wie bereits erwähnt, haben wir in den Naturgeistern Zentralafrikas häufig weit zurückliegende Ahnen vor uns. Es ist deshalb notwendig, die für die Jagd vorgesehenen Riten genauestens zu beobachten, da man andernfalls kein Jagdglück hat. Eine Großjagd wird daher von den Klanältesten oder dem Erdherrn, am besten im gegenseitigen Einvernehmen, festgesetzt. Am Abend vorher, oder besser noch in aller Frühe, begibt sich der Älteste mit den Jägern, den Treibern, Hunden, Waffen, Netzen auf den Friedhof oder wo immer man den Ahnen zu opfern pflegt. Joseph Van Wing geschreibt so eine Szene von den Kongo (1959: 323):

>„Oh ihr Väter, oh ihr Mütter, oh ihr Älteste!
>Kommt, kommt, trinkt den heilbringenden [Palm]wein,
>Fördert die Fruchtbarkeit und den menschlichen Reichtum.
>Das Motiv, das uns treibt, diesen Wein euch zum Geschenk zu machen,

ist, daß wir euch um Wild mit Hufen und Krallen
bitten.
In den anderen Klanen schießt man großes Wild,
In unserem, wir erlegen nur kleines.
Aber heute, trinkt und seht:
Wir ziehen zur Jagd aus,
Macht, daß das Großwild herauskommt,
Haltet es nicht zurück!"

Wird die Jagd erfolgreich beendet, ruft man ebenfalls die Ahnen an und gibt ihnen einen kleinen Teil vom erlegten Wild als Anerkennung und Dank. Bisweilen wird bereits an dem Platz im Wald, wo man gewöhnlich die Tiere zerlegt und unter die Jäger, die Treiber und Hundeeigentümer verteilt, etwas Fleisch für die Ahnen und die Naturgeister in den Busch geworfen. Von den Yaka allerdings berichtet de Beir eine ganz besondere Dankeszeremonie an die Ahnen:

Die Jäger bringen das erlegte Wild vor den Erdherrn. Dieser taucht seine Hände in das Blut der Tiere und bestreicht dann seine Ahnenhölzer, die *makulu*. Am Eingang zum Dorf wird das Wild zerlegt und verteilt. Der Erdherr erhält das Herz (nebst der Vorderkeule). Er kocht das Herz, vermengt es mit Bananen und Erdnüssen und macht daraus einen Brei. Er geht hierauf an die Wegkreuzungen, gibt davon etwas auf ein Blatt und legt dies für die Ahnen auf die Erde. Dann spricht er (de Beir 1975: 174):

„Die Savanne reift [für die große Feuerjagd];
Wessentwegen?
Euretwegen,
Die ihr in die Erde gegangen seid.
Macht, daß herauskomme *tsoombi* [Antilope].
Gebt Antwort auf [unsern] Ruf!
Den Tribut haben wir gezahlt
von *pfunu* [Antilope] und *tsoombi*.
Du Vater [Ahn],
Wir haben soeben den Tribut bezahlt [Breiopfer]
Für die Enkel und Kinder.
Nur mit *mboondo* [Art Gemüse] ist es schwer.
Wir wollen Fleisch essen!
Dies ist, was ich zu sagen hatte!"

Nach der Runde durchs Dorf geht der Erdherr in die Ahnenhütte und legt auch hier etwas Brei als Opfergabe nieder. Sodann begibt er sich zum Friedhof und wiederholt auch dort den Opferritus. – Blieb die Jagd trotz des Opfers erfolglos, so sucht man nach dem Schuldigen. Gewöhnlich findet man, daß

Vorschriften der Ahnen mißachtet wurden. Wiederholt sich aber trotz mehrerer Opfer der Mißerfolg, gibt man die Schuld dem Erdherrn: Die Ahnen mögen ihn nicht mehr als Bindeglied. Er verliert sein Amt, und der Nächstälteste in der Altershierarchie folgt ihm nach. Der Amtsenthebung gehen aber für gewöhnlich bereits andere kompromittierende Vergehen seitens des Erdherrn voraus, wie z. B. Ehebruch, Diebstahl, Geschwätzigkeit, kurz, was sich mit der Würde eines Erdherrn nicht verträgt.

IV. Die Repräsentation der Ahnen

Im Kapitel über „Sakrale Objekte" wurde bereits erwähnt, daß Statuetten, Masken und andere Objekte Wohnstatt für Ahnengeister sind. Die Afrikaner suchen mit allen Mitteln, ihre Ahnen sichtbar als lebende Älteste darzustellen. Man hat zahlreiche Formen der Materialisierung der Ahnen entwickelt. Hier seien einige aufgeführt.

Die Yansi vergegenwärtigen ihren verstorbenen Sippenältesten folgendermaßen in der Gemeinschaft der Lebenden: Wenn der Lineage-Älteste einige Wochen verstorben und begraben ist, wird er zurück ins Dorf an die Seite seines Nachfolgers geholt. Eines Nachts geht der neue Älteste mit einem weißen Huhn auf den Friedhof, wo sein Vorgänger liegt. Hier schlachtet er das Huhn und träufelt das Blut auf die Gräber der verschiedenen Klanoberhäupter. Die die Zeremonie begleitenden Worte bitten um das Wohlwollen der Ahnen für die Lineage und den neuen Ältesten. Sodann wendet er sich an seinen Vorgänger und macht ihm klar, daß er gekommen sei, um ihn zu sich ins Dorf der Lebenden zu holen. Dann nimmt er Erde vom Grab, und zwar von jener Stelle, wo er das Haupt des Verstorbenen vermutet, und gibt sie in ein Horn *(kibo)* der Pferdeantilope, das er zu diesem Behufe auf den Friedhof mitgebracht hat. In das mit Erde gefüllte Horn gibt man meistens noch einige Glühwürmchen und bisweilen Schneckenhäuser aus dem Wald. Hierauf bindet der neue Älteste das Horn mit rotem Stoff zu und bringt es ins Dorf zurück. Die Yansi nennen diese Zeremonie *kuzenga ntu a kibialmpu* – das Abschneiden des Hauptes des Lineage-Ältesten. Später sagen dann die Klanmitglieder: Wir haben unseren *kibialmpu* ins Dorf geholt. Vor einer schwierigen Entscheidung wird das Horn *(kibompiem)* vom Amtsnachfolger beopfert und die Meinung des Vorgängers eingeholt. Auf diese Weise herrschen immer ein Vertreter der Ahnen und einer der Lebenden. Die Fiktion eines Kontinuums ist also bis zu einem hohen Grade verwirklicht.

Was die Yansi mit Hilfe des Horns *kibompiem* erreichen, nämlich den Ahn materialiter zu vergegenwärtigen, das erreichen andere Völker mit Ahnentöpfen, mit geschnitzten Statuetten, mit Masken oder – wie die Yaka – unter anderem auch mit den Ahnenhölzern, den sogennanten *makulu*. Nach de Beir sind die *makulu* Gabelhölzer, von denen jedes einen verstorbenen *kalaamba*, einen Erdherrn-Ahn, symbolisiert. Jeder Klanälteste besitzt eine kleine runde Kegeldachhütte, in der er die *makulu* des Klans aufbewahrt. Bevor die Hölzer den Ahn symbolisieren, werden sie drei Tage und Nächte auf das Grab gelegt, dann holt sie der Klanälteste in die Kegeldachhütte, *ndzwa makulu,* und behandelt sie wie die Ahnen selbst: Er verehrt sie, beopfert sie, redet mit ihnen, erwartet Antwort von ihnen usw. De Beir berichtet weiter, daß ihm in einem Dorf über einen *nkulu* gesagt wurde: *Tunkidi ku Koongo di Nguunga* – er ist von Koongo di Nguunga gekommen. – Koongo ist das Ursprungsland der eigentlichen Yaka und liegt im Westen. Die herrschende Lundaschicht besitzt ebenfalls Ahnenhölzer, die aber *myoombo* heißen und aus Kola im Süden kommen. – Wenn ein Yaka auswandert, nimmt er einen *nkulu* mit, steckt ihn in den Boden, und das Holz wird zum Ahnenbaum, den es in jedem Yaka-Dorf früher gab. Man nimmt an, daß sich die Ahnen mit Vorliebe hier bei diesem Baum aufhalten, und hier opfert man ihnen vornehmlich auch. Der Ahnenbaum erhält denn auch den Beinamen ‚Dorf der Ahnen'.

Nach Van Roy (1969: 156) sind die *makulu* im Norden des Yaka-Territoriums verbreitet, im Süden dagegen hat man dem Ahnenbaum den Vorzug gegeben. Auch hier gibt es eine doppelte Tradition: Die eigentlichen Yaka nennen den Ahnenbaum ‚*nsanda Kongo*' und die Lunda-Schicht nennt ihn m'*nyombo Kola*. Gewöhnlich steht der Baum im Dorf. Bisweilen wird er auf dem Grab eines Häuptlings angepflanzt. Normalerweise wird er aber in einem neuen Dorf gepflanzt, kurz nachdem die erste Person gestorben ist. – Van Roy berichtet ausführlich darüber, wie der *nsanda* gepflanzt wird, und von den Gebeten, die dabei gesprochen werden: Es besteht kein Zweifel, der Baum wird zum eigentlichen religiösen Zentrum des Dorfes. Bei jedem wichtigen Anlaß bringt der ,,*nkaka,* der älteste noch lebende Repräsentant des Klans und Mittler zwischen den Lebenden und den Verstorbenen" (1969: 156), am Ahnenbaum im Namen der Dorfbewohner das Opfer dar, um den Schutz der ,,*bakâka ba thama-thama,* der sehr weit entfernten Ahnen" (1969: 153) zu erflehen. Der Platz um den Ahnenbaum – wo also den Ahnen geopfert wird – heißt im Yaka *ipesolo*. Diesen Ort darf außer dem Ältesten niemand betreten, ,,denn man glaubt, daß die Ahnen im oder unter dem Baum sich ausruhen" (Van Roy 1969: 154).

Auf zwei interessante Verbindungen mit diesem Platz macht Van Roy an gleicher Stelle aufmerksam. Die Masken für die Beschneidung werden im Busch draußen geschnitzt. Es ist folgerichtig gedacht, daß man diese Arbeit in den unkultivierten Raum verlegt, da ja die Masken die alten Stammesahnen vorstellen. Der Ort aber, wo man die Masken schnitzt, heißt ebenfalls *ipesolo*. Die Ahnen sind also auch hier in ganz besonderer Weise anwesend, und daher ist es den Nichteingeweihten verboten, diesen Ort zu betreten. Ein weiterer *ipesolo*-Platz befindet sich ebenfalls im Busch, und zwar ist er ein gereinigter Fleck Erde, auf dem man zu Ehren der Ahnen Wild zerlegt.

Die Ahnen gehören also nicht nur theoretisch weiterhin zur Gemeinschaft der Lebenden, sondern über die verschiedenen, hier angedeuteten Mechanismen werden sie auch materialiter in die Gemeinschaft der Lebenden inkorporiert. Allerdings ist die Welt der Ahnen trotz aller Annäherung an die der Lebenden doch eine Welt der Geister. Das Dorf, die Kulturlandschaft, ist die Domäne der Lebenden; der Wald, die Savanne, der unkultivierte Raum, die der Ahnen und Geister. Die Menschen haben Feuer, essen gekochte Speisen; den Geistern und Ahnen kommen das Wasser zu und rohe Speisen. Den Lebenden entspricht die rote Farbe, den Ahnen die weiße usw. Wenn auch mit Hilfe verschiedener Riten die Illusion des nahtlosen Übergangs vom Diesseits zum Jenseits fast vollkommen glückt, wenigstens für einen Bereich, so darf doch darüber nicht vergessen werden, daß die Ahnen in einer anderen Welt leben, von der die Lebenden prinzipiell Abstand halten wollen, weil es im Grunde genommen eine ihnen feindliche Welt ist.

V. Ahnenkult und christliche Mission

Mehrere Autoren berichten zu Beginn unseres Jahrhunderts aus der belgischen Kolonie Kongo, daß man früher den Eindruck haben konnte, daß die eigentliche Religion der Yombe, Kongo, Yaka und anderen Ethnien der Ahnenkult sei. Später sei dieses Verhältnis zugunsten des Fetischismus verschoben worden, denn in früherer Zeit habe es nur wenige Fetische gegeben.

Da die christlichen Missionare den Ahnenkult von Anfang an verboten hatten, wurde er als schlecht gebrandmarkt und in die Klandestinität gedrängt, wo er, da Wirtschafts- und Sozialsystem auf ihm aufbauen, selbstverständlich immer weitergepflegt wurde.

Ein hoher belgischer Beamter schrieb 1937 über den Ahnenkult einiger Ethnien am Kasai: „Wenn ich mich so lange über den Ahnenkult ausgelassen habe, dann nicht nur, weil er bei den Ambundu, aber auch bei ihren Nachbarn, den Bapende und Bambala, im wesentlichen ein Familienkult ist, sondern weil er auch die politische Basis der ganzen Ethnie ausmacht" (Weekx 1937: 358).

Da dem Ahnenkult eine zentrale Stellung in der Weltanschauung der Bantu zukommt, kam es auch in den dreißiger und vierziger Jahren bei den Bantu an Zaire und Kasai nach Unterdrückung des Ahnenkultes durch Mission und

Kolonialmacht zu verschiedenen Aufständen. Administrateur Weekx meint jedenfalls, daß die Revolte der Pende von 1931 und die der Mbun von 1933 Reaktionen dieser Völker gegen die Weißen waren, da sie sich durch das Verbot in ihrer Existenz bedroht sahen (siehe 10. Kap.).

Auch bei den Yansi gab es Anfang der vierziger Jahre eine Anti-Weißen-Bewegung, die sogennante Mikala-Bewegung, die im Grunde genommen auf einen modernisierten Ahnenkult, eine Art Cargo-Kult, hinarbeitete. Man legte breite Autostraßen zu den Ahnengräbern an, damit die Ahnen mit großen Lastautos die Güter bringen könnten. Die Weißen, die man ursprünglich für entfernte Ahnen hielt, hatten enttäuscht. Man beschuldigte sie, den eigentlichen Ahnen die Güter entwendet zu haben. Deshalb war man überzeugt, daß die wahren Ahnen kommen würden, um die Weißen zu bestrafen, ihnen die Schätze wegzunehmen und sie an ihre Nachkommen zu verteilen. Man legte die Arbeit nieder und wartete; die Christen flohen von den Missionen, die Schulen waren leer; man verweigerte der Kolonialmacht die Steuern. Als eine Hungersnot drohte und die Kolonialmacht hart durchgriff, brach die Revolte 1944 zusammen. Die Führer wurden deportiert, aber die Ideen lebten untergründig weiter.

Als das Land gegen 1960 zur Unabhängigkeit drängte, griff der Kimbangismus diese Idee auf und propagierte sie. Noch einmal erhoffte man einen wunderbaren Eingriff der Ahnen. Man versprach den Adepten, sie würden Weiße, wenn sie im Friedhof nachts beteten, und natürlich würden sie auch so reich wie die Kolonialherren. Bei den Yansi gab es Ortschaften, die ganze Nächte im Gebet auf den Friedhöfen verbrachten, aber die Ahnen blieben auch diesmal mit ihren Schätzen aus. – Seitdem verläuft der Ahnenkult in ruhigen Bahnen: Je mehr traditionelles Wirtschafts- und Sozialsystem zerschlagen wird, desto mehr verliert auch der Kult der Altvorderen seine geistige Basis und nimmt an Intensität ab (siehe auch Thiel 1972: 36–40).

8. Kapitel
Die Höchsten Wesen

Wir haben bereits mehrere Arten übermenschlicher Wesen kennengelernt, so die Fetische, Naturgeister, Ahnen. In diesem Kapitel wollen wir uns mit der obersten übermenschlichen Macht, die wir in unserer Kultur ‚Gott' nennen, befassen. Wir werden aber den Terminus ‚Gott' nicht ohne weiteres auf die schriftlosen Religionen übertragen. Es müßte denn vorher feststehen, daß unserem Begriff ‚Gott' in der anderen Religion ein adäquates Wesen entspricht. Wie wir sehen werden, ist dies aber nur äußerst selten der Fall. Wir bezeichnen deshalb die obersten Wesen als ‚Höchste Wesen'.

Bevor wir aber an die Untersuchung des ethnologischen Materials herangehen, wird es von Nutzen sein, das Gottesbild unseres eigenen Kulturkreises zu beleuchten, damit wir den Inhalt unserer Gottesidee ein wenig begreifen. Hierauf werden wir versuchen, verschiedene Arten Höchster Wesen vorzustellen. Zunächst seien hier einige Begriffe erklärt, deren Kenntnis für die weitere Lektüre von Nutzen sein wird.

Monotheismus: Wir verstehen darunter den Glauben an einen einzigen Gott, welcher gleichzeitig die Existenz anderer Götter ausschließt. – Diese theoretische Form des Monotheismus scheint eine relativ späte Entwicklung in der Menschheitsgeschichte zu sein. Voll entwickelt wurde der Monotheismus nach Norbert Lohfink (1977: 134) im Alten Testament erst zur Zeit des Babylonischen Exils (597–538 v. Chr.), beim Propheten Deuterojesaja.

Henotheismus: Max Müller (1823–1900) führte diesen Begriff in die Religionswissenschaft ein, und zwar als ‚Monotheismus des Affekts und der Stimmung'. Der Begriff besagt, daß der Gläubige im Augenblick nur einen Gott, und zwar als Hauptgott, verehrt. Er schließt aber weder die Existenz noch die Verehrung anderer Götter aus. Hierher dürfte der Monotheismus von Paul Radin gehören, wenn er schreibt: „... from my own experience I am inclined to assume that a limited number of explicit montheists are to be found in every primitive tribe that has at all developed the concept of a Supreme Creator. And if this is true we can safely assume that they existed in Israel even at a time when the mass of the people were monolatrists" (1954: 29).

Monolatrie: Sie besagt die Verehrung eines Gottes, ohne daß damit Existenz und Verehrungswürdigkeit anderer Götter negiert würden (häufige Situation im Hinduismus).

Theismus: Nach G. van der Leeuw, einem Vertreter der Religionsphänomenologie, behauptet der Theismus dem Atheismus gegenüber die Existenz eines Gottes, welcher – entgegen dem Polytheismus und Dualismus – *einer* ist, sich aber von der Welt unterscheidet und auf sie einwirkt, sie auch geschaffen hat (gegen den Pantheismus) und schließlich eine mit Willen begabte, lebendige Person ist (gegen den Deismus gerichtet).

Deismus: Er ist der Gottglaube an einen ‚Gott im Hintergrund'. Man leugnet zwar nicht die Existenz Gottes, aber sein Wirken auf die Schöpfung und die Vorsehung. Er ist wie ein Uhrmacher, der die Uhr aufzieht und von alleine gehen läßt. Der Deismus ist die religionsphilosophische Lehre der Aufklärungszeit.

Monismus: Er behauptet die Erklärung der gesamten Wirklichkeit aus einem Prinzip heraus. So sind der Pantheismus, in gewisser Weise auch der primitive Dynamismus und ebenso der Materialismus monistisch.

Dualismus: Es handelt sich um die Wirklichkeitserklärung aus zwei Prinzipien heraus, einem guten und einem bösen, welche beide aus sich existieren. So wird oft das Übel, das Unvollkommene als Kreatur des bösen Prinzips angesehen.

Polytheismus: Er ist der Glaube an die Existenz mehrerer Gottheiten. Diese können, müssen aber nicht hierarchisiert sein. Sie können aus einer Aufgabenteilung erklärt werden, aber auch aus dem Zusammenschluß mehrerer Lokalnumina oder aus verschiedener ethnischer Herkunft.

I. Das christlich-europäische Gottesverständnis

1. Theologischer Ansatz

Für die Vertreter der jüdischen, christlichen und islamischen Religion ist der *„deus unus"*, der Eingott, vielfach identisch mit der Religion selbst. Ein Blick in die Abhandlungen über Religion belegt dieses Faktum: Gott gilt als der Anfang, Mittelpunkt und das Endziel allen religiösen Tuns und noch mehr jeder theologischen Spekulation. Religion ohne diesen Gott scheint für diese monotheistischen Religionen unvorstellbar zu sein.

Sehr im Gegensatz hierzu stehen die Religionen schriftloser Völker. Wer je eine solche aus der Nähe erlebt hat, wird sich fragen, ob Gott, wir sagen besser Höchstes Wesen, für den religiösen Alltag überhaupt nötig ist. Häufig gilt diesen Ethnien das oberste Wesen als eine Art *„causa prima"*, die alles erschaffen oder doch umgewandelt hat. Auf den religiösen Alltag übt es aber keinen nennenswerten Einfluß aus. – Die Australier z. B., obgleich durch und durch religiös, kennen keine Gottheit in unserem Sinne. Wir haben bereits im 2. Kapitel Ernst Worms zitiert, wo dieser es ablehnt, die australischen ‚Geisteswesen' als ‚Gott' zu bezeichnen (1968: 232).

Was will die Gottesidee bei uns aussagen? Vielleicht könnte man sagen: Gott ist ein den Menschen übersteigendes, ihn zugleich begründendes und zutiefst verpflichtendes Gegenüber. Deshalb kommen diesem Wesen auch die Bestimmungen der Macht, der Wirklichkeit, der Heiligkeit und des Geheimnisses zu. Die Beziehung des Menschen zu seinem übermenschlichen Gegenüber drückt sich vornehmlich in Gebet, Kult, Ethos und Recht aus. Man kann auch sagen: In unserem Kulturkreis ist Gott der ganz andere als wir Menschen. Gott ist die Sublimierung aller positiven Eigenschaften des Menschen ins Unendliche. Hierzu bedienen wir uns gerne der Vorsilbe ‚all-'. Gott ist nicht nur wissend, sondern allwissend, nicht nur mächtig, sondern allmächtig usw. „Dieses in aller religiösen Aktualität intendierte transzendente Gegenüber wird Gott oder Gottheit genannt. Eine der möglichen Ableitungen und Deutungen des Namens und Wortes Gottes besagt, daß Gott der ‚Ansprechbare' ist: Gott ist das angerufene Wesen" (H. Fries 1962: 579).

Fassen wir kurz die wesentlichen Punkte unseres christlich-europäischen Gottesbildes zusammen:
– Gott ist der ganz andere als wir sind. Er ist also welttranszendent.
– Gott ist Schöpfer und Verursacher, ohne selbst verursacht zu sein.
– Gott ist der unnahbar Heilige, der von den Menschen Heiligkeit fordert.
– Gott ist der einzig Wirkliche.
– Gott ist allmächtig.
– Gott ist der Unbegreifliche, der Geheimnisvolle.

Diesem absolut übermenschlichen Wesen kann der Mensch nur mit totaler Unterordnung antworten. Der Mensch ist in seiner Existenz in jedem Augenblick von diesem Schöpfer und Erhalter abhängig. Und gerade dadurch wird dieses welttranszendente Wesen weltimmanent: Es muß ja die menschliche Existenz in der Welt verursachen und erhalten. – Wir werden sehen, daß praktisch keine einzige einfache Religion ein Wesen konzipiert hat, das gleichzeitig die Welt unendlich übersteigt und doch in ihr ist, da es in ihr wirkt.

2. Philosophischer Ansatz

In Europa haben sich seit der Frühzeit der griechischen Kultur Dichter und Philosophen um das Gottesproblem bemüht. Man versuchte, es auf rationalem Weg zu verstehen oder doch zu zeigen, daß es mit unserer Ratio nicht im Widerspruch steht. Andere freilich fanden auch, daß Gott keine Realität entspricht. Das Gottesproblem ist für uns nicht nur ein religiös-theologisches, sondern man könnte sagen auch ein rational-profanes Problem. Für die Philosophen ist Gott nicht zunächst eine Person, die denkt und handelt, wie für den Gläubigen, sondern es geht um ein Seinsprinzip. Seit Aritoteles und dann erst recht in unserer mittelalterlichen Scholastik wird die Gottesfrage in der Philosophie zur Seinsfrage. Es geht um das abstrakte Sein Gottes, das der Philosoph loslöst von seiner realen Existenz. Martin Heidegger bezeichnet deshalb auch die Metaphysik als die „Onto-Theo-Logik" – die Lehre vom Sein Gottes.

Hier zeigt sich wiederum eine große Differenz zu den schriftlosen Ethnien: Auch in diesen Kulturen spekuliert man über Gott – ich erinnere nur an den alten Dogon Ogotemmeli (siehe Griaule 1970) oder an die These von Paul Radin (1954) –, aber in diesen Kulturen ist Gott derart Teil des menschlichen Systems, daß man seine Existenz niemals ernsthaft in Frage stellen kann. – Die Naturreligionen haben einen ähnlichen Ausgangspunkt wie unsere Scholastik des Mittelalters, die ebenfalls von Gott als dem Urgrund allen Seins ausging. Der damalige Philosoph/Theologe wußte sich in einem theozentrischen Denksystem, deshalb konnte auch der Scholastiker an der Existenz Gottes niemals ernsthaft zweifeln.

René Descartes (1596–1650) beginnt als erster am theozentrischen System zu rütteln. Er will wissen, zu welcher Wahrheit der Mensch, auf sich allein gestellt, überhaupt fähig ist. Descartes streift also die von außen verordneten Denknormen ab und versucht aus seinem subjektiven Denken heraus eine Wahrheitsfindung: *cogito ergo sum!* Nicht die Tradition legitimiert, sondern das eigene Denken. Ein Vorgang, den es in den einfachen Kulturen und Religionen als Prinzip nicht gibt. – Man darf nicht vergessen, auch für Descartes war es theoretisches Prinzip. Als sein Gelübde in Erfüllung ging, machte er die gelobte Wallfahrt nach Loreto! Die Diskrepanz zwischen rationalem Erkennen und praktischem Tun ist ein häufig bemerktes Faktum. Es zeigt nur, daß auch der Wissenschaftler oder Philosoph in eine Gesellschaft mit Normen und Zwängen integriert ist, denen man sich oft nur schwer entziehen kann.

Für den Pantheisten Baruch Spinoza (1632–1677) ist Gott die Welt, und die Welt ist in Gott. Die Natur ist ein Teil Gottes. Ebenso ist der Mensch mit seinem Denken nur eine Modifikation dieser einen göttlichen Substanz. Spinozas Gott ist kein persönlicher Gott, sondern eine allem innewohnende Ursache, die sich selbst verursacht.

Spinozas Pantheismus hat auf zahlreiche Vertreter der Aufklärungszeit gewirkt, so auf Lessing, aber auch auf spätere Dichter und Philosophen bis Hegel.

Friedrich Hegel geht dann, wie schon Blaise Pascal (1623–1662) und Johann G. Fichte (1762–1814) vor ihm, vom Gegensatz, der zwischen dem unendlichen Gott und dem endlichen Menschen besteht, aus. Dieser Dualismus von Unendlichem und Endlichem ließe sich nach Hegel in einer pan-en-theistischen

Aufhebung des Gegensatzes erreichen, d.h., daß der endliche Mensch in den unendlichen Gott hineingenommen würde. – Die christliche Gotteslehre sieht es ja auch als ihr Ziel an, daß der Mensch in den Gottessohn Jesus Christus hineingenommen werde.

Ich möchte hier natürlich nicht die philosophische Gotteslehre darlegen – ich könnte dies auch gar nicht. Ich habe diese kurzen Hinweise deshalb aufgeführt, weil sie zeigen, daß wir Europäer, anders als die meisten Naturvölker, von einer rational durchdachten Gottesidee ausgehen und diese rational begründete Idee vom inneren Gefühl der inneren Überzeugung des Individuums, die nicht weiter begründbar ist, unterscheiden. Hier liegt, so glaube ich, ein Wesensunterschied zwischen unserer Gottesidee und der der sogenannten Naturreligionen.

Unser spekulativer und deren existentieller Zugang zu Gott sind aber nicht in Höher und Tiefer zu bewerten. Durch das existentielle Erleben des Wirkens Gottes können Probleme gelöst werden, die das rationale Denken nicht überwinden kann. Man denke an den Gegensatz der Unendlichkeit Gottes und der Endlichkeit des Menschen. Für Naturreligionen besteht dieser Dualismus gar nicht, denn zum einen ist ein Höchstes Wesen nicht auf diese Weise wie unser Gott unendlich, zum andern begreift sich der Vertreter einer Ethnie als Teil einer ,,unendlichen" Gruppe. Durch die absolute Solidarität mit seiner Verwandtschaftsgruppe hat er immer an einer igendwie gearteten Unendlichkeit und Ewigkeit teil.

Der existenzielle Zugang zu Gott ist aber nicht typisch für die Naturreligionen. Ich würde sagen, er ist für jeden Gläubigen typisch. Das philosophische Durchdringen des Erlebten ist ein späterer Vorgang. Gerade die Bibel bietet zahlreiche Beispiele dafür, wie Gott in existentieller Weise erfahren werden kann.

3. *Existentieller Ansatz*

Die meisten Europäer, gleichviel ob sie Christen sind oder nicht, beziehen ihr Gottesbild aus der Bibel oder vielleicht – genauer – aus biblischen Geschichten. Da diese oft recht anthropomorph sein können, werden sie später ob ihrer Unglaubwürdigkeit abgelehnt. Doch man sollte nicht die anthropomorphe Geschichte sehen, sondern die Idee, die diese Geschichten hervorbringt. Das gleiche gilt natürlich auch für die Mythen und religiösen Erzählungen der Naturreligionen. – Da die Bibel unser Gottesverständnis sowie unsere Begriffe weitgehend prägt, sei hier kurz auf das biblische Gottesverständnis aufmerksam gemacht. Ich habe nämlich die Erfahrung gemacht, daß die Mehrzahl der Studierenden die Grundlagen unserer eigenen Gottesidee nur ungenügend kennt.

Zunächst ist darauf hinzuweisen, daß die Bibel kein einheitliches Gottesbild liefert. Die Gottesidee ist auch für die Bibel ein langwieriger Prozeß. Man kann sich natürlich fragen: Offenbart sich Gott immer mehr oder macht der Mensch in seiner religiösen Entwicklung immer größere Fortschritte? Für den Gläubigen der Bibel ist es ein ganz festes Axiom, daß sich Gott in der Bibel selbst erschließt, und zwar nicht nur durch seine Werke, sondern durch positive Offenbarung.

Es wäre aber nicht korrekt, meinte man, die Bibel beinhalte das Gottesbild des Volkes. Auch hinter den scheinbar volkstümlichen Erzählungen – man denke etwa an den Propheten Jona und den Fisch (Buch Jona) – stecken religiöse Spezialisten, die eine Idee kundtun wollen.

Viele biblische Texte wurden durch Jahrhunderte mündlich tradiert und erst relativ spät aufgeschrieben. Große Teile des Alten Testaments wurden im 6./5. Jahrhundert vor Chr. kodifiziert, einige auch früher.

Gott sagt im Alten Testament nicht, wer er ist, sondern was er tun will und was er von den Menschen erwartet. Die Bibel will keine Theologie, sondern konkrete Ereignisse darstellen, die nicht unbedingt Verallgemeinerungen zulassen. Auch wenn Gott sich Mose gegenüber als Jahwe (= Ich bin der ich bin) ausgibt, will er auf seine unerschütterliche Existenz hinweisen und nicht sein Wesen beschreiben.

Die Einzigkeit Gottes ist für die Bibel wie für den Koran scheinbar das grundlegende Axiom überhaupt. Aber ein genauerer Blick ins Alte Testament zeigt, daß auch der Monotheismus der Bibel ein langwieriger Prozeß war. Der Exeget Norbert Lohfink sagt, daß der Monotheismus in Israel ,,erst spät nachgewiesen werden kann" (1977: 134). Für die Zeit der Patriarchen spricht Lohfink von ,,Clangöttern" und sagt: ,,das war normaler Nomadenpolytheismus."

Der jüdisch-hellenistische Philosoph Philon von Alexandrien (13–54 n. Chr.) umschrieb den Monotheismus als ,,göttliche Monarchie". Wie in einem Reich *ein* König herrscht, so nur *ein* Gott in der Welt. – Nach Lohfink ist der volle theoretische Monotheismus in Israel unter Deuterojesaja, zur Zeit des babylonischen Exils (597–538), erstmals voll ausgebildet. Zahlreiche ältere Zitate belegen nur eine Monolatrie. Deuterojesaja ist in etwa Zeitgenosse von Zarathustra und den Vorsokratikern, die ja in ihren Überlegungen ebenfalls zum Monotheismus vordrangen. Man könnte von der damaligen Zeit geradezu als von einer ,,monotheistischen Bewegung" sprechen.

Im Buche der Richter (11,24; es ist die Zeit der Landnahme durch die Israeliten) schickt Jefta eine Gesandtschaft zum Ammoniterkönig wegen der Gebiete östlich des Jordans. Die Gesandtschaft argumentiert: ,,Nicht wahr, wenn dein Gott Kamosch [der Gott der Ammoniter] für dich vertreibt, dessen

Land nimmst du doch in Besitz? So nehmen auch wir das Land von jedem in Besitz, den unser Gott Jahwe vor unserem Ansturm vertreibt." – Ähnlich sagt die Israelitin Noomi zu ihrer moabitischen Schwiegertochter Ruth (Rut 1,15): „Siehe, deine Schwägerin ist schon heimgekehrt zu ihrem Volk und ihrem Gott. So kehre auch du um und folge deiner Schwägerin."

Es ließen sich noch mehrere Zitate anführen, die alle von einer Monolatrie und nicht von einem Monotheismus ausgehen. Lohfink sagt, im polytheistischen Denken sei es möglich, „im jeweils verehrten Gott den einen, universalen Herrn des Universums zu erkennen. Er ist dann auch Herr jeglicher Geschichte. Das schließt aber nicht aus, daß man zugleich mit der Existenz der anderen Götter rechnet" (1977: 136).

II. Die Höchsten Wesen

Ich habe in kurzen Zügen einige Probleme der Gottesidee in unserer eigenen Kultur und Religion beschrieben, damit man einmal sieht, wie schwierig es ist, Ideen und Begriffe von uns auf die sogenannten Naturreligionen zu übertragen. Wer kann schon guten Gewissens das Höchste Wesen eines Altvolkes als monotheistische Gottheit ausgeben, wenn er weiß, daß selbst in unseren Hochreligionen der Monotheismus eine recht späte Entwicklung war? Auch der Inhalt unseres Begriffes ‚Gott' ist praktisch niemals deckungsgleich mit den Höchsten Wesen der Naturvölker.

1. Zur Natur der Höchsten Wesen

Ich möchte deshalb den Ausdruck ‚Gott' in den einfachen Religionen möglichst vermeiden. Ihre obersten Wesen sind in wichtigen Merkmalen zu verschieden vom bisher geschilderten Gottesbild. Es hat sich für diese obersten Mächte der Name „Höchste Wesen" eingebürgert. Wir wollen damit in keiner Weise sagen, diese Wesen stünden in einem Pantheon prinzipiell gleichgearteter Mächte, die sich nur graduell voneinander unterschieden und von denen das eine schließlich die höchste Stellung einnähme. Der Begriff ‚Höchstes Wesen' meint vielmehr, daß es in einer Religion verschiedene Kategorien übermenschlicher Wesen gibt und die oberste Kategorie von den Höchsten Wesen eingenommen wird. Prinzipiell gibt es in einer Religion nur *ein* Höchstes Wesen, aber durch Wandel und Überlagerung kann es mehrere Wesen geben. Es kommt auch vor, daß ein Höchstes Wesen mehrere Aspekte oder Manifestationen besitzt: männlich – weiblich, oben – unten, gut – böse usw. Es gibt auch Gottheiten mit zahlreichen Manifestationen; bei indischen Gottheiten ist dies eine geläufige Erscheinung. Es handelt sich aber doch immer um die gleiche Gottheit in verschiedenen Erscheinungsbildern.

Der Religionswissenschaftler und Afrikanist Ernst Dammann sagt (1969: 81), er ziehe die Bezeichnung ‚Hochgott' (‚High God') der Bezeichnung ‚Höchstes Wesen' (‚Supreme Being') vor, da der Ausdruck ‚Höchstes Wesen' mißverstanden werden könne. – Mir scheint der Ausdruck ‚Hochgott', auf die obersten Wesen der Naturreligionen übertragen, das Untersuchungsergebnis vorauszunehmen. Ich habe bereits oben angedeutet, daß ich den Ausdruck ‚Gott' von unserer christlich-europäischen Religion her als zu belastet ansehe, als daß er ohne weiteres verwendet werden könnte. Bei den Bantu freilich, die Dammann hier im Auge hat, sind sehr viele Namen Höchster Wesen von der christlichen Mission übernommen worden, um den christlichen Gott zu bezeichnen. Die nicht übernommenen Namen geraten mehr und mehr in Vergessenheit, werden zu subalternen Geistern degradiert oder gelten, besonders für die Jüngeren, als die Schöpferwesen der Alten, der nicht-christlichen Vergangenheit.

Im vergangenen Jahrhundert und zu Beginn unseres Jahrhunderts gab es in der Religionsethnologie eine ganze Liste von religionslosen Völkern. Je mehr man sich aber mit diesen Völkern befaßte, desto klarer wurde es, daß es nach unserer heutigen Kenntnis keine religionslosen Völker gibt. Einige Vertreter der Wiener Schule, allen voran Wilhelm Schmidt, ließen aber nur solche Wesen als Höchste Wesen gelten, die nicht zu sehr mit der Erde, mit Fruchtbarkeit und Blut oder dergleichen in Beziehung standen. So beschreibt selbst Josef Haekel – er war ein kritischer Vertreter der Wiener Schule – das Höchste Wesen folgendermaßen: „Im allgemeinen handelt es sich um ein im Himmel wohnhaft gedachtes persönliches, geistiges und gutes Wesen von großer Macht, als Schöpfer der Welt und der Menschen, ohne Anfang und ohne Ende, als Wohltäter der Menschen, Spender der Nahrungsmittel, Urheber der Sittlichkeit, der demnach auch das Jenseitslos der Menschen bestimmt, absoluter Herr über Leben und Tod ist..." (1956b: 363). – Wir werden ein etwas anderes Bild vom Höchsten Wesen zu zeigen haben. – Adolf Jensen hat bereits der Wiener Schule vorgeworfen, sie unterdrücke bestimmte Kategorien von Höchsten Wesen oder doch bestimmte Eigenschaften. Indem er auf die Wiener Schule, aber besonders auf Martin Gusinde anspielt, sagt er: „Man bemüht sich also gar nicht um all jene Phänomene, die den Gegenstand dieser Erörterung bilden [d. h. die Demagottheiten]. Man betrachtet sie als Degenerationsformen, und im wesentlichen ist P. W. Schmidt der Meinung, daß die animistische und die Zaubertheorie diese jüngeren Entwicklungsformen auf dem Gebiet der Religion hinreichend geklärt haben" (1960: 98).

Soll man nun sagen, was die Natur der Höchsten Wesen ausmacht – außer daß sie die oberste Kategorie aller Wesen darstellen –, so kann man keine allgemeingültige Aussage treffen. Jede Ethnie hat eigene Wesen entwickelt. Jensen sagt zu Recht: „Nicht anders als in den Hochkulturen hat auch bei den Naturvölkern im Grunde jedes Volk seine eigenen Gottesideen, wenn nicht hervorgebracht, so doch in spezifischer Weise ausgestaltet. Typisierungen sind also Vergewaltigungen dieser Ideen; dennoch können wir nicht auf sie verzichten..."

2. Die Vielfalt der Höchsten Wesen

Um die komplexe Frage der Höchsten Wesen etwas übersichtlicher zu machen, ist es vielleicht von Vorteil, folgende Gruppierungen zu unterscheiden:

- der Herr der Tiere der Jäger,
- die Dema-Wesen der einfachen Pflanzer,
- die Schöpferwesen der Feldbauer und
- die Himmelswesen der Hirten.

Wie Jensen sagt, sind diese Typisierungen Vergewaltigungen, aber anders läßt sich über ein so komplexes Thema gar nicht reden. Ich werde deshalb den theoretischen Teil möglichst kurz halten und anhand von ausgewählten Beispielen Religionen mit den entsprechenden Höchsten Wesen vorführen. Auf diese Weise wird man vielleicht noch am ehesten etwas von ihrer Mannigfaltigkeit mitbekommen. Folgende Ethnien und ihre Höchsten Wesen sollen im einzelnen zur Sprache kommen:

1. Australier
2. Eskimo
3. Bambuti-Pygmäen
4. Wemale auf Ceram
5. Yansi (Zaire)
6. Munda (NO Indien)
7. Jurak-Samojeden (NW Sibirien).

Australier, Eskimo und Bambuti sind als mehr oder weniger reine Jäger und Sammler anzusehen; Wemale und zum Teil auch die Yansi als einfache Pflanzer; die Munda (und zum Teil die Yansi) als Ackerbauer und die Jurak-Samojeden als Hirten. Wir werden in den Einzeluntersuchungen nicht so sehr die Gesamtreligion als vielmehr das Höchste Wesen im Auge haben. Da aber das Höchste Wesen in vielfältiger Weise von Wirtschaft, Sozialstruktur und vielen anderen Faktoren abhängig ist, sei hier noch auf dieses Problem eingegangen.

3. *Höchstes Wesen und Gesamtreligion*

Es gibt Kulturen und Religionen, die sind sozusagen rund um den Gottesglauben organisiert. Hierher würde ich Judentum, Christentum und Islam zählen. Wilhelm Schmidt und seine Schule haben versucht, in ähnlicher Weise die Naturreligionen darzustellen. Man definierte Religion auch so, daß ein persönlicher Gott conditio sine qua non war. Schmidt z. B. definiert „einfach die Religion als die Anerkennung eines oder mehrerer persönlicher über die irdischen und zeitlichen Verhältnisse hinausgehender Wesen und das Sichabhängigfühlen von denselben" (1926: 5).

In einer Fußnote zu dieser Definition meint dann Schmidt, man brauche „die abstrakte moralische Weltordnung" der Buddhisten nicht in der Religionsdefinition zu berücksichtigen, denn viele Buddhisten verehrten „zahllose Götter und Heilige" und die „noch verbleibenden strengeren Buddhisten" könnten „kaum mehr Bedeutung und Berücksichtigung bei der Aufstellung einer Definition der Religion beanspruchen... als die Atheisten Europas." – Eine sonderbare Religionsdefinition, die strenggläubige Buddhisten mit Atheisten auf eine Stufe stellt!

Eine theozentrische Religion mit einem persönlichen göttlichen Wesen ist nur *eine* Form der Religion und nicht *die* Religion. Es gibt auch Religionen, die ein persönliches göttliches Wesen zwar nicht leugnen, es aber dennoch nicht in den Mittelpunkt ihrer religiösen Ideen stellen. Die Urheber, wie sie Söderblom beschreibt, haben oft eine mehr rationale als emotionale Bedeutung. Söderblom spricht vom auffallend „theoretischen Charakter des Glaubens an solche Wesen. Es liegt in ihrer Annahme mehr eine Antwort auf die Frage, woher kommt dies oder jenes? wer hat es gemacht? als auf die Frage, wer kann uns helfen?..." (1926: 123).

In naturvolklichen Gesellschaften steht aber oft weder der Schöpfergott noch das Individuum im Zentrum des Interesses, sondern die solidarische Gruppe. Bei Völkern, bei denen die verwandtschaftliche Gruppe und Kultgemeinde derart im Zentrum des religiösen Handelns steht, sollten wir am besten von einem soziozentrischen System sprechen.

Nach unseren heutigen Kenntnissen benötigen scheinbar alle Völker irgendein Absolutes, um ihrer Existenz einen Sinn zu geben. Das Absolute kann im einzelnen sehr verschieden aussehen, es kann von der Partei bis zum Himmelsgott viele Facetten haben. Man kann sich natürlich die Frage stellen – ohne eine befriedigende Antwort geben zu können –, wie es kommt, daß der Mensch ein Absolutes benötigt. Als Ludwig Feuerbach im vergangenen Jahrhundert seine atheistischen Thesen lancierte – ein bekanntes Diktum von ihm lautet: „*Gott* war mein erster Gedanke, die *Vernunft* mein zweiter, der *Mensch* mein dritter und letzter Gedanke" –, da gab es verständlicherweise viel

Aufregung unter den Christen. Wenn der Mensch nun wirklich seine Gottheiten und Höchsten Wesen macht, sie erfindet nach seinem Bedürfnis, so muß man doch fragen, warum sich alle Völker ein Absolutes zurechtmachen und warum sie ohne das Absolute nicht auskommen. Ist der Mensch auf ein Absolutes hingeordnet, wie er auf die Gemeinschaft mit anderen Menschen hingeordnet ist? Aristoteles sprach von der *Entelechie* – vom Gerichtetsein auf etwas hin, hier also auf ein Absolutes hin. Wie der Mensch niemals nur als Individuum erfaßt werden kann, sondern von Natur aus zu andern Menschen in Beziehung steht, so ähnlich kann man sich den Menschen in seiner Beziehung zu etwas Übermenschlichem, Absolutem, vorstellen. Dies würde immerhin erklären, weshalb es kein religionsloses Volk gibt.

So sehr das Absolute für die Sinngebung der menschlichen Existenz nötig erscheint, so darf man doch nicht so tun, als wäre es nicht nur das Zentrum, sondern die Religion schlechthin. Ein krasses Beispiel europäisch-christlicher Voreingenommenheit den Naturreligionen gegenüber bietet W. Schmidt in seinem ,,Handbuch der Religionsgeschichte" von 1930. Von den 17 Kapiteln des Werkes handeln die ersten zehn von den diversen Theorien und Hypothesen der Religionsethnologie, wie Naturmythologie, Fetischismus, Manismus, Animismus etc. und die nächsten sieben Kapitel vom Hochgott. Eine positive Darlegung wichtiger religiöser Institutionen der Naturreligionen fehlt. Evans-Pritchard schreibt einmal: ,,Manchmal möchte man seufzen: wenn doch nur Tylor, Marett, Durkheim und all die übrigen wenigstens ein paar Wochen bei den Völkern verbracht hätten, über die sie so ungehemmt schrieben! (1968: 108). Das gleiche möchte man auch Schmidt zurufen: wenn er nur *eine* Religion in vivo erlebt hätte! Er hätte vielleicht Monate warten müssen, bis er auf den Namen des Höchsten Wesens gestoßen wäre.

9. Kapitel
Die Höchsten Wesen – Fallbeispiele

In den vorausgehenden Kapiteln habe ich versucht, mir wichtig erscheinende Themen zu systematisieren und zu typisieren. Beim Herausstellen von Typen werden notgedrungen viele individuelle Merkmale unterdrückt, und je weiter die Übersicht gespannt wird, desto blutleerer werden die Gestalten, so daß sie am Schluß kaum noch hilfreich sind für irgendeine tiefere Einsicht.

Da es schlechterdings unmöglich ist, über die Höchsten Wesen weltweit Allgemeingültiges auszusagen, möchte ich den systematischen Teil verlassen und anhand von Fallbeispielen verschiedene Typen von Höchsten Wesen vorstellen. Man wird vielleicht am Ende den Eindruck haben, daß zwischen den Urhebern der Australier und dem Himmelsgott der Samojeden nur mehr wenig Gemeinsames besteht. Dennoch handelt es sich, typologisch gesehen, um die gleiche Kategorie übermenschlicher Wesen, nämlich um die höchsten.

Hier stoßen wir auf ein Problem, dessen sich die Religionsethnologen erst seit einigen Jahrzehnten bewußt sind, nämlich, daß jede noch so einfache Religion ethniebezogen ist, d. h. mit der jeweiligen Ethnie vielfältig verknüpft ist und nur von dieser Gesamtkultur her verstanden werden kann. Die Individualität der Religionen kommt in älteren Arbeiten, besonders bei Evolutionisten und ihren schärfsten Gegnern, viel zu kurz. Man sah nicht den individuellen Eigenwert einer Religion, sondern man bezog sie auf ein Entwicklungsschema oder man verglich sie mit unseren Hochreligionen. Man gestattete den einfachen Religionen sozusagen nur ein Dasein in bezug auf etwas anderes hin, ihr Eigenwert zählte nicht.

In unserer Beschreibung von Fallbeispielen wäre es zum besseren Verständnis nötig, die Gesamtkultur der jeweiligen Ethnie möglichst ausführlich darzustellen; doch dies geht begreiflicherweise nicht. Ich werde mich aber bemühen, einige wichtige Angaben zur Wirtschafts- und Sozialstruktur sowie zu kulturellen Besonderheiten zu machen. Meine Ausführungen sind jedoch als Minimalinformation zu verstehen. Sie sollen mehr ein Anreiz zum selbständigen Weiterarbeiten als eine erschöpfende Information sein. Da die Höchsten Wesen von vielen Elementen der Kultur konditioniert werden, ist es wichtig, ihren geistigen Hintergrund zu kennen, um die Wesen selbst besser zu verstehen. Ihre Interpretation muß aus diesem geistigen Milieu heraus erfolgen und nicht von unserer Warte aus eine vorgefaßte Meinung in sie hineingetragen werden. Dies soll bei den nun folgenden Beispielen unser bemühen sein.

I. Die Höchsten Wesen der Australier

1. Das Land und seine Bewohner

Die terra australis, der kleinste Kontinent, soll sich im Tertiär vom Festland getrennt haben und dadurch zahlreiche Sonderformen in der Tier- und Pflanzenwelt erhalten haben, die anderswo zugrunde gingen.

Mit den Menschen passierte etwas Ähnliches: In der letzten Eiszeit lag der Meeresspiegel gut hundert Meter tiefer als heute; dadurch bildete Australien mit Tasmanien und Neuguinea eine große Festlandmasse. Der Weg von Südostasien, das mit Borneo (Kalimantan), Java und Sumatra verbunden war, über die Kleinen Sundainseln, zwischen denen die Wasserstraßen schmal waren, war für die Einwanderer bis Australien nicht allzu schwierig. Ein zweiter Weg führte über Neuguinea und ein dritter zwischen den beiden über die Molukken.

Die Daten über die ältesten Besiedlungsspuren sind nicht einheitlich. Im südlichen Queensland konnte mit der C-14-Methode menschliche Anwesenheit sicher auf 14.000 v. Chr. datiert werden. Worms-Petri (1968: 312) geben als frühestes von einer C-14-Untersuchung ermitteltes Datum aus Neusüdwales 26.300 ± 1500 an. Sie schreiben: „Sollte dieses Datum stimmen, dann wissen wir zumindest, daß eine Einwanderung der Uraustralier aus dem Norden beträchtlich früher stattgefunden haben muß." Christian Kaufmann schreibt in seinem Büchlein „Papua Niugini" (1975: 9): „Da die Ureinwohner Australiens diesen Kontinent auf dem Weg über den Nordrand der kontinentalen Platte Australiens das heißt über Neuguinea, erreicht haben müssen, kann die früheste gesicherte Besiedlung Neuguineas nur vor der frühesten nachgewiesenen Besiedlung Australiens, daß heißt vor mehr als 30 000 Jahren stattgefunden haben." In einem Artikel von 1984 von Glover und Lee heißt es, daß SW Australien wenigstens seit 40 000 Jahren besiedelt ist (16). – Von späteren Bevölkerungsbewegungen wurde Australien zwar noch berührt, aber nicht mehr entscheidend beeinflußt.

Spanische und holländische Seefahrer hatten die terra australis schon früh im 16. Jahrhundert gesichtet. 1606 durchfuhr der spanische Kapitän Luis Vaez de Torres, vom Stillen Ozean kommend, die gefährliche Wasserstraße zwischen Neuguinea und Australien, die heute seinen Namen trägt. Doch Spanier und Portugiesen hielten ihre Entdeckungen geheim. Die eigentliche Entdeckung Australiens erfolgte erst mit James Cook, als er 1770 die Ostküste Australiens erforschte.

Damals lebten etwa 300 000 „Aboriginals" (Urbewohner Australiens, „Natives" heißen die im Land geborenen Weißen) in ca. 500 Stämmen. Heute leben weniger als 50 000 Aboriginals, nach anderen nur mehr 20 000 reinrassige Aboriginals in Australien.

Die Australier stellen eine urtümliche Rasse dar. Sie sind weder Negride noch Mongolide. Die ältesten Formen sollen mit Funden aus Java und wahrscheinlich auch vom Festland (Sinanthropus) in Verbindung gebracht werden können.

Größere sozio-politische Einheiten haben die Australier niemals gebildet. Sie lebten während Jahrtausenden bis in die Jetztzeit als Jäger und Sammler in Horden in einem begrenzten Schweifgebiet. Sie bilden territorial gebundene Lokalklane und territorial unbegrenzte totemistische Klane. Strikte wird die Klanexogamie gehandhabt. Das eigentliche Sagen haben in der Gruppe die Ältesten. Ihre Autorität beziehen sie aus dem Wissen um die Geheimnisse des Stammes und aus der engen Verbindung zu den Urahnen. Am Beginn der australischen ,,Geschichte" stehen Urzeitwesen, die A.W. Howitt, einer der frühen Erforscher der Australier, ,,All-Fathers", 1904: 488: ,,Tribal All-Fathers", nennt. Es sind dies Kulturheroen oder, wenn man mit Söderblom spricht, ,,Urheberwesen", Urzeitwesen, von denen Kulturelemente, Institutionen und die Menschen selbst abstammen.

2. *Die Begriffe* bugari *und* djalu

Zum Verständnis des religiösen Denkens der Australier sind die Begriffe *bugari* und *djalu* von grundlegender Bedeutung. ,,Unter *bugari* wird jene mythologische Urzeit verstanden, in der die Geister unter idealen äußeren Bedingungen lebten..." (Worms-Petri 1968: 137). Die Grundbedeutung von *buga* ist ,,Person", ,,persönliches Wesen". ,,Nach allgemeinem australischen Gebrauch umfaßt der Begriff *buga* auch die mythologische Urzeit und das Ergebnis der Schöpfertätigkeit der Geister, die *tjurunga* oder das Schwirrholz, und die von diesen verordneten Gesetze, Gebräuche usw." (ibid. 138).

Die mit *buga* gebildeten Verben drücken ein ,,visionäres Sehen" aus, d. h. die Verbindung mit den Urzeitwesen. Nachts im Traum oder bei einer Zeremonie wird der Kontakt hergestellt. Ein Australier drückte Worms sein Erlebnis folgendermaßen aus: ,,Den Geist habe ich gesehen nachts, visionär berührt bin ich aufgestanden." Im Englischen wird für *bugari* ,,dream-time" gesagt. Dieser Ausdruck hat sich so eingebürgert, daß ihn die Australier selbst verwenden.

Die Grundbedeutung von *djalu* ist ebenfalls Person. *Djalu* bezeichnet aber nicht nur den Geist selbst, sondern alle seine Kraftäußerungen: also die Liturgie mit ihren Riten, die Geräte, die Männerplätze und die Initiationszeremonien, kurz alles, was von den Urwesen kommt und deren Kraft in sich hat. Worms sagt: ,,Unter *djalu* ist also immer ein persönliches Wesen oder dessen Kraft zu verstehen, so daß für eine magische Erklärung wenig Platz bleibt" (1968: 140).

3. Sakrale Objekte

Das wichtige Anliegen der australischen Kultgeräte wie Fadenkreuz und Fadenrad, der verschiedenen *tjurunga* und *ranga* ist immer, den Geist der Urzeit und seine Schöpferkraft präsent zu machen. Die Fadenkreuze trägt man beim Tanz in der Hand oder im Mund oder bindet sie auf Stangen. In Südaustralien werden sie vom Haar eines Verstorbenen geflochten und dann als „Todesanzeige" herumgeschickt. Später flicht man aus dem Haar des Verstorbenen Armbänder, die man der bunten Riesenschlange im Wasserloch vorwirft, damit sie den Toten verschlinge. Das Fadenkreuz hat offensichtlich mehr mit den Verstorbenen, die *tjurunga* mehr mit den Urzeitwesen zu tun.

Die *ranga* sind in Arnhem-Land, was die *tjurunga* im übrigen Australien sind: In ihnen wohnen die Geist- und Schöpferwesen der Urzeit. Man benennt und behandelt sie, als ob sie lebende Personen wären.

Die Form der *ranga* kann außerordentlich vielgestaltig sein; auch das Material ist sehr vielfältig: Stein, Holz, Gras, Ton und anderes. – Ihre Hauptrolle spielen die *ranga* in den religiösen Kulten, die im Norden viel lebhafter und aufwendiger sein sollen als im westlichen und zentralen Australien. „Nicht selten enden sie mit Austausch und geschlechtlicher Hingabe der Frauen. Dahinter steht weniger eine egoistische Sensation als ein auf das Gesamtwohl gerichteter Wille; bezweckt man doch, alle zur Stammeserhaltung notwendigen Faktoren mit Hilfe der bei diesen Feiern freiwerdenden übersinnlichen Schöpfungskräfte dauernd in Tätigkeit zu erhalten..." (Worms-Petri 1968: 169).

Es gibt noch zahlreiche andere religiöse Objekte wie Steine, Bretter, Bäume, Skulpturen, Musikinstrumente, Rindenmalereien usw. Nicht zu vergessen sind natürlich die zahlreichen religiösen Feiern mit ihren Tänzen, die sakralen Plätze mit ihren Initiationsfeiern usw. In diesem Zusammenhang hier interessieren uns aber vor allem die Geistwesen und ihre Taten der Urzeit. Ihre vornehmste Repräsentation in der *tjurunga* haben wir ja bereits ausführlich an anderer Stelle (Kap. 4, IV) besprochen.

4. Die Urzeitwesen

Wie schon an anderer Stelle erwähnt wurde, lehnen Worms und Petri es ab, von den australischen Urzeitwesen als von „Gott" oder „Göttern" zu reden, da sie diesen Begriffen nicht entsprechen. Sie sagen: „Die Australier kennen wohl unerschaffene und unabhängige höhere Wesen, denen sie eine rituelle Achtung, aber keine latreutische Verehrung zollen. Der Titel „Schöpferwesen" kommt ihnen nur mit wesentlicher Einschränkung zu, da sie nicht im eigentlichen Sinne neuschaffen, sondern eine schon bestehende Welt weitergestalten und diese Tätigkeit mit anderen Geistwesen teilen. Es sind plötzlich auftretende, oft von Weibern und Kindern begleitete Geister in Tier- und Menschengestalt. Sie können ebenso unvermittelt in das Erdinnere oder in Quellen hinab- wie als angesehene Urväter selbst nach einem gewaltsamen, unwirklichen Tode zum Himmelsgewölbe aufsteigen, um als vergeistigte anthropomorphe Tier- und Astralwesen und Herren des Totenreiches endlos weiterzuleben. Mit diesen nicht weltentfernten Geistern fühlen sich die eingeborenen Männer mythisch verbunden. Durch Verlebendigung der von diesen Geistwesen eingesetzten Riten vermögen sie deren Urtaten zu reaktivieren. Nur hier und dort nähern sie sich ihnen durch gebetsähnliche Formen. Der Opfergedanke leuchtet noch in der Hingabe des eigenen Ich in den Initiationsfeiern einiger Stämme auf, ist aber oft durch symbolhaftes Sterben und Wiedererstehen so stark verschleiert, daß sich viele, wenn nicht die meisten Eingeborenen des tiefen Sinnes dieser Idee wohl kaum bewußt werden" (1968: 232).

Worms entschließt sich dann für den von Adolf Jensen beschriebenen Begriff *Dema,* um eben ,,Gott" oder ,,Götter" zu vermeiden. Ob diese Wahl glücklich ist, kann man bezweifeln, denn die australischen Urzeitwesen scheinen mir in wesentlichen Punkten verschieden zu sein von den *Dema* der Wemale (siehe in diesem Kapitel Nr. IV.) oder den der Marind-anim auf Neuguinea. – Ob es nicht doch besser gewesen wäre, den Ausdruck ,,Urheber" von Söderblom zu verwenden? Worms und Petri gehen aber auf diesen Vorschlag gar nicht ein.

Da ich keinen Überblick über alle australischen Urzeitwesen geben kann, werde ich mich auf ein Beispiel beschränken. Die Grundzüge des Erscheinungsbildes der Urzeitwesen sind in den verschiedenen Regionen ähnlich, wenn nicht weitgehend gleich.

Eine Diskussion der Schmidtschen Theorie bezüglich der australischen Höchsten Wesen halte ich für überflüssig. Die Beweise für die von ihm erstellten chronologischen Schichten überzeugen nicht, und so ist auch seine Aussage, daß in der ältesten und amythischen Schicht die Wesen Hochgötter, ähnlich dem alttestamentlichen Schöpfergott, gewesen seien, nur eine Behauptung. So z. B. erstellt er bei den Victoria-Stämmen zwei jüngere Schichten, die beide auf das Höchste Wesen *Bundjil* Einfluß genommen und es degeneriert hätten. Er sagt: ,,Wollen wir also aus dem jetzigen *Bundjil* die älteste Gestalt des Höchsten Wesens dieser Stämme wieder hervorzubekommen suchen, so müssen wir selbstverständlich alles aus den beiden jüngeren Einwirkungen Herstammende abstreifen. Da ist nur zunächst die grundlegend wichtige Feststellung zu machen, daß keine von den beiden jüngeren Kulturstufen als solche auch nur die Idee des Höchsten Wesens, eines Schöpfers und Herrn der ganzen Welt, kennt" (1926: 375–376). Die älteste Schicht soll natürlich diese

Idee eines Schöpfers und Herrn der ganzen Welt gekannt haben. – Doch wenden wir uns dem einzelnen Wesen zu. Ernst Worms hat in seinem Artikel „*Djamar*, the Creator" von 1950 solch ein Wesen der Bād von West-Australien (W. Kimberley) beschrieben. Ich folge dieser Darstellung:

Djamar, der Schöpfer

Die Bād leben an der Nordspitze des Dampier-Landes. An der Mündung eines Creeks gibt es seit vielen Generationen einen sakralen Platz mit mesolithischen, wenn nicht gar paläolithischen Steinwerkzeugen. Als Worms seinen Artikel Ende der vierziger Jahre schrieb, nahmen die umliegenden Ethnien noch auf diesem Platz ihre Initiationen vor. Hier auf diesem Platz sollen in mythischer Zeit die Vogelfrauen dem Feuerbringer *Lūm* die Glut gestohlen haben. Hier lebt das gefährliche Regenbogenschlangen-Paar *Urgudinj* und *Djaber*. Am meisten aber ist der Platz durch das Schöpferwesen *Djamar* und seine *tjurunga* geheiligt. Sie soll noch in der Brandung des Deltas liegen.

Djamar habe in der *bugari*-Zeit hier seine *tjurunga* gedreht und damit Bäume, Felsen und Hügel zerschmettert. Am Ende seiner Taten ging *Djamar* mit seiner *tjurunga* zum Himmel, aber irgendwie ist er auch noch an diesem Sakralplatz präsent. Bei der Initiation werden den Jugendlichen diese Taten *Djamars* im Detail erzählt.

Worms' Hauptinformant namens Malangan galt als direkter Nachkomme *Djamars,* obgleich dieser niemals verheiratet gewesen sein soll und keinen Vater hatte. Er hatte aber eine Mutter; sie hieß Gambad (650). Die Mythe erzählt folgendes über Djamar und seine Taten:

„Djamar wanderte von Bulgin nach Süden, während er die *tjurunga (galaguru)* immerfort herumwirbelte. Er wandte sich nach Westen und tauchte in die See. Er erreichte wiederum das Ufer nahe Ngamagun Creek.
Er ging in den Busch und schlug einen Silberblutbaum um, den er in kurze Bretter spaltete. Er begradigte sie, indem er sie über ein Feuer hielt und bohrte Löcher in sie für die Haarschnur. Dann probierte er sie aus, indem er sie herumwirbelte.
Hierauf kehrte er zur Küste zurück und blieb in einem Lager. Auf seinem Weg zur Küste steckte er die Bretter in das steinige Bett des Ngamagun Creeks in der Weise, daß sie eine gerade Linie bildeten.
Er setzte seinen Weg bis Djarinjin fort, wo er sich auf einen Felsen niedersetzte. Als er mit seiner Hand unter den Felsen griff, fing er einen Seestern, der ihn am Arm mit seinem Schwanzstachel stach. Er leckte das Blut und bemerkte, daß es gut schmeckte. Er kehrte wieder zum Ngamagun-Creek zurück; hier ließ Djamar das Blut von seinem Arm in einen Steintrog laufen. Dieses Blut wird immer seine Nahrung oder *warb* bleiben in der Form als Ritualtrank, genau so wie wir Männer es noch heute nehmen. Dann legte er sich nieder, um auszuruhen.
Als die Flut kam, hörte er einen Fisch im seichten Wasser plantschen. Er speerte ihn und steckte ihn mit dem Seeigel auf den gleichen Speer. Er markierte aber zuerst beide Fische mit dem stumpfen Ende einer Ahle aus Känguruhknochen.

Dann ging er zurück und sang auf dem Weg nach Ngamagun. Er nahm die neulich geschnitzte *galaguru* und stieg auf die Spitze des Sandhügels von Burumar. Er kniete nieder und drehte seine *tjurunga*. Die Haarschnur riß, und das geheimnisvolle Holz flog zum Himmel. Dort wird sie für immer bleiben im Reich des Todes, nicht weit weg vom Kreuz des Südens" (1950: 647–648).

Andere Informanten haben die Mythe in einigen Punkten ergänzt:

– Zuerst tauchte *Djamar* aus der See auf.
– Seine erste *galaguru* machte er aus dem *bilal*-Baum; doch dieses Holz war zu hart. Er zerstörte damit alle Bäume und Felsen [deshalb sind die Hügel unbewaldet und die Felsen brüchig, so daß man sich leicht Steinmesser brechen kann].
– Durch den Ton des Schwirrholzes und des Gesanges sind alle Ethnien außer den Bād aus der Gegend geflohen.
– Die *bilal-galaguru* ließ er in der See.
– Wenn Djamar schnell im Wirbelwind geht, begleitet ihn ein großer grauer Dingo, dessen Geheimname *Gruwi* ist, den die Frauen nicht kennen.
– „Er ist jetzt die *galaguru* am Himmel. Aber er beobachtet das Volk und gibt ihm das traditionelle Gesetz, das wir *Djamaramara* nennen. Er sieht es, wenn ein Mann einen anderen mit dem Speer oder Bumerang tötet" (ibid. 650).

Djamar hat auch die Initiation der Jungmänner eingeführt. Heute werden sie von den alten Männern auf dem Sakralplatz versammelt, dann gehen die Alten in den Wald, um einen Baum für die Schwirrhölzer zu schlagen. Wenn die angefertigt sind, werden die Initianden belehrt. Die Themen des ersten Geheimnisses sind:

– die Stammesgrenzen,
– die Quellen des Gebietes,
– die Geheimplätze,
– wie mit den außernatürlichen Wesen Verbindung aufgenommen wird,
– einiges Wissen über die *tjurunga,*
– Regeln für das öffentliche Verhalten,
– die esoterischen Namen von Objekten des täglichen Gebrauchs.

Die Einführung in das Geheimwissen geschieht im Laufe des Lebens allmählich. Sind sich die Alten nicht sicher, daß die Kandidaten es für sich behalten werden, teilen sie es erst gar nicht mit. Viele heute lebende Älteste wissen nicht mehr um das Geheimwissen früherer Generationen; es wurde ihnen nicht mehr mitgeteilt. So wird viel Geheimwissen für immer Geheimnis bleiben.

Zur Kosmogonie der Westaustralier

Die Beziehung der Höchsten Wesen zur Schöpfertätigkeit ist ein wichtiges Element in ihrer Einschätzung. Helmut Petri ist in einem Artikel (1965) diesem Problem bei Ethnien der westlichen Wüste Australiens nachgegangen. Er hat folgende Schwerpunkte herausgestellt.

Die Australier kennen keine *creatio ex nihilo*, sondern nur eine *transformatio*. Die Schöpfertätigkeit der Urzeitwesen besteht darin, daß sie Vorgeformtes zu Ende schaffen. Sie richten „eine bereits vorhandene Welt materiell, sozial und geistig so ein... wie sie sich im Erleben und Denken des traditionell orientierten farbigen Australiers spiegelt."

Bei fast allen australischen Ethnien findet man einzelne Urzeitwesen, aber auch Heroenpaare, sogenannte Kulturbringer, die die Welt der *bugari*-Zeit in die heutige Welt umgestalteten. Diese Wesen sind nach Petri weder „All-Fathers" Howittscher Prägung noch „urmonotheistische Gottheiten" im Sinne von W. Schmidt, aber Demiurgen seien sie trotzdem. „In den Stammes- oder Gruppen-Traditionen erscheinen sie nämlich nicht nur als die Initiatoren der wesentlichen gesellschaftlichen oder geistigen Normen sowie als Erfinder der meisten materiellen Kulturelemente, sie stehen auch im Ruf, das Landschaftsbild und die Erscheinungsform der belebten und unbelebten Natur erschaffen zu haben... In ihrer überwiegenden Mehrheit lassen die mythischen Traditionen der Australier ihre urzeitlichen Schöpfer, Heroen und totemistischen Vorfahren aus der Erde entstehen und nach Abschluß ihrer diesseitigen Wirksamkeit entweder wieder in die Erde eingehen oder in ein himmlisches Jenseits emporsteigen. Ihrem Wesen nach ist es vielleicht eine chthonische Religiosität, mit der wir es hier zu tun haben" (1965: 471).

Ihre entscheidende Tat war die Trennung von Himmel und Erde mit Hilfe eines brettförmigen Kultobjektes ähnlich einer *tjurunga*.

Bevor noch Himmel und Erde getrennt waren, gab es *djaramara* genannte Wesen, die „die noch unprofilierte Erde durchwanderten und Wasserstellen als Zentren des Regen- und Wettermachens teils entdeckten, teils erschufen... In den mythischen Traditionen fast aller Stämme oder Verbände des weiten Areals der Westlichen Wüste wurden diese urzeitlichen, und im übrigen als anthropomorph aufgefaßten *djaramara* Wesen zu ewig wirkenden Kräften des Regens und der Fruchtbarkeit in der Natur" (473).

Helmut Petri faßt seine Ausführungen über die Kosmogonie zusammen. Die Australier versuchen, ihre Urzeitüberlieferungen in fast rationaler Weise in eine relative Chronologie zu bringen. „Die Schöpfung nimmt ihren Anfang in einem bereits ‚seienden', unprofilierten und von Dunkelheit erfüllten irdischen Raum. Aus seinen Tiefen steigen nacheinander die sich nach den Vorstellungen der Eingeborenen ‚selbst machenden Schöpferwesen' einzeln, gruppen- oder paarweise empor. In zeitlicher Reihenfolge . . .:

- Als der ‚Mensch-Krähen'-gestaltige *Wangede-Djanare,* der u.a. aus Holz die ersten Menschen gestaltete und zum Beherrscher der zwei Totenreiche wurde.
- Unter der Führung *Gurgurs,* eines gleichfalls erdgeborenen und wahrscheinlich rein anthropomorph konzipierten Urzeitwesens, erschlossen die ersten Menschen als *djaramara* ‚Regen-' und ‚Wettermacher' weite Regionen der urzeitlichen Welt. Sie und ihre Nachfolger, die
- mythischen *kurang-gara*-Gruppen als Entdecker der Wasserstellen, als Landschaftsbildner und Gestalter bestimmter Kulthandlungen, lebten noch im Dunkel der sogenannten ‚Urnacht'.
- Erst die ‚Zwei-Männer' beendeten diese Urnacht, trennten Himmel und Erde, institutionalisierten die Tag- und Nachtgleiche und gaben der Welt ihre endgültigen Formen" (478).

Ob diese Periodisierung der Urzeit bereits auf hochkulturlichen Einfluß zurückgeht? Anzeichen liegen nach Petri keine vor. Dennoch, zu Göttern wurden die Urzeitwesen nicht gemacht. Sie führen nur aus der *bugari*-Zeit in die Jetztzeit.

II. Religion und Höchste Wesen der Eskimo

1. Vorfragen

Die Eskimo bewohnen die hocharktischen Gebiete Nordamerikas und Grönland. Ihr Siedlungsgebiet reicht vom Ostkap Sibiriens, wo die Yuit leben, bis Ostgrönland zu den Angmagssalik. Dies sind etwa 10 000 km. Sprachlich, kulturell wie auch in bezug auf ihre Religion stellen die Eskimo eine relativ große Einheit dar, obgleich ihr Wohngebiet so weit gestreut ist.

Kultur und Wirtschaft der Eskimo sind küstenbezogen. Nur in Alaska und auf der Halbinsel Labrador sind sie bis ins Waldgebiet vorgedrungen. Hier haben sie sich auch mit Indianern vermischt.

Das Wort „Eskimo" ist algonkinischen Ursprungs und bedeutet soviel wie „Rohfleischesser". Sie selbst nennen sich *inuit,* in Alaska *yuit,* was „Menschen", „Eigner" (eines Platzes) bedeutet.

Åke Hultkrantz zählt folgende 13 Eskimo-Gruppen auf (1962: 359–360):

Die *Alëuten,* bestehend aus den Atka auf den westlichen und den Unalaska auf den östlichen Inseln.

Die *Pazifik-Eskimo.* Zu ihnen gehören die Chugach am Prince-William-Sund im südlichen Alaska und die Konjaken auf der Insel Kodiak und auf dem benachbarten Festland.

Die *Yuit-Eskimo* auf dem Ostkap Sibiriens.

Die *Beringmeer-Eskimo* im Mündungsgebiet des Yukon (Alaska).

Die *Nordalaska-Eskimo.*

Die *Mackenzie-Eskimo* im Mündungsgebiet dieses Flusses (NW-Kanada, Beaufort-See).

Die *Kupfer-Eskimo* auf der Viktoria-Insel sowie am Coronation-Golf.

Die *Karibu-* bzw. *Rentier-Eskimo* westlich der Hudson-Bai.

Die *Labrador-Eskimo* an der Nord- und Westküste dieser Halbinsel.

Die *Zentral-Eskimo:* hierzu rechnet man die Netsilik (auf Boothia), die Iglulik (Melville-Halbinsel) und die *Baffinland-Eskimo.*

Die *Polar-Eskimo* bei Thule in NW Grönland.

Die *Westgrönland*-Eskimo.

Die *Angmagssalik* auf Ostgrönland.

Die Eskimo zählen heute etwa 50000 Seelen. Früher, d. h. noch um die Jahrhundertwende, waren die Eskimo weiter verbreitet, so z. B. in Sibirien, Alaska und Grönland. ,,Die für die Eskimo typische Küstenkultur mit Jagd auf Seesäugetiere hat sich einstmals weit über das historisch bekannte Eskimogebiet hinaus erstreckt, ohne daß man jedoch dort überall mit einem eskimoischen Bevölkerungssubstrat zu rechnen hat" (Hultkrantz 1962: 360).

Bezüglich der Wirtschaftsform der Eskimo unterscheiden wir eine ,,Küstenkultur" bzw. ,,Eisjagdkultur" (der Fischer) und eine ,,Inlandkultur" bzw. ,,Schneeschuhkultur" (der Jäger). Die Eskimokultur ist, wie auch Birket-Smith hervorhebt, das Resultat einer ökologischen Anpassung an eine extremmaritime und winterliche Umwelt.

Die Eskimo bilden eine eigene Rasse. Ihre Sprache steht ebenfalls selbständig da. Ihre sprachliche Einheit ist recht groß. Man kann zwei große Dialekte unterscheiden:

inupik: von Nordalaska bis Grönland, und

yupik: umfaßt mehrere Dialekte in Südalaska und Sibirien.

Die Sprache der Aleuten ist mit dem Eskimoischen verwandt. Swadesh glaubte, mit Hilfe der Glottochronologie nachweisen zu können, daß sich das Aleutische vor etwa 3000 Jahren vom Eskimoischen getrennt habe (1952: 452).

Die Eskimo haben sich offensichtlich von der Bering-Straße her nach Osten ausgebreitet. Sie wurden zu Wal- und Seehundfängern; im nördlichen Alaska und an der Hudson-Bai zu Rentierjägern. – Die Westeskimo haben manche Merkmale ihrer Religion von den indianischen Tlingiten übernommen. Gegenüber den athapaskischen Inlandindianern waren sie aber auch der gebende Teil.

Durch den indianischen Einfluß im Westen sind dort Religion und Sprache weniger einheitlich; im übrigen Gebiet sind die religiösen Vorstellungen, bedenkt man das weite Areal, recht einheitlich.

Es waren dänische Missionare, die bereits im 18. Jahrhundert die Religion der Grönland-Eskimo beschrieben. Hier wäre vor allem der Missionar und Sprachforscher Hans Egede zu nennen. In der zweiten Hälfte des vergangenen und der ersten Hälfte dieses Jahrhunderts haben dann berühmte Forscher bei den Eskimo gearbeitet. Als wichtigster unter ihnen muß sicher Knud Rasmussen († 1933) genannt werden. Dann aber auch Thalbitzer, Birket-Smith, Boas, Kroeber und viele andere.

2. Die Religion der Eskimo

Die natürliche Umwelt der Eskimo hat nicht nur auf ihre materielle Kultur, sondern auch auf ihre Religion großen Einfluß ausgeübt. Der Kanadier D. Jenness sagt von der Religion der Eskimo, sie stimme mit dem düsteren Charakter ihrer Umwelt überein, unterscheide sich aber von der frohen Mentalität ihrer Anhänger. Nach dieser Aussage hätten also die düsteren Naturverhältnisse weit mehr auf die Religion als auf die Persönlichkeit der Eskimo eingewirkt.

Wie auch bei anderen Wildbeutern, so haben bei den Eskimo das Streben nach Reichtum, sozialer Rangstellung, kriegerischer Ehre etc. keinen Einfluß auf ihre Wertvorstellung! Verständlich, denn dies sind keine Werte in ihrem System; dagegen rangiert ein guter Jäger in der Werthierarchie ganz oben. Das jenseitige Leben kümmere sie nach Birket-Smith (1959: 55) wenig; dagegen besteht für sie das größte Problem darin, wie sie die Schwierigkeiten einer ungastlichen Umwelt bemeistern können.

Der Eskimo fühlt sich immer und überall der Natur unterworfen: Sie ist für ihn das Größte und Mächtigste, und ihr muß er seinen Lebensunterhalt abringen! Es ist also zu erwarten, daß der Eskimo diese Naturgewalt personifiziert und zu seinem höchsten Wesen macht. Rasmussen hat einmal eine Eskimo-Frau nach New York mitgenommen. Überwältigt von der Weltstadt, sagte sie: „Ach, wir, die wir immer geglaubt haben, daß die Natur das Größte und das Unfaßlichste von allem sei! Und hier stehen wir in einer Gebirgslandschaft mit Abgründen und tiefen Klüften, und alles ist geschaffen von menschlicher Hand. Die Natur ist groß, Sila, wie wir es daheim nennen, die

Natur, das Universum, die Welt, Sila, alles miteinander, was unsere Geisterbeschwörer glaubten im Gleichgewicht halten zu können, und ich, die es niemals glauben wollte, sehe es hier. Die Natur ist groß, aber sind die Menschen nicht größer?" (zitiert nach Hultkrantz 1962: 365–366). Hultkrantz fügt hinzu, die Abhängigkeit von der Natur sei durch die Abhängigkeit von der Zivilisation ersetzt worden (ibid.) – Das Weltbild dieser Eskimo-Frau wurde durch die Hochhäuser angeschlagen, die oberste Gottheit, die Natur = Sila, wurde für sie in gewisser Weise zweitrangig.

Die Eskimo kennen drei Haupt-,,Gottheiten" oder Wesen, dies sind: die Luft oder Natur = Sila, die Meerjungfrau und der Mond. Diese Wesen sind aus der Wirtschaft und Umwelt der Eskimo zu interpretieren und zu verstehen. Ebenso sind die Kultdiener, die Schamanen (Sg. *angakoq,* Pl. *angakut),* aus der arktischen Umwelt zu erklären. Ein Schamanen-Adept wurde nach Rasmussen von seinem Lehrer 30 Tage zur kältesten Winterzeit in eine kleine Schneehütte gesteckt, bekam nur hin und wieder Wasser und etwas Fleisch, bis er dann eine weiße Frau sah, die ihm das Höchste Wesen als Schutzgeist zugeführt hatte. Bekanntlich hat A. Ohlmarks (1939) im Zusammenhang mit der Disposition zum Amte des Schamanen von der ,,arktischen Hysterie" gesprochen. Auch M. Lantis hat die psychische Konstitution des eskimoischen ,,Schamanen-Adepten mit derjenigen eines Schizophrenen verglichen" (Hultkrantz 1962: 400).

3. Die drei ,,Hauptgottheiten" der Eskimo

In der religionsethnologischen Literatur über die Eskimo haben sich die Ausdrücke ,,Gott", ,,Götter", ,,Gottheiten" eingebürgert. Ich übernehme sie der Einfachheit halber. Dennoch bleiben meine Bedenken gegen die Übernahme dieser Ausdrücke bestehen.

Die Luftgottheit Sila oder Silap inua, ,,der Mensch oder Geist der Luft". Hultkrantz sagt: ,,An der Spitze des Pantheons der Eskimo thront eine vage aufgefaßte Gottheit, die den ganzen Luft- und Weltraum mit ihrem Wesen erfüllt" (1962: 374). William Thalbitzer, der sich eingehend mit den Gottheiten der Eskimo auseinandergesetzt hat, schreibt: ,,Dieses Wort *sila* deckt zwei Hauptbedeutungen: 1. das freie Feld außen vor dem Hause, die Luft, das Wetter, die Welt und 2. Verstand, Klugheit. ,Er hat sila' bedeutet soviel als: er hat Verstand..."' (1928: 391).

Bei den Netsilik (Zentral-) Eskimo sagt Rasmussen (1929: 71), ist Sila ,,mehr als alle anderen als Personifikation des Wetters angesehen, deshalb wird sie auch statt Sila mit dem Ausdruck Persoq, was Schneesturm bedeutet, belegt..."

Sila wird bald männlich, bald weiblich, bald geschlechtlich undifferenziert gedacht. – Sila ist keine Schöpfergottheit, denn der Eskimo denkt nicht, daß die Welt einmal nicht bestanden habe. Thalbitzer sagt von Sila in Alaska: „Wir treffen hier wiederum eine Vorstellung an, die mit dem melanesischen *Mana* verwandt zu sein scheint: die magische Kraft der Natur, nur ist in dem eskimoischen *Sila* eine mehr rationalistische Tendenz; die intellektuelle Seite des Daseins ist es, welche hier betont wird" (1928: 392). Hultkrantz vermerkt (1962: 374): „Es fällt jedoch auf, daß Sila mehr durch unpersönliche als durch persönliche Wesenszüge gekennzeichnet wird. Es heißt von ihr: ‚sie bläst', ‚sie regnet', ‚sie regnete auf ihn'."

Niemand hat Sila gesehen, aber je nach Eskimo-Stamm wird sie mehr persönlich oder wiederum mehr unpersönlich gedacht. Bald ist sie identisch mit der Natur, der Welt, dem Universum; ist sie kosmisches Prinzip, Erhalter des Universums, aber auch Verbieter des Böse-Tuns; dann wieder ist sie mehr Person: Man schreibt ihr Vernunft und Intelligenz zu. Bereits Paul Egede berichtet 1790 nach Thalbitzer (1928: 391), daß die Grönländer aber am Himmel ein lenkendes Wesen vermuteten.

Bei den Inlandeskimo erhält Sila Züge der „Herrin der Tiere". Thalbitzer: „Die Rentier-(Karibu)eskimos knüpfen anscheinend denselben Kreis von Vorstellungen an sie, den die Eskimos an anderen Orten mit der Meerfrau oder dem Mondgeist verknüpfen. Hier im Binnenlande ist die Luftgottheit selbst jene, die die Behandlung der gefangenen Tiere kontrolliert und die strafende Gewalt innehat, sobald die heiligen Taburegeln des Volkes übertreten werden" (1928: 391). Die Strafe Silas ist ungünstiger Wind und Sturm.

Aus dieser absolut vereinzelten Tätigkeit Silas unter den Eskimo wollten W. Schmidt und F. Gahs den Schluß ziehen, daß sich der Herr der Tiere (bzw. Herrin der Tiere) erst in späterer Zeit vom Höchsten Wesen abgespalten habe. Doch das Material erlaubt diesen Schluß nicht. Schmidt wollte nur seine These retten, daß das Höchste Wesen überall am Anfang stehe und der Herr (Herrin) der Tiere eine spätere Entwicklung sei. – Die Tiere nämlich gehören bei den Küsteneskimo ausschließlich der Meerfrau. Man kann im Gegenteil hier gegen Schmidt argumentieren und sagen: Im Inland, wo es weder Meer noch Meerfrau gibt, ist das Höchste Wesen Herr bzw. Herrin der Tiere. Daraus könnte man schließen, daß, zumindest bei Jägervölkern, der „Herr der Tiere" ursprünglich zu Hause ist.

Die Meeresgottheit Sedna, Nuliajuk, Takánâluk arnâluk

Thalbitzer schreibt: „Die meisten Eskimos wohnen an der Meeresküste und sollen von Seetieren leben: ihre Hauptgottheit ist die ‚Welthausmutter' in der Meerestiefe, in deren Wohnung alle Tiere ihr Heim haben, und von wo sie herkommen..." (1928: 393).

In seinem Thule-Expeditions-Bericht über die Iglulik-Eskimo bringt Rasmussen folgende Mythe über „die Mutter der Seetiere", die dort Takánâluk arnâluk genannt wird. Ich resümiere:

> Es war einmal ein kleines Mädchen, das wollte keinen Mann, keiner war gut genug. Sein Vater wurde zornig und sagte, sie müsse seinen Hund heiraten. So geschahs. Der Hund nahm sie auf eine Insel. Sie gebar einen Wurf: einige waren Hunde, andere Menschen. Den Vater reute sein Entschluß. Er beschloß, seine Tochter wegzuholen. Er kam im Kajak und nahm sie mit.
> Als ihr Mann von der Jagd zurückkam, verfolgte er das Boot in Gestalt einer Sturmschwalbe. Es entstand ein Sturm; die Schwalbe flog über das Boot und wollte ihre kleinen Hände sehen. Um sich zu retten, warf der Vater seine Tochter in die See. Sie hielt sich am Boot fest, der Vater hackte die Fingerspitzen ab und daraus wurden Robben. Die Mittelglieder der Finger wurden Bartrobben und die Endglieder Walrösser. „Aber das Mädchen konnte sich nicht mehr länger halten, es glitt von der Bootseite und sank auf den Grund der See. Dort wurde es zu einem Geist und wir nennen es Takánâluk arnâluk."
> Der Vater ruderte traurig an Land, legte sich nieder und wurde von einer Welle in die See geholt. Er wohnt bei seiner Tochter als gefürchteter Wächter. Die Schamanen besuchen die Meerfrau, um von ihr Tiere zu erbitten [für die Jagd] (Rasmussen 1929: 63–68).

„Wird sie (die Meerfrau) aber beleidigt, wenn nämlich ein frevelnder Mensch den Kajak oder die Kleider eines Verstorbenen draußen auf dem Meere benützt und hierdurch ihr Gebiet entweiht, oder aus ähnlichen Gründen, ... so sendet sie den schlimmen Südwest (Seewind) mit Nebel und sperrt alle die Meerestiere ein, und dann gibt es Mißfang" (Thalbitzer 1928: 394).

Ein Eskimo-Schamane sagte Rasmussen: „Wir glauben nicht, wir fürchten uns nur. Und am meisten fürchten wir Nuliajuk (= die Meeresfrau), die Herrscherin der wilden Tiere..."

Bei den Pazifik- wie bei den Labrador-Eskimo glaubt man an zwei Tiereignerinnen: eine für die Land-, die andere für die Seetiere. Hultkrantz schreibt: „Alles spricht dafür, daß die Vorstellung einer über die Seetiere herrschenden Meeresgöttin im Küstengebiet des nördlichen Pazifiks ausgebildet worden und von dort westwärts zu den Paläoasiaten, ostwärts aber zu den Eskimo bis nach Grönland gewandert ist –" (1962: 391).

In großen Teilen Alaskas aber ist eine Meeresgöttin unbekannt, hier gilt der Mond„gott" als Herr der Tiere, ähnlich wie Sila bei den Karibu-Eskimo.

Bei den Zentral- und Osteskimo ist die Meeresfrau zur Hauptgottheit geworden. Sie hat viele Namen, etwa Sedna, Nuliajuk. Auf deutsch: das alte Weib, das majestätische Weib, die dort unten in der Meerestiefe, die liebe Frau etc.

Sie sitzt in ihrem Haus auf dem Meeresgrund; das Haus wird von ihrem Hund und ihrem Vater bewacht. Sie versammelt die Tiere, die ja ein Teil von ihr sind, um ihre Tranlampe. Was den Tieren zustößt, stößt daher ihr selbst zu. Sind die Menschen böse, sperrt sie sie ins Haus ein.

Die Vergehen der Menschen setzen sich als Schmutz besonders im Haar von Sedna ab. Der Schamane muß dann in der Trance zu ihr hinabsteigen auf den Meeresgrund und ihr Haar reinigen. – Bei den schamanistischen Seancen bekennen alle Versammelten laut ihre Vergehen, besonders junge Frauen sind dazu angehalten, wenn sie ihre Menstruation oder eine Fehlgeburt verheimlicht haben – es sind die schwersten Vergehen der Eskimo. Fehlgeburten werden gerne verheimlicht, weil, wenn eine Fehlgeburt stattfindet, die Seehundfelle fortgeworfen werden müssen. – Bisweilen heißt es auch, daß der Schmutz, den der Schamane entfernt, direkt zu Meerestieren wird. Unreinheit der Frau bei Menstruation und Geburt, schmutziges Haar, Verbot, es zu kämmen etc. sind Topoi, die auch bei nordamerikanischen Indianern vorkommen.

Die Kupfereskimo endlich behandeln Sedna wie einen Seehund. Der Schamane holt sie mit Hilfe einer Angel herauf, fesselt sie wie einen Seehund und läßt sie erst los, wenn sie verspricht, wieder Seehunde zu schicken. – Es scheint, daß wenigstens hier Sedna ein hypostasierter Seehund – das wichtigste Jagdtier der Eskimo – ist.

Die Mondgottheit

Thalbitzer sagt von ihr: ,,Der Mondgott übt seine Macht überall aus, von Ostgrönland bis nach Alaska. Die Westeskimos (in Alaska) scheinen vorwiegend den Mondgeist zu verehren, und man hört bei ihnen beinahe nichts über die Meerfrau. – Er repräsentiert das männliche Prinzip im Universum und gebietet über Ebbe und Flut – nicht bloß im Meere, sondern auch bei der Vermehrung der Menschen. Er kann unfruchtbare Frauen fruchtbar machen, entweder indem er selbst herniedersteigt oder indem ein Angakkok zum Hause des Mondes fliegt, um Kinder bei ihm zu holen.

Im übrigen suchen die Geisterbeschwörer in Alaska den Mond aus denselben Ursachen auf, aus welchen die osteskimoischen Angakkut an der Davisstraße zur Meerfrau niederfahren: nämlich wegen mißlicher Fangverhältnisse. Draußen an der Beringstraße ist es der Mondgeist, welcher die Seetiere überwacht und sie gegebenenfalls von den menschlichen Küsten fortzieht" (1928: 404–405).

Nach dem Mythos (Thalbitzer 1928: 384) waren ursprünglich Sonne und Mond Geschwister (Sonne weiblich, Mond männlich). Bei einem Lampenlöschfest mit Frauentausch zeichnete die Sonne ihren Partner mit Ruß auf den Rücken. Am nächsten Tag stellte sich heraus, daß es ihr Bruder war, der mit ihr

Verkehr hatte. Sie floh mit einer Moosfackel an den Himmel, ihr Bruder folgte ihr mit einer nur glimmenden Moosfackel. ,,Ehe sie aus dem Hause fortliefen, schnitt sie sich mit ihrem Ulo (ein krummes Messer) eine Brust ab und warf sie ihrem Bruder hin mit den Worten, die nahezu in allen Varianten dieses Mythos gleich erhalten sind von Ostgrönland bis zur Beringstraße: ‚Iß dies! du findest sicher allein an mir Gefallen!' Die Sonne kam höher hinauf als der Mond und er verfolgt sie ständig über den Himmel hin." Thalbitzer meint: ,,Wir dürfen vielleicht den eskimoischen Sonnen- und Mondmythos als einen Naturerklärenden Ursprungsmythos bezeichnen" (1928: 405).

4. Interpretation der drei Gottheiten der Eskimo

Die wichtigsten Elemente möchte ich nochmals zusammenfassend aufführen:

Die Vorstellung einer Weltschöpfung ist den allermeisten Eskimo (außer bei Einfluß von außen) fremd. Die ,,Gottheiten" sind deshalb nicht als Schöpfergottheiten aufzufassen. Einer der wichtigsten Züge Höchster Wesen fehlt somit.

Die Eskimo glauben an ein Weiterleben nach dem Tode, wenn auch das jenseitige Leben sie insgesamt wenig interessiert. Birket-Smith: ,,Unter der sichtbaren Welt liegt die warme und angenehme Unterwelt; dorthin gehen viele Leute nach ihrem Tode, um unter ähnlichen Bedingungen wie als Sterbliche zu leben" (1928: 204). Andere Tote gehen auch zum Himmel. Nirgendwo wird gesagt, daß man mit der Gottheit zusammenlebt. Strafe im Jenseits existiert praktisch nicht.

Für die Eskimo ist die Natur das Größte; die düstere Umwelt hat die Religion geprägt: Sie ist in ihrem Wesen vom Daseinskampf dieser Menschen mit der Natur durchdrungen. Ein Schamane sagte Rasmussen: ,,Wir glauben nicht, wir fürchten uns!"

Nach eskimoischer Vorstellung ist jeder Gegenstand, ja sind sogar Begriffe wie Schlaf und Nahrung, belebt und besitzen ihren lebendigen ,,Eigner", Besitzer (= *inua* sg., *inue* pl.). Man stellt sich diese Besitzer wie menschliche Personen vor. *Inua* ist Possessivform von *inuk* = Mensch. Wahrscheinlich ist mit *inua* die Freiseele gemeint. Alles ist demnach beseelt. Das Fatale ist, daß der Mensch töten muß, um zu leben, also Seelen essen muß. Daraus entstehen große Angst und viele Tabus.

Sila ist zwar rational gesehen das höchste der Wesen; bei den Zentral- und Osteskimo nimmt aber Sedna, die Herrin der Tiere, den weitaus wichtigeren Platz ein. Letztere herrscht häufig auch über das Totenreich.

In Alaska tritt der Mond in den Vordergrund; hier erhält er auch Funktionen des Herrn der Tiere. Bei den Alaska-Eskimo wird der Rabe zum Höchsten

Wesen. Diese Idee ist aber ganz offensichtlich von den Indianern übernommen, bei denen er in der Mythologie einen breiten Raum einnimmt. Nach Hultkrantz tritt der Rabe ,,beiderseits des nördlichen Stillen Ozeans als Schöpfer, Kulturbringer (,transformer') und Schelm (,Trickster') auf" (1962: 377). Bei den Eskimo kommen ihm Schöpferfunktionen zu, denn er hat Erde vom Meeresgrund heraufgeholt und das Licht gebracht. Er hat auch das jenseitige Leben geordnet.

Alte Missionare, wie z. B. BH.C. Glahn, schreiben, daß das Höchste Wesen der Grönländer *Tornasuk* sei; er sei zwar kein Schöpfer, aber doch ein Erhalter der Welt. Thalbitzer konnte nachweisen, daß Tornasuk ein schamanistischer Hilfsgeist ist. die Missionare erlagen hier einem Mißverständnis (Glahns Tagebuch von 1767, Thalbitzer 1928: 364–383).

Meiner Meinung nach können weder Sila noch Sedna als ,,Gott" im eigentlichen Sinne bezeichnet werden.

- Sila ist die Verabsolutierung und teilweise Personifizierung des für die Eskimo so wichtigen Wetters: Luft, Sturm, Schnee, Wind... Doch die Personifizierung wird nicht immer und auch nicht überall durchgeführt. Thalbitzer spricht von ,mana', der ,,magischen Kraft der Natur" (392), nur daß sie bei den Eskimo eine ,,rationalistische Tendenz" aufweise.
- Sedna wiederum ist zu sehr Mensch, als daß man sie als ,Gott' bezeichnen könnte. Sie repräsentiert die zweite elementare Existenz-Sicherung der Eskimo: das Jagdwild. Sie weist in der Mythe auch Züge eines Kulturheros auf: Aus ihren Fingern und dem Schmutz ihres Haares entstehen die Jagdtiere.
- Der Mond spielt zwar in der gesamten Eskimo-Mythologie eine gewisse Rolle, aber nur in Alaska ist er Höchstes Wesen, zu dem der Schamane auffährt. Die Mythe zwischen Sonne und Mond hat naturerklärenden, nicht religiösen Charakter. – Wir wissen aber, daß gerade die Stämme Alaskas – ausgenommen jene ganz im Norden – von außen (Indianern, Sibiriern) beeinflußt wurden.

Zusammenfassend kann man sagen, daß die sogenannten Gottheiten der Eskimo nur in weitem, uneigentlichem Sinne als ,Gottheiten' ausgegeben werden können. Sila und Sedna sind zwei hypostasierte Naturgewalten, die man benötigt, um den Existenzkampf zu bestehen. – Man hat hier den Eindruck, daß Religion mehr aus Sorge um die Existenz als aus innerer Überwältigung durch die jenseitigen Mächte geübt wird. Sila und Sedna, und in gewissem Umfange auch der Mond, sind die existenzsichernden Faktoren eines Volkes, das nur in extremer Anpassung an die Natur bis in unsere Tage zu überleben vermochte. Hungersnöte mit Untergang von ganzen Gruppen sind immer wieder bekannt geworden. Man kann sich leicht vorstellen, daß die existenzsichernden Mächte hier eine besonders wichtige Rolle spielten und teilweise noch immer spielen.

III. Religion und Gottesglaube der zentralafrikanischen Bambuti-Pygmäen

1. Der sozio-ökonomische Hintergrund

Der Lebensbereich der Bambuti ist der äquatoriale Urwald Zentralafrikas. Wir wissen aus dem alten Ägypten, daß Pygmäen wenigstens seit über 4.000 Jahren im afrikanischen Urwald leben, also bereits zu einer Zeit, als die Bantu noch nicht im Ituri-Urwald waren, wo sie heute in wirtschaftlicher Symbiose mit den Pygmäen leben. König Pepi II. aus der VI. Dynastie Ägyptens berichtet 2360 v. Chr. von einem ,,echten Rassezwerg" aus dem ,,Baumlande". Schon 100 Jahre vorher (also 2460) habe es einen solchen in Ägypten gegeben (nach Seitz 1977: 5).

Die Pygmäen (von griech. *pygmaios* = daumenlang) leben heute überall in Symbiose mit Negern, meist Bantu. Sie haben deren Sprachen übernommen. Ziemlich sicher auch vieles von ihrem Kulturgut, auch von der Religion. Eine eigene Pygmäensprache ist nicht mehr auszumachen.

Es gibt zahlreiche Nachrichten, wonach die Pygmäen vor einigen Jahrhunderten auch in den Galeriewäldern südlich des äquatorialen Urwalds gelebt hätten (z. B. Van Roy 1973: 815–880). Durch die intensivere Besiedlung dieses Raumes durch die Schwarzen wurden sie durch letztere verdrängt.

Die Pygmäen bilden eine eigene Rasse. Sie sind die kleinsten Vertreter der Zwergvölker (unter 150 cm). Die Männer messen im Durchschnitt 143 cm, die Frauen 136 cm. Obgleich es sich bei den Pygmäen nicht um einen krankhaften Zwergwuchs handelt, weist ihr Körper doch andere Proportionen auf: langer Rumpf und lange Arme, kurze Beine, gelbbraune Haut, starker Haarwuchs.

Ihre Wirtschaft ist wildbeuterisch: Sie sind Jäger und Sammler auf niederer Stufe: ohne Planwirtschaft, ohne Speicherung und Vorrat. Ihre Waffen sind Pfeil und Bogen, vor allem im Osten des Ituri-Waldes (bekannte Vertreter sind die Efe), im Westen davon leben Jäger mit Netz und Lanze (die Basua). Colin Turnbull mißt dieser Zweiteilung eine große Bedeutung bei; ob ihr aber auch eine größere kulturelle Differenzierung entspricht, ist fraglich.

1938 schätzte Paul Schebesta die Zahl der Bambuti am Ituri auf 30 000, in den fünfziger Jahren glaubte er, daß es in Afrika ca. 50 000 Pygmäen gebe. Am Ituri hätten sie ein Waldgebiet von etwa 100 000 km^2 für sich gehabt. Er nahm etwa 300 Jagdhorden an à 60 Personen. Zieht man aber das von den Negern beanspruchte Land ab, so bleiben noch etwa 200 km² pro Horde (also insgesamt etwa 70 000 km²). Man kann sich vorstellen, daß diese räumlich extensive Lebensweise bei einer verstärkten Vermehrung der Negerbevölkerung auf die Dauer unhaltbar wird. Die seßhaften Neger, sie sind primitive Pflanzer, benötigen nur ein Bruchteil des Lebensraumes der Pygmäen.

Paul Schebesta, der von 1929 bis 1955 die Bambuti auf vier längeren Reisen besuchte und zu ihren besten Kennern zählt, hält die Bambuti für die reinrassigsten aller afrikanischen Pygmäen. Die Zwergwüchsigen außerhalb Afrikas nennt man heute nicht mehr Pygmäen.

- In Afrika haben wir noch im Westen des Ituri (Congo) die sogenannten Gabun-Pygmäen oder Babinga.
- Im Süden leben die Batwa und Bacwa bei den Mongo, Kuba und Luba und
- im Osten die Batwa in Ruanda und die Barhwa in Bushi (Ost-Zaire).

Bei den Gruppen außerhalb des Ituri handelt es sich bereits häufig um Pygmoide; sie sind auch oft keine Wildbeuter mehr, sondern seßhafte Pflanzer oder, wie die Twa in Ruanda, Töpfer.

Die Pygmäen leben nirgendwo isoliert auf sich allein gestellt: Überall leben sie mit Negern zusammen. Im Süden (Ekonda, Bakuba) und im Osten (Ruanda und Burundi) sind die Wirtsvölker der Pygmäen in Königreichen organisiert. Hier sind die Pygmäen auf der untersten Sozialstufe angesiedelt. Heirat zwischen ihnen und den Negern ist praktisch ausgeschlossen, auch zwischen Pygmäin und Negermann (was bei den anderen Gruppen vorkommt). Im Waldgebiet tauschen die Pygmäen mit ihren Wirtsleuten Fleisch gegen pflanzliche Lebensmittel, Stoffe, Eisengeräte (Messer, Lanzen- und Pfeilspitzen).

Die Jagdhorde ist keine Verwandtschaftsgruppe. Der Hordenführer ist oft der Älteste oder der tüchtigste Jäger der Gruppe. Jedem Mitglied steht es frei, sich bei Unzufriedenheit einer anderen Jagdhorde anzuschließen, ohne dadurch in ein Abhängigkeitsverhältnis zu geraten. Mann und Frau sind relativ gleichberechtigt. Heiratsfähige Mädchen werden von Horde zu Horde ausgetauscht. Polygynie ist bekannt, aber wenig geübt. Dennoch muß man sie als präferenzielle Eheform ansehen, da sich Personen mit hohem Sozialprestige (gute Jäger, Führer) eine zweite Frau nehmen.

Männer und Frauen, obgleich im Prinzip gleichrangig, gehen nicht nur in der wirtschaftlichen Betätigung (Jagen – Sammeln), sondern auch in der soziokulturellen Betätigung verschiedene Wege. Den Männern kommt der *Molimo*- und den Frauen der *Elima*-Bund zu. C. Turnbull beschreibt diese beiden Bünde in *Zaire* 1960.

2. Das *Molimo*-Fest

Anlaß des *Molimo* kann sein: Tod, Krankheit und Mißerfolg bei der Jagd. Das große *Molimo* darf nicht im Dorf, sondern muß im Wald abgehalten werden. Die ältesten Jäger entscheiden, wann ein großes *Molimo* abgehalten werden soll. Turnbull hat solch ein *Molimo*-Fest mitgemacht und beschreibt es folgendermaßen (1960b: 307–339):

Vor Beginn des Festes schmierten sich alle Pygmäen mit weißem Ton ein, und zwar vor allem Stirn, Arme, Beine, und manche malten auch weiße Ringe um die Augen.

Nach dem Abendessen zogen sich Frauen und Kinder in die Hütten zurück. Die Männer saßen um zwei Feuer, getrennt in Alte und Junge. Da hielt die *Molimo*-Trompete (ein 7 Fuß langer Bambus) Einzug ins Lager. Sie wurde wiederholt übers Feuer gehalten. Es gibt einen speziellen *Molimo*-Tanz, der nur im Wald durchgeführt wird. Bei Anwesenheit von Negern wurde die Trompete nicht gezeigt und das Fest verebbte. Insgesamt dauerte es aber mehrere Nächte. Auch die Neger feiern das *Molimo,* aber bei ihnen ist es eine Art Weiterführung der Initiationszeremonie *nkumbi.*

Das *Molimo* ist zweigeteilt: Am Abend steht es unter der Kontrolle der Alten. Es ist der bewußte Versuch der Bambuti, ,,mit einer wohlwollenden Waldgottheit oder Waldmacht in Verbindung zu treten, deren genaue Natur sie nicht sonderlich zu beschäftigen scheint, die aber im allgemeinen mit ‚dem Wald' identifiziert wird" (1960b: 338). Gesang und Trompete sind die Kommunikationsmittel. Es ist vor allem die Trompete, die bewirkt, daß der Wald die Anliegen hört. Der zweite Teil spielt sich am Morgen ab und gehört in den Bereich der Jüngeren. Hier tritt der Wald als Richter der Taten auf. Der Wald ist also Quelle des Wohlergehens, aber auch Richter der Handlungen.

Die wichtigsten Symbolmaterien beim *Molimo*-Fest sind Feuer, Sexualität, Wasser und Nahrung. Am wichtigsten scheint zu sein, daß das *Molimo*-Feuer durch eine Imitation des Koitus entzündet wird und daß am Ende der Zeremonie das *Molimo*-Feuer zerstört wird.

Die *Molimo*-Trompete darf von Frauen und Kindern niemals gesehen werden. Dennoch sollen zuerst die Frauen die Trompeten besessen haben. Sie wird immer im Wald aufbewahrt und wird fürs Fest von Männern von weither geholt.

Nach C. Turnbull ,,sollte man im *Molimo* vielleicht den Zentralpunkt des Sozialsystems der Bambuti sehen ... Ohne dieses haben wir wenig mehr als ein offenkundig führerloses, gesetzloses und der Verwandtschaft unbewußtes Volk vor uns" (1960b: 339). Des weiteren kann man darin nach Turnbull auch jene

Kraft sehen, die die Bambuti gegenüber den Negern zu einer gewissen Einheit führt. Dieses letzte Merkmal mag allerdings jüngeren Datums sein.

Den letzten Sinngehalt des *Molimo* sieht Turnbull darin, daß es ,,die Macht des Waldes repräsentiert, eine geistige und im Wesen gute Macht" (1960b: 339). Diese Macht löst für sie alle ihre Probleme und Krisen. Was sie genau ist, wissen sie jedoch nicht, aber sie geben ihrem Glauben kraftvollen Ausdruck im Gesang und im Tanz.

3. Das *Elima*-Fest

Wie die Bambuti, so kennen auch ihre negerischen Wirtsherren das *Elima*-Fest, aber bei letzteren ist es eine Art Beschneidungsschule für Mädchen, die darin besteht, daß das Mädchen auf das Eheleben mit seinen Pflichten vorbereitet wird. Gewöhnlich endet die Vorbereitungszeit mit der Verlobung oder der Ehe.

Bei den Bambuti wird das *Elima* zwar auch aus Anlaß der ersten Menstruation eines Mädchens vorgenommen, doch hat es einen anderen Inhalt. Nach Turnbull (1960a: 177) fehlt die Verbindung *Elima* – Heirat vollkommen; die Gefährlichkeit des Menstruations-Blutes und die Reinigung spielen keine Rolle. Bei den Bambuti feiern nicht nur Mädchen und Frauen das *Elima*, sondern alle Männer und Frauen der Gruppe. Bei den Bambuti ist das *Elima* eine öffentliche Anerkennung der Reife des Mädchens für Heirat und Mutterschaft. Die ganze Zeit ist ein Freudenfest mit Tanz und Gesang.

Die Unterweisung spielt eine geringe Rolle. Die Mädchen ziehen in den Wald, singen und tanzen. Junge Burschen kommen zu Besuch in die Hütten und verkehren mit den Mädchen. Das *Elima* würde als schlecht gelten, kämen nicht viele Burschen in die Hütte. Es findet auch ein Kampf zwischen den Jugendlichen beiderlei Geschlechts statt. Früher soll man echte Pfeile gegeneinander geschossen haben, jetzt verwendet man Grashalme. Das *Elima* bescheinigt nicht nur die Reife der Mädchen, sondern auch die der Burschen: Sie zeigen ihren Mut und ihre Verantwortung für das Erwachsenenleben. Turnbull: ,,Es sollte vielleicht als ein gemeinsames Initiationsfest betrachtet werden" (1960a: 178).

Seine Hauptfunktion ist aber ,,to rejoice the forest", wie die Bambuti immer wieder betonen. Sie nehmen ihre Zeremonien ,,des Walderfreuens" in der Krise wie bei guten Ereignissen vor.

4. Das Höchste Wesen der Bambuti

Lediglich Paul Schebesta hat systematisch über die Religion, und zwar besonders über den Gottesbegriff der Bambuti gearbeitet. Schebesta war ein Schüler von W. Schmidt. Er war bestrebt, wenigstens auf den beiden ersten Reisen, Material für die Theorie seines Lehrers zu liefern, und Schmidt erwartete auch diesen Dienst. Der Band über die Bambuti-Religion (1950) ist denn auch ganz im Sinne der Schmidtschen Monotheismus-Theorie ausgearbeitet, wenigstens was die zusammenfassenden Schlußfolgerungen angeht. Bei sorgfältiger Lektüre gewinnt man den Eindruck, daß Schebesta bei der Darlegung des Forschungsmaterials die Schmidtschen Thesen weniger genau befolgt als beim systematischen Teil, wo es dann ganz im Sinne von Schmidt heißt: ,,Die Mythologie hat den amythischen Urgott bis zur Unkenntlichkeit verfälscht, denn all diesen mythologischen Figuren liegt das mythenlose Höchste Wesen zu Grunde" (1950: 151). – Es ist eine reine Hypothese, daß der ,,Urgott" mythenlos war; aber so wollte es die Theorie Schmidts. – Turnbull war dreimal bei den Bambuti; das erste Mal (1951) über ein Jahr bei der gleichen Gruppe; er betont öfter, daß er das Höchste Wesen so nicht vorgefunden habe, wie Schebesta es beschreibt.

Nach Turnbull ist der Gott der Epulu-Pygmäen der Wald. Einmal schreibt er (er spricht gerade vom *Molimo,* 1962: 92): ,,Es war, als ob der nächtliche Chor in intimer Kommunion zwischen einem Volk und seinem Gott, dem Wald, gewesen wäre." – An anderer Stelle sagt ein Pygmäe: ,,Der Wald ist wie ein Vater und wie eine Mutter zu uns; und wie ein Vater und wie eine Mutter gibt er uns alles, dessen wir bedürfen: Nahrung, Kleidung, Unterschlupf und Wärme ... und Zuneigung (Liebe). Gewöhnlich geht alles gut, weil der Wald zu seinen Kindern gut ist ..." (1962: 92). Und an anderer Stelle im gleichen Werk heißt es: ,,Der Wald, der große Ernährer, ist die eine Norm, nach der alle Toten und Gedanken beurteilt werden. Er ist der Häuptling, der Gesetzgeber, der Führer und der letzte Richter" (1962: 125).

Schebesta bringt zwar auch öfter Hinweise, daß der Wald eine Art Gottheit sei, aber er ist vor allem auf der Suche nach dem ursprünglichen Bambuti-Gott, der natürlich ein Hochgott, möglichst ein Himmelsgott sein soll.

Eine eigentliche Pygmäengottheit läßt sich aber unter den gebräuchlichen Gottesnamen nicht ausmachen. Die theophoren Namen haben die Bambuti alle mit den Negern gemeinsam. Die von den Bambuti verwendeten Gottesnamen sind deshalb so zahlreich wie die ihrer negerischen Wirtsleute. Schebesta schreibt: ,,Am Ituri bestehen mindestens vier Wortstämme, von denen Gottesnamen gebildet werden ... Alle diese Namen sind geläufig, hier dieser, dort jener mehr. Jede dieser Wurzeln dient weiteres zur Bezeichnung des Mondes, des Regenbogens, des Blitzes, der Buschgottheit, der Tiere, die mit Gott in Verbindung stehen und einer Menge anderer, mythologisch-religiöser, bzw. soziologisch-religiöser Begriffe..." (1950: 151).

Bei den *Basua* (im Westen, Netzjäger) ist der gebräuchliche Gottesname *Mungu*, der ,,oben wohne" (Schebesta 1950: 14); *Nekunzie* wird mit ihm bisweilen identifiziert. Schebesta sagt (14): ,,Nekunzie bekommt ein Stück von der Jagdbeute, das man im Wald aussetzt, bei welcher Gelegenheit er angerufen wird." – Hier jedoch macht *Nekunzie* den Eindruck eines Herrn der Tiere.

Man sagt, *Nekunzie* sei auch böse, weil er macht, daß die Menschen sterben. Es scheint aber auch Einfluß aus Hochreligionen vorzuliegen, wenn Schebesta sagt, nach dem Tod gehe man zu *Mungu* bzw. *Nekunzie*. ,,Er schaut sie [sc. die Verstorbenen] sich aber näher an; die Guten bleiben bei ihm, die Bösen (Diebe, Mörder) aber steckt er ins Feuer" (1950: 15).

Mungu heißen unter anderem auch die Regenbogenschlange und der Regenbogen. Da die Bantu normalerweise Regenbogen und Schöpfergottheit trennen, kann man wohl annehmen, daß *Mungu* keine echte Schöpfergottheit ist. Manches deutet darauf hin, daß er mit der Ahnenwelt in Verbindung steht. Schon sein Name deutet dies nach Meinhof (1910: 238 und 1932: 212) an. Der Afrikanist Carl Meinhof führte bereits 1910 *Mungu* auf die Urbantu-Wurzel *–lungu* – Sippe, Klan, Familie, zurück. Ernst Dammann schloß sich (1972: 210) dieser Deutung an.

,,Der Donner wird mit dem Sausen des Schwirrholzes, *maduali*, in Verbindung gebracht. Maduali heißt bei den Babali und Bakango das Schwirrholz, aber auch der Urvater. Dieses Sausen sei mit dem Donner identisch. Vorsichtig ausgedrückt, hat man den Donner als die Stimme des Gewitter-Dämons, der mit dem Urvater in Zusammenhang zu bringen ist, anzusehen" (Schebesta 1950: 15).

Beim Honigsuchen wird Mungu als ,,papa" angerufen. Ein Mombuti erklärte: ,,Das sei Mungu, ... er sei eine Schlange, die man auch *nyama Keba* nenne. Wer ihr nahe kommt, muß sterben. Niemand hat sie bislang gesehen" (ibid. 16). – Hier erscheint *Mungu* sehr stark mit chthonischen und anzestralen Elementen behaftet.

Auf seiner zweiten Reise hörte Schebesta den Gottesnamen *Mugasa*. Er sagt: ,,Mugasa ist aber nicht nur Mondgott [er ruft die Menstruation hervor], sondern auch der Jagd- und Waldgott. Der Jäger ruft ihn und die Ahnen um Beute an. Die Frauen rufen ihn um Kindersegen an" (p. 19). *Mugasa* hat Kinder, eines ist der Stammvater der Basua-Pygmäen. – Mir scheint sehr zweifelhaft zu sein, ob in *Mugasa* ein Höchstes Wesen gesehen werden kann. Schebesta führt noch andere Namen auf, wie *Tore* oder *Borombi*(e), mit denen es aber nicht anders steht.

Bei den *Efe* (im Osten, Pfeil und Bogen), wenigstens bei einem Teil, sind *Muri-muri* und *Tore* die wichtigsten Namen; sie sind identisch. ,,Tore ist der Herr über Leben und Tod" (p. 25), er sei identisch mit *Mungu*. Er wohne oben und sehe die Menschen. Von *Muri-muri* wird gesagt, daß er im Wald lebe. Schebesta schreibt von diesen Wesen: ,,Als Aufenthaltsort der Gottheit *Tore*, *Muri-muri*, wird bald der Himmel – oben –, bald der Wald angegeben. Die Gottheit hält sich in den Bäumen auf oder geht durch den Wald. Vor allem hat der Wald als sein Wohnrevier zu gelten" (p. 28).

Bei einer anderen Untergruppe der Efe machte Schebesta die Gottesnamen *Mbali, Tore* und *Mugu* aus. Auch diese Gottheit ist nach Schebesta ,,Herr des Waldes und des Wildes, von dem die Jäger und Männer für jede Nahrungssuche – außer Bananen, die man aus dem Negerdorf im Tauschwege zu beziehen pflegt – abhängig sind" (p. 40). Sind die Menschen der Gottheit nicht untertan, versperrt sie ihnen den Wald, so daß sie nichts mehr erbeuten (ibid.).

Der Belgier Costermans bezeichnet *Tore* als ,,Waldmensch" und ,,Herr des Waldes". Schebesta sagt dazu: ,,Damit ist der Kern von *Tores* Wesen, wie er von den Bambuti (nicht von den Negern) aufgefaßt wird, am besten umschrieben und Tore als Waldgottheit deutlich gekennzeichnet" (p. 43).

Tore soll Vater und Mutter haben. Er stamme aus altersgrauer Zeit, sterbe aber nicht. Es scheint auch einen doppelten *Tore* zu geben: 1. Die gute Jagdgottheit und 2. die Todesgottheit.

5. Anrufungen und Kult

Nach Schebesta lassen es die Pygmäen an äußerer Ehrfurcht mangeln. ,,... man schreit seine Bitte in den Wald hinaus, so wie man einen Menschen an- oder ihm nachruft. Nur bei Gewitter und Regenbogen wird die Stimme und Zeremonie feierlicher." Der Bafwaguda-Jäger ruft, wenn er auf die Jagd geht: ,,*bapae, gapae emi nyama!* Vater gib mir Wild! Dabei mag er auf der Jagdzauberpfeife blasen... Unter Vater ist niemand anderer als *Mungu* gemeint, worunter die Buschgottheit zu verstehen ist, der Herr des Waldes und des Wildes, oder, wie ausdrücklich gesagt wurde, *Mungu*, der mit der *ambelema*-Schlange identisch ist" (1950: 67).

Der Babira-Basua-Jäger lehnt seinen Speer über Nacht an die Astgabel mit Opferschale, damit *Kalisia* ihm Jagdkraft verleihe (68). ,,*Kalisia* ist in erster Linie der Gott der Jäger, die er auf der Jagd begleitet. Er gibt ihnen ein, wann und wo sie ein Wild erlegen werden, ja, er teilt ihnen das Wild zu. Hinter dem Schützen stehend, spannt er den Bogen und zielt für ihn; er führt den Pfeil, damit er treffe..." (22). *Kalisia* ist eine Bambuti-Gottheit; nach Roscoe komme der Name aber auch bei den Baganda vor.

Schebesta zitiert eine Reihe von Anrufungen an Gottheiten. Hier einige Beispiele (1950: 69):

„Wenn Frauen zum Wasserschöpfen ausziehen, dann hört man bisweilen eine kinderlose Frau folgendermaßen *Mbali* um Kindersegen anrufen: ,Schwangerschaft mir gib, o Mbali, Schwangerschaft mir gib, ich gebäre!'" Oder vor der Jagd: „Mugwe, Mugwe, Väter ihr, mit Wild ich gelange ins Lager!" – „Beim Auszug zur Jagd ruft der Jäger durch Vermittlung *Mbalis* seinen Vater um Beute an: ,Mbali, sag meinem Vater, er gebe mir Wild (das) ich töte!'" – Daß hier bereits Verstorbene für den Jagderfolg zuständig sind, ist vielleicht Einfluß der negerischen Wirtsherren.

Da Gewitter im Urwald sehr gefährlich sein können, haben Pygmäen große Angst davor. Die Bakango machen bei starkem Gewitter ein Feuer und werfen viel Laub darauf, so daß es starken Rauch gibt. *Mungu* sehe ihn und gehe vorüber *(Mungu* = Gewitter?), d. h. das Gewitter gehe vorbei. Wenn der Regenbogen zu sehen ist, klopfe man an das Dach der Hütte und rufe: ,*Mungu*, geh weg!'

Vom Primitialopfer der Pygmäen haben wir bereits in anderem Zusammenhang gesprochen. – Bei den Efe beobachtete Schebesta eine Zeremonie vor der Elefantenjagd: Eine Frau stellte sich auf einen Termitenhügel und spritzte Wasser aus dem Mund vor die zur Jagd aufbrechenden Jäger. Sie beschwor *Tore,* ihnen Jagdglück zu gewähren.

Wenn die Pygmäen längere Zeit keinen Jagderfolg haben, sind sie überzeugt, daß die Gottheit den Wald verschlossen habe. Man opfert ein Huhn und ruft die Gottheit und oft auch die Verstorbenen um Wild an. Bisweilen werden auch Waffen und Jäger mit dem Hühnerblut beträufelt (1950: 82).

6. Einige Anmerkungen

Schebesta merkt man bei seinen Ausführungen an, daß er auf der Suche nach dem amythischen Urgott der Pygmäen ist. Bei der Wesensbestimmung der pygmäischen Gottheit (1950: 150–179) spielt die Beziehung der Gottheit zum Wald überhaupt keine Rolle mehr, obgleich sie in der ethnographischen Darlegung ein häufig wiederkehrender Topos ist. Paßt diese Beziehung vielleicht nicht in die Theorie des Monotheismus, vor allem in die These, daß der Herr der Tiere eine spätere Absplitterung vom Himmelsgott ist? Auch Schebesta unterscheidet zwischen einem Himmels- und einem Busch- oder Jagdgott. Er sagt: „Dem Himmelsgott begegnet man mit ähnlicher Ehrfurcht wie dem Buschgott, nur findet diese Ehrfurcht ihren Ausdruck mehr in Anrufungen als im Opfer, das im weitesten Ausmaß dem Gott auf Erden, dem Busch- und Jagdgott reserviert ist. Dieser ist die lebendigste und greifbarste

Erscheinungsform der bambutischen Gottheit überhaupt" (1950: 159). Es ließe sich hier vielleicht sogar an eine zweigeteilte Gottesidee denken wie sie z. B. in Bantu-Afrika auch sonst vorkommen kann (siehe Thiel 1983).

Für Schebesta ist die rationale Verehrung, also ohne magisch-mythisches Beiwerk, ein Indiz für die Höhe des Gottesbegriffs. Er betont laufend die „rationale Art" der Verehrung. Dahinter verbirgt sich die Schmidtsche These, daß sich Gott am Anfang den Menschen selbst und direkt geoffenbart habe, und das ohne mythisch-magisches Beiwerk. Tritt solches auf, so haben wir es bereits mit einer jüngeren Schicht der Gottesidee zu tun. Die direkte Uroffenbarung ist aber eine (großzügig gesprochen) Hypothese, mit der sich die Offenbarung in den Mythen nicht als sekundär erweisen läßt.

Auf das Verhältnis von Himmels- zu Waldgottheit eingehend, sagt Schebesta: „Die etymologische Wortvergleichung erweist die Identität der Gottheit am Himmel (d. i. die Mondgottheit) mit der Gottheit auf Erden (d. i. die Busch- und Jagdgottheit). Dieser Buschgott ist eine irdische Hypostase des himmlischen Mondgottes. Darum trägt er mondmythologische Züge an sich. Er wohnt in Erd- und Baumhöhlen... Vor allem aber ist er die Gottheit der Initiation und des Männerbundes. Alles in allem ist gerade diese Busch- und Jagdgottheit eine typisch pygmäische Konzeption, die den Jägerkulturkreis, dem die Bambuti angehören, charakterisiert" (161).

Es ist schwer einzusehen, weshalb die Pygmäen einen Mondgott als Himmelsgott benötigen, wenn der Busch- und Jagdgott eine typisch pygmäische Konzeption ist. Man gewinnt beim Studium der einschlägigen Literatur den Eindruck, daß der Busch- und Jagdgott keine Hypostase des Himmelsgottes, sondern eine Hypostase bzw. Personifizierung des Urwaldes ist, in dem der Mombuti geboren wird, lebt und stirbt. Der Urwald ist ihm Vater und Mutter.

IV. Zur Religion der Wemale auf Ceram

1. Die Wemale und ihr Wohngebiet

Die Insel Ceram gehört zu den Molukken. Die Wemale siedeln im westlichen Teil der Insel. Auf West-Ceram wohnt noch eine andere Ethnie, und zwar sind es die Alune im NW der Wemale. Größere politische Strukturen fehlen bei beiden Ethnien. Von sozialer Wichtigkeit ist an erster Stelle der Dorfverband und an zweiter die Klanstruktur.

„In einigen Elementen der geistigen und materiellen Kultur zeigen die beiden Stämme eine geringe, jedoch betonte Unterschiedlichkeit, die noch durch ein strenges Heiratsverbot unterstrichen wird" (Jensen 1948: 20). Die

Wemale befolgen matrilineare Verwandtschaftszurechnung, die Alune patrilineare. Einer der augenfälligsten Unterschiede besteht in der Kleidung der Frau: Die Alune-Frauen tragen aus Palmfasern gewebte Röcke, die Wemale-Frauen dagegen eine Schambekleidung aus geklopftem Rindenbast; sie kennen nämlich die Weberei noch nicht.

„Im ganzen gesehen kann man den materiellen Kulturbestand bei den Wemale als außerordentlich armselig bezeichnen" (Jensen 1948: 30). Es fehlen so wichtige Techniken wie Weberei, Metallverarbeitung und Töpferei. Der Hausbau ist dagegen gut entwickelt, und zwar besonders die Dachkonstruktion. An der Küste werden die Häuser flach auf den Boden gebaut, im gebirgigen Hinterland herrscht der Pfahlbau vor.

In der Nähe ihrer Wohnhäuser haben die Wemale immer einige Kokospalmen und Bananenstauden stehen. Sie dürfen nur mit einem Bambusmesser, nicht aber mit einem eisernen Messer beschnitten werden. Die Felder werden oft mehrere Stunden vom Dorf entfernt im Brandrodungsbau angelegt. Mit einem groben Grabstock pflanzt man in erster Linie Knollenfrüchte an. In den Feldern hat jede Familie eine Schutzhütte, in der man auch übernachtet.

Bei der Anlage der Felder müssen magische Riten vorgenommen werden; sie haben aber keinen Bezug zum Hainuwele-Mythologem. Die Wemale kennen als einzige Körnerfrucht den Reis. Jensen meint, man könne ihn zweifellos als jungen Import ansehen, obgleich seine Herkunft mit einer Wemale-Mythe verknüpft wird (Jensen 1939: 76–81). Nach dieser Mythe „würde der Reis von einem Mann bei einem Besuch im Himmel gestohlen und auf die Erde gebracht. Der göttliche Tuwale [= Sonnenmann] ist noch heute über diesen Reisdiebstahl empört und versucht die Nachkommen jenes Mannes zu bestrafen..." (1948: 34). Der Sago spielt nur an der Küste eine gewisse Rolle. Die Frauen sammeln gelegentlich Baumfrüchte; die Jagd der Männer ist unbedeutend.

Früher gab es in jedem Dorf ein Versammlungshaus. Es war der „Mittelpunkt des dörflichen Gemeinschaftslebens". Früher wurden nach jedem Kopfjagdzug, den das betreffende Dorf erfolgreich abgeschlossen hatte, die erbeuteten Köpfe in ihm zur Schau gestellt. Das Kulthaus diente aber auch profanen Veranstaltungen. Auch kultische Tänze werden im Versammlungshaus abgehalten.

Die Wemale kennen einen geheimen Männerbund namens Kakihan. Der Bund hatte früher eigene Priester. Ihr Oberpriester war das Haupt bei politischen Versammlungen. Der Bundesgeist war eine Schlange als menschenfressendes Ungeheuer. „Ihr mußten in der Urzeit eine Unmenge Menschen zum Opfer gebracht werden" (1948: 88).

2. *Die Geistwesen*

Die Wemale kennen verschiedene Geisterarten, so Natur-, Ahnen- und Geheimbundgeister. Sie besitzen, über diesen stehend, auch noch vier kosmische Gottheiten; die Wemale bezeichnen sie als ihre obersten Gottheiten. Es sind: Himmel, Erde, Sonne und Mond. Himmel und Sonne werden männlich, Erde und Mond weiblich gedacht. Ursprünglich soll der Himmel die oberste Gottheit gewesen sein. Sein Fest überragte alles. Jensen sagt, daß zu seiner Zeit vom Himmel als alleinigem Höchsten Wesen nicht mehr die Rede war (1948: 233). Die höchste Gottheit ist vielmehr *Tuwale,* die Personifizierung der Sonne. Die Personifizierung des Mondes heißt *Rabie.*

Sonne und Mond spielen nach Jensen eine wichtigere Rolle im religiösen Denken der Wemale als Himmel und Erde. Die Sonne tritt hauptsächlich in zwei Mythologemen als handelnde Person auf: so in der Mythe von der Erschaffung der Menschen. Doch die Schöpfertätigkeit Tuwales ist gering; er schüttelt lediglich den Bananenbaum. Die Menschen werden weder geformt noch erhalten sie ein Lebensprinzip. Im Mittelpunkt des Geschehens steht die Pflanze, und zwar als Bananenstaude. – Die Wichtigkeit der Pflanze – sie steht ja für das Lebendige, denn der Mensch hat in der Form der Pflanze den Zusammenhang von Tod und Fruchtbarkeit erkannt –, geht aus der Mythe vom Stein und der Bananenstaude hervor (Jensen 1939: 39). „Der Triumph liegt bei der lebendigen Kreatur" (1939: 9). Wörtlich heißt es in der Mythe:

„Zu jener Zeit stand es noch nicht fest, welche Gestalt die Menschen endgültig haben sollten, und ein Bananenbaum und ein großer Stein stritten sich heftig darum. Der Stein sagte: ‚Die Menschen sollen so aussehen wie ich und so stark sein wie ich. Sie sollen nur die rechte Hälfte haben, nur einen Arm, ein Bein, ein Auge, ein Ohr, und sie sollen nicht sterben.' Der Bananenbaum aber sagte: ‚Nein, die Menschen sollen so aussehen wie ich, sie sollen zwei Arme haben, zwei Beine, zwei Augen, zwei Ohren und sollen Kinder zur Welt bringen wie ich.' Der Streit der beiden wurde immer heftiger, und sie hörten nicht auf, sich zu beschimpfen. Da sprang der Stein voller Wut auf den Bananenbaum und zerschlug ihn. Am anderen Tage aber standen an dessen Stelle seine Kinder, und der älteste Sohn, der der kräftigste war, fing den Streit mit dem Stein von neuem an. Der Stein sprang wieder auf den Bananenbaum und zerschlug ihn. Aber schon am nächsten Tage waren wieder die jungen Bananenbäume da, und der älteste Sohn, der der kräftigste war, begann wieder den Streit. So ging es fort, bis wieder ein ältester Sohn des Bananenbaums den Streit mit dem Stein von neuem anfing. Er wuchs an einem steilen Abhang und sagte zu dem Stein: ‚Wir müssen immer weiter streiten, bis einer von uns siegt!' Der Stein sprang wieder voller Wut auf den Bananenbaum. Er traf ihn aber nicht und fiel in den tiefen Abgrund. Da freuten sich alle Bananen und sagten: ‚Wir haben gesiegt. Jetzt kannst du nicht mehr springen.' Der Stein sagte: ‚Gut, der Mensch soll so aussehen, wie du willst, aber dann soll er auch sterben wie du!' (1939: 39–40).

Die Mythe erzählt noch weiter, daß der Sonnenmann Tuwale auf den Berg Nunusaku kam und den Bananenbaum schüttelte. Aus den reifen Bananen wurden Menschen. Aus der einen unreifen Banane wurde *mulua Satene,* ,,die zur Herrscherin über die Menschen bestimmt war" (1939: 41).

Die zweite Mythe, in der Tuwale als personifiziertes göttliches Wesen auftritt, ist die Mythe vom Raub des Mädchens *Rabie.* Gelegentlich wird auch gesagt, daß die Menschen aus der Vereinigung von Tuwale und Rabie (bei Vollmond) hervorgegangen seien. – Die Mythe erzählt, daß Tuwale häßlich war und um Rabie freite. Die Eltern wollten ihm aber ihre Tochter nicht geben. Wörtlich heißt es dann:

,,Einige Tage später ging Rabie aus dem Dorf, um ein Geschäft zu verrichten. Sie trat dabei auf die Wurzel eines Balu-Baumes. Als sie darauf stand, versank die Wurzel langsam in die Erde, und Rabie versank mit. So sehr sie sich auch bemühte, sie konnte aus der Erde nicht mehr herauskommen und sank immer tiefer. Sie schrie um Hilfe, und die Dorfbewohner eilten hinzu. Sie versuchten Rabie auszugraben, aber je mehr sie sich bemühten, um so tiefer sank Rabie. Als sie bis zum Halse versunken war, sagte sie zu ihrer Mutter: ‚Es ist Tuwale, der mich holt. Schlachtet ein Schwein und feiert ein Fest, denn ich sterbe jetzt. Wenn es nach drei Tagen Abend wird, so schaut alle nach dem Himmel, denn dort werde ich euch als Licht erscheinen und werde über die Patasiwa (Neunermenschen) und Patalima (Fünfermenscher) und alle Lebewesen scheinen.'

Die Eltern von Rabie und die Dorfbewohner gingen nach Hause und schlachteten ein Schwein. Sie feierten ein Totenfest für Rabie drei Tage lang, und am dritten Tage schauten sie an den Himmel. Da ging zum ersten Mal der volle Mond im Osten auf. In demselben Augenblick, als der Mond aufging, entstand ein fürchterlicher Gestank auf der Erde, den alle Menschen bemerkten. Das Licht des Mondes strahlte aus dem großen Keladi-Blatt, das Rabie wie alle Frauen mit einem Reif befestigt auf dem Kopfe getragen hatte. Allmählich ging die Form des Lichtes in die schmale Gestalt ihres schönen Schmuckkammes über.

Nach einem Jahr schickte Rabie ein Kind auf die Erde, das für ihre Eltern bestimmt war. Sie ließ es an einer Korallenkette hinab. Das Kind aber stank genau so, wie Mäuse stinken, und die Menschen wollten es nicht haben. Sie schickte auch noch ein anderes Geschenk an ihre Eltern, eine silber-geflochtene Schambekleidung, wie sie die Frauen sonst aus geklopftem Rindenstoff tragen.

Die Stelle, and der Rabie damals von Tuwale in die Erde gezogen wurde, ist noch heute bei Tamene siwa zu sehen.

Von ganz besonderer Bedeutung ist für die Wemale der Mond. Mit Rabie als Mond beginnt das Töten. Sie trägt ihren Eltern auf: Schlachtet ein Schwein. Wie schon in Griechenland (Demeter – Kore) und Italien (Ceres), werden auch mit Rabie Schweineopfer in Zusammenhang gebracht. Auch das Mädchen Hainuwele wird gelegentlich als ‚Rabie Hainuwele' bezeichnet, also mit der Mondfrau assoziiert. Hainuweles abschnittweises Entstehen auf einem Kokospalmblatt gleicht dem Werden des Mondes. Ihr Vater heißt ‚Ameta', was ‚dunkel', ‚Nacht' bedeutet, und deshalb wohl auch mit dem Mond zu tun hat.

Der Mond ist fast überall, wo er in der Weltanschauung eine Rolle spielt, Sinnbild des Sterbens und Auferstehens. Nirgendwo ist aber das Stirb und Werde besser durchdacht worden als in den agrarischen Kulturen, und dies kommt wiederum am besten in der Hainuwele-Mythe zum Tragen.

3. Hainuwele-Mythologem

Die typischen göttlichen Wesen der Wemale sind jedoch nicht die vier kosmischen Gottheiten, sondern jene Wesen, die mit ihrem Pflanzertum direkt zu tun haben. Adolf Jensen hat sich sehr bemüht nachzuweisen, daß es sich bei diesen Wesen des frühen Pflanzertums um göttliche Gestalten handelt. Kennt man erst ihre reichen Mythen, sagt Jensen, dann ,,drängen sich die göttlichen Gestalten in den Vordergrund, durch deren Art und Wesen sich die mannigfaltigen Glaubensvorstellungen erst als eine ‚Religion' enthüllen" (1960: 92).

Die Wemale kennen drei solche Gestalten. Es sind dies die weiblichen göttlichen Wesen: *Satene, Rabie* und *Hainuwele.* Jensen gebraucht den Ausdruck ,,Gottheit" für diese Wesen, doch es kommen ihm Bedenken ob dieses Ausdrucks (1960: 105–106).

,,Wenn wir bis jetzt schlechthin von einer Gottheit sprachen, so melden sich nunmehr Bedenken gegen diese Bezeichnung an – nicht etwa deshalb, weil uns ihr göttlicher Charakter zweifelhaft erscheint. Dieser ist vielmehr durch die mythischen Aussagen über sie völlig gesichert. Aber unsere Vorstellung von Gott und Göttern – hervorgegangen aus der Kenntnis der Hochkulturen und unserer christlichen Erziehung – ist doch so bestimmt, daß jene ganz andersartigen Gottheiten nicht recht dazu passen wollen. Um sie in ihrer Besonderheit gegenüber den uns geläufigen Vorstellungen abzuheben, hat man sie bisher meist als Stammes- oder Kultur-Heroen, als Transformer oder dergleichen bezeichnet. Diese Namen treffen m. E. nicht die Großartigkeit der Erscheinung. Es ist angemessen, auch in der Bezeichnung die Göttlichkeit hervorzuheben und sie durch einen *gemeinsamen Namen* abzugrenzen, wie wir von indischen oder griechischen Göttern, vom alt-testamentlichen oder vom islamischen Gotte sprechen und damit konkrete Vorstellungen verbinden. Die Marind-anim in Neu-Guinea haben einen gemeinsamen Namen für die Gesamtheit der Urzeit-Wesen und für die göttlich-schöpferischen Gestalten unter ihnen. Sie nennen sie *Dema* und der Name *Dema-Gottheit* als gemeinsame Bezeichnung für sie erscheint mir zweckmäßig unter der Voraussetzung, daß es gelungen sein sollte, die Einheitlichkeit der Gottesidee darzutun, die einen gemeinsamen Namen rechtfertigen muß."

Sodann fragt Jensen nach den hauptsächlichen Unterscheidungsmerkmalen zwischen den Dema-Gottheiten und unseren geläufigen Gottesvorstellungen. Er macht folgende Punkte aus:

- Nach unserer traditionellen Vorstellung wirkt Gott immer und überall, obgleich er die Welt transzendiert. Die Dema-Gottheit wirkt dagegen nur in der Urzeit; genauer gesagt: ihr Wirken beschließt die Urzeit. Ihr Wirken besteht ja gerade darin, daß sie die menschliche Seinsordnung ins Leben ruft und damit den Prozeß von Sterben und Auferstehen in Bewegung setzt. „Mit dem Ende der Urzeit hört das Dema-Dasein auf. An Stelle der Unsterblichkeit tritt sterbliches irdisches Leben, aber auch die Fortpflanzungsfähigkeit, die Nahrungsbedürftigkeit und die leben-vernichtende Seinsform" (Jensen 1960: 94–95).
- Auch der schöpferische Akt ist sehr verschieden: Gott schafft durch das Wort, durch handwerkliche Fertigkeit und Beseelung. Die Dema-Gottheit schafft, indem sie getötet wird. Man könnte genauer sagen: Die Dema-Gottheit wird zur Schöpfung. Man sollte hier vielleicht von einer Art „Pantheismus" sprechen.
- Der wichtigste Unterschied – und den greift Jensen nicht auf – scheint mir aber zu sein, daß die Dema-Gottheit die Hypostasierung des Stirb- und Werde-Prozesses ist. Es ist die eigentliche große und originale Erkenntnis der Pflanzer, daß nur durch Tod neues Leben ersteht. Das existenzsichernde Element der Pflanzer wird zur Hypostase. – Unser traditioneller Gottesbegriff hat einen ganz anderen Inhalt; er ist nicht auf ein Wirtschaftssystem festgelegt. Man kann zu ihm beten, bei ihm Hilfe suchen; nicht aber so beim Dema: Er setzt das pflanzerische Weltbild in Szene, und damit hört seine personale Präsenz auf. Die Pflanzen aber, die aus ihm gekommen sind, sind weiterhin diesem Dema-Rhythmus unterworfen.
- Wenn ich vorhin Jensen zitiert habe, wo dieser sagt, der göttliche Charakter der Dema-Wesen sei zweifelsfrei, da kommen mir doch große Zweifel, ob es noch Sinn hat, solche übermenschliche Wesen – das sind sie zweifellos – „Gottheiten" zu benennen. Man sollte vielmehr fragen, was sie mit einer Gottesvorstellung noch gemeinsam haben. Welche Klarheit bringt eine Benennung, die jedes übermenschliche Wesen, wenn es auch der Urzeit angehört, als „Gottheit" bezeichnet. Doch Jensen weist ja selbst den rechten Weg, indem er von Dema-Wesen spricht. Sie sind wirklich eine Kategorie sui generis.

Der zentrale Mythus, der dieses Stirb-und-Werde aufzeigt, ist der Mythus von drei Mädchen: Satene, Rabie und Hainuwele. Auf einige Elemente dieses Mythus haben wir bereits in Kapitel 3, III 2, aufmerksam gemacht. Hier sei der Mythus in größeren Zusammenhang wiedergegeben (1949: 35–38):

„Als die neun Familien der Menschen vom Nunusaku (dem Berg der mythischen Menschenentstehung) auswanderten, hielten sie sich in einigen Orten West-Cerams auf und kamen auf den heiligen Platz Tamene siwa (Tamene ist noch heute der Name kultischer Tanzplätze, siwa = neun), der im Walde zwischen Ahiolo und Waraloin lag.

Unter den Menschen lebte damals ein Mann mit Namen Ameta (der Name hat den Bedeutungsgehalt dunkel, schwarz, Nacht), der nicht verheiratet war und keine Kinder hatte. Ameta ging eines Tages mit seinem Hunde auf die Jagd. Nach einiger Zeit spürte der Hund im Walde ein Schwein auf und verfolgte es bis zu einem Teiche. Das Schwein lief in das Wasser des Teiches, der Hund aber blieb am Ufer stehen. Bald konnte das Schwein nicht mehr schwimmen und ertrank. Der Mann Ameta war inzwischen herangekommen und fischte das tote Schwein heraus. Er fand an dem Hauer des Schweines eine Kokosnuß. Damals aber gab es noch keine Kokospalmen auf der Erde.
Er ging mit ihr nach Hause und legte sie auf ein Gestell. Dort deckte er sie mit einem Sarong patola (patola ist eine Schlangenart, und der Name deutet auf ein schlangengemustertes Tuch) zu. Dann legte er sich in das Haus, um zu schlafen, und hatte einen Traum. Es kam ein Mann zu ihm, der sagte: ‚Die Kokosnuß, die du dort auf dem Gestell mit dem Sarong zugedeckt hast, mußt du in die Erde pflanzen, denn sie keimt schon.' Da nahm Ameta am anderen Morgen die Kokosnuß und pflanzte sie. Nach drei Tagen war die Palme schon hochgewachsen. Nach drei weiteren Tagen trug sie Blätter. Er kletterte in die Palme, um die Blüten zu schneiden, aus denen er sich ein Getränk bereiten wollte. Als er damit beschäftigt war, schnitt er sich in den Finger, und es tropfte Blut auf die Palmenblüte. Er ging nach Hause und verband sich. Als er nach drei Tagen wiederkam, sah er, daß sich das Blut auf dem Palmenblatt mit dem Saft der Blüten vermengt hatte, und daß daraus ein Mensch wurde. Das Gesicht des Menschen war schon geformt. Als er nach drei Tagen wiederkam, war auch der Rumpf des Menschen da, und als er nach drei weiteren Tagen kam, war aus dem Blutstropfen ein kleines Mädchen geworden. In der Nacht kam im Traum derselbe Mann zu ihm und sagte: ‚Nimm den Sarong patola und wickle das Mädchen aus der Kokospalme sorgfältig hinein und bringe es nach Hause.'
Am anderen Morgen ging er mit dem Sarong patola zu der Kokospalme, kletterte hinauf und wickelte das Mädchen vorsichtig hinein. Dann trug er es zur Erde und nahm es mit nach Hause. Er nannte es Hainuwele. (Das heißt Kokospalmenzweig).
Sie wuchs sehr schnell auf, und schon nach drei Tagen war sie ein heiratsfähiges junges Mädchen (Mulua). Sie war aber nicht wie die gewöhnlichen Menschen. Wenn sie ihre Notdurft verrichtete, so bestand der Kot aus wertvollen Gegenständen, wie chinesischen Tellern und Gongs, und ihr Vater Ameta wurde sehr reich.
Zu jener Zeit fand in Tamene siwa ein großer Maro-Tanz statt, der neun Nächte hindurch dauerte. Die neun Familien der Menschen nahmen daran teil. Sie bildeten beim Tanze eine große neunfache Spirale. (Wenn die Menschen in der Nacht Maro tanzen, so sitzen in der Mitte die Frauen, die nicht mittanzen, und reichen den Tänzern Sirih und Pinang zum Kauen). Bei jenem großen Tanz stand das Mädchen Hainuwele in der Mitte und reichte den Tänzern Sirih und Pinang."

In den Nächten darauf verteilt Hainuwele Korallen, chinesisches Porzellan, größere Porzellanteller, Buschmesser, Sirihdosen aus Kupfer, goldene Ohrringe, schöne Gongs.

„So wuchs der Wert der Gegenstände, die Hainuwele an die Tänzer verteilte, von Nacht zu Nacht, und den Menschen wurde die Sache unheimlich. Sie kamen zusammen und berieten miteinander. Sie waren eifersüchtig, daß Hainuwele solche Reichtümer verteilen konnte und beschlossen, sie zu töten.

In der neunten Nacht des großen Maro-Tanzes wurde Hainuwele wieder in die Mitte des Platzes gestellt, um Sirih zu verteilen. Die Männer aber gruben ein tiefes Loch auf dem Platz. In dem innersten Kreis der großen neunfachen Spirale, die die Tänzer bildeten, tanzte in jener Nacht die Familie Lesiëla. In der langsam kreisenden Tanzbewegung der Spirale drängten sie das Mädchen Hainuwele auf die Grube zu und warfen sie hinein. Der laute (dreistimmige) Maro-Gesang übertönte die Schreie des Mädchens. Man schüttete Erde auf sie, und die Tänzer stampften mit ihren Tanzbewegungen die Erde über der Grube fest. Beim Morgengrauen war der Maro-Tanz beendet, und die Menschen gingen nach Hause.
Als der Maro-Tanz zu Ende war und Hainuwele nicht nach Hause kam, wußte ihr Vater Ameta, daß sie ermordet war. Er nahm neun Uli-Stäbe (buschartige Pflanze, deren Holz zu Orakelzwecken dient) und baute mit ihnen zu Hause die neun Kreise der Maro-Tänzer auf. Er wußte nun, daß Hainuwele auf dem Maro-Platz ermordet worden war. Da nahm er neun Blattrippen von der Kokospalme und ging mit ihnen auf den Tanzplatz. Er steckte die neun Blattrippen nacheinander in die Erde. Mit der neunten traf er den innersten Kreis der Maro-Tänzer, und als er sie wieder herauszog, waren Kopfhaare und Blut von Hainuwele daran. Da grub er ihren Leichnam aus und zerschnitt ihn in viele Stücke. Die einzelnen Teile des Körpers vergrub er in dem ganzen Gebiet um den Tanzplatz herum. Nur die beiden Arme vergrub er nicht, sondern brachte sie zur Mulua Satene, jener Frau, die bei der Schöpfung der Menschen aus der einen unreifen Banane entstanden war, und die damals noch über die Menschen herrschte. Die vergrabenen Leichenteile der Hainuwele aber verwandelten sich in Dinge, die es damals auf der Erde nicht gab – vor allem in die Knollenfrüchte, von denen die Menschen seitdem hauptsächlich leben.
Ameta verfluchte die Menschen und Mulua Satene war böse über sie, weil sie getötet hatten. Sie baute an einem Platz in Tamene siwa ein großes Tor. Es bestand aus einer neunfachen Spirale, so wie die Menschen beim Maro-Tanz aufgestellt gewesen waren. Mulua Satene selbst stellte sich auf einen großen Baumstamm auf der einen Seite des Tores und hatte die abgeschnittenen Arme von Hainuwele in ihren beiden Händen. Dann versammelte sie alle Menschen auf der anderen Seite des großen Tores und sagte zu ihnen: ‚Ich will nicht mehr hier leben, weil ihr getötet habt. Ich werde heute von euch gehen. Jetzt müßt ihr alle durch das Tor hindurch zu mir kommen. Wer durch das Tor kommt, der bleibt Mensch, wer nicht hindurchgeht, mit dem wird es anders geschehen.'
Die Menschen versuchten nun alle durch das spiralige Tor zu gehen, aber nicht alle kamen durch. Wer nicht durch das Tor zu Mulua Satene kam, der wurde damals zu einem Tier oder einem Geist. So entstanden die Schweine, Hirsche, Vögel und Fische und die vielen Geister, die auf der Erde leben. Früher waren es Menschen gewesen, aber sie konnten nicht durch das Tor gehen, hinter dem Mulua Satene stand. Die anderen Menschen aber, die durch das Tor hindurchkamen, gingen zur Mulua Satene. Einige gingen rechts, andere links an ihrem Baumstamm vorbei. Sie aber schlug jeden Vorbeigehenden mit einem Arm der Hainuwele. Wer links an ihr vorbeiging, der mußte über fünf Bambusstämme springen. Von diesen Menschen stammen die Patalima, die Fünfermenschen, ab. Wer rechts an der Mulua Satene vorbeigegangen war, der mußte über neun Bambusstämme springen. Von diesen Menschen kommen die Patasiwa, die Neunermenschen.

Satene aber sagte zu den Menschen: ‚Ich werde noch heute von euch gehen, und ihr werdet mich nicht mehr auf der Erde sehen. Erst wenn ihr gestorben seid, werdet ihr mich wiedersehen. Aber auch dann müßt ihr eine beschwerliche Reise antreten, bevor ihr zu mir kommt.' Damals verschwand Mulua Satene von der Erde und wohnt seitdem als Nitu auf dem Salahua, dem Totenberge im südlichen West-Ceram. Wer zu ihr gelangen will, muß erst sterben. Der Weg zum Salahua aber führt über acht Berge, auf denen acht andere Nitu wohnen. Seit jener Zeit gibt es außer den Menschen auch die Tiere und Geister auf der Erde. Die Menschen sind seitdem in Patasiwa und Patalima geteilt."

Was uns an dieser Mythe mit den drei göttlichen Mädchen auffällt, ist, daß diese Urzeitwesen ausschließlich Frauen sind. Und obgleich es um Leben und Fruchtbarkeit geht, ist keine der Frauen eine Muttergestalt. Jensen bemüht sich, Parallelen zu Kore/Persephone und zu Isis/Osiris aufzuzeigen (1948: 277–288). Manche Ähnlichkeiten sind sicher vorhanden, aber mehr als Folge und Ausfluß aus dem agrarischen Weltbild sind die Ähnlichkeiten wohl nicht. Dazu fehlt Demeter als große Erdenmutter ganz. Jensen sagt selbst am Ende seines Werkes: „Ich bin mir darüber klar, daß dieser Versuch, die wesentlichen Züge der Wemale-Kultur in einen größeren kulturgeschichtlichen Zusammenhang zu bringen, nur eine Andeutung bleiben konnte..." (1948: 297). – Es ist Jensens großer Verdienst, uns die Pflanzerkulturen nähergebracht zu haben. Bis dahin haben die meisten Forscher sie als uninteressant übergangen.

V. Religion und Höchstes Wesen der Yansi

1. Vorbemerkungen

Die Yansi (normalerweise sagt man Bayansi, *Ba-* ist Pluralpräfix in den Bantusprachen) gehören zu der großen Gruppe der Bantuvölker. Sie siedeln seit etwa 250 Jahren zwischen Kwango und Kasai, genauer, am Unterlauf des Kwilu, etwa 400 km östlich von Kinshasa (Zaire). Es gibt etwa 300.000 Personen, die sich als Bayansi bezeichnen.

Die Yansi sind in der Hauptsache einfache Pflanzer. Seit einigen Jahrzehnten, hauptsächlich auf Drängen der belgischen Kolonialregierung, betreiben sie in bescheidenem Umfange auch Körnerbau: Erdnüsse, Reis, Mais, Kaffee. Das Grundnahrungsmittel ist Maniok, der ausschließlich von der Frau angepflanzt wird. Der traditionelle Mann geht mit Vorliebe auf die Jagd. Da das Wild in manchen Regionen bereits sehr rar geworden ist, wird der Mann mehr und mehr zum Bauer. Er aber baut vor allem für den Verkauf an: Fasern, Kaffee, Reis, oder er schneidet die Früchte der Ölpalme und verkauft sie.

In früherer Zeit hat der Mann die Fleischnahrung, die Frau die Pflanzennahrung beigeschafft. Da die Fleischnahrung abnimmt, muß die Frau immer mehr arbeiten, um genügend Pflanzennahrung für die Familie beizuschaffen; es sei denn, der Mann verdient genügend Geld, damit Sardinen oder Trockenfisch gekauft werden können.

Die Yansi sind in verschiedene Untergruppen gegliedert. Diese Gliederung beruht aber mehr auf politischen als auf ethnischen Kriterien. Jede Untergruppe ist in mehrere Häuptlingstümer aufgeteilt, von denen jedes prinzipiell unabhängig ist. Ein Häuptlingstum umfaßt meistens mehrere Dörfer, idealerweise neun. In den Häuptlingstümern einer Untergruppe übt gewöhnlich der gleiche Klan die politische Herrschaft aus; in jedem Häuptlingstum hat dann eine Lineage die Macht inne.

Ein Dorf beherbergt idealerweise neun Klane (neun ist die sakrale Zahl der Fülle). Der Klan als Ganzes tritt jedoch nur bei der Klanexogamie in Erscheinung. Die aktive solidarische Gruppe wird von der Lineage gebildet. An der Spitze der Lineage steht der Lineageälteste; er ist das Bindeglied zwischen den Lebenden und den Ahnen.

Die Yansi haben matrilineare Verwandtschaftszurechnung und virilokale Wohnfolge. Dies bedeutet, daß Mutter und Kinder an ihrem Wohnort immer Fremde sind. Um Funktionen in der eigenen Lineage ausüben zu können, müssen die Kinder, wenn sie erwachsen sind, auf die eigene Ahnenerde zurückkehren.

Jeder Klan hat nämlich seine Ahnenerde (*mpu*). Jener Klan, der ein Gebiet als erster besiedelt hat, ist darauf Erdherr. Ihm kommen religiöse Funktionen zu. Vor allem ist der Lineageälteste des Erdherrenklans immer *Ngalubwij*, d. h. er ist der Priester des Naturgeistes *Lubwij*. In dieser Eigenschaft ist er für die Fruchtbarkeit der Erde zuständig.

Die Erde wird nicht als persönliches Wesen betrachtet, aber ihr kommen doch eine ganze Reihe von Funktionen zu. Insofern sie Quelle des Lebens ist, gehört sie in die Domäne des Lubwij-Priesters; insofern sie aber politisches Territorium ist, auf dem Menschen leben, gehört sie zur Domäne des politischen Häuptlings (*muil*). Sie hat also einen sakralen und einen profanen Aspekt (Thiel 1968).

2. Die subalternen übermenschlichen Mächte

Der Naturgeist Lubwij

Es ist schwer zu sagen, wer Lubwij ist. Wiederholt habe ich von alten Yansi, die noch nicht Christen waren, den Vergleich gehört: Im Himmel ist *Nziam* („Gott"), auf Erden *Lubwij*. Dies soll wohl heißen, daß jeder in seinem Bereich absolut ist. Ein Alter sagte einmal: „Der eine hat das Wasser, der andere den Himmel gemacht." Doch diese Aussage scheint mir Lubwij höher einzustufen als ihm in Wirklichkeit zukommt.

Lubwij ist eine schillernde Gestalt. Er ist nicht nur gut, sondern auch kapriziös. Lubwij wohnt im Wald und das Höchste Wesen im Himmel. Wald bedeutet hier allerdings alles, was im Gegensatz zum Dorf steht. Das gesamte unbebaute Terrain gehört zum Wald. So z. B. nennen die Yansi einen ungehobelten Menschen *mur e musit* – Mensch des Waldes, d. h. er ist unkultiviert. Lubwij wohnt vor allem in Gewässern, in Tümpeln und in fließenden Gewässern, wo ein Wirbel entsteht. Der Wirbel heißt *kiföm*, und an solchen Stellen wird gewöhnlich vom *Ngalubwij* das Opfer an den Naturgeist vollzogen. Wenn er seine Opferzeremonie beginnt, leitet er sie gerne mit folgenden Worten ein: „Du, Lubwij, mein Verwandter, du wohnst im Wald und ich wohne im Dorf." An Gewässern werden Lubwij wiederholt Glasperlen oder Kaurimuscheln geopfert, im Wald an einem großen Baum wird auch bisweilen geopfert, dann werden ihm ein Hühnerei und auch ein Huhn geopfert. Der Ngalubwij fragt dann gleich, ob das Opfer angenommen worden ist, indem er ein Schwirrholz über seinem Kopf dreht, und durch den Summton erfährt er die Antwort.

Die Anlässe für ein Lubwij-Opfer können sehr vielfältig sein. Wenn z. B. die Menschen in einem Dorf sich nicht mehr wohlfühlen, schlechte Träume haben, krank sind, Frauen keine Kinder bekommen etc., dann geht der Dorfvorsteher zum Ngalubwij und sagt: „Richte deinen Lubwij her." Man gibt dem Ngalubwij ein Huhn, und jede Familie gibt etwas Geld. Dann wird das Lubwij-Opfer vollzogen, damit Lubwij wiederum die Erde in Ordnung bringe.

Ich habe bereits erwähnt, daß Lubwij auch für die Inzestzeremonie zuständig ist. Inzest ist zwar eines der schwersten Vergehen neben der Hexerei, aber dennoch kommt gerade zwischen Jugendlichen Inzest relativ häufig vor. Da Klanexogamie besteht, ist jede sexuelle Handlung zwischen Personen aus dem gleichen Klan Inzest, auch wenn keine Verwandtschaft mehr realiter aufgezeigt werden kann. Die Delinquenten geben allerdings den Inzest meist erst dann zu, wenn sie durch äußere Umstände dazu gezwungen werden. Dies ist praktisch immer dann der Fall, wenn das Mädchen heiratet, denn bevor sie in das Haus ihres Mannes zieht, muß sie „alle ihre früheren Liebhaber aus ihrem Bauch entfernen", d. h. es findet eine öffentliche Beichte statt. Wenn sie in diesem Fall die Inzesthandlung nicht angibt, wird sie, wenn der Fall schwer war, nicht schwanger oder sie wird schwanger und kann nicht gebären. Dann wird die ganze Verwandtschaft in sie dringen, und schließlich wird die Frau zugeben, daß sie Beziehungen mit einem Verwandten hatte. Dann muß die Inzestzeremonie beim Ngalubwij vorgenommen werden.

Orte mit einer besonderen Lubwij-Präsenz sind gefährliche Orte. Nur Alte und Menschen mit hohem Status können sich dorthin begeben. Schwache Menschen, und das sind vor allem Jugendliche, jüngere Frauen, schwangere Frauen und rötliche Frauen, dürfen solche Orte nicht betreten, denn Lubwij mag diese Personen nicht. Frauen und Jugendliche dürfen auch in den Gewässern, wo Lubwij wohnt, nicht fischen. Alle diese Tabus um Lubwij sind eine große Quelle für Unwohlsein, Krankheit usw., und die Wahrsager haben es relativ einfach immer wieder festzustellen, daß sich eine kranke Person gegen Lubwij vergangen habe.

Es gibt gute und böse Lubwij. Jeder Lubwij besitzt ein bestimmtes Territorium, das identisch ist mit dem des Erdherrnklans. Der gute Lubwij sucht den Menschen zu nützen, ein böser muß dauernd beopfert werden, damit die Menschen sich wohlfühlen. Lubwij dient auch in gewisser Weise als Sündenbock. Alles Schlechte wird ihm angelastet. Wenn ein Kind als Krüppel zur Welt kommt, wird gesagt, Lubwij habe es gemacht. Als einmal ein Jäger aus dem Wald eine kleine Antilope mit 5 Beinen brachte, insistierten die Alten, daß er sie schnell wieder in die Wildnis entlasse, da sie ein Geschöpf Lubwijs sei und Lubwij sich sicher rächen würde, wenn man seine Kinder nähme. Wie es scheint, gibt es aber in einer Lubwij-Domäne mehrere Lubwijs, denn beim Lubwij-Opfer kann man hören, daß gesagt wird, daß flußaufwärts Perlen geworfen werden mit den Worten: „Für euch Lubwij oben, für euch Lubwij unten und für euch Lubwij in der Tiefe des Wassers." Aber normalerweise geht man immer davon aus, daß jede Ahnenerde einen Lubwij hat.

Lubwij spielt eine sehr wichtige ökonomische und soziale Rolle. Wenn auf dem Territorium des Erdherrn ein größeres Tier bei der Jagd erlegt wird, erhält der Erdherr ein Vorderbein, der politische Häuptling aber eine Hinterkeule. Wenn aber der politische Häuptling in sein Amt eingeführt wird, muß er den Bangalubwij dieses Recht auf die Hinterkeule abkaufen. Er gibt jedem Ngalubwij seines politischen Territoriums eine kleine Summe, damit er die Hinterkeule haben kann. Alles deutet darauf hin, daß Lubwij ursprünglich der Erstbesitzer des Bodens war und dann allmählich zum Naturgeist geworden ist; vielleicht der Urahn des Erdherrnklans oder, wie ich schon einmal erwähnt habe, vielleicht ein Überbleibsel aus der Zeit der Pygmäen, die Bambwiiti genannt wurden.

Ahnen und nkisi

Über diese beiden Kategorien von übermenschlichen Wesen haben wir bereits ausführlich gesprochen. Es sei hier nur mehr kurz auf einige Punkte hingewiesen. Heute stehen neben dem Lubwij-Glauben der Ahnenkult und der Fetischdienst im Zentrum der religiösen Betätigung der Yansi. Da jedoch bereits 50 % der Yansi Christen sind und davon eine größere Anzahl in zweiter und dritter Generation, gehen natürlich der Ahnenkult und der Fetischglaube zurück. Sie werden vor allem im Hinterland von älteren Leuten praktiziert. Der oberflächliche Fetischismus mit kleinen Fetischen, ad hoc durchgeführt, kommt natürlich auch unter Jugendlichen und in der Stadt vor. Aber die großen *nkisi* der Klane und der Häuptlingstümer sind die Domäne der Alten, und diese Zeremonien werden in den Dörfern vorgenommen; allerdings auch nicht mehr in dem Ausmaß wie früher.

Das gleiche kann man vom Ahnenkult sagen. Da das ganze Wirtschafts- und Sozialsystem auf dem Ahnenkult basiert, kann er natürlich nicht ohne weiteres abgeschafft werden. Ich habe Fälle erlebt, daß der Leiter eines Hospitals in der Stadt seine Kinder, da sie nicht gesund wurden, in sein Heimatdorf zu den Ahnengräbern brachte, damit sie durch die Ahnen geheilt würden. Christen können sich selbstverständlich nicht ganz dem Ahnenkult entziehen. So ist die Tendenz bei ihnen festzustellen, daß sie die Ahnen wie Heilige betrachten, zu ihnen beten, ihnen auch Opfer bringen, dann aber immer wiederum betonen: „Erbittet diese Sachen bei Gott (*Nzambi*) für uns!"

3. Das Höchste Wesen

Wenn vom Höchsten Wesen der Yansi gesprochen wird, muß gleich folgende Unterscheidung getroffen werden: Will man das Höchste Wesen beschreiben, wie es heute von den Yansi gedacht wird, so handelt es sich einwandfrei um einen Hochgott, den man mit dem Gott des Alten Testaments identifizieren kann. Der gebräuchliche Name ist *Nziam/Nzambi*. Ältere Leute fügen dann noch hinzu: *Nziampwu* oder *Nzambi Mpungu*. Doch diese Entwicklung in der Konzeption des Höchsten Wesens ist eine relativ neue Erscheinung bei den Yansi, und hierzu hat die christliche Mission viel beigetragen. Die ersten christlichen Missionare, die um die Jahrhundertwende zu den Yansi kamen, hatten vorher im Gebiet der Bakongo, also weiter im Westen, gearbeitet. Sie brachten die Sprache der Bakongo mit und auch deren Ideen über Gott. Wir wissen ja, daß die Bakongo seit Ende des 15. Jahrhunderts unter christlichem Einfluß standen.

Wenn man aber dem traditionellen Verständnis des Höchsten Wesens der Yansi nachgeht, dann kommt man auf andere Namen und Ideen des Höchsten Wesens, und die wollen wir nun kurz darlegen.

In früher Zeit hat das Höchste Wesen der Yansi *Ngwil* geheißen. Was dieser Ausdruck besagt, ist nur schwer auszumachen. Es könnte aber sein, daß das Wort „Stärke" – *ngol* darinnen steckt, denn bei alten Yansi konnte man öfter hören, daß sie auch *ngol* oder *ngolmpwu* sagten. Ein häufiges Epitheton ist *minawa*. *Minā* ist ein altes Wort für Klane und *wa* bedeutet neun. Das Höchste Wesen ist also der Herr von neun Klanen, d. h. von allen Klanen, wie auch der ganz große Häuptling *Muil minawa* ist, d. h. er hat sehr viele Menschen auf seinem Territorium. Man verwendet auch das Epitheton *Mpungu*, im Kiyansi auch *Mpwu*. Wahrscheinlich soll es heißen „Der Höchste". Also könnte man in etwa übersetzen: „Ngwil, der Höchste von neun Klanen, *Ngwilmpu minawa*."

Ngwil ist ein typisches Schöpferwesen. Es hat alles erschaffen, aber eine creatio ex nihilo ist unbekannt. Ngwil ist ohne Geschlecht, aber man denkt sich ihn doch mehr männlich als weiblich. Er hat weder Frau noch Kinder, meist wird er mit dem Himmel identifiziert oder als im Himmer wohnhaft gedacht. Er tritt vor allem auf den Plan, wenn der Mensch ins Leben tritt und wenn er wiederum stirbt. Das sind die eigentlichen Pole, um die das Höchste Wesen kreist. Zwischen Geburt und Tod werden die subalternen Mächte, Ahnen, *Lubwij* und die *nkisi*, aktiv. Wenn allerdings eine Situation eintritt, die diese subalternen Mächte nicht mehr meistern können, dann wird auch einmal Ngwil angerufen. Opfer erhält er keine. Anrufungen sind ebenfalls äußerst selten, aber sie kommen vor. Bei Palmweingelagen z. B. kann man immer wiederum erleben, wenn die Stimmung gut ist, daß ein Tänzer aufsteht und zu singen beginnt: „Nziam, warte, gib mir noch ein bißchen Leben, dann komme ich." Dies ist der Refrain, der von der gesamten Gruppe wiederholt wird; der Vorsänger zählt dann alles auf, was er noch in seinem Leben tun will, bevor er stirbt.

Das Höchste Wesen wird fast immer als gut betrachtet. „Ja", sagte ein Alter, „Ngwil liebt die Menschen. Er läßt es regnen, läßt die Pflanzen aus der Erde sprießen, er sendet Wärme und trocknet alles von neuem, er läßt die Bäume in unserem Dorf wachsen, damit wir Schatten haben und damit wir Alte in ihrem Schatten unseren Palmwein trinken können. Gott hat alle Sachen gut gemacht." Nur bisweilen kann man hören, Ngwil ist auch böse, weil er eben die Menschen sterben läßt. Aber nur der Tod von alten Menschen, die ein erfülltes Leben hatten, wird Ngwil zugeschrieben. Wenn junge Menschen sterben oder wenn sie durch einen Unglücksfall sterben, wird immer der Wahrsager bemüht, und man wird immer einen Schuldigen suchen. Man könnte sagen, für den Yansi ist eben nichts natürlich, denn hinter jedem natürlichen Vorkommnis steht ein Übelwollender.

Man könnte Ngwil als ein otioses Höchstes Wesen bezeichnen, da er nur in Ausnahmefällen ins Leben der Menschen eingreift. Heutzutage kann man immer wieder hören, daß Ngwil auch die ethischen Gesetze überwacht. Als ich einmal einer Gerichtsverhandlung beiwohnte und nach turbulenten Diskussionen einer verurteilt wurde, verließ dieser das Gerichtsgebäude, drehte sich um und rief: ,,Ngwilmpu schläft nicht, er sieht euch!" – d. h. er wird das Unrecht, das ihr mir zugefügt habt, rächen. Aber in alter Zeit scheint nicht Ngwil die Quelle des Sittengesetzes gewesen zu sein, sondern die Ahnen. Die Ethik der Yansi ist soziozentrisch. Gut ist, was der Lineage nützt, und vor allem, was die Oberhäupter, die Ältesten und Häuptlinge für gut ansehen. Wenn ein Ältester mehrere Frauen nimmt und ein junger Mann aus seiner Lineage keine Frau bekommt, dieser aber verstohlenerweise Ehebruch begeht, dann ist dies eine böse Tat. Die Ethik wird vielfach zugunsten der Ältesten und Herrschenden ausgelegt. Hier sind viele Konflikte vorprogrammiert; nicht von ungefähr verlassen viele Jugendliche ihr traditionelles Milieu und ziehen in die Stadt, um der Herrschaft der Ältesten und Häuptlinge zu entgehen. Die Alten gebrauchen dann das Sprichwort: ,,Der kleine Vogel mag fliegen soweit er will, er muß sich doch wieder auf den Baum setzen." Aber gerade die Sprichwörter, die so häufig als ethische Norm dienen, geben fast immer nur die Gedanken der Ältesten wieder, denn sie besitzen das Wissen, und deswegen sind gerade die Mythen und Sprichwörter von den Ältesten erdacht und dienen ihnen zum Vorteil. – Mythen im eigentlichen Sinne gibt es keine über Nzambi. In einigen Tiererzählungen kommt er allerdings vor.

Ngwil hat mit der Wirtschaft nichts zu tun. Er berührt das Leben der Menschen wenig. Sein Wille ist unveränderlich. In vieler Beziehung gleicht er dem politischen Häuptling. Diese Parallele ist nicht ganz von ungefähr. Beide nennen sich ja Herrscher von neun Klanen. Beide sind unnahbar, entziehen sich dem Blick der Menschen, halten auf Distanz. Die alten Leute erzählen, daß früher, wenn der Häuptling ein Todesurteil vollstreckte, er mit seinem ganzen Gefolge auftrat und rief: ,,Im Himmel ist *Nzambi*, ich bin auf Erden." Und dann wurde dem Menschen der Kopf abgeschlagen. Es gibt auch den Ausdruck *Tamuil* – Vater Häuptling. Er wird sowohl für den Häuptling als auch bisweilen für das Höchste Wesen gebraucht. Bei zahlreichen Nachbarethnien wird das Höchste Wesen mit *Mwe* angeredet. Dies bedeutet Häuptling.

Alles in allem wird man sagen können, daß das Höchste Wesen der Yansi Schöpferfunktionen hat, aber nur wenig in das Leben der Menschen eingreift. Es ist ein absolutes, welttranszendentes Wesen, aber man kann es kaum als weltimmanentes Wesen bezeichnen. *Ngwil* ist der ganz andere, man hat großen Respekt vor ihm, aber ob man auch Zuneigung zu ihm hat, ist fraglich. Aber hier wirkt gerade das Christentum sehr stark, so daß über kurz oder lang der alte Begriff von Ngwil ganz im christlichen Hochgott aufgegangen sein wird.

VI. Die Munda in NO Indien

Die Munda gehören mit zu den ältesten heute in Indien lebenden Völkern. Sie waren bereits vor der Einwanderung der Arier (um 1200 v. Chr.) in Indien ansässig. Sie dürften aus dem NO in ihr heutiges Wohngebiet, das Chotanagpurplateau im Staate Bihar, eingewandert sein. Sehr wahrscheinlich waren vor ihnen bereits die Asur ansässig, mit denen sie dann in Konflikt gerieten (siehe Asur-Legende). Nach den Munda kamen ihre heutigen Nachbarn, die Oraon, an. Die Oraon sprechen eine Dravida-Sprache, die Munda, wie noch eine ganze Reihe anderer Völker jener Region, z. B. Ho, Asur, Korwa, Santal, Korku, Kharia, um nur einige zu nennen, eine austroasiatische Sprache. Dies muß freilich nicht viel über ihre ethnische Herkunft besagen. – Es leben heute etwa 1 Million Munda in Indien.

1. Wirtschaft und Sozialstruktur

Die Munda sind Bauern. Die Großviehzucht nimmt bereits einen wichtigen Platz in ihrer Wirtschaft ein. Sie besitzen Büffel, Rinder, Schafe, Ziegen, Schweine, Hühner und andere Kleintiere. Die Munda haben bereits den Pflug, der von Büffeln oder auch Rindern gezogen wird. Die Rinder finden vielfach als Opfertiere Verwendung.

Zwischen Mann und Frau herrscht eine strikte Arbeitsteilung. Der Pflug ist ausschließlich dem Mann vorbehalten. Berührt ihn eine Frau, entsteht großes Unheil (siehe Mythe). Der Frau zugeordnet sind Grabstock und Hacke. Die wichtigste Körnerkultur der Munda ist der Naßreis. Die Männer richten die Felder her, aber ausschließlich die Frauen pflanzen die Setzlinge.

Zu einer wichtigen Symbiose kommt es in fast jedem Mundadorf mit den nicht-mundaischen Handwerkerkasten, die immer mehr oder weniger verachtet werden: den Schmieden, Webern, Hirten und Melkern. Vor allem der Schmied darf nicht fehlen, denn er ist für die Herstellung der Eisengeräte zuständig. Er ist auf der untersten Stufe der sozialen Hierarchie angesiedelt, dennoch spielt er eine wichtige, nicht nur wirtschaftliche, sondern sogar religiöse Rolle.

Einen Schmied zu heiraten, würde für ein Munda-Mädchen den Stammesausschluß zur Folge haben. Der Schmied ist der Inbegriff der Unreinheit, da er auch Tierkadaver und Tierhäute verarbeitet. Bei der Opferung von Rindern und Büffeln ist aber der Schmied der Opferer; auch bei einer Regenzeremonie vollzieht er die Riten. Der Schmied (*lohar*) hat mit dem Dorf einen Vertrag: Er liefert die benötigten Eisenwerkzeuge, die Bauern liefern Naturalien. Im Januar bei der Vertragserneuerung waschen Mundafrauen dem Schmied und seiner Frau die Füße und gießen ihnen das Restwasser über die Häupter. Jedes

Haus hat einen Topf Reisbier gebraut, das dann zusammen zu Ehren des Schmieds getrunken wird (Hoffmann, Bd. II, s. v. barae-ili). Hier wird für ein Tag die Umkehrung der geltenden Ordnung vollzogen.

Die Verwandtschaftszurechnung und Erbfolge sind bei den Munda patrilinear; die Wohnfolge patrilokal. Die Gesellschaft ist in exogame Klane geteilt. Die wichtigste politische Einheit ist das Dorf. Zwei dominante Lineages (*khunt*) bewohnen es, von denen eine den Priester (*pahanr*) und die andere den politischen Häuptling (*munda*) stellt. Früher soll der Priester beide Ämter bekleidet haben (wohl deshalb stellt auch heute die ältere Lineage den *pahanr*). Es gibt auch noch den föderativen Zusammenschluß mehrerer Dörfer, doch die politische Effizienz ist oft nicht sehr groß.

Wir erwähnten bereits, als wir über die *sasandiri* sprachen (Kap. 4, III.), daß die Munda-Lineages gemeinsam das Land des Dorfes besitzen. In dieser Eigenschaft nennen wir sie *khuntkatidari*. Auch die Fremden erhalten Land (meist minderwertiges), um es zu bebauen, doch erwerben können sie es nicht. Die Ältesten der Munda-Klane eines Dorfes bilden den Dorfrat (*panchayat*). Er wirkt als Balance gegenüber Häuptling und Priester.

Die Jugend des Dorfes ist in Jugendhäusern untergebracht, wo sie soziale und religiöse Unterweisung erhält.

Die Munda beachten eine bis ins Detail gehende rituelle Reinheit: So dürfen Nicht-Munda nicht auf gleicher Ebene sitzen wie die Munda, dürfen nicht in Munda-Häusern essen oder Speisen berühren, niemals das *ading*, Vorratsraum mit Ahnenaltar, betreten, mit Munda keine sexuellen Beziehungen unterhalten etc.

2. Die Geister der Munda

Über den Ahnenkult können wir schnell hinweggehen, da wir ihn bereits ausführlich behandelt haben. Wenn ein altes *Khunt*-Mitglied gestorben ist, bittet man es einige Zeit später, in das *ading*, den Speicherraum des Hauses, zu kommen. Fortan wird ihm bei den Mahlzeiten etwas Reis und Bier geopfert. Später werden dann einige Knochen unter dem *sasandiri* begraben. Als böse Totengeister gelten die Seelen jener, die durch Mord oder wilde Tiere starben, und vor allem Frauen, die im Kindbett oder während der Schwangerschaft gestorben sind. Man fesselt im Grab ihre Beine mit Dornen und begräbt sie weit draußen am Rand des Dorfes, damit sie nicht zurück können.

Die Geister oder *bongas* finden keine einheitliche Erklärung. Johannes Hoffmenn, der 37 Jahre bei den Munda lebte und eine vielbändige Enzyklopädie über sie geschrieben hat, führt alle *bongas*, außer *Singbonga* und *Baranda bonga*, auf die *Asur bongas* aus der Asur-Mythe zurück. Ich habe

diese Mythe bereits erwähnt: Die Asur waren Schmiede. Es störte Singbonga, daß sie ihre Hochöfen Tag und Nacht betrieben. Durch einen Trick gelang es Singbonga, die Asur-Männer in den Öfen zu verbrennen. Als Singbonga in den Himmel zurückkehrte, hängten sich die Asur-Frauen an ihn, da sie niemanden hätten, der für sie sorgen würde. Er versprach ihnen, die Munda würden für sie sorgen (indem sie ihnen opferten). Er schüttelte sie ab; sie fielen auf Hügel, in Flüsse, Wälder und Seen und wurden dort zu Naturgeistern und Lokalnumina.
– Es fällt jedoch schwer, alle *bongas* als Lokalnumina zu deuten. P. Ponnette sagt von den Geistern: ,,Alle Munda wissen sehr gut, daß die bongas körperlose ‚roas' (Seelen) sei es von den Asur-Frauen (die allgemein Naturgeister oder Schutzgeister genannt werden) sei es von verstorbenen Verwandten sind, denen man nach dem Begräbnis oder der Einäscherung im *ading*, einem separaten Teil des Hauses, Unterschlupf gewährt" (1978:122).

Obwohl die Asur *bongas* alle aus Frauen hervorgegangen sein sollen, gibt es doch kaum weibliche Geister. Ein Dämon weiblichen Geschlechts ist *nage era*. Marianne Kessel sagt: ,,Der ambivalente Charakter der nage era kommt in ihren verschiedenen Funktionen zum Ausdruck. Als Schutzgeist bekommt sie am Blütenfest vom Dorfpahan ein Opfer, als Unheilbringerin fügt sie den Menschen, auf Wunsch der najoms [= Hexen], physischen Schaden zu. Der Betroffene muß ihr ein ganz bestimmtes Opfer – in den meisten Fällen Gelbwurz, ungekochten, geschälten Reis oder ein Huhn – darbringen" (1975:257).

Zum Munda-Dorf gehört ein heiliger Hain, in dem der Priester die Schutzgeister des Dorfes durch Opfer besänftigt und fürs Dorf dienstbar macht. Bage meint (1960:88) zum ganzen Opferkomplex der Munda: ,,Ein reines Lob- oder Dankopfer gibt es nicht."

Über die Geister der Munda ließe sich noch sehr viel sagen, doch uns interessiert in diesem Zusammenhang mehr ihre Gottesidee.

3. Das Höchste Wesen

Johannes Hoffmann, der gute Kenner der Munda, war Anhänger des Schmidtschen Urmonotheismus, und so suchte er gerne die Fakten in diesem Sinne zu interpretieren. Hoffmann nimmt deshalb ein ,,älteres religiöses System" an, in dem es nur *ein* Höchstes Wesen, nämlich *Singbonga*, gegeben habe, und ein ,,jüngeres", in dem noch ein ,,älterer Bruder" namens Baranda bonga Singbonga beigegeben wurde und die übrigen Geister dazu. Dies ist jedoch eine reine Hypothese, die sich nicht erweisen läßt. – Ponnette (1978:122 n. 8) ist der Meinung, daß Singbonga nicht der ursprüngliche Name für das

Höchste Wesen gewesen sein kann; er vermutet, daß der alte Gottesname *Buru* war.

Singbonga ist der höchste Gott der Munda. *Sing* heißt im Mundari ‚Tag' oder ‚Sonne' und bonga ‚Geist'. „In den verschiedenen Legenden, die etwas von Singbonga zu berichten haben – so auch in der Asur- und der Schöpfungsgeschichte – wird darauf hingewiesen, daß Singbonga eine Frau und einen Sohn hat. Nach der Baranda-Legende hat er sogar zwei Frauen, von denen die eine eine Hexe ist.

Singbonga ist als einziges Wesen im Pantheon nicht auf Opfer als Existenzgrundlage angewiesen. Werden ihm dennoch welche dargebracht, so um der Verehrung willen, nicht aber, um ihn zu besänftigen oder zu manipulieren; denn er hat nie die Absicht, den Menschen Schaden zuzufügen, sondern er bestraft sie nur für die von ihnen begangenen Sünden. Ihm zugedachte Opfer sollen von weißer Farbe sein, was sich vielleicht durch seinen Namen ‚Herr des Lichtes' erklären läßt. Unter Rezitation einer bestimmten Formel bittet man ihn, das Opfer anzunehmen und unter den bongas zu verteilen.

Singbonga soll in früheren Zeiten sichtbar gewesen sein. Als die Menschen aber anfingen, Sünden zu begehen, konnte man ihn nur noch im Traum erfassen. – Zusammengefaßt kann man also sagen, daß Singbonga der Hochgott der Mundas ist. Er ist Herr über alle Geschöpfe, und alle Geschöpfe gehorchen ihm. Sünden, die er nicht zu Lebzeiten bestraft, ahndet er nach dem Tode" (Kessel 1975:252).

Wenn das Höchste Wesen der Munda in den Urstandsmythen auftritt, ist sein Name *Haram*, der Alte. Ich entnehme die Mythe von der Erschaffung der Welt und der Menschen aus Hoffmann (3981 s. v. Singbonga):

„Als es am Himmel noch keine Sterne gab, und die Erde ganz mit Wasser bedeckt war, da hatte Haram nur erst Wassertiere gemacht. Er trug der Krabbe auf, Erde aus dem Wasser zu holen, damit er das trockene Land mache. Die Krabbe holte Erde in ihren Scheren. Als sie aber aus dem Wasser auftauchte, wurde ihr die Erde von den Wellen weggespült. Als sie ohne etwas ankam, fragte Haram: ‚Krabbe, wo ist die Erde, die du gebracht hast?' Die Krabbe antwortete: ‚Meister, ich hielt sie in beiden Händen, aber die Wellen haben sie hinweggespült. Was konnte ich tun?' (Der Schöpfer schickt dann die Wasserschildkröte, um Erde zu holen, aber auch ihr ergeht es wie der Krabbe.) Nach diesen beiden sandte Haram den Regenwurm, indem er ihm sagte: ‚Nun geh, du dich ringelnder Regenwurm, Erde holen.' Er antwortete: ‚Gut, Meister, ich will es einmal versuchen.' Er ging, indem er sich hinunterringelte, und als er den Boden erreicht hatte, füllte er sein Maul mit Erde und kroch wieder herauf. Haram sagte zu ihm: ‚Regenwurm, du bist also auch ohne Erde wiedergekommen?' In diesem Augenblick spie er aber die Erde in Harams Hand und sagte: ‚Nimm, Meister, hier ist Erde.' Haram sagte: ‚Gut gemacht, Regenwurm, ich habe Freude an dir!'

Nachdem Haram die Erde vermehrt hatte, machte er das trockene Land, auf dem er alle Arten von Gräsern, Pflanzen und Bäumen wachsen ließ; dann machte er die verschiedenen Arten von Tieren.

Haram machte eine Tonfigur und gab diesem Wesen eine Seele. Bevor er aber der Figur das Leben gegeben hatte, kam das Pferd und trat sie in Stücke. Haram machte eine andere Statuette und gab ihr das Leben. Das Pferd versuchte auch diese zweite in Stücke zu treten; der Tiger aber vertrieb das Pferd.

Haram verfluchte darob das Pferd und sagte: ‚Weil du die Menschenfigur in Stücke getreten hast, verfluche ich dich. Die Menschen werden Eisen in dein Maul stecken, dich außer Atem reiten und deinen Hintern mit der Peitsche verhauen.' Da der Tiger das Pferd verjagt hatte, war Haram sehr erfreut über ihn. Er sagte: ‚Alle Tiere, auch die, die größer sind, als du bist, werden sich fürchten, wenn sie dich hören. Obgleich dein Körper klein ist, sollst du ungeheuer stark sein.'"

Doch Haram ist auch noch Kulturheros. Er brachte den Menschen den Pflug, das Saatgut, die Pflugochsen und den Tabak (Van Exem 1978:90–95). Er zeigte ihnen auch den Gebrauch des Reisbiers, und damit führte er den ersten ehelichen Zeugungsakt ein (ibid. 89 und Hoffmann 430).

Der Alte steht am Beginn des Menschenlebens wie an seinem Ende. Pierre Ponnette, seit 1931 Missionar bei den Munda, berichtet von einer Versammlung nach einem Begräbnis, wo gesagt wurde: ,,Der Verstorbene ist für immer von uns gegangen. Hier auf Erden ist seine Lebenszeit zu Ende, der Alte hat ihn gerufen. Etwas anderes: Laßt uns nicht murren gegen den Alten. Wir sind wirklich die Früchte seines Feldes. Wenn wir ein Feld bestellt haben, ernten wir von ihm wann immer wir wollen und dies ärgert niemanden. Ähnlich hat niemand das Recht verbittert zu sein, da er uns gesandt hat und uns zurückruft" (1978: 124).

Bisweilen fällt es einem jedoch schwer, in Haram einen echten Hochgott zu sehen. Man hat eher den Eindruck, es mit einem Zeus der griechischen Klassik zu tun zu haben. Das religiöse Moment tritt in den Mythen kaum hervor. Hören wie die Mythe vom Pflug (Hoffmann, s. v. Singbonga).

,,Als Haram in die Lehmfigur eine Seele hineingelegt hatte, begann er für sie einen Pflug zu schnitzen. Er nahm einen großen Baum und schnitzte daraus den Pflug: Schaft, Gabel und Handgriff aus einem Stück. Diese Arbeit kostete ihn viel Zeit. Seine Frau schickte einen Moskito, um ihn zu rufen. Dieser ging und brummte um seine Ohren herum. Der Alte aber war von seiner Arbeit am Pflug nicht abzubringen. Hierauf sandte seine Frau einen Tiger. Der Tiger raschelte mit den Blättern um ihn, so daß der Alte aufmerksam wurde und den Pflug vergaß. Er nahm jedoch ein Stück Holz und warf es nach dem Tiger, indem er sagte: ‚Weg mit dir, wilder Hund!' Sogleich wurde das Holzstück ein wilder Hund und verjagte den Tiger. Aus diesem Grunde haben Tiger bis zum heutigen Tage Angst vor wilden Hunden.

Als nach langer Zeit der Alte seinen Pflug beendet hatte, nahm er ihn mit nach Hause. Als seine Frau ihn sah, sagte sie: ‚Was für einen armseligen Pflug hast du da gemacht,

und wieviel Zeit hat er dich gekostet! Wenn die Menschenkinder solche Pflüge machen, werden sie viel Zeit vertun, sie werden keine Bäume finden, die groß genug sind; dazu sind solche Pflüge nicht stabil. Komm und wirf den Pflug auf die Erde, und wir werden sehen, wie es um ihn steht.' Hierauf warf der Alte den Pflug auf den Boden, und er zerbrach in Stücke. Dann sprache der Alte: ‚Mein Pflug ist zerstört; womit sollen nun die Menschensöhne pflügen?' Seine Frau antwortete: ‚Ich werde eine andere Art von Pflug machen. Paß auf: ich will ihn in kurzer Zeit herstellen, ich werde dazu keinen großen Baum benötigen, und er wird nicht, selbst wenn er auf den Boden geworfen wird, zerbrechen.' Ihr Mann stimmte ihr bei, und sie begann mit dem Pflug. Sie machte den Schaft, die Gabel und den Handgriff jeweils aus einem verschiedenen Stück, und nachdem sie sie durchbohrt hatte, setzte sie sie zusammen. Diese Arbeit nahm nur kurze Zeit in Anspruch. Als der Pflug fertig war, forderte sie ihren Mann auf, ihn auf die Erde zu werfen, (er tat's) und siehe, er brach nicht entzwei. Der Alte sagte: ‚Du hast mich, den Mann, im Pflugbau übertroffen. Deshalb verfüge ich: Vom heutigen Tag an befreie ich alle Frauen vom mühevollen Pflugbau. Die Männer sollen Pflüge machen, und die Frauen sollen sie nicht einmal berühren dürfen.'
So sprach der Alte; deshalb darf bis zum heutigen Tag keine Frau einen Pflug berühren."

Es gibt Erzählungen, nach denen Singbonga einen älteren Bruder hat; er heißt *Baranda bonga*. In einer Version heißt es:

„Die beiden Brüder gingen zum jom naoa-Fest, (das im) Dorf Mari (veranstaltet wurde), um ein wenig dem Tanz zuzusehen. An dem Tage, an dem sie zurückkehrten, kamen sie in einen starken Regenguß. Singbonga suchte Schutz unter einem Tulsi-Busch, Baranda dagegen unter dem Unterstand eines Schmiedes. Auf dem Dach des Unterstandes lag ein lederner Blasebalg. Das von ihm herabtropfende Wasser fiel auf Barandas Paradiesvogelfeder. Dadurch (wurde er verunreinigt) und ging seiner Kaste verlustig. Singbonga und Baranda kora, die (aufgrund dieses Vorfalles) nicht zusammenbleiben konnten, trennten sich... Wegen seiner Kastenverunreinigung ruft man den Baranda bonga nicht an dem Ort zum Essen, an dem die Opfer für die verschiedenen bongas dargebracht werden. Die Bewohner einiger Dörfer geben ihm nur einmal in jedem Jahr, (nämlich) im Monat Aasar (Juni/Juli) ein Opfer, an dem sich das ganze Dorf beteiligt. Das rechnet man jedoch nicht zu den Opfern, die der Dorf-pahan gibt... Baranda ist in der Familie der Erste, in der Öffentlichkeit jedoch untergeordnet" (Text von dem Munda Menas Orea, Hauptinformant von Johannes Hoffmann, Übersetzung von Marianne Kessel 1975: 10–12).

Hoffmann tut Baranda bonga als Spätankömmling ab, doch seine Beweise dafür sind nicht überzeugend. Da in einer Erzählung gesagt wird, Baranda bonga habe die Munda das Bierbrauen gelehrt, vermutet Hoffmann, daß nur die Trunksucht der Munda sie dies sagen läßt. Hoffmann schreibt: „Diese Erzählungen scheinen zu zeigen, daß dieser neue Prätendent auf die Munda Religion Schwierigkeiten hatte, Anerkennung zu finden, denn alle haben Züge, die ganz erfunden wurden, um Wohlwollen zu gewinnen, während andere wieder speziell gemacht zu sein scheinen, an ihm das zu entschuldigen, was den Munda besonders verabscheuungswürdig erscheint..." (Bd. II: 422).

Für Hoffmann fällt die Entstehung des Baranda bonga Kultes mit der Einführung der Hexerei und Zauberei bei den Munda zusammen. Tatsächlich hat Baranda mit der Zauberei zu tun. So befreit er Singbonga von seiner zweiten Frau, die eine Hexe war (Hoffmann Bd. II: 432).

Baranda tritt aber auch als chthonisches Wesen auf: Er vermehrt das Getreide, verlangt einen Anteil von den Feldfrüchten, verlangt als Opfer einen Büffel und Reisbier und hat wahrscheinlich sogar mit dem Menschenopfer der Munda zu tun. Es ist wohl sicher, daß die Munda früher das Menschenopfer kannten (Kessel 1975: 259). Seit der Trennung von Singbonga lebte Baranda auf einem Berg.

Nimmt man alle diese Züge zusammen, dann erscheint Baranda wie ein chthonisches Pendant zum zölaren Singbonga. Der eine wohnt im Himmel, der andere auf der Erde; der eine erhält weiße Opfertiere, der andere schwarze; der eine erschafft das Gute, der andere das weniger Gute oder sogar Böse; der eine ist der rituell Reine, der andere der Unreine; Singbonga ist der Gott der rituell reinen Munda, Baranda wird von den Schmieden verehrt. In Baranda scheint so etwas wie eine umgekehrte Ordnung auf. Diese doppelgestaltige Gottesidee ist ein weltweites Phänomen. Nichts deutet darauf hin, daß die eine Idee zeitlich vor der anderen existiert. Ich glaube, dahinter steckt die ganz simple menschliche Erfahrung, daß einfach nicht alles gut ist, was ein allgütiges Wesen angeblich wirken soll. Man könnte analog zum Mythologem vom halben Menschen eine Hypothese vom Mythologem des halben Gottes konstruieren. Erst beide Aspekte zusammengenommen ergeben die ganze Gottesidee.

VII. Der Gottesglaube der Jurak-Samojeden

Bis jetzt haben wir ausschließlich die Höchsten Wesen von Ackerbauern, Pflanzern und Wildbeutern beschrieben. Mit den Jurak-Samojeden sollen ein Rentier-Hirtenvolk und sein Höchstes Wesen vorgestellt werden. Ich habe gerade die Samojeden ausgewählt, weil hier die Himmelgottheit besonders deutlich zum Ausdruck kommt und weil es über die Jurak-Samojeden relativ gutes deutschsprachiges Forschungsmaterial gibt.

1. Die Jurak-Samojeden

Nordwestsibirien wird heute von verschiedenen samojedischen Völkern bewohnt. Vom Sprachlichen und Kulturellen her kann man vier verschiedene selbständige Völker unterscheiden:

- die Ostjak-Samojeden oder Selkupen,
- die Jenissei-Samojeden oder Enzen
- die Tawgy-Samojeden oder Nganasanen und
- die Jurak-Samojeden oder Juraken oder Nenzen.

Kleinere selbständige samojedische Gruppen, die es früher im Süden gab, sind in der türkisch-tatarischen oder russischen Bevölkerung aufgegangen oder ausgestorben; nur die vier Nordgruppen konnten ihre ethnische Selbständigkeit bis in die Gegenwart bewahren. – Ihre Sprachen werden mit den finnisch-ugrischen in die ,,uralische Sprachfamilie" eingegliedert. Das Wort ,,Samojed" soll ,,Rohfleischesser" bedeuten (Kostikow 1930: 115), verständlich, daß sie sich anders nennen.

Ivar Paulson sagt von den Jurak-Samojeden: ,,Die größte samojedische Völkerschaft bilden die *Jurak-Samojeden* (Juraken) oder *Nenzen*. Sie zerfallen in mehrere räumlich voneinander weit getrennte Lokalgruppen (Stämme, Stammesverbände), deren Verbreitungsgebiet heute von der Jenissei-Bucht im Osten bis einschließlich der Kanin-Halbinsel im Westen (am Barents-See im europäischen Rußland) und vom nördlichen Eismeer (auf der Jamal-Halbinsel bis etwa zum 73° nördlicher Breite) bis in die nordwestsibirische Waldzone hinein reicht. Einige Juraken-Familien aber haben sich auf der Südinsel von Nowaja Semlja niedergelassen" (1962: 20).

Heute soll es etwa 14.000 Juraken geben, die als Rentiernomaden auf den Tundren leben. Im Sommer dringen sie mit ihren teils großen Rentierherden bis zum Eismeer vor, im Winter ziehen sie sich in die besser geschützten Waldtundren zurück. Von allen norsibirischen Völkern sollen die Tundra-Juraken den großviehzüchterischen Nomadismus mit der dazugehörigen Kultur und Religion am besten bewahrt haben.

Die Waldjuraken weiter im Süden sind Jäger und Fischer mit ein wenig Rentierzucht. Sie unterscheiden sich bereits erheblich von den Tundrajuraken. – Unsere Beschreibung von der Religion gilt vor allem für die der Tundrajuraken.

Obgleich die russisch-orthodoxe Kirche mit der Missionierung der europäischen Samojeden 1784 begann, scheint die Religion der Samojeden zunächst doch nicht sehr vom Christentum beeinflußt worden zu sein. Man hat zwar in den Jahren 1825–1830 alle Samojeden der Tundren bis zum Ural getauft (angeblich 3.303), aber die religiöse Unterweisung war gering.

Fast aus dieser Zeit der Missionierung stammen auch die ersten Forschungsberichte von dem Finnen A. Castrén, Reisen im Norden in den Jahren 1838–1844. A. G. Schrenk brachte 1848 und 1854 seine beiden Reisebände heraus; er war unter anderem auch durch die Tundren der Samojeden gereist. Auch die russischen Missionare lieferten Beschreibungen. Die Hauptquelle für unsere Darstellung der Religion der Jurak-Samojeden ist jedoch das Werk „Entwurf einer Mythologie der Jurak-Samojeden" des Finnen T. Lehtisalo von 1924. Ein Artikel von Kostikow über die geweihten Rentiere bringt wertvolle Ergänzungen. Dieser Artikel enthält allerdings auch einige fundamentale Irrtümer: Kostikow hielt z. B. alle die von ihm untersuchten Samojeden für Chasowo und noch schlimmer, er suchte die einer „Gottheit" geweihten Rentiere als Totemtiere auszuweisen. Von großer Wichtigkeit sind aber seine ethnographischen Darlegungen.

2. Das Höchste Wesen der Jurak-Samojeden

Bereits Alexander Castrén beschrieb 1853 folgendermaßen *Num*, das Höchste Wesen der Juraken: „*Num* wohnt in der Luft und sendet von dort aus Donner und Blitz, Regen und Schnee, Wind und Wetter herab. Oft wird er mit dem sichtbaren Himmel verwechselt, den man gleich *Num* nennt. Die Sterne werden als Bestandteile des *Num* betrachtet und heißen deshalb *Numgy*, d. h. zur Sonne gehörend. Der Regenbogen ist der Saum am Mantel des *Num*, wie seine Benennung *Numbann* bekundet. Selbst die Sonne wird als *Num* oder *Jilibeambaertje* verehrt. Wenn der Tag anbricht, tritt der Samojede aus seiner Hütte, wendet sich mit dem Gesicht gegen die Sonne und sagt: ,Da du, Jilibeambaertje, emporsteigst, so richte auch ich mich empor'; und wenn die Abendsonne sich senkt, verrichtet der Samojede sein Gebet mit den Worten: ,Da du, Jilibeambaertje, untergehst, so gehe auch ich zur Ruhe.' Von einigen Samojeden hörte ich die Äußerung, daß auch die Erde, das Meer und die ganze Natur Num seien. Andere dagegen haben, wahrscheinlich durch den Einfluß des Christentums, ihn als den Schöpfer der Welt zu fassen gelernt und betrachten ihn als denjenigen, der die Welt lenkt und hält, der den Menschen Glück und Wohlstand verleiht, ihnen Rentiere, Füchse, wilde Hunde und alle Arten von Reichtum zusendet... Von Num heißt es ferner, daß er die Rentiere gegen wilde Tiere schützt, und deshalb ist ihm der Name *Jilibeambaertje* ,Hüter des Viehstandes' beigelegt."

„Alles was auf der Erde geschieht, weiß und sieht Num. Sieht er die Menschen Gutes tun, dann läßt er auch zu, daß es ihnen wohl ergeht, gibt ihnen Rentiere, verleiht ihnen guten Fang, schenkt ihnen ein langes Leben usw. Wenn sie aber Sünde begehen, dann stürzt er sie in Armut und Elend und sendet ihnen einen frühen Tod. In Ermangelung einer klaren Vorstellung von dem zukünftigen Leben sind die Samojeden allgemein der Ansicht, daß die Wiedervergeltung bereits von selbst in diesem Leben erfolgt" (1853: 231).

In seinem zweiten Reisebericht von 1856 (168–169) bemerkt Castrén wiederum zu Num: „Beide Stämme [er meint die nördlichen und südlichen Samojeden] erkennen hauptsächlich *einen* Gott an, der *Num, Nom, Nop* heißt, von den nördlichen Samojeden aber so gefürchtet wird, daß sie ihn nur mit sichtlichem Beben bei seinem rechten Namen nennen und sich lieber des Epithets *Jileumbeartje*, d. h. *Wächter des Viehs (der Rentiere)* bedienen. Die Tomskischen Samojeden geben Num das Epithet *ildscha, ildja, Greis, Altvater*, was dem *Ukko* der finnischen Mythologie entspricht, obwohl dies ursprünglich nur ein Epithet Jumala's ist. Num herrscht, wie sie glauben, über die ganze Schöpfung, seine eigentliche Wohnung ist aber der hohe Himmel, der aus diesem Grunde *Nû-sündje* (von Num, *Gott*, Genitiv Nû und *sündje, das Innere*) benannt wird. In allem, was in der Luft geschieht und dort seinen Ursprung hat, wie Schnee, Regen, Wind, Gewitter, Hagel, sieht der Samojede Num's unmittelbare Gegenwart. Übrigens stellt er sich Num als ein dem Menschen unzugängliches, durch Opfer und Gebete nicht zu versöhnendes Wesen vor und wendet auf ihn gern das russische Sprichwort an: ‚Es ist (zu) hoch zu Gott, (zu) weit zum Zaren.'"

Nach diesen Berichten ist Num eine atmosphärische Himmelsgottheit mit wichtigen solaren Zügen. Aber er wird auch als distanziertes Himmelswesen beschrieben. Nicht ganz in Harmonie steht damit seine aktive Aufgabe als Schutzgeist der Rentiere.

Bei Lehtisalo heißt es: ,,*Num* bedeutet bei den Samojeden den Himmel und den Himmelsgott" (28). Und etwas weiter führt der gleiche Autor aus: ,,Die Juraken sagten, daß man über das Aussehen *num*'s nichts wisse. Gleichwohl kann man beobachten, daß sie ihn sich von menschlichem Aussehen denken, als *num*-Alten, der im siebenten Himmel wohnt. Von *num* wird nie ein Bild gefertigt. Das Schicksal eines jeden Menschen hat *num* schon vorher aufgezeichnet und das Lebensende festgesetzt. Stürzt das Boot des Menschen um, so rettet ihn *num* nach den Waldjuraken, wenn seine Lebenszeit noch nicht abgelaufen ist. Hat *num* einem Menschen Glück verliehen, Jagdglück, Rentierglück, so geht dies nach seinem Tode auf die Kinder über. Wem *num* Jagdglück verliehen hat, der opfert *num* oft, und *num* liebt diesen Menschen. *Num* verleiht jedoch die Beute nicht selbst, sondern er hat einen Glückverleihenden Geist für Rentiere und Füchse... *Num* kann sich auch selbst herablassen, um Opfer entgegenzunehmen und dem Zauberer zu erscheinen, der ihn seinen *num*-Vater-Großvater heißt" (29).

Alexander Schrenk, der sich nur wenige Jahre nach Castrén bei den Juraken aufhielt, beschreibt Num mehr als otioses Wesen: ,,Die Samojeden erkennen ein göttliches Wesen, Num, das den Himmel bewohnt, wie denn auch das Wort Num zugleich den Himmel bezeichnet. Num ist geistig und hat wie der Himmel keine Gestalt; er ist *gileumbarte* d. i. Schöpfer des Lebens; von ihm ist die Erde und alle Wesen der Erde, so wie Sonne und Gestirne geschaffen worden. Num ist gütig und herrlich und gewaltig; er sieht und weiß alles, allein er ist zu erhaben, um auf die Schicksale des armseligen Menschengeschlechts herabschauen zu wollen; er ruht daher, nachdem er einmal alles Wesen ins Leben rief, und überläßt die Leitung der Welt den Tadebzien" (niedere Wesen, besonders Hilfsgeister der Schamanen. Schrenk 1848: 402).

Nach Paulson (1962: 56) scheint es eine strittige Frage zu sein, ob Num selbst der Schutzgeist der Rentiere ist oder ob es noch einen anderen Wildgeist gibt. Zitkov, der zu Beginn dieses Jahrhunderts bei den Juraken forschte, sagt, daß die Juraken der Jamal-Halbinsel die Existenz des Num anerkennen, aber nur die getauften Samojeden brächten ihm Opfer dar. ,,Neben dem erhabenen Himmelsgott verehren die Juraken jedoch noch eine Wildgottheit, *Ilibem-Berti*, der alle wilden Rentiere der Tundra gehören und die auch Beschützerin der Rentierzucht ist. ,Doch hie und da scheint es so, als ob *Num* und *Ilibem-Berti* ein und dasselbe seien', bemerkt Zitkov."

Auch Lehtisalo berichtet von einem ,,Glückspender-Geist" der Waldjuraken, der Rentiere ausschickt und wilde Rentiere und anderes Wildbret schenkt. ,,*Num* selbst hat ihn in sein Amt eingesetzt. Ihm wurde ein Rentier im Freien beim Aufbruch zur Jagd geopfert" (Lehtisalo 1924: 34). Und von den Jamal-Samojeden wird berichtet, ,,daß der lebensmittelverleihende Alte auf den dortigen Tundren die Rentierherden überwache und den Samojeden von denselben eine bestimmte Menge je nach Gewogenheit sende. Er ist auch der Patron der Rentierzucht" (ibid.).

Mir scheint jedoch, daß die Situation der Waldjuraken nicht direkt auf die Tundrajuraken übertragen werden kann, da bei letzteren die Jagd nur eine ganz geringe Rolle spielt, bei den Waldjuraken dagegen eine ganz große. Es könnte natürlich sehr gut möglich sein, daß mit der Spezialisierung auf die Großviehzucht und mit dem schwindenden Einfluß der Jagd in der Tundra die Wildgottheit überflüssig wurde.

Zitkov erwähnte, daß Num nur von den christlichen Juraken geopfert würde. Dem widersprechen mehrere Autoren. Bei Lehtisalo heißt es z. B. (Seite 29–30):

,,Die Waldjuraken haben zwei eigentliche Opferzeiten. Im Frühjahr, wenn das Gras hervorsprießt und die Blätter ansetzen, die Vögel zurückkehren und der erste Donner grollt, wird *num* geopfert. Hiervon war schon oben die Rede beim Sonnenkult. Ebenso im Herbst, wenn keine Zugvögel mehr da sind und der erste Schnee fällt, wird dem *num* geopfert, um im Winter gesund zu bleiben und von Glück gesegnet zu sein. Das Opfer wird fern vom Zelt an einem Orte vorgenommen, den ,Weiber nicht betreten haben'. Das eigentliche Opfertier ist das Rentier, aber arme Waldjuraken können von den Russen auch ein Schaf zum Opfer für *num* kaufen. Das Blut des Opfertieres wird in die Höhe gespritzt. Dabei wird gesprochen: ,*Num*-Alter, laß dein eines Auge (die Sonne) hierher blicken! Mögen deine Kinder frei von Krankheiten sein! Alle möglichen heiligen Orte und *kaehe*, alle mögen herschauen! Der Wassergeist und wer sonst noch mögen den Kindern Fische verleihen! Der Glückverleiher schaue her! Was für Glück sie auch suchen mögen, er möge es den Kindern schenken! Mögen die Kinder nicht ihren Segen verscherzen!' Somit werden allerhand Geister außer dem Todesgeist zum Schmaus des *num* geladen." Als Opfertier dient ein weißer Rentierstier; wenn Num es wünscht, erhält er einen Ochsen. – Bei Krankheit kann man ein weißes oder rotes Tuch auf eine Stange am Zelt hängen, damit Num weiß, wo er helfen soll (ibid.).

Opfer an Num erwähnt auch Kostikow. Gewisse Rentiere werden der Gottheit oder bestimmten Geistern geweiht. Sie erhalten ein besonderes Zeichen. Sie sind von jeder Arbeit befreit; man nennt sie Gottes-Rentiere. ,,Diese geweihten Rentiere darf niemand anrühren, weder Frauen noch Männer. Sie sind unantastbar; ihre Bedeutung liegt darin, Zierde der Herde und Träger des Wohlstands der Herde zu sein. Solche Tiere arbeiten nicht und sterben, ohne je das Joch kennengelernt zu haben. Ihre Besitzer sind nicht die Menschen, sondern die Götter" (116). – Hier müßte noch erwähnt werden, daß Kostikow zwischen Gott und den Geistern keinen Unterschied macht, sondern einfach von ,,Göttern" spricht.

Von Num sagt Kostikow, er sei der Herrscher des Alls, der Gebieter allen Getiers, der Vater. ,,Alljährlich wird im Herbst Num ein Rentier – das Fell ist weiß, die Unterfarbe dunkel – als Opfer dargebracht, mit dessen Blut man das Gotteszeichen dem geweihten Rentiere aufdrückt – den blutigen Gottesstempel. Dieser Brauch wird Reinigung – *torapt* – genannt, doch aus ihm kann man auch das Element der Heiligung heraushören. Das Fleisch des Opfertieres kann von allen als Speise genossen werden..." (117).

An anderer Stelle aber sagt Kostikow, daß in der Hauptsache nur Männer das Opferfleisch essen dürfen und die eingeheirateten Frauen von seinem Genuß immer ausgeschlossen sind. – Das Opfertier muß mit einer Schlinge erwürgt und darf niemals geschlachtet werden. Das Opferfleisch muß größtenteils roh genossen werden. Aber auch von nicht geopferten Rentieren wird der Kopf immer roh gegessen.

Sollte das Num geweihte Rentier vorzeitig verenden, so darf sein Fell nicht als Bettunterlage genommen werden, wohl aber zur Oberbekleidung von Männern oder um einen Männerschlitten zuzudecken. Glaubt man, daß der Genuß des Fleisches nicht lebensgefährlich ist, ißt man das tote Tier roh auf. Kostikow sagt, daß jedes Jahr zahlreiche Samojeden sterben, da sie verendetes Rentierfleisch essen. Als Opferfleisch muß es ja roh verzehrt werden.

Auch subalternen Wesen werden nach Kostikow Rentiere geweiht, so z. B. der Sonne. ,,Es gibt nicht einen Rentierzüchter, der nicht im Monat limbü irü, dem Adlermonat, [bei Kostikow fälschlich Januar, eher März] der Sonne ein

Opfer darbrächte, und zwar einen weißen, zweijährigen Rentierochsen" (Kostikow 1930: 118). Man spricht vom Adlermonat, weil sich die Sonne nach der langen Winternacht klein wie ein Adler am Horizont zeigt. – Die Sonne gilt aber auch als das Auge von Num, und zwar als sein gutes Auge, der Mond als sein schlechtes.

3. Zur Kosmogonie

In die Mythologie der Samojeden haben ganz offensichtlich bereits christliche Elemente Eingang gefunden: so die Sage von der Sintflut oder wenn sie den „Mikkulai-Alten" für Gottvater, der im siebten Himmel thront, halten, der aber niemand anderer als St. Nikolaus ist. Trotz dieser Beeinflussung kennen die Juraken noch keine creatio ex nihilo. – Lehtisalo berichtet folgende Weltschöpfungsmythe (1924: 8–9):

„Einst gab es kein Land – erzählt ein Waldjurakenzauberer [Schamane] –, sondern überall war Wasser. In der Höhe lebte *num* und allerhand Vögel. *Num* schickte Schwäne und Gänse nachzusehen, ob nicht irgendwo Land wäre. Sie kehrten mit dem Bescheid zurück, daß sie nirgend Land gesehen hätten. *Num* schickte den Polartaucher aus und sagte: ‚Du bist geschickt im Tauchen, sieh nach, ob nicht unter dem Wasser Land oder sonst etwas ist.' Der Taucher ging und tauchte senkrecht unter. Am sechsten Tage kam er in die Höhe und sagte: ‚Da war schon etwas zu sehen, aber meine Kräfte verließen mich. Wenn sich jemand fände, der etwas mehr Kraft hat als ich, der würde gewiß ans Ziel kommen.' Der Vogel *ljuuri* sagte: ‚Wenn dem so ist, so gehe ich.' Er tauchte unter und kam am siebenten Tag mit Erde oder einem Grashalm im Schnabel zurück und machte sich ein Nest, das auf dem Wasser je nach dem Winde nach dem einen oder dem anderen Ufer trieb. Da von *ljuuri* nichts zu hören war, beschloß *num,* selbst herunterzusteigen und nachzusehen. Dort trieb er nun im Winde auf dem Wasser. *Num* sprach: ‚Laßt uns eine größere Erde bereiten, tauche abermals unter!' *Ljuuri* ging und verweilte sieben Tage auf der Reise, und *num* ballte das Land zusammen. Als das Land so groß geworden war, daß man eine Wohnung bauen konnte, sagte *num:* ‚Jetzt pflegen wir der Nachtruhe, jetzt können wir uns zur Ruhe niederlegen.' Zu ihnen kam von irgendwo ein Alter und sagte: ‚Überall habe ich gesucht, aber nirgend habe ich eine Wohnstätte für mich gefunden. Nehmt mich auf bei euch!' *Num* sagte: ‚Wir haben uns dieses Land bereitet. Suche selbst, vielleicht findest du Land. Wir lassen dich nicht herein.' Aber der Alte bat und bat, und schließlich nahm ihn *num* für die Nacht zu sich. Er war draußen und wusch sein Antlitz am Rande des Landes, aber eigentlich wusch er gar nicht sein Antlitz, sondern versuchte das Land zu zerbrechen. *Num* sagte: ‚Was machst du da, die Hälfte des Landes hast du schon zerbrochen!' Er sagte: ‚Ich wasche mich.' *Num* sprach: ‚Scher dich fort!' Der Alte ging. Sie vergrößerten das Land. *Num* hieß die Menschen kommen, Samojeden, Ostjaken, Russen, Tiere, Bäume, Flüsse usw. Der Alte von neulich kam wiederum und bat *num* um Land zum Wohnen. *Num* sprach: ‚Wir haben dieses Land selbst gemacht. Hättest du geholfen, so ließen wir auch dich darauf, jetzt brauchen wir dich nicht.' Der Alte bat und bat, schob seinen Stab auf das Land und sagte: ‚Wenn ihr mir nur die Stelle gebt, wo mein Stab steht, mehr brauche ich nicht.' *Num* dachte: ‚Es ist ja kein großer Platz, wo der Stab steht' und sprach: ‚Na, meinetwegen, wohne dort!' Der Alte ging ins Loch und höhnte: ,Ich habe dich doch getäuscht. Ich wohne hier auf meinem eigenen Flecke unter der Erde und stehle mir die Menschen.' *Num* sprach: ,Ich habe falsch gedacht. Ich glaubte, daß er auf der Erde wohne, aber das Scheusal ging unter die Erde.'"

Der Himmelsgott Num hat offensichtlich von Anfang an einen Gegenspieler, der böse ist und in der Erde gedacht wird; er ist wohl der Tod.

In einer anderen Urstandsmythe hat Num ebenfalls einen Gegenspieler, es ist der Tod *ngaa*. Der Teil über die Erschaffung der Lebewesen lautet (Lehtisalo 1924: 10):

„*Num* sagte zu *ngaa:* ,Die Erde haben wir gemacht, jetzt müssen wir einen Herrn für sie bekommen.' *Num* nahm ein Stückchen Erde und machte daraus den Menschen. Dann machte er einen Hund, der nackt war. *Num* sprach zum Hunde: ,Behüte den Herrn, ich gehe auf Reisen.' Nachdem *num* gegangen war, kam *ngaa* und sprach zum Hunde: ,Du frierst ja, denn du bist nackt.' Der Hund sagte: ,Nein, warum sollte ich frieren, *num* hieß mich den Herrn bewachen.' *Ngaa* sagte: ,Gleichwohl frierst du. Überliefere mir deinen Herrn, so gebe ich dir Kleider.' Der Hund sprach: ,Nun, meinetwegen, gib mir die Kleider, so gebe ich dir den Herrn.' *Ngaa* spricht: .Schüttle dich!' Der Hund tat es und er bekam Haare. *Ngaa* nahm den Menschen und fraß ihn. *Num* kam und fragte den Hund, wohin der Mensch geraten sei. Der Hund sprach: ,*Ngaa* fraß meinen Herrn.' *Num* sprach zum Hunde: ,Von jetzt ab mußt du Menschenkot fressen!' *Num* machte abermals aus Erde zwei Menschen, Mann und Weib, und riet ihnen, wie sie zu leben hätten. Die Menschen lebten, ihnen wurden Kinder geboren und so bevölkerte sich die Erde."
„*Num* sah auf die Erde und bemerkte, daß kein Wildbret auf ihr war. Er ließ sich zu einem Flusse herab, wo er einen Vielfraß traf. *Num* zerschnitt denselben in sieben Teile, warf diese über seinen Kopf, und so entstand das Wildbret. Die Vorderpfoten blieben ihm noch in der Hand. Er halbierte beide und aus den vier Hälften entstanden Eichhörnchen, Zobel, Wolf und Eisfuchs."

Die Entstehung der Tiere erinnert leicht an das Dema-Mythologem. Freilich darf der große Unterschied nicht übersehen werden, daß es sich hier nicht um die Tötung eines Urzeitwesens, sondern lediglich um eine Tiervermehrung handelt.

Ein im Norden häufig vorkommendes Mythenthema ist der Weltenbaum. Sein Fall verursacht eine Weltkatastrophe. Ein Schamane der Tundrajuraken erzählte Lehtisalo eine solche Mythe, wobei die Sintflut die nachfolgende Katastrophe war:

„Einst befand sich nach Süden zu ein sehr heiliger Ort namens *Nadje*. Dort wuchs eine siebenzweigige Birke, und alle Menschen wallfahrteten dorthin zum Opfer. Einst befiel Fäulnis die Wurzeln der Birke, und als die siebente Wurzel verfault war, fiel die Birke um. Unten am Stamm floß Blut aus ihr; dies was aber kein richtiges Blut, sondern Feuer, und nach dem Feuer begann ihr heiliges Wasser zu entströmen, das alle Flüsse verschlang. Die Menschen machten ein Floß und nahmen darauf je eins von allen Tieren der Erde...." (11).

4. Zusammenfassung der Gottesidee

Von den hier aufgeführten und kurz beschriebenen Höchsten Wesen der sieben Ethnien kommt sicher Num unserer christlichen Gottesvorstellung am nächsten. Num ist eine typische Himmelsgottheit, die auch mit der Sonne in Verbindung steht und der teilweise auch noch Züge der Wildgottheit anhaften. R. Pettazzoni würde darin einen Beweis dafür sehen, daß sich der allwissende Himmelsgott aus dem Herrn der Tiere entwickelt hat. Num erhält zwar Opfer, doch manche Beschreibung weist ihn auch als deistisch-pantheistisches Wesen aus.

Ein weiteres Element, das häufig mit dem Begriff eines Höchsten Wesens verbunden wird, ist seine Bipolarität. Entweder das Wesen hat direkt einen Gegenspieler (Munda, Juraken) oder die Gestalt erhält einen doppelten, ambivalenten Aspekt: Sie ist gut, kann aber auch böse sein (so wird Nzambi vielfach von den Herero bis zum Kamerunberg aufgefaßt, siehe Thiel 1983).

Wollte man die gemeinsamen Züge der hier vorgestellten sieben Höchsten Wesen aufzählen, so wäre damit bereits alles Gemeinsame gesagt, daß sie überall die oberste Kategorie der übermenschlichen Wesen einnehmen. Alle übrigen Wesenszüge werden in jeder Ethnie neu gestaltet. Djamar und Num haben nur die Bezeichnung „Höchstes Wesen" gemeinsam.

Aus der Darlegung der sieben Wesen sollten wir lernen, daß Kategorien und Strukturen in Primitivreligionen nur sehr wenig Wirklichkeit erfassen. Die Wesen sind zu sehr für die speziellen Aufgaben jeder einzelnen Ethnie konzipiert. Da der Gesichtskreis dieser einfachen Menschen naturgemäß klein ist, bleibt auch das Höchste Wesen auf diesen Gesichtskreis beschränkt. Hier ist es der Wind, das Wetter – dort der Urwald; hier das Werden und Vergehen der Pflanzen – dort der Herr der Tiere; hier sorgt es für Regen und Saat – dort für die Erhaltung der Rentierherden. So hat jedes Höchste Wesen seinen Sitz im Leben in einer bestimmten Kultur. Das macht seine Perseveranz in dieser Kultur aus, aber auch seine Hinfälligkeit, wenn sich die ethnischen oder kulturellen Bedingungen verändern.

10. Kapitel
Zur Gegenwartssituation der sogenannten Naturreligionen

Wir haben in unseren Ausführungen bisher so getan, als wären die einfachen Religionen in sich abgeschirmte und gut funktionierende Gebilde, die noch ungestört ihr Eigenleben führen. Für unsere Darstellung dieser Art von Religionen war diese idealtypische Beschreibung wichtig, denn sie erlaubte uns, Kategorien zu bilden, zu vergleichen, komplexe Probleme in Detailfragen zu zerlegen und damit übersichtlicher zu machen usw. Kurz, über Tausende Religionen läßt sich nur reden, wenn man sie in übersichtliche Kategorien und Strukturen einteilen kann.

Hierbei haben wir auch von dem Faktum abgesehen, daß die meisten Naturreligionen längst nicht mehr so sind, wie wir sie dargestellt haben. Nicht nur die christlichen Missionen sind fast bis an die Grenzen der Erde vorgedrungen, sondern auch der Islam hat von der Westküste Afrikas bis zur Ostgrenze Indonesiens viele Ethnien erfaßt und beeinflußt. In Indien wiederum geraten die Religionen der Adivasis immer stärker unter den Einfluß des Hinduismus, in anderen Gebieten sind es wieder andere Religionen oder Ideologien.

Die sogenannten Schriftreligionen mit ihren philosophisch und theologisch durchdachten Lehren durchdringen immer mehr die sogenannten Stammesreligionen. Man geht wohl kaum fehl, wenn man den reinen Stammesreligionen keine rosige Zukunft in Aussicht stellt: Sie dürften mit der Zeit in den großen Religionen aufgehen oder doch sehr starke Synkretismen mit ihnen eingehen, wobei sie natürlich zahlreiches traditionelles Gedankengut in die neuen Religionsformen einbringen werden.

Ein Blick auf die Beeinflussung durch das Christentum z. B. in Afrika oder Neuguinea – der Einfluß des Islams ist insgesamt nicht geringer zu veranschlagen – zeigt, daß fast alle Naturreligionen mit den großen Religionen in Berührung gekommen sind. Es scheint aber auch ein weltweites Phänomen zu sein, daß man vielerorts nicht einfach das „fertige Christentum" übernimmt, sondern eigene Ideen einbringt. Wie sonst sollte man, wenn man David Barrett glauben darf, die über 6000 unabhängigen christlichen Lokalkirchen und Sekten Afrikas erklären?

Die zahlreichen Sekten und Lokalkirchen sind jedoch, betrachtet man ihre Genese, nicht immer an erster Stelle aus religiösem Interesse entstanden, sondern gerade für ihre Entstehung waren oft sozio-politische und ökonomische Gründe wichtiger als religiöse. Nicht selten war die Religion das einzige

Feld, auf dem man sich artikulieren durfte, und so wurde der ganze Protest in und über die Religion vorgetragen.

Da es uns hier an erster Stelle um die Religion geht, möchte ich nicht allen soziopolitischen Gründen nachgehen, die zu Protestbewegungen und Sekten führen. Dennoch wird es gut sein, zunächst einige soziopolitische Mechanismen darzustellen, bevor wir uns mit den religiösen Aspekten der Bewegungen befassen.

I. Religiöse Protestbewegungen

Ein wichtiges Element zum Verständnis der Protestbewegungen bei sogenannten Naturvölkern ist die ,,koloniale Situation" im weitesten Sinne, d. h. Bevormundung, Unterdrückung, Armut auf der einen Seite und Dominanz, Herrschaft und Reichtum auf der anderen Seite. Dieses Verhältnis gibt es nicht nur zwischen Kolonialherren und Kolonisierten – wir beobachten es auch heute in unabhängigen Staaten, aber in der Kolonialzeit war diese Beziehung von Herrschenden zu Beherrschten besonders ausgeprägt, und so wollen wir die koloniale Situation zum Ausgangspunkt unserer Überlegungen machen.

Wichtig für das Verständnis der Protestbewegungen der Kolonialzeit ist, daß das Christentum in den Kolonien immer als die Religion der Kolonialherren galt. Selbst wenn im Mutterlande zwischen Staat und christlicher Kirche ein gespanntes Verhältnis herrschte – so z. B. zeitweise in Portugal, in Frankreich um die Jahrhundertwende, in Deutschland zwischen Preußischem Staat und Katholischer Kirche während des Kulturkampfes etc. –, so arbeiteten beide Mächte in den Kolonien doch gerne und eng zusammen: Die einen boten Schutz und die anderen machten die Untertanen gehorsamer. – Selbstverständlich gab es hierzu auch viele Ausnahmen, aber dies war der allgemeine Trend.

Da jede politische Betätigung der Autochthonen rigoros unterdrückt wurde, und nur der Übertritt zum Christentum sie etwas an das Niveau der Weißen heranbrachte, war es naheliegend, daß viele in das Christentum drängten. Ich habe Anfang der sechziger Jahre Hunderte erwachsener Katechumenen (Taufschüler) im Zaïre nach ihren Beweggründen, Christ werden zu wollen, befragt. Ich habe kein einziges Mal die Antwort erhalten, daß die christliche Lehre so anziehend oder überzeugend sei oder daß man Angst hätte, sonst nicht die Seligkeit zu erreichen. Von älteren Personen hörte ich oft, sie wollten die Religion ihrer Kinder wählen, andere wollten zur Christengemeinde gehören, weil diese sehr aktiv war; Jugendliche hatten im Congo nur eine Aufstiegschance, wenn sie Christen waren usw. Kurz, die enge Verbindung von

Kolonialpolitik und Christentum hatte zur Folge, daß bei einer Krise zwischen Mission und Kolonialregierung kein Unterschied gemacht wurde.

Da man sich politisch nicht artikulieren durfte, bot sich die Religion naturgemäß als Plattform an. Wie man weiß, können Religionen sehr konservativ, aber auch sehr progressiv sein. Gerade in den Missionen drängten eher dynamische und sozial mobile Elemente in die Kirchen als konservative. Wer etwas Neues beginnt, zeigt immer mehr Mut zum Risiko als der, der sein Erreichtes bewahren will. Der französische Religionssoziologe Henry Desroche sieht in der Religion drei Funktionen gegeben:

- Die Funktion der Integration. Sie verteidigt den status quo, ist gegen Entwicklung und Veränderung. Sie rechtfertigt die gegebene Sozialordnung und verlangt die Unterwerfung.
- Die Funktion des Widerspruchs. Man stellt in Frage, negiert und zwingt auf diese Weise bei sich wie bei den Etablierten die Veränderung herbei. Hierher gehören Sekten, Häresien, Messianismen, Heterodoxien usw. Das Volk kann vielfach gar nicht anders gegen eine etablierte Kirche protestieren, als daß es sich von ihr trennt und eine eigene, neue Kirche gründet.
- Die Funktion des radikalen Protestes. – Bleibt die vorgetragene Kritik ohne theologischen oder praktischen Erfolg, so kann es zum radikalen Protest und bis zur sozialen Revolution kommen. Die Kirchengeschichte Europas erlebte wiederholt solche Beispiele; man denke an die Albingenser, Hussiten, Thomas Münzer u.a.m.

Der Religionssoziologe Joachim Wach unterscheidet:

- einen inneren Protest: Der Protestierende bleibt in der Gemeinschaft und sucht sie nach seinen Prinzipien umzugestalten. Hier kann man auch von einer Reform sprechen.
- Einen äußeren Protest: Die Trennung hat bereits stattgefunden und jetzt sucht man die eigene Position zu klären.
- Der Protest kann individuell sein, indem ein einzelner, ein Prophet z. B., gegen eine etablierte Gruppe vorgeht, oder er kann
- kollektiv sein: Er wird dann von einem (charismatischen) Führer organisiert.

Bei den Protestbewegungen, wie sie infolge der kolonialen Situation entstanden und zum Teil noch immer vorkommen, handelt es sich fast immer um einen äußeren kollektiven Protest mit einem charismatischen Führer als Kristallisationspunkt der Bewegung. Von solchen Bewegungen sprechen wir gerne als von ,,nativistischen Bewegungen", weil die Autochthonen ihre eigene Kultur und Religion in das Zentrum stellen, ungeachtet der Übernahme von Elementen aus jener Religion und Kultur, gegen die man protestiert.

W. Mühlmann definiert Nativismus als „kollektive Einstellung, die den ‚eigenen Beitrag' der ‚Wir'-Gruppe demonstrativ hervorhebt und zur Geltung bringen wird. ‚Nativistische Bewegungen' sind soziale Bewegungen, die durch diese Motive inspiriert sind. Vorauf gehen regelmäßig eine Erschütterung des Gruppen-Selbstgefühls durch Fremdherrschaft, koloniale Überlagerung, eventuell Ausbeutung sowie Versuche, fremde Kulturen zu oktroyieren. Die nativistischen Bewegungen tragen also stark ‚reaktiven' Charakter, sie sind mehr oder weniger überkompensatorisch und kehren ‚eigene' Werte demonstrativ hervor. Dabei kann das ‚Eigene˙ sowohl im Sinne von überliefertem eigenem Kulturgut als auch im Sinne von übernommenem Kulturgut definiert werden. Es ist nicht nötig, daß die betont hervorgekehrten ‚eigenen' Werte objektiv-historisch indigene (‚native') sind; entscheidend ist die Selbstinterpretation der nativistisch erregten Gruppe" (1969: s. v. Nativismus).

Ich möchte an zwei Beispielen – aus Afrika und Melanesien – zeigen, wie solche nativistische Bewegungen typischerweise ablaufen:

1. Der Aufstand der Pende im Zaire

Die Pende, ein Volk von etwa 300 000 Einwohnern, siedeln am oberen Kwilu. Handelskompanien und die belgische Kolonialregierung drängten in den zwanziger Jahren die Kongolesen, Ölpalmen zu pflanzen und die Früchte an die Händler zu verkaufen. Die Preise waren gut, und die Pende taten schließlich mit. Infolge der Weltwirtschaftskrise sanken die Preise um 25 bis 60 % und darunter. Die Steuern blieben aber gleich hoch. Jetzt hatte ein Mann etwa anderthalb Monate lang Ölfrüchte zu schneiden und zu verkaufen, um seine Steuern bezahlen zu können. Bedenkt man, daß die traditionelle Wirtschaft fast ganz ohne Bargeld auskam, dann waren die Steuern sehr hoch. Die Pende stellten daraufhin die Ölfruchtproduktion fast ganz ein, die Händler intervenierten bei der Kolonialregierung. – Dies war der ökonomische Hintergrund der Bewegung. Die christliche Mission hatte damit nichts zu tun.

In dieser gespannten Lage hatte der Mupende *Mundele Funji* (‚Europäer-Sturm') Visionen. Er gab an, die Ahnen gesehen und mit ihnen gesprochen zu haben. Er solle allen Pende mitteilen, sie hätten alle Weißen zu verjagen, um dann ihre Freiheit wiederzuerlangen. Die Pende sollten alles töten, was auf ihrem Boden lebt und weiß ist: Ziegen, Hühner, Menschen; keine weißen Kleider tragen; alle Bücher und Medaillen von Europäern wegwerfen. Der Zairese Faustin Mulamba-Mvuluya sagt: Ziel war es, „den Weißen und alles, was er auf die Pende-Erde gebracht hatte, zurückzuweisen und die Wiederkehr der Herrschaft der Ahnen herbeizuführen" (1971: 15).

Die Widerkunft der Ahnen sollte sich folgendermaßen vollziehen:

- Jedes Dorf sollte eine Straße in die Savanne (Wald) anlegen.
- Am Ende des Weges, nahe dem Wald, sollte ein Vorratshaus gebaut werden, denn hier sollten die Geschenke der Ahnen abgeladen werden.
- In dem Haus sollte sich eine geschlossene Kiste befinden, in die alles von den Weißen, auch das Geld, geworfen werden sollte.
- Nur der Priester der neuen ,,Religion" durfte das Haus betreten, denn es war hl. Ahnenboden. Nur wer Visionen hatte, konnte aber Priester werden. Es gab viele Frauen darunter.
- Alle Pende-Häuptlinge taten mit bis auf einen. Die einen sagen, er war früher Katechist, die anderen: Er war kein Pende, sondern ein Kwese.

Im Juni 1931 erreichte die Revolte ihren Höhepunkt, denn dies war die Zeit der Steuerkollekte. – Am 29. Mai kam es zwischen einem weißen Händler und den Ölfrüchteschneidern zu Handgreiflichkeiten. Der Weiße verklagte die unwilligen Arbeiter. Ein Kolonialbeamter namens Max Balot begab sich zu den Pende, um den Fall zu verhandeln. Er schickte einen traditionellen Häuptling zu den Aufständischen, die von Mundele Funji angeführt wurden. Man wies den Häuptling ab und rief zum Widerstand auf. Der Kolonialbeamte ließ zur Einschüchterung in die Luft schießen, aber man verhöhnte ihn, daß seine Kugeln nur Wasser seien. Der Beamte wollte sich ins Vorratshaus retten, da wurde er durch eine Machette erschlagen. Man zerlegte ihn wie ein Stück Wild und verteilte ihn auch so. Der politische Häuptling weigerte sich aber, seinen Kopf anzunehmen, da er nicht auf seinem Grund und Boden ,,erlegt" worden sei.

Der Kampf der Pende war natürlich von vornherein aussichtslos. Nur durch die Flucht ins Visionäre und Imaginäre konnte eine solche Bewegung unternommen werden. – Die belgische Kolonialmacht durchkämmte die Pende-Dörfer so lange, bis sie alle Überreste ihres Kolonialbeamten zurückerhalten hatte. Zimperlich war man bei dieser Aktion nicht. Die Pende wurden wieder ,,pazifiziert", aber in der Region blieb der Protest latent. In den vierziger Jahren kam bei ihren westlichen Nachbarn die Mikala-Bewegung auf, in der Zeit der Unabhängigkeit war es der Kimbangismus und in den Jahren 1963/64, also im bereits unabhängigen Staat, tobten die Mulelisten (nach ihrem Führer Pierre Mulele) am stärksten in dieser Region. Man kämpfte gegen die Zentralregierung in Kinshasa.

2. Die Cargo-Kultbewegung der Kaliai/Papua-Neuguinea

Weniger blutig, dafür mehr religiös-synkretistisch geht es bei den Kaliai auf Neubritannien (Papua-Neuguinea) zu. Dr. Hermann Janssen, der ein Großteil der Kultbewegung selbst miterlebt hat, berichtet darüber (1981).

Die ganze Insel Neubritannien, die zu Papua-Neuguinea gehört, umfaßt etwa 4 000 Einwohner, die zu verschiedenen Stämmen gehören. Zwischen den Küstendörfern und jenen des Hinterlandes bestehen seit jeher latente Spannungen. Die Küstenbewohner sind Brandrodungsbauer, Fischer und Schweinehirten, die Inlandbewohner praktisch noch Jäger und Sammler.

Die australische Regierung und die christliche Mission drängten die Küstenbewohner, Kokosplantagen anzulegen. Die Buschbewohner lehnten diese Arbeit ab, da sie überzeugt sind, daß Wohlstand nicht von der Arbeit, sondern von der rituellen Manipulation der Geister abhängt.

Die Mission im Gebiet der Kaliai besitzt einen Krämerladen, wo Güter wie Salz, Zucker, Reis, Sardinen, Eisengeräte, Petroleum etc. verkauft werden. Die Kokosplantage wird von Weißen geleitet. Viele Kaliai-Männer verlassen ihr Stammesgebiet, um Geld und Ausbildung zu finden. Mit der Mission stehen die Kaliai seit 1930 in regelmäßiger Verbindung. Zwischen 1934–1939 und 1948–1954 wurden die meisten Kaliai getauft. Seit etwa zwanzig Jahren nimmt das Interesse an der Mission ab. Die Cargo-Kultanhänger erklären das Desinteresse folgendermaßen: Es gibt vier Dinge auf der Mission: Kirche, Schule, Krankenhaus, Laden. Früher war die Kirche das Wichtigste, jetzt sind es Krankenhaus und Laden. ,,Wie alle Weißen halten die Missionare ein Geheimnis. Sie reden nicht offen. Sie sprechen nur in Bildern. Sie sagen uns nicht, wo Gott lebt, so daß wir zu ihm gehen und um Hilfe bitten könnten" (336).

Da die Ethnien Neubritanniens keine politischen Strukturen kannten, setzte die deutsche Kolonialregierung von ihr leicht manipulierbare Häuptlinge ein. Die Australier übernahmen diese Einrichtung. ,,Bis heute werden die eingeführten gesellschaftlichen und politischen Ordnungen von den Kaliai als unterdrückend empfunden. Immer wieder beklagen sie sich über die Rassendiskriminierung, die Steuerlast, die Polizeikontrollen und die mangelnde wirtschaftliche Entwicklung. Aufgebrachte Cargo-Kultanhänger machten 1970 ihrer Frustration Luft, indem sie sagten: ,Die Schwarzen und die Weißen sind gleich. Euer Blut und unser Blut hat die gleiche Farbe. Auch wir wollen vorankommen, aber ihr zeigt uns nicht den Weg. Ihr haltet alles geheim. Ihr Weißen kommandiert uns nur herum und steckt uns ins Gefängnis. Wir arbeiten hart, um Kopra zu machen, aber es kommen keine Schiffe, um es aufzukaufen. Wir zahlen Steuern, aber wir erhalten keine eigenen Schiffe. Die Gesetze der Regierung und der Gemeindeverwaltung sind nutzlos; wir machen jetzt unsere eigenen Gesetze" (335).

Wie die meisten Ethnien Melanesiens, so besitzen auch die Kaliai zahlreiche Mythen, die von Kulturheroen, Ahnen und der Herkunft der Knollenpflanzen, besonders der Kokosmuß, handeln. Sie spielen dann, vermengt mit christlichen Ideen, in der Bewegung eine wichtige Rolle.

Führer der Bewegung wurde ein etwa 45-jähriger Mann namens A Pasisio. Vor seinen Visionen galt er als „unbedeutender Sonderling". Er hat Jahre hindurch versucht, von den Stammesältesten die in Vergessenheit geratenen Mythen zu erfahren. Er bat auch immer wieder die Katechisten der Mission, ihm die biblische Geschichte zu erzählen. Wiederholt erschienen ihm im Traum die Ahnen und der Schlangengott A Mulmul und bestellten ihn zum Führer der Kaliai. In seinen Visionen erkannte er, daß die erste Kokosnuß auf seinem heimatlichen Berg Sinai wuchs. Hier lebten auch Adam und Eva, hier wurde Christus geboren; hier nahm die gesamte Menschheit und alle Kultur ihren Anfang. Pasisio nannte sich fortan A Sen Sio (heiliger Sio). Mit Hilfe von zwei langen Genealogien mit biblischen und autochthonen Namen konnte er die Kaliai überzeugen, daß sie das auserwählte Volk sind. Er rief sie zu Buße und Brüderlichkeit auf und deutete an, daß „bald etwas kommen" würde.

Im November 1969 wallfahrtete er mit Bewohnern des Hinterlandes zum Berge Sinai, dem Ursprungsort der ersten Kokosnuß. Am Fuß der Berge Sinai, Galili und Golgata gründeten sie ein neues Dorf, den Sitz der Regierung. Im März 1970 zog er zur Küste und warb dort um Gefolgsleute. Denen, die ihm nicht folgten, drohte er Katastrophen an. Auch viele Mitglieder der Mission folgten ihm, wie Schullehrer und Katechisten.

Sodann brachen alle zur Wallfahrt zum Ursprung der Kokosnuß auf. Alle Pilger mußten traditionelle Kleidung tragen. Man sang Hymnen und betete auf dem tagelangen Fußmarsch. Auf dem Berge Sinai zeigte er das Loch der ersten Kokospalme. Drei Felsen im Wasser symbolisierten das Gesetz Mose und der Ahnen. A Sen Sio erklärte: Durch das erste Gesetz erhielten die Weißen ihr Wissen, durch das zweite erhielten sie ihre Güter und durch das dritte Gesetz würden die Schwarzen mit Gütern überschüttet werden, die jetzt noch in den Bergen verborgen lägen. Er spendete den Wallfahrern die Waschungstaufe, die die Abkehr von Regierung und Mission ausdrücken sollte. Er nahm auch Krankenheilungen vor. Und als sich die Pilger auf das Ahnengesetz verpflichtet hatten, zogen sie zurück. Sie gingen allerdings nicht mehr in ihre alten Dörfer, sondern ließen sich dort nieder, wo früher ihre Ahnen gesiedelt hatten. Vorher hatte ihnen A Sen Sio noch versichert, daß sich das dritte Gesetz noch 1971 erfüllen würde. Später hat dann der Schlangengott den „letzten Tag" auf unbestimmte Zeit verschoben, da viele seinen Kult und seine Forderungen nicht ernst nehmen würden.

In den letzten Jahren ist die Bewegung stark zusammengeschrumpft. A Sen Sio mußte für einige Zeit ins Gefängnis, da er seine Steuern nicht zahlte. Die Kaliai erlahmten ob der vielen Ankündigungen. Janssen bemerkt zum Schluß seines Berichtes: „Dennoch bleibt eine tiefe Sehnsucht nach Gleichheit, Brüderlichkeit und nach materieller Sicherheit in den Herzen der Kaliai, selbst bei jenen, die sich öffentlich nicht zu dem Mythos bekennen" (338).

Sicher ist vieles in den Cargo-Kultbewegungen unausgegoren und mutet naiv an, aber dahinter verbergen sich doch große Menschheitsprobleme: so die Sehnsucht nach Überwindung des Leids, der Ungleichheit; dann die Suche nach dem direkten Zugang zu den übermenschlichen Wesen. Daß man diese melanesischen Heilsbewegungen „Cargo-Kulte" nennt, ist im Grunde eine Verkennung des zentralen Anliegens dieser einfachen Völker. Die Geschenke der Ahnen sind nur äußere Zeichen für das Bedürfnis nach Harmonie zwischen der diesseitigen und der jenseitigen Welt. Das Grundmotiv dieser Bewegungen ist die Suche nach dem Heil, das man durch die vielfachen Eingriffe des weißen Mannes in die Welt dieser Menschen verloren glaubt.

II. Autochthone Kirchen

Die europäischen Missionskirchen haben bis vor wenigen Jahrzehnten keinen Gedanken daran verschwendet, ob die von ihnen gepredigte Form des Christentums die angemessene Religion für die sogenannten Naturvölker ist. Man hat mit der größten Selbstverständlichkeit in Europa gewachsene Formen in die Kulturen der Dritten Welt exportiert, transplantiert und für jene Ethnien als verbindlich erklärt. Man könnte hier an unzähligen Beispielen den Eurozentrismus der Missionskirchen aufzeigen: an den Riten, der Farbsymbolik, den Opfergaben von Brot und Wein, den Ehegesetzen, der Kunst, der Kirchenmusik usw. Doch ich will mich hier nicht mit der Missionskirche auseinandersetzen, sondern ich möchte aufzeigen, wie und weshalb es zu so unendlich vielen autochthonen Kirchen kommt.

Es handelt sich bei den autochthonen Kirchen nicht nur um chiliastische Schwärmer, die die Apokalypse des heiligen Johannes gelesen haben und deshalb das endzeitliche Paradies erwarten. Man kann auch nicht mit dem politischen Druck durch die Kolonialgesellschaft und mit den Protestbewegungen als Reaktion darauf die vielen religiösen Bewegungen erklären. Endzeiterwartung und Protest spielen sicher bei allen Bewegungen eine wichtige Rolle, aber sie erklären nicht alles.

Bei meinen religionssoziologischen Untersuchungen bei den Yansi und zwar besonders bei den Bambiem im Kwango-Kasai-Zwischengebiet, glaubte ich folgende Gründe für die Annahme bzw. Ablehnung des Christentums feststellen zu können:

Nicht die Dauer oder Intensität der Christianisierung einer Lokalgruppe war maßgebend dafür, ob sie das Christentum annahm, sondern der wichtigste Grund für die Annahme war eine allgemein anerkannte Führerpersönlichkeit in dieser Gruppe. Neigte sie dem Christentum zu, folgten die übrigen Dorfbewohner auch.

In dem Maße, wie durch die koloniale Situation die traditionellen Gemeinschaften zerschlagen wurden, ja in den Städten oft überhaupt nicht vorhanden waren, wandten sich die Menschen solchen Gruppierungen zu, die neues solidarisches Gemeinschaftsleben in Aussicht stellten. Der Afrikaner ist durch und durch Gemeinschaftswesen. Er schließt sich deshalb, wenn er in die Stadt kommt, schnell einer solidarischen Gemeinschaft an. – Die großen etablierten Kirchen haben hier die größten Bedürfnisse der Afrikaner nicht verstanden. Hier liegt, glaube ich, einer der Hauptgründe für die große Zahl von unabhängigen Kirchen und Sekten. Da diese religiösen Gemeinschaften solidarisch sein müssen, dürfen sie auch nicht zu groß sein.

Einer der wenigen weißen Kirchenmänner, die dieses Anliegen der Afrikaner begriffen haben, war Placide Tempels. Er gründete für die Industriearbeiter des damaligen Katanga (heute Shaba) die solidarische Familie *Jamaa,* die später zu einer Sekte wurde. Nicht die Bantuphilosophie war meiner Meinung nach Tempels' große Leistung, sondern die Gründung der *Jamaa* für die entwurzelten Industriearbeiter. Sie kamen in Scharen in diese neue Gemeinschaft und fanden hier, was sie in ihren Dörfern auf dem Lande zurückgelassen hatten.

Man ist immer wieder frappiert von den außergewöhnlichen Leistungen, zu denen Afrikaner fähig sind, wenn sie in funktionierende Gemeinschaften gelangen. In den Jahren 1962 bis 1964 lebte ich in mehreren Buschdörfern des Zaire, deren Bewohner mehrheitlich Kimbangisten waren oder es gerade wurden. Für mich war es immer erstaunlich festzustellen, wie Menschen, die vor ihrem Beitritt zu dieser Kirche bescheidenstes Mittelmaß waren, plötzlich erstaunliche Qualitäten entwickelten: Sie waren über Nacht charismatische Führer geworden. Diese qualitätvolle Leistung dauerte allerdings selten länger als einige Jahre.

Beim Studium der neuen afrikanischen Kunst fielen mir ähnliche Phänomene auf: Da holt ein Weißer in Elisabethville (Lubumbashi), in Salisbury (Harare), in Serima, Cyrene (beide in Zimbabwe) oder in Rorke's Drift (Natal) – alles Gebiete mit unbedeutender traditioneller plastischer Kunst – einige junge Afrikaner zusammen, gibt ihnen einige Anweisungen, und in wenigen Jahren entstehen international vielbeachtete Kunstwerke und eigene Kunststile, so als kämen sie aus dem Nichts. Ein gutes Dezennium dauern diese Hochleistungen an, dann fallen die Zentren häufig wieder zusammen oder verlieren an Bedeutung. Auch hier habe ich den Eindruck, daß die neuen Gemeinschaften unwahrscheinlich stimulierend wirkten und ungeahnte Talente freisetzten.

Um auf unsere autochthonen Kirchen zurückzukommen: Die großen Kirchen haben den Vertretern der Naturreligionen das „verwaltete" Heilige angeboten. Der Afrikaner oder Papuaner wollte es aber selbst in seiner Spontaneität handhaben. Für die autochthonen Kirchen ist dies eine Selbstverständlichkeit. Der Geist ist noch lebendig, die Strukturen nicht festgefahren, der direkte Zugang zu Gott steht jedem offen.

So kann man alles in allem sagen, daß jede einheimische Kirche im Grunde ein Punkt der Gewissenserforschung für die großen Kirchen sein sollte. Jede dieser kleinen Lokalkirchen zeigt auf, wo die großen Kirchen sich nicht um die Anliegen dieser Menschen gekümmert haben.

Wir Europäer treten aus einer Kirche aus, wenn wir uns in ihr nicht mehr verstanden fühlen, Vertreter von sogenannten Naturreligionen gründen eine neue. Hier zeigt sich das tiefe religiöse Bedürfnis dieser Menschen: Erst Religion gibt ihrem Leben einen Sinn und sichert ihre Existenz. Deshalb wurde auch verschiedentlich vom Afrikaner gesagt, er sei unheilbar religiös.

Bibliographie

Die Zahlen in eckigen Klammern verweisen auf Kapitel und Abteilung, zu denen das Werk besondere Aussagen macht.

—
1976–1983   Systèmes de pensée en Afrique noire. Cahiers 2–6: Le sacrifice I–V. Ivry. **[6/III]**

Abrahamsson, Hans
1951   The Origin of Death. Studies in African Mythology. Studia Ethnographica Upsaliensia 3. Uppsala. **[5/III]**

Van Baal, J.
1976   Offering, Sacrifice and Gift. In: *Numen* 23: 161–178. **[6/II]**

Van Baaren, Th. P.
1964   Menschen wie wir. Religion und Kult der schriftlosen Völker. Gütersloh. **[1]**
1964a   Theoretical Speculations on Sacrifice. In: *Numen* 11: 1–12. **[6/II]**

Baer, Gerhard
1984   Die Religion der Matsigenka, Ost-Peru. Monographie zu Kultur und Religion eines Indianervolkes des Oberen Amazonas. Basel, Wepf u. Co. **[6/III]**

Bage, Marsallan
1960   Phänomenologie der Munda-Religion. Berlin. **[9/VI]**

Bandi, Hans-Georg
1966   Zur Frage eines Bären- oder Opferkultes im ausgehenden Altpaläolithikum der alpinen Zone. In: Helvetia antigua. Festschrift Emil Vogt, R. Degen et al. (ed.), pp. 1–8. Zürich. **[6/II]**

Baumann, Hermann
1936   Schöpfung und Urzeit des Menschen im Mythus der afrikanischen Völker. Berlin, Dietrich Reimer. **[3/III; 5/II]**
1939   Afrikanische Wild- und Buschgeister. In: Festschrift für B. Ankermann. Berlin. **[3/III]**
²1980   Das doppelte Geschlecht. Ethnologische Studien zur Bisexualität in Ritus und Mythos. Berlin, Dietrich Reimer. **[3/III]**

De Beir, L.
1975   Religion et magie des Bayaka. (Collectanea Instituti Anthropos, 4.) St. Augustin. **[7]**

Bertholet, Alfred (ed.)
²1927   Religionsgeschichtliches Lesebuch. Heft 8. Tübingen. **[1]**

Birket-Smith, Kaj
1948   Die Eskimos. Zürich. **[9/II]**
1959   The Eskimos. 2. Aufl. London. **[9/II]**

Bischofberger, Otto
1976   Heil und Unheil. Gebete und Riten der Amis von Formosa. Studia Ethnographica Friburgensia 5. Fribourg. **[5/I]**

Boas, Franz
1888 The Central Eskimo. 6th Ann. Report of the Bureau of Amer. Ethnology, Smithson. Inst. Washington. **[9/II]**

Burkert, Walter
1972 Homo necans. Interpretationen altgriechischer Opferriten und Mythen. Berlin, De Gruyter. **[6/II]**

Castrén, M. Alexander
1856 Nordische Reisen und Forschungen. Reiseberichte und Briefe aus den Jahren 1845–1849. St. Petersburg, Buchdruckerei der Kaiserlichen Akademie der Wissenschaften. **[9/VII]**

Closs, Alois
1961 Das Opfer in Ost und West. In: *Kairos* 3: 153–161. **[6/II]**

Codrington, R.H.
1891 The Melanesians. Studies in their Antrhopology and Folk-Lore. Oxford. **[4/I]**

Comte, Auguste
1893/94 Cours de philosophie positive. Vol. 4. Paris. **[2/I]**

Dammann, Ernst
1969 A Tentative Philological Typology of Some African High Deities. In: *Journal of Religion in Africa* 2/2: 81–95. **[8/II]**
1972 Die religiöse Bedeutung des Bantuwortstammes -lungu. In: Ex orbe religionum. Studia Geo Widengren. 2. Teil. Leiden. **[8/II]**

Dempf, Alois
1937 Religionsphilosophie. Wien. **[2/I]**

Dieterlen, Germaine
1965 Textes sacrés d'Afrique Noire. Paris, Gallimard. **[5/I]**

Dostal, Walter
1957 Ein Beitrag zur Frage des religiösen Weltbildes der frühesten Bodenbauer Vorderasiens. In: *Archiv für Völkerkunde* XII: 54–109. **[3/III]**

Driberg, J.H.
1936 The Secular Aspect of Ancestor Worship in Africa. In: *Supplement to the Journal of the Royal African Society* 35/138. **[7]**

Dupré, Wilhelm
1975 Religion in Primitive Cultures. A Study in Ethnophilosophy. The Hague, Mouton. **[1]**

Durkheim, Emilie
[4]1960 [1912] Les formes élémentaires de la vie religieuse. Le système totémique en Australie. Paris. **[2/II]**

Eliade, Mircea
1954 La Terre-Mère et les Hiérogamies cosmiques. In: Eranos-Jahrbuch 1953: 57–95. **[3/III]**
1954b Die Religionen und das Heilige. Elemente der Religionsgeschichte. Salzburg, Otto Müller Verlag. **[5/II]**
1963 Aspects du mythe. Paris, Gallimard. **[5/II]**

Elkin, A.P.
³1954 [1938] The Australian Aborigines. How to Undertstand Them. Sydney, Angus and Robertson. **[9/I]**
Eranos-Jahrbuch 1938
1939 Vorträge über Gestalt und Kult der „Großen Mutter". Olga Fröbe-Kapteyn (ed.). Zürich, Rhein-Verlag. **[3/III]**
Eranos-Jahrbuch 1953, Bd. XXII.
1954 Mensch und Erde. Olga Fröbe-Kapteyn (ed.). Zürich, Rhein-Verlag. **[3/III]**
Evans-Pritchard, E. E.
1968 Theorien über primitive Religion. Mit einer Vorlesung „Sozialanthropologie gestern und heute" als Einleitung. Frankfurt am Main, Suhrkamp Verlag. **[1]**
Van Exem, A.
1978 Haram and Singbonga. The Concept of the Supreme Being According to Munda Mythology. In: The Munda World, P. Ponnette (ed.), pp. 81–115. Ranchi. **[9/VI]**
1982 The Religious System of the Munda Tribe. An Essay in Religious Anthropology. (Collectanea Instituti Anthropos, 28.) St. Augustin. **[9/VI]**
Faherty, Robert L.
1977 Sacrifice. In: Encyclopaedia Britannica 16: 128–135. **[6/II]**
Feci, Damaso
1972 Vie cachée et vie publique de Simon Kimbangu selon la littérature coloniale et missionnaire belge. *Les Cahiers du Cedaf* 9–10. Bruxelles. **[10]**
Feldmann, Joseph
1913 Paradies und Sündenfall. Der Sinn der biblischen Erzählung nach der Auffassung der Exegese und unter Berücksichtigung der außerbiblischen Überlieferung. Münster, Aschendorff. **[5/III]**
Findeisen, Hans
1957 Schamenentum. Stuttgart. (Urban-Bücher, 28). **[6/III]**
Foerst-Crato, Ilse
1958 Ausblicke ins Paradies. München, Otto Wilhelm Barth-Verlag. **[5/III]**
La Fontaine, J.S.
1972 The Interpretation of Ritual. Essays in Honour of A. I. Richards. London, Tavistock Publications. **[6/I]**
Fortes, Meyer
1965 Some Reflections on Ancestor Worship in Africa. In: African Systems of Thought, M. Fortes and G. Dieterlen (ed.), pp. 16–20; 122–142. Oxford. **[7]**
Frazer, James George
1910 [1887] Totemism and Exogamy. 4 vols. London, Macmillan. **[2/III]**
1936 The Golden Bough. Part III: The Dying God. London, Macmillan. **[2/I; 2/III; 6/II]**

Freud, Sigmund
1913 [³1922] Totem und Tabu. Wien. **[2/III]**
Fries, Heinrich
1962 Gott. II. Religionsgeschichtlich. In: Handbuch theologischer Grundbegriffe I, H. Fries (ed.), pp. 579–586. München, Kösel. **[8/I]**
Gahs, A.
1928 Kopf-, Schädel- und Langknochenopfer bei den Rentiervölkern. In: Festschrift P.W. Schmidt, W. Koppers (ed.), pp. 231–268. Wien. **[6/II]**
Van Gennep, Arnold
1909 [1964] Die Übergangsriten. In: Religionsethnologie, C. A. Schmitz (ed.). Frankfurt, Akademischer Verlag. **[6/I]**
1920 L'état actuel du problème totémique. **[2/III]**
1960 [1909] The Rites de Passage. London, Routledge and Kegan Paul. **[6/I]**
Gill, Sam D.
1982 Beyond „the Primitive". The Religions of Nonliterate Peoples. New Jersey, Prentice Hall. **[1]**
Girard, René
1972 La violence et le sacré. Paris, Grasset. **[6/II]**
1978 Des choses cachées depuis la fondation du monde. Paris. **[6/II]**
1983 Das Ende der Gewalt. Analyse des Menschheitsverhängnisses. Freiburg, Herder. **[6/II]**
Glover, J. E. und R. Lee
1984 Geochemistry and provenance of Eocene chert artifacts, southwestern Australia. In: *Archeology in Oceania,* Vol. 19,1: 16–20
Gölz, Friedrich
1963 Der primitive Mensch und seine Religion. Gütersloh. **[1]**
Goldammer, Kurt
1965 Die Formenwelt des Religiösen. Grundriß der systematischen Religionswissenschaft. Stuttgart, Kröner. **[1, 6/II]**
Goldenweiser, Alexander A.
1922 Early Civilization. An Introduction to Anthropology. New York, Alfred Knopf. **[2/III]**
Griaule, Marcel
1970 Schwarze Genesis. Ein afrikanischer Schöpfungsbericht. Freiburg, Herder. **[5]**
Guariglia, Guglielmo
1959 Prophetismus und Heilserwartungs-Bewegungen als völkerkundliches und religionsgeschichtliches Problem (Wiener Beiträge zur Kulturgeschichte und Linguistik, XIII). Horn – Wien, Verlag Ferdinand Berger. **[10]**
Haekel, Josef
1956 Prof. P. Wilhelm Schmidts Bedeutung für die Religionsgeschichte des vorkolumbischen Amerika. In:*Saeculum* VII/1: 1–39. **[2/II]**
1956b Höchstes Wesen. In: Religionswissenschaftliches Wörterbuch, Franz König (ed.). Wien, Herder. **[8]**

Hastings, James (ed.)
1908–1921 Encyclopaedia of Religion and Ethics. Folgende Stichwörter sind nachzuschlagen; zu jedem schreiben mehrere Autoren: ‚Expiation . . .', vol. V. ‚Propitiation', vol. X. ‚Sacrifice', vol. XI. Edinburgh. **[6/II]**
Hatt, Gudmund
1951 The Corn-Mother in America and in Indonesia. In: *Anthropos* 46: 853–914. **[3/III]**
Heckscher
1929/30 Erstling. In: Deutscher Aberglaube. Bd. 2: 976–981. Bächtold-Stäubli (ed.). Berlin. **[6/II]**
Heiler, Friedrich
²1979 [1961] Erscheinungsformen und Wesen der Religion. Die Religionen der Menschheit. Stuttgart, Kohlhammer. **[1]**
Heintze, Beatrix
1970 Besessenheits-Phänomene im mittleren Bantu-Gebiet. Wiesbaden. **[6/III]**
Henninger, Joseph
1968 Primitialopfer und Neujahrsfest. In: Anthropica. (Studia Instituti Anthropos, 21.) pp. 147–189. St. Augustin. **[6/I]**
1975 Les fêtes de printemps chez les Sémites et la Pâque israélite. Paris. **[6/I]**
Herrmann, Ferdinand
1961 Symbolik in den Religionen der Naturvölker. Stuttgart, Anton Hiersemann. **[1; 2/III; 4/I]**
Hoffmann, John
1930–1979 Encyclopaedia Mundarica. 15 Bde. Patna, Bihar Government Press. **[4/III; 9/VI]**
Howitt, A. W.
1904 The Native Tribes of South-East Australia. London. **[9/I]**
Hubert, Henri und *Marcel Mauss,*
1899 Essai sur la nature et la fonction du sacrifice. In: *L'Année sociologique* 2: 29–138. **[6/II]**
Hultkrantz, Åke
1962 Die Religion der amerikanischen Arktis. In: Die Religionen Nordeurasiens und der amerikanischen Arktis von Paulson, Hultkrantz und Jettmar. Stuttgart. **[9/II]**
1973 A Definition of Shamanism. In: *Temenos* 9: 25–37. **[6/III]**
1974 Ecology of Religion: Its Scope and Methodology. In: *Review of Ethnology* 4: 1–7, 9–12. **[9]**
James, Edwin Oliver
1960 [1957] Religionen der Vorzeit. Köln, DuMont. **[1]**
1962 Sacrifice and Sacrament. London. **[6/II]**
Janssen, Hermann
1981 Der Mythos der Kaliai. Phänomenologie einer Cargo-Kultbewegung in Papua-Neuguinea. In: *Ordensnachrichten* 20,5: 334–338. **[10]**

Jensen, Adolf E.
1939 Hainuwele. Volkserzählungen von der Molukken-Insel Ceram. Frankfurt, Klostermann. **[3/III; 9/IV]**
1944 Das Weltbild einer frühen Kultur. In: *Paideuma* 3: 1–83. **[3/III; 9/IV]**
1948 Die drei Ströme. Züge aus dem geistigen und religiösen Leben der Wemale, einem Primitiv-Volk in den Molukken. Leipzig, Harrassowitz. **[9/IV]**
²1949 [1948] Das religiöse Weltbild einer frühen Kultur. Stuttgart, August Schröder Verlag. **[3/III; 9/IV]**
1954–58 Der Ursprung des Bodenbaus in mythologischer Sicht. Bemerkungen zu H. Baumann, ‚Das doppelte Geschlecht'. In: *Paideuma* 6: 169–180. **[3/III]**
² 1960 [1951] Mythos und Kult bei Naturvölkern. Religionswissenschaftliche Betrachtungen. Wiesbaden, Steiner. **[2/II; 3/III; 6/II]**
Jevons, F. B.
1896 An Introduction to the History of Religion. **[2/III]**
Kanyamachumbi, P.
1969 Réflexion théologique sur la religion des ancêtres en Afrique Centrale. In: *Revue du Clergé Africain* 24: 421–455. **[7]**
Kaufmann, Christian
1975 Papua Niugini. Basel. **[9/I]**
Kehl, Alois
1979 Erkennen und Erleben. Ein Grundprinzip antiker Myterienkulte. In: Quatuor Coronati. Jahrbuch 1979, Nr. 16, Otto Wolfskehl (ed.). Bayreuth, Forschungslage Q.C. **[6/I]**
Kessel, Marianne
1975 Ein Beitrag zur Kenntnis der Munda-Religion. Berlin, Dissertation. **[9/VI]**
Kill, Lucia
1969 Pachamama. Die Erdgöttin in der altandinen Religion. Bonn, Dissertation. **[3/III]**
Kohl-Larsen, Ludwig
1956 Das Elefantenspiel. Mythen, Riesen- und Stammessagen. Volkserzählungen der Tindiga. Eisenach und Kassel, Erich Röth-Verlag. **[3/III]**
Koppers, Wilhelm
1924 Unter Feuerland-Indianern. Eine Forschungsreise zu den südlichsten Bewohnern der Erde. Stuttgart. **[5/I]**
Kopytoff, Igor
1971 Ancestors and Elders in Africa. In: *Africa* 41/2: 129–142. **[7]**
Kostikow, L.
1930 Die Gottes-Rentiere in den religiösen Vorstellungen der Chasowo. In: *Etnografia* 1–2, Kn. IX–X: 115–133. **[9/VII]**
Kroeber, Alfred L.
1920 Totem und Tabu: An Ethnologic Psychoanalysis. In: *American Anthropologist* 22: 48–55. **[2/III]**

Lamal, F.
1965   Basuku et Bayaka des districts Kwango et Kwilu au Congo. Tervuren, Musée Royal. **[7]**
Lang, Andrew
1898   The Making of Religion. London. **[2/II]**
Lanternari, Vittorio
1959   La Grande Festa. Storia del del Capodanno nelle civiltà primitive. Milano. **[6/I]**
1976   La Grande Festa. Vita rituale e sistemi di produzione nelle società tradizionali. Bari. **[6/I]**
Lantis, Margaret
1950   The Religion of the Eskimos. In: Forgotten Religions, V. Ferm (ed.). New York. **[9/II]**
Lehtisalo, T.
1924   Entwurf einer Mythologie der Jurak-Samojeden. Helsinki. **[9/VII]**
Linton, R.
1964 [1943] Nativistische Bewegungen. In: Religions-Ethnologie, C. A. Schmitz (ed.), pp. 390–403. Frankfurt a. M., Akademische Verlagsgesellschaft. **[10]**
Lohfink, Norbert
1977   Unsere großen Wörter. Freiburg, Herder. **[8]**
Lowie, Robert H.
1952 [1924] Primitive Religion. New York. **[2/I]**
Lubbock, John
³1875 [1870] The Origin of Civilization and the Primitive Condition of Man. Mental and Social Condition of Savages. London. **[2/I]**
Malinowski, Bronislaw
1926   Crime and Custom in Savage Society. **[5/II]**
Matota, H.
1959   Le christianisme face à la croyance aux ancêtres. In: *Revue du Clergé Africain* 14: 165–170. **[7]**
Mauss, Marcel
1923–1924   Essai sur le don. Forme archaique de l'échange. In: *L'Année sociologique*: 30–186. (Deutsch bei Suhrkamp unter dem Titel ‚Die Gabe', 1968.) **[6/II]**
Meinhof, Carl
1910   Lautlehre der Bantusprachen. Berlin. **[8/II]**
1932   Introduction to the Phonology of the Bantu Languages. Berlin. **[8/II]**
Meuli, Karl
1975 [1945] Griechische Opferbräuche. In: Gesammelte Schriften. II. Band: 907–1021. Basel, Schwabe und Co. **[6/II]**
Mühlmann, Wilhelm E.
1961   Chiliasmus und Nativismus. Studien zur Psychologie, Soziologie und historischen Kasuistik der Umsturzbewegungen. Berlin, Dietrich Reimer Verlag. **[10]**

1969 Nativismus. In: Wörterbuch der Soziologie, W. Bernsdorf (ed.). Stuttgart, Enke Verlag. **[10]**
1969 Chiliasmus. In: Wörterbuch der Soziologie, W. Bernsdorf (ed.). Stuttgart, Enke Verlag. **[10]**

Müller-Karpe, Hermann
1966 Handbuch der Vorgeschichte. 1. Band: 224–229. **[6/II]**

Mulamba-Mvuluya, Faustin
1971 Contribution à l'étude de la révolte des Bapende. Les Cahiers du Cedaf 1. Bruxelles. **[10]**

Mwene-Batende, Gaston
1971 Le phénomène de dissidence des sectes religieuses d'inspiration kimbanguiste. Les Cahiers du Cedarf 6. Bruxelles. **[10]**

Nagel, Tilman
1983 Der Koran. Einführung – Texte – Erläuterungen. München, Beck. **[5/III]**

Narr, Karl J.
1959 Bärenzeremoniell und Schamanismus in der Älteren Steinzeit Europas. In: *Saeculum* X: 233–272. **[6/II]**

Nilsson, Martin P.
[2] 1955 [1940] Geschichte der griechischen Religion. 2 Bde. München, C. H. Beck'sche Verl. **[3/III]**

Norbeck, Edward
1961 Religion in Primitive Society. New York, Harper. **[1]**

Obayashi, Taryo und H.-J. Paproth
1966 Das Bärenfest der Oroken auf Sachalin. In: *Zeitschrift für Ethnologie* 91: 211–236. **[6/II]**

Ohlmarks, A.
1939 Studien zum Problem des Schamanismus. Lund. **[6/III]**

Paproth, Hans-Joachim R.
1976 Studien über das Bärenzeremoniell. Bd. I: Bärenjagdriten und Bärenfeste bei den tungusischen Völkern. Uppsala. **[6/II]**

Paulson, Ivar
1962 Die Religionen der nordasiatischen (sibirischen) Völker. In: Die Religionen Nordeurasiens und der amerikanischen Arktis, I. Paulson, A. Hultkrantz, K. Jettmar (ed.). Stuttgart, Kohlhammer. **[9/VII]**

Petri, Helmut
1938–1940 Mythische Heroen und Urzeitlegenden im nördlichen Dampierland, Nordwest-Australien. In: *Paideuma* 1: 217–240. **[9/I]**
1965 Die Kosmogonie unter farbigen Völkern der Westlichen Wüste Australiens. In: *Anthropos* 60: 469–479. **[9/I]**

Pettazzoni, Raffaele
1960 Der allwissende Gott. Zur Geschichte der Gottesidee. Frankfurt, Fischer Bücherei. **[2/II; 8/II]**

Plancquaert, M.
1930 Les sociétés secrètes chez les Bayaka. Louvain. **[6/I]**

Ponnette, Pierre (ed.)
1978 The Munda World. Hoffmann Commemoration Volume. Ranchi, Catholic Press. [9/VI]
Radin, Paul
1954 Monotheism Among Primitive Peoples. Basel, Völkerkundemuseum. [8/II]
Ranke-Graves, Robert von
[7]1974 [1955] Griechische Mythologie. Quellen und Deutung. 2 Bde. Reinbek, Rowohlt. [3/III]
Rasmussen, Knud
1929 Intellectual Culture of the Iglulik Eskimos. Report of the Fifth Thule Expedition 1921–24. Kopenhagen. [9/II]
1930 Observations on the Intellectual Culture of the Caribou Eskimos. Report of the Fifth Thule Expedition 1921–24. Kopenhagen. [6/III; 9/II]
1931 The Netsilik Eskimos. Social Life and Spiritual Culture. Report of the Fifth Thule Expedition 1921–24. Kopenhagen. [9/II]
1942 The Mackenzie Eskimos. (Postum von H. Ostermann herausgegeben.) Report of the Fifth Thule Expedition 1921–24. Kopenhagen. [9/II]
1952 The Alaskan Eskimos, H. Ostermann (ed.) Report of the Fifth Thule Expedition 1921–24. Kopenhagen. [9/II]
Routledge, W. Scoresby; Routledge, Katherine
1968 [1910] With a Prehistoric People. London. [3/III]
Van Roy, Hubert
1969 Le culte des ancêtres chez les Yaka. In: Mort, funérailles, deuil et culte des ancêtres chez les populations du Kwango/Bas-Kwilu, pp. 138–197. Bandundu, CEEBA. [7]
1973 Les Bambwíiti, peuplade préhistorique du Kwango (Rép. du Zaire). In: *Anthropos* 68: 815–880. [4/II; 9/V]
Schärer, H.
1946 Die Gottesidee der Ngadju Dajak in Süd-Borneo. Leiden, Brill. [8/II]
Schebesta, Paul
1950 Die Bambuti-Pygmäen vom Ituri. Bd. II/III: Die Religion. In: Inst. Roy. Col. Belge IV/1. Brüssel. [1; 5/III]
Schmidt, Wilhelm
1926 Der Ursprung der Gottesidee. Bd. I. Münster, Aschendorff. [2/II]
1930 Handbuch der vergleichenden Religionsgeschichte. Ursprung und Werden der Religion. Münster. [2/I; 8/II]
1935 Der Ursprung der Gottesidee. Bd. VI. Münster, Aschendorff. [6/II]
1952 Die Urkulturen: Ältere Jagd- und Sammelstufe. In: Historia Mundi 1: 375–501. [6/II]
Schmitz, Carl August
1954–58 Zum Problem des Kannibalismus im nördlichen Neuguinea. In: *Paideuma* 6: 381–410. [3/III]

1960 Die Problematik der Mythologeme „Hainuwele" und „Prometheus". In: *Anthropos* 55: 215–238. **[9/IV]**
1962 Kopfjäger und Kannibalen. Basel. **[3/III]**
Schott, Albert
²1958 Das Gilgamesch-Epos. Neu übersetzt und mit Anmerkungen versehen. Stuttgart, Reclam-Verlag. **[5/III]**
Schrenk, Alexander Gustav
1848 Reise nach dem Nordorsten des europäischen Rußlands, durch die Tundren der Samojeden zum Arktischen Uralgebirge. 1. Bd. Dorpat. **[9/VII]**
Schröder, Dominik
1966 Die Puyuma von Katipol (Taiwan) und ihre Religion. In: *Anthropos* 61: 267–293. **[5; 6/III]**
Seitz, Stefan
1977 Die zentralafrikanischen Wildbeuterkulturen. Studien zur Kulturkunde Nr. 45. Wiesbaden. **[9/III]**
Sieber, J.
1921/22 Märchen und Fabeln der Wute. In: *Zeitschrift für Eingeborenensprachen* XII: 53–72. **[5/III]**
Smith, W. Robertson
1889 Lectures on the Religion of the Semites. London. **[2/III; 6/II]**
Söderblom, Nathan
1926 Das Werden des Gottesglaubens. Untersuchungen über die Anfänge der Religion. Leipzig. **[2/II; 8/II]**
1966 Der lebendige Gott im Zeugnis der Religionsgeschichte. München, Ernst Reinhardt Verlag. **[2/II]**
Spencer, Herbert
1852 The Development Hypothesis. Vol. 1, Seiten 1–7 in Herbert Spencer, Essays: Scientific, Political, and Speculative. New York, Appleton. **[2/I]**
1876–1896 Principles of Sociology. Vol. I 1876, Vol. II 1882, Vol. III 1896. London. **[2/I]**
Stanner, W.E.H.
1959–1961 An Aboriginal Religion. In: *Oceania*, Bd. 30–32. **[9/I]**
1965 Religion, Totemism and Symbolism. In: Aboriginal Man in Australia, Ronald M. and Catherine H. Berndt (ed.), pp. 207–237. **[9/I]**
Stein, Rolf A.
1959 Recherches sur l'épopée et le barde au Tibet. Paris. **[5/II]**
Steinbauer, Friedrich
1971 Melanesische Cargo-Kulte. Neureligiöse Heilsbewegungen in der Südsee. München, Delp'sche Verlagsbuchhandlung. **[10]**
Stöhr, Waldemar
1976 Die altindonesischen Religionen. Handbuch der Orientalistik. 3. Abt., 2. Bd., Abschn. 2. Leiden, Brill. **[6/I]**

Stöhr, Waldemar; Zoetmulder, Piet
1965 Die Religionen Indonesiens. Die Religionen der Menschheit 5/1. Stuttgart, Kohlhammer. **[6/I; 6/III]**

Strehlow, T.G.H.
1947 Aranda Traditions. Melbourne, University Press. **[4/IV; 9/I]**

Swadesh, M.
1952 Lexico-Statistic Dating of Prehistoric Ethnic Contacts. In: Proceed. of the Amer. Phil. Soc. 96. Philadelphia. **[9/II]**

Taniuchi, Naobumi
1944 Karafuto fubutsu sho. Tokio. **[6/II]**

Thalbitzer, William
1928 Die kultischen Gottheiten der Eskimos. In: Archiv für Religionswissenschaften XXVI, 3/4: 364–430. **[9/II]**

Thiel, Josef Franz
1963 Gottesglaube und Ahnenkult der Bayansi. In: Festschrift Paul Schebesta, A. Vorbichler und W. Dupré (ed.), pp. 215–222. Mödling, St. Gabriel. **[7]**
1968 Les aspects de la terre en société mbiem. In: Anthropica: 362–371. **[9/V]**
1970 L'image statistique d'une paroisse de brousse (Manzasay, diocèse Kenge). In: L'organisation sociale et politique chez les Yansi, Teke et Boma. Série I, vol. 4: 139–147. Bandundu. **[10]**
1972 La situation religieuse des Mbiem. Bandundu, CEEBA. **[7; 9/V]**
1977 Ahnen – Geister – Höchste Wesen. Religionsethnologische Untersuchungen im Zaïre-Kasai-Gebiet. (Studia Instituti Anthropos, 26.) St. Augustin. **[7; 8/II]**
1981 Die Bedeutung von Raum und Zeit als religiöse Dimensionen. In: *Verbum SVD*, 1981/1: 19–38. **[4/V]**
1981a Messianische Bewegungen in Schwarzafrika und ihr Angebot von Heil in einer religiösen Gemeinschaft. In: *Ordensnachrichten* 20,5: 306–312. **[10]**
1981b Die Schlange als Ahnentier. In: Festschrift zum 60. Geburtstag von P. Anton Vorbichler, Inge Hofmann (ed.), pp. 178–205. Wien. (Beiträge zur Afrikanistik 11–12). **[3/III]**
1981c Der Kimbangismus des Zaire in seinem Wandel von einer antikolonialen Bewegung zu einer christlichen Kirche. In: *Ordensnachrichten* 20,5: 312–321. **[10]**
1983 Zur Dichotomie des Nzambi-Namens in Bantu-Afrika. In: *Zeitschrift für Ethnologie* 108: 105–131. **[9/III]**
[4]1983a Grundbegriffe der Ethnologie. Vorlesungen zur Einführung. (Collectanea Instituti Anthropos, 16.) Berlin, Dietrich Reimer Verlag. **[1]**

Tucci, Giuseppe
1954 Earth in India and Tibet. In: Eranos-Jahrbuch 1953: 323–364. **[3/III]**

Turnbull, Colin

1960a   The *Elima:* A Pre-marital Festival among the Bambuti-Pygmies. In: *Zaïre* XIV: 175–192. **[9/III]**

1960b   The *Molimo:* A Men's Religious Association among the Ituri Bambuti. In: *Zaïre* XIV: 307–339. **[9/III]**

1962   The Forest People. A Study of the Pygmies of the Congo. New York. **[9/III]**

1965   The Mbuti Pygmies: An Ethnographic Survey. In: Anthropological Papers of the Americ. Mus. of Nat. Hist. 50, part 3. New York. **[9/III]**

Turner, Victor

1969   The Ritual Process. Structure and Anti-Structure. Chicago, Aldine. **[6/I]**

1982   Celebration. Studies in Festivity and Ritual. Washington. **[6/I]**

Tylor, Edward Burnett

1871   Primitive Culture. Researches into the Development of Mythology and Philosophy, Religion, Art and Custom. 2 vols. Lodon. **[2/I]**

Vajda, László

1964   Zur phaseologischen Stellung des Schamanismus. In: Religionsethnologie, C. A. Schmitz (ed.): 265–295). Frankfurt, Akademische Verlagsgesellschaft. **[6/III]**

Vasilev, B. A.

1948   Medvezij prazdnik. In: *Sovjetskaja ethografija* 4. **[6/II]**

Volhard, E.

1939   Kannibalismus. Studien zur Kulturkunde, Bd. 5. Frankfurt. **[3/III]**

Vorbichler, Anton

1956   Das Opfer auf den uns heute noch erreichbaren ältesten Stufen der Menschheit. Eine Begriffsstudie. Mödling bei Wien. **[6/II]**

Wallace, R. F.

1964 [1956]   Revitalisations-Bewegungen. In: Religions-Ethnologie, C. A. Schmitz (ed.), pp. 404–427. Frankfurt a.M., Akademische Verlagsgesellschaft. **[10]**

Warneck, Johannes

1909   Die Religion der Batak. Ein Paradigma für die animistischen Religionen des Indischen Archipels. Leipzig. **[7]**

Weekx, G.

1937   La peuplade des Ambundu (District du Kwango). In: *Congo* 18/ I/4: 353–373. II/1: 13–35. II/2: 150–166. **[7]**

Widengren, Geo

1961   Handbuch der Orientalistik. **[3/III]**

Van Wing, Joseph

²1959   Etudes Bakongo. Sociologie – religion et magie. Bruxelles, Museum Lessianum. **[7]**

Worms, Ernest A.
1950   Djamar, the Creator. A Myth of the Bād. In: *Anthropos* 45: 641–658. **[9/I]**

Worms, Ernest A.; Petri, Helmut
1968   Australische Eingeborenen-Religionen. In: Die Religionen der Südsee und Australiens, Hans Nevermann (ed.). „Die Religionen der Menschheit". Stuttgart, Kohlhammer. **[2/II; 4/IV; 9/I]**

Wundt, Wilhelm
1900–1920   Völkerpsychologie. Eine Untersuchung der Entwicklungsgesetze von Sprache, Mythus und Sitte. Bd. I: Die Sprache. (2 Teile, 1911–³1912). **[2/III]**

Zerries, Otto
1954   Wild- und Buschgeister in Südamerika. Eine Untersuchung jägerzeitlicher Phänomene im Kulturbild südamerikanischer Indianer. Wiesbaden, Steiner. **[3/III]**

Zimmer, Heinrich
1939   Die indische Weltmutter. In: Eranos-Jahrbuch 1938: 175–220. Zürich, Rhein-Verlag. **[3/III]**

Index

Abel 93, 114
Abrahamsson, Hans 93
Absolutes 16, 42, 160–161
Ackerbauer 27, 31, 42, 45, 48, 59, 70
Adam 88, 91
ading, Vorratsraum 203
Adonisgärtchen 55
Aggression 120, 125
Ainu 112
Ahnen 49, 56, 63, 106, 109, 220–221
– Aufgaben 143
– Definition 138–139
– Gebete 144ff.
– Mittler 144
– ihre Repräsentation 147–149
– ihre Welt 149
Ahnenaltar 74
Ahnenbaum 107, 148
Ahnendorf 110, 148
Ahnengeister 62, 63
Ahnengrab 107
Ahnenhölzer 107
Ahnenkult 23, 48, 138–150, 199
– Wesen 140, 149
Ahnenland 103
Ahnenopfer 65, 112, 130, 140, 144 146
Ahnenplatz 148
Ahnenseele 38, 104, 196
Ahnenstatus 142–144
Ahnensymbol 92
Ahnwerdung 110
Akt, religiöser 15
Aleuten 171
Algonkin 61
Alkohol 101
Allwissenheit 30, 31
All-fathers 66, 164, 169
Altershierarchie 139, 140
Älteste 141, 168, 201
Altindonesier 41

Alune 187
Ambivalenz 128
Ameisen 99
Ameta 193
Amis 75
Androgynie 81
angakoq 135, 173
Angmagssalik 170
Angst 116, 121, 142
Animatismus 22
Animismus 21, 23
Apokalypse 224
Apoll 49
Apotropaion 98
Aranda 11, 37, 66
Arier 49, 202
Aristoteles 96, 153, 161
Asur 64, 202
Asur bongas 203–204
Athapasken 172
Atharva Veda 47
Atheismus 20, 160
Atkinson 36
Attis 48
Auferstehung 47, 51, 70, 110
Augustinus 51
Australier 24, 25, 28, 30, 35, 36, 38, 41, 66, 71, 78, 113, 152, 163–170
Azteken 121

van Baaren, Th. P. 112
Babali 184
Babinga 180
Babira 185
Bächler, Emil 117, 118
Bacwa 180
Bād 167
Baer, Gerhard 132
Baganda 185
Bakango 184
Balian, Priesterinnen 128, 129

Bambala 149
Bambara 54
Bambiem 43, 44, 224
Bambuti 179–187
Bambwiiti 64
Bananenstaude 189
Bandi, Hans-Georg 118
Bapende 149
Bär 112, 115
Baranda bonga 204 ff.
Barhwa 180
Barrett, David 217
Basir, Priester 128
Basua 179, 184
Batak 138, 139, 142, 143
Batwa 180
Baumann, Hermann 50, 53, 59, 77, 92
Begu 139, 140
Beichte 198
de Beir, L. 145, 146, 148
Benares 70
Berufung 127, 135
Beschneidung 106, 148
Beschneidungsschule 101
Besessenheit 132, 133, 134
Betammaribe 74
Big Men 130
Birket-Smith, Kaj 171ff.
Bischofberger, Otto 75
Blick, böser 99
Blut 63, 100
Blutpakt 100
Boas, Franz 172
bonga 64
Borombie, Gottesname 184
Brand, Adam 115
Buddhismus 17
bugari-Zeit 66, 68, 69, 78, 164
Bundjil, Höchstes Wesen 166
Burkert, Walter 120
Buschschule 105

Cargo-Kult 150, 221–224
Castrén, Alexander 209ff.
Caucatal 121

Ceram 187
Cerealien 54
Ceres 55, 56
Chamäleon 90, 91
Charismatiker 126, 130ff.
Chasowo 210
Chiliasmus 224
China 56
Christentum 48, 56, 70
Codrington, R. H. 61
Comte, Auguste 21
Cook, James 163
Costermans 185
creatio ex nihilo 169, 200

Dammann, Ernst 158, 184
Dampier-Land 167
Darwin, Charles 19, 20, 36
Degenerationshypothese 26, 27, 158
Deismus 152
Delphi 49
Dema 50, 51, 113, 117, 124, 166, 191, 215
Demeter 31, 46, 47, 54, 55, 119
Dempf, Alois 25
Descartes, René 154
Desroche, H. 219
Deuterojesaja 151, 156
Dichotomie 80, 81, 110
Diesseits 141
Dieterlen, Germaine 73, 74
djalu-Kraft 66, 69, 164
Djamar, Kulturheros 67, 68, 167
Djamaramara 168–169
Djata, Gottheit 128
Dogon 72, 154
Dostal, Walter 55, 56
do-ut-des 43, 109, 119, 143
Dravida 202
Driberg 141
Dschinn 93
Dualismus 152, 154–155
Durkheim, Emile 11, 14, 24, 34, 36–40, 42, 82, 124, 161
Dynamismus 52, 53, 60

Eden 88, 89
Efe 179, 185
Egede, Hans 172
Egede, Paul 174
Ehrenreich, Paul 30, 77
Eisjagdkultur 171
Ekonda 180
Ekstase 132, 133, 134
Eli, Oberpriester 131
Eliade, Mircea 77, 78, 83, 132, 133
Elima 182
Emmer 53
Entelechie 161
Enthaltsamkeit 101
Entsakralisierung 82
Erbsünde 35
Erde 30, 46, 116, 146, 169, 178, 196
Erdherr 62, 64, 69, 129, 144–148, 196
Erdmutter 31
Erkennen 96
Erlösungsreligionen 17
Eskimo 30, 45, 50, 78, 134, 137, 170–179
Eva 89, 90, 92
Evans-Pritchard, E. E. 11, 34, 38, 39, 124, 161
Evolution 19, 20
Evolutionismus 19, 27
Van Exem, A. 206

Fadenkreuz 165
Fadenrad 165
Faherty, Robert L. 111, 123
Farben
– rot 109
– weiß 106, 145
Fasten 101
Faszinosum 12
Feldmann, Joseph 87
Fetische 23, 43, 62, 63, 69
Fetischismus 20, 21, 149
Fetischpriester 25
Feuer 100, 181
Feuerbach, Ludwig 160
Feuerjagd 75

Feuerländer 35, 74, 113
Fichte, Johann G. 154
Findeisen, Hans 132
Fluch 72, 73, 88
Formgebundenheit 137
Fortes, Meyer 140, 142
Fortpflanzung 92, 192
Frazer, George 24, 25, 33, 123
Freud, Sigmund 32–36, 39, 71
Friedhof 147
Fries, Heinrich 153
Fruchtbarkeit 46, 48, 49, 55, 56, 63, 92, 107, 125, 189
Führer, charismatischer 224–225
Furche 47

Gabenopfer 111
Gahs, F. 174
galaguru 67, 167
Gebete 73–76, 144, 150, 186
Geburt 143
Geister 189, 203, 222
Gemeinschaft, solidarische 225
Gemeinde 127, 128, 137
Van Gennep, A. 38, 60, 71, 102, 103
Gerste 54
Geschlechtsreife 105
Geschlechtsverkehr 92
Getreidegöttin 55
Ghesar 77
Giftordal 100
Gilgamesch-Epos 50, 85, 86
Giljaken 112
Girard, René 99, 105, 125
Glahn, B.H.C. 178
Glaubensakt 15
Glover, J.E. 163
Goldammer, Kurt 111
Goldenes Zeitalter 83
Goldenweiser, Alexander 38
Gott 38, 153ff.
– biblisch 155–157
– Definition 153
– philosophisch 154–155

Gottesidee 26, 27, 28, 30, 38, 138
- der Hirten 57
- der Jäger 52
- der Pflanzer 51
- zweigeteilt 208
Grab 147, 148
Griaule, Marcel 72, 154
Griechen 47, 79, 87
Gruppentotemismus 31
Gurgur 170
Gusinde, Martin 74, 158

Hades 31, 46, 55
Haekel, Josef 28, 158
Hainuwele-Motiv 50, 51, 191–195
Hand 53
Haram, Gottesname 205ff.
Haran 12
Hebräer 49
Hegel, Friedrich 154, 155
Heidegger, Martin 154
Heil 17–18, 48, 51, 52
Heiler, Friedrich 9, 10, 11, 20, 96
Heilszeit 69, 78
Heintze, Beatrix 134
Hekate 55
Helios 31, 119
Hellenen 49
Hemba-Luba 63
Henninger, Joseph 102, 116
Henotheismus 151
Herakles 87
Herero 216
Hermanns, Matthias 134
Herr der Tiere 12, 23, 31, 41, 45, 53, 113–119
- der Berge 112
- des Waldes 185
Herrin der Tiere 50, 174
Herrmann, Ferdinand 32, 61
Hesiod 79, 87
Hesperiden 87
Hexen 99
Hierophanien 60
Hilfsgeister 132

Himmel 30, 31, 46, 50, 56, 57, 64, 169, 197, 200, 210
Himmelsgott 42, 52, 53, 133, 134, 183, 187, 211
Hinduismus 217
Hirsebier 101
Hirten 27, 42, 56, 133, 208ff.
Hochgottglaube 25, 28, 118, 158, 183
Höchstes Wesen 26, 28, 119, 157–161, 183, 199–201, 204–208, 210ff.
Hoffmann, John 64, 203
Höhlenbärenschädel 117, 121
Homer 79, 87
Horeb 12
Howitt, A. W. 164
Hubert, Henri 123, 124
Huhn 140, 147
Hultkrantz, Åke 132, 133, 134, 170ff.
Huris 93
Hysterie 135, 173

Idolatrie 20
Igjugarjuk 135
Iglulik-Eskimo 175
Indien 46, 49, 55
Indonesien 55
Indra 119
Industal-Kultur 55
Initiationszeremonie 105ff., 182
Inka 41
Inlandkultur 171
Inthronisation 105
inua (Freiseele) 177
inuit 170
inupik 171
Inzestzeremonie 97, 197
ipesolo (Ahnenplatz) 148
Irokesen 61
Isis 48, 55
Islam 19, 56, 217
Israel 114, 127

Jagdgott 187
Jahn, Janheinz 72
Jahreszyklus 70

Jahwe 31, 156, 157
Jahwist 90
Jakob 15
Jakobsleiter 12
Jakuten 115
Jamaa 225
Janssen, Hermann 221–224
Jefta 156
Jenness, D. 172
Jenseits 106, 132, 141
Jensen, Adolf E. 27, 50, 51, 53, 116, 117, 124, 158, 187ff.
Jericho 53, 54
Jerusalem 70
Jesus 12, 101, 125
Jevons, F.B. 34
Johannes der Täufer 70
Judentum 56
Jupiter 31
Juraken 208–215

Kain 114
Kakungu-Maske 63
kalaamba 144, 148
Kaliai 221
Kalisia, Gott der Jäger 185
Kamosch, Gottesname 156
Kannibalismus 36, 52, 121
Kanyamachumbi, P. 144
Kasongo-Lunda 106
Katholiken 98
Kaufmann, Christian 163
Kehl, Alois 96
Kessel, Marianne 204ff.
Khond 121
kibompiem 147
Kikuyu 57
Kill, Lucia 55
Kimbangismus 150, 221
Kirche 14, 36, 218
Kirchen, autochthone 224–226
Klanfetisch 32, 69, 112
Klantotemismus 32
Knollenfrüchte 51, 54
Knossos 55

Kohl-Larsen, Ludwig 50
Kokosnuß 222–223
Kola 106
Kolanuß 112, 140
Kolonialmacht 149, 150, 218
Kongo 62, 145
Königsinzest 51
Kopfjagd 52, 53
Koppers, Wilhelm 74
Kopytoff, Igor 141
Koran 47, 93
Kore 31, 46, 54, 55
Körnerbau 46, 53, 54
Kornmütter 54, 55
Kosmogonie 169–170, 214–215
Kostikow, L. 209ff.
Kratophanien 60
Kräuter 99
Kreuzestod 79
Kroeber, Alfred 33, 35, 39, 172
Kröte 91
Kuba 180
Kult 96, 97, 127, 138
Kultdiener 126, 128
Kultgemeinschaft 96
Kupfereskimo 176
Küstenkultur 171
Kwango 44
Kybele 48

Lamaismus 134
Lamal 141
Lang, Andrew 25, 26
Langknochenopfer 114
Lanternari 102, 115, 116
Lantis, M. 173
Leben, Restitution 119
Lebenskraft 139
Lebenszyklus 70, 71
Lee, R. 163
Van der Leeuw, G. 151
Lehtisalo, T. 210ff.
Leipzig 28
Lévi-Strauss, Claude 38, 80ff.
Lineage-Ältester 147

Lohfink, Norbert 151, 156, 157
Lokalkirchen 217
Lowie, Robert 22, 24
Luba 180
Lubbock, John 20, 21
Lubwij 64, 69, 97, 197
Luftgottheit, Sila 173ff.
Lūm, Feuerbringer 167
Lunda 105

madulai, Schwirrholz 184
Magie 24, 25
Magna Mater 52, 53
Mahatala, Gottheit 128
Mahdi 130
Mahl 112, 119
Mais 54
Maismutter 55
Makulu 148
Malinowski, Bronislaw 82
Mana 61, 112, 174
Manismus 23
Manito 61
Männerbund 188
Männerhaus 53, 103
Märchen 77
Marett, R.R. 22, 161
Marga 140
Marind-anim 50, 166, 191
Masken 63, 64, 148
Matota, Henry 144
Matsigenka 132, 133
Mauss, Marcel 123, 124
Mbali, Gottesname 185
Mbun 150
McLennan, John Ferguson 33, 123
Megbe 61
Meinhof, Carl 184
Mekka 70
Melanesien 52, 53, 61
Menschen, halbe 53
Menschenopfer 52, 119, 120, 121, 125
Menstruation 182
Mercier, Paul 74
Messe 48, 78, 98

Meuli, Karl 115, 118, 121
Mikala 150, 221
minawa, Epitheton 200
Mission, christliche 149, 209, 217, 222, 224–226
Mittler 126, 127
Molimo 181–182
Mond 57, 59, 78, 176–177, 189, 190
Mondgott 175–177, 184
Mongo 180
Monismus 152
Monogamie 100
Monolatrie 151, 157
Monotheismus 20, 21, 27, 28, 34, 42, 151, 156
Mose 12, 15, 101, 156
Mugasa, Gottesname 84, 85, 184
Mühlmann, W. 220
muil minawa, Großhäuptling 200
Mulamba-Mvuluya, Faustin 220
Mulelisten 221
Müller, Max 30, 61, 151
Müller-Karpe, Hermann 118
Mumbabiem 130
Munda 56, 64, 65, 129, 139, 202–208
Mungu, Gottesname 12, 184, 185
Muri-muri, Gottesname 185
Mutter Erde 31, 42, 46, 49, 56
Muttergöttin 55
Mwe, Anrede 201
Mysterienkulte 47, 80, 96
Mythus 52, 54, 57, 59, 76, 95
– Definition 77
– Zeitbegriff 79

Nachtwachen 101
Nagel, Tilman 93
Nathan, Prophet 130
Nativismus 219–220
Natur (Sila) 177
Naturanbetung 20
Naturgeister 23, 64, 69, 197
Naturhypothese 30
Naturmythologische Schule 30, 60
Ndoki 61

Nekunzie, Gottesname 184
Netsilik 173
Neubritannien 222
Neujahr 75, 98, 102, 116, 122
Ngadju-Dajak 128
Ngalubui 130, 196
nganga 61, 62, 107, 129, 136
Ngangwom 129, 135
ngongi 105, 106
Ngwil, Ngwilmpwu, Gottesname 200
Niasser 95
Niloten 27
Nilsson, Martin 47
Njol Njol 67
Nkiir, Gottesname 143
nkisi 62, 69, 199
Noomi 157
nsanda 148
Nsongo 62, 63
Nuliajuk = Sedna 174
Num, Gottesname 210ff.
Nunusaku 190
Nzambi 29, 143, 199, 216

Obayashi, Taryo 112, 115
Ödipuskomplex 34
Offenbarung 17, 20, 156
Ogotemmeli 154
Ohlmarks, A. 135, 173
Ojibwa 115
Opfer 11–12, 22, 32, 34, 36, 111ff., 119 146, 186, 197, 205, 212–213
– blutiges 113, 119, 121, 124, 125
– Dank 113
– Definition 111
– Etymologie 111
– Ort und Zeit 122
– Versenk- 117
Opferarten 122
Opferblut 119
Opferer 122
Opfergabe 111, 112, 119, 146
Opferhandlung 111
Opfermahl 112, 119, 123
Opferritus 122

Opfertheorien 113, 120, 123, 125
Opfertier 141
Opfertod 99
Oraon 202
Ordnung, kosmische 114
Orenda 61
Osiris 48, 55, 56
Ostjaken 115
Ovid 119

Pachamama 46, 55
pahâr, Dorfpriester 129
Palästina 47, 49, 53
Palmwein 63, 97, 101, 112, 140, 145
Pantheismus 154, 192
Paproth, H.-J. 112, 115
Paradies 50, 83ff., 88, 93
Partnertausch 36
Pascal, Blaise 154
Paulson, Ivar 209ff.
Paulus, Apostel 99, 129
Pende 149, 150, 220–221
pensée sauvage 81
Periodisierung 48
Persephone 46, 55
Petri, Helmut 164ff., 169
Pettazzoni, Raffaele 30, 31, 116, 216
Pflug 47, 202, 206, 207
Pflanzer 27, 46, 50, 124
Phallus 47, 92
Pharao Pepi II. 113
Philon von Alexandrien 156
Plancquaert, M. 106
Polterabend 98
Polytheismus 21, 34, 152
Ponnette, Pierre 206
Positivismus 21
Präanimismus 22
Priester 126, 128, 129
Priesterkönige 129
Primitialopfer 45, 113–118
Prometheus-Motiv 50
Promiskuität 36
Propheten 127, 130
Protitution, sakrale 128

Protestbewegungen 218–224
Pseudoschamane 134
Psychoanalyse 35
Puyuma 72, 75
Pygmäen 30, 35, 36, 41, 45, 61, 64, 84, 91, 112, 113, 116, 179–187, 198
Python 49

Rabe, Höchstes Wesen 177–178
Rabie 189ff.
Radcliffe-Brown, A. R. 38
Radin, Paul 151, 154
ranga 165
Ranke-Graves, Robert von 55
Rasmussen, Knud 134, 135, 172ff.
Raum – Zeit 69, 70
Regenbogen 184, 185, 210
Regenbogenschlange 116, 167, 184
Reinkarnation 38, 39, 104, 110
Reis 54, 188, 202
– Bier 206
– Göttin 55
- Schnaps 101
Religion
– Definition 13–14, 160
– Formen 43, 44
– Funktionen 219
– soziozentrisch 160
– theozentrisch 160
– Ursprung 22, 23, 33
– Vergleich 17
Religionslosigkeit 19
Rentiere 117, 212
Revolte 221
Riese 53
Riten 95
– apotropäische 98
– eliminatorische 99
– der Geburt 104
– des Kindes 104
– Personen betreffend 103
– des Raumes 102
– der Reinigung 100
– der Schwangerschaft 103
– des Zeitablaufs 102

rites de passage 71, 102, 105
Rom 30, 70
Roscoe 185
Routledge, W. S. 57
Van Roy, Hubert 148, 179
Russen 115
Ruth 157

Saatraubmotiv 50, 54
Salz 100
Samojeden 208–215
Samuel 130, 131
sasan 65
sasandiri 64, 65, 69
Satene 191
Schädelopfer 114
Schamane 45, 126, 132–137, 176
Schamanismus 20, 132
– Ekstase 133
– Schutzgeist 134
– Berufung 135
– Eingebundenheit 136
– Formgebundenheit 137
Schamanenkleidung 132, 137
Schebesta, Paul 11, 84, 85, 91, 179ff.
Schlange 49, 50, 57, 58, 86–93, 98, 165, 184, 188
Schlitztrommel 53
Schmiede 64, 202
Schmidt, Wilhelm 24–30, 39, 45, 52, 84, 114, 118, 132–134, 158, 160, 161, 169, 174, 183ff.
Schmutz 176
Schneeschuhkultur 171
Scholastik 154
Schöpfergott 73, 110, 143, 166
Schöpfungsordnung 95
Schott, Albert 85, 86
Schriftreligionen 9
Schrenk, A. G. 209ff.
Schröder, Dominik 72, 133, 134
Schutzgeister 124, 132
Schweine 52, 53, 55, 119, 139, 190
Schwirrholz 197
Sedna 45, 137, 174–176

Seehund 176
Seele 22, 23, 38, 113
Seitz, Stefan 179
Sekten 217
Semiten 33, 47
Sepik 99
Sieber, J. 90
Sila, Gottesname 172ff.
Simon Petrus 12, 15
Singbonga, Gottesname 64, 204ff.
Sintflut 215
Sittengesetz 95, 201
Smith, William Robertson 32, 33, 123
Söderblom, Nathan 26, 28, 29, 30, 66, 160, 164, 166
Sol Invictus-Fest 70
Sombaon 140
Sonne 52, 57, 59, 70, 78, 176–177, 189, 205, 210, 213–214
Sozialstruktur 36
Speichel 98
Spencer, Herbert 19, 23
Spinoza, Baruch 154
Sprache, sakrale 72
Stanner, W. E. H. 28
Stein 189
Stein, Rolf 77
Sterben 47
Sterilität 97
Stirb-und-Werde 47, 48
Stöhr, Waldemar 95, 126, 128, 139
Strehlow, Carl 66
Strehlow, T. G. H. 28, 66
Strukturalismus 81
Sühne 109
Suku 63, 141
Sumangot 140
Sündenbock 99, 105, 125
Sündenfall 92, 93
Survivals 44
Swadesh, M. 171

Tabu 32, 51
Takánâluk arnâluk 174–175
Tamuil, Vater, Häuptling 201

Taniuchi, Naobumi 115
Tellus 54
Tempels, Placide 225
Thalbitzer, William 172ff.
Theismus 151
Thiel, Josef Franz 141, 150, 196, 216
Thomas, Apostel 70
Thurnwald, Richard 41
Tibeter 77
Tieropfer 113, 117
Tierweihe 213
Tindiga 50
tjurunga 66, 67–69, 164, 165, 167
Tlingit 172
Toba-Batak 139
Tod 22, 49, 71, 83ff., 87, 91–93, 101, 106, 110, 141, 142, 184, 215
Todesursprungsmythen 93
Tonga 78
Tore, Gottesname 30, 45, 91, 184, 195
Tornasuk 178
Torres, Luis Vaez de 163
Totem 31, 32, 33, 35, 38
– Definition 31
– Tier 33–35
Totemismus 20, 31, 33, 34, 39, 82
Töten 51, 119–121, 125
Totengeist 116
Totenreich 49
Totenriten 103
Totenseelen 99
Totenverehrung 138
Trance 132
Transzendenz 36, 37
Traum 22, 131, 135
Tremendum 12
Trickster 178
Triumphbögen 103
Tungusen 115, 132
Turnbull, Colin 179ff.
Tuwale, Sonnenmann 188ff.
Tylor, Edward 13, 14, 21–24, 120, 123, 161

Übergangsritus s. rite de passage

Unschuldskommödie 120
Unsterblichkeit 38, 39, 90, 92, 142, 192
Unterwelt 134, 177
Unterwerfung 14
Urahn 139
Urheber 20, 28, 29, 30, 66, 67, 160, 164, 166
Urkultur 133
Urmonotheismus 26, 28, 29, 30, 204
Uroffenbarung 27, 42, 187
Urstandsmythen 82, 92, 93
Urstrukturen 80, 81, 82
Uruk 85
Urzeit 48–52, 66, 78, 80, 95, 114, 192
Urzeitwesen 26, 29, 30, 50, 51, 56, 67, 85–87, 164, 165ff.

Vagina 53
Vajda, László 133, 135, 137
Vasilev, B. A. 112
Vater, himmlischer 31
Vegetationsgottheit 48
Vestalinnen 102
Vorsokratiker 156

Wach, Joachim 219
Wadúa 57
Wahrheitsfrage 16
Wakan 61
Wakonda 61
Waldgott 45, 181, 183–185, 197
Wam'wer'i 57
Wanderschamanismus 133, 134
Wangede-Djanare 170
Warneck, Johannes 138, 139, 142, 143
Washúma 57
Wasser 100

Watauinewa 74
Weekx, G. 149
Weihnachtsfest 70
Wein 101
Weizen 55
Weltenbaum 215
Weltschöpfung 214–215
Wemale 51, 166, 187–195
Widengren, Geo 48
Wild 149
Wildbeuter 27, 41, 44, 45, 71
Wildgeist 212
Van Wing, Joseph 145
Wirtschaftsformen 41, 43
Worms, Ernest 28, 66–68, 152, 163, 164
Wundt, Wilhelm 33, 36
Wute 90

Yaka 105, 106, 144, 146
Yansi 62, 64, 69, 72, 73, 93, 97, 103, 142, 143, 147, 195–201
Yuit 170
Yupik 171

Zarathustra 156
Zauberei 208
Zauberpriester 25, 126
Zeit 48, 70
– linear 79
– zyklisch 110
Zentrum 70
Zerstückelungsmotiv 50
Zeugung 91, 92, 142
Zeus 31
Zimmer, Heinrich 55
Zitkov 212
Zwillinge 52, 53

Hans Fischer (Hrsg.)
ETHNOLOGIE

Eine Einführung
(Ethnologische Paperbacks)

464 Seiten
Broschiert DM 32,— / ISBN 3—496—00739—7

„Eine erschwingliche und verständliche Einführung in die Ethnologie war angesichts der seit Jahren ständig ansteigenden Zahl der Haupt- und Nebenfachstudenten dieses Faches eigentlich seit langem erforderlich. So ist das Erscheinen dieses Buches sehr zu begrüßen, das in drei Hauptteile gegliedert ist. Unter den Überschriften ‚Grundbegriffe', ‚Arbeitsbereiche' und ‚Forschungsansätze' werden die wichtigsten Teilbereiche moderner Ethnologie von sechzehn Autoren vorgestellt. ... Dies Buch ist für Studenten gedacht, besonders für Studienanfänger und als Entscheidungshilfe für Schüler bei der Wahl des Studienfaches. Es wird fraglos auch von Nachbarfächern als Orientierungshilfe herangezogen ..."

Jürgen Zwernemann in ‚Afrika und Übersee'

Michel Panoff / Michel Perrin
TASCHENWÖRTERBUCH DER ETHNOLOGIE

Begriffe und Definitionen zur Einführung
Herausgegeben und aus dem Französischen übersetzt von Justin Stagl unter Mitarbeit von Stefanie und Gabriele Hohenwart. Erweiterte Neuauflage 1982.
(Ethnologische Paperbacks)

360 Seiten mit zahlreichen Abbildungen
Broschiert DM 28,— / ISBN 3—496—00163—1

Dieses Nachschlagewerk stellt eine Einführung in die Fachsprache, beziehungsweise eine Erläuterung der Grundbegriffe der Ethnologie, dar. Es hält die Mitte zwischen einem Lehrbuch und einer Realenzyklopädie; vom einen hat es die systematische Verarbeitung des Wissensstoffes, von der anderen dessen Darstellung in Form von alphabetisch geordneten Stichwörtern.

Wolfdietrich Schmied-Kowarzik / Justin Stagl (Hrsg.)
GRUNDFRAGEN DER ETHNOLOGIE

Beiträge zur gegenwärtigen Theorie-Diskussion
(Ethnologische Paperbacks)

490 Seiten mit 70 Seiten Literatur-Verzeichnis und 20 Seiten Personen- und Sachregister
Broschiert DM 35,— / ISBN 3—496—00124—0

„... Gerade mit den immer drängender werdenden Problemen der ‚Dritten Welt' muß das Interesse an der Ethnologie immer größer werden. Daß sie auch richtige Antworten geben kann, dazu wird das Buch beitragen."

(Nordbayerischer Kurier)

DIETRICH REIMER VERLAG BERLIN

Anton Quack
PRIESTERINNEN, HEILERINNEN, SCHAMANINNEN?
Die pońngao der Puyuma von Katipol (Taiwan).
Dargestellt und analysiert nach Aufzeichnungen aus dem Nachlaß von
Dominik Schröder
(Collectanea Instituti Anthropos, Band 32)

ca. 190 Seiten mit zahlreichen Abbildungen
Broschiert ca. DM 42,– / ISBN 3–496–00783–4

Dieses Buch verfolgt zwei Ziele:
An erster Stelle geht es darum, eine ausführliche Darstellung der Institution der pońngao zu geben, jenen Frauen des Dorfes, die als wichtigste religiöse Funktionsträgerinnen der traditionellen Gesellschaft ihr charakteristisches Gepräge geben.
Zweites Ziel des Buches ist es, die Institution der pońngao in einen kulturvergleichenden Rahmen einzuordnen. Dabei geht es vor allem um die Frage, ob bzw. wie weit diese Institution als schamanistisch charakterisiert werden kann.

Wilhelm E. Mühlmann
DIE METAMORPHOSE DER FRAU
Weiblicher Schamanismus und Dichtung
Sonderausgabe!
Zweite durchgesehene Auflage 1984

260 Seiten
Broschiert DM 22,– / ISBN 3–496–00801–6

„ . . . Das Werk ‚Die Metamorphose der Frau' wiegt bücherschrankschwere Sekundärliteratur verschiedenster Fachwissenschaften auf."

Blätter für den Deutschlehrer

H. Jungraithmayer / W.J.G. Möhlig (Hrsg.)
LEXIKON DER AFRIKANISTIK
Afrikanische Sprachen und ihre Erforschung

351 Seiten mit 3 zweifarbigen Karten
Broschiert DM 35,– / ISBN 3–496–00146–1

„ . . . In rund 450 Sachartikeln werden die Biographien einzelner Forscher skizziert, die wichtigsten afrikanischen Sprachgruppen vorgestellt und linguistische Termini erörtert. Auch aktuelle Probleme werden dabei keineswegs ausgeklammert, wie es etwa der von einem afrikanischen Wissenschaftler verfaßte Artikel zur gegenwärtigen Sprachpolitik in Afrika zeigt. Der Informationswert der Einzelartikel, die den Charakter kleiner wissenschaftlicher Abhandlungen tragen, übersteigt bei weitem das, was man sich von einem Lexikon herkömmlicherweise erwartet . . . "

Marita Kohl-Leitges in ‚Frankfurter Allgemeine Zeitung'

DIETRICH REIMER VERLAG BERLIN